MARÍA EUGENIA CALDAS BLANCO
AURORA CASTELLANOS NAVARRO
MARÍA LUISA HIDALGO ORTEGA

Formación y orientación laboral

EDITEX

ÍNDICE

ORGANIZACIÓN DE LA UNIDAD

El libro de **Formación y orientación laboral** consta de dieciocho unidades de trabajo.

Situación de partida

Descripción del marco de análisis, con los personajes, condiciones, hechos y datos relevantes para analizar el caso, tomado de una situación relacionada con el ejercicio profesional y que está vinculada con el contenido de la unidad.

Estudio del caso

Se plantean una cuestiones que constituyen el eje vertebrador de la exposición, ya que se irán resolviendo a lo largo de la unidad al incluir llamadas junto a aquellos contenidos que guardan relación con el caso inicial.

Desarrollo de contenidos

Los contenidos se presentan de forma clara destacando las definiciones y apoyados en **tablas, gráficos, esquemas e ilustraciones.**

En los márgenes aparecen textos complementarios con **ampliación de información** y **vocabulario** para profundizar en los conocimientos expuestos. Recuerda que también se incluyen llamadas sobre el caso práctico inicial.

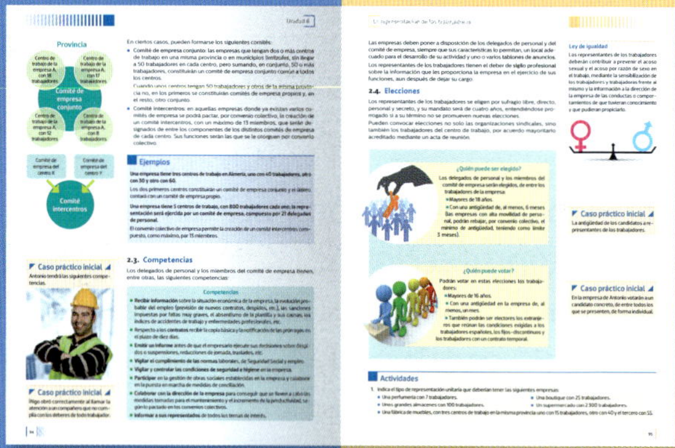

Ejemplos y actividades

A lo largo de la unidad de trabajo se incorporan ejemplos y actividades que sirven para aclarar los conceptos tratados y facilitar su asimilación.

Trabajo en equipo

Algunas actividades debes trabajarlas individualmente y otras son propuestas de **trabajo en equipo en el aula,** tal y como se hace en el mundo laboral, con el fin de favorecer el aprendizaje cooperativo y entre iguales.

Tu sector profesional

Para lograr una aproximación mayor a tu sector profesional, se incluyen actividades directamente relacionadas con tu ciclo formativo.

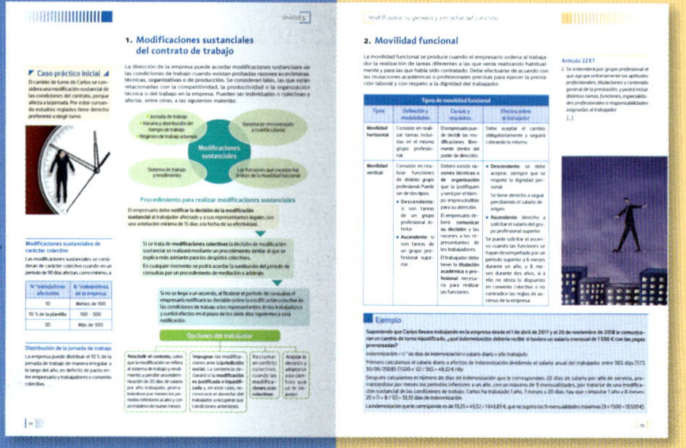

IMPORTANTE: Todas las actividades propuestas en este libro deben realizarse en un cuaderno de trabajo, nunca en el propio libro.

Regístrate en nuestra web y accede a los recursos adicionales: <www.editex.es>.

Actividades finales

Al finalizar el desarrollo de los contenidos, se plantea una amplia selección de Actividades finales para reforzar y consolidar los conocimientos adquiridos y repasar la unidad.

Entra en internet

Para resolver algunas de estas actividades debes entrar en internet y trabajar con los recursos que ofrecen diferentes instituciones.

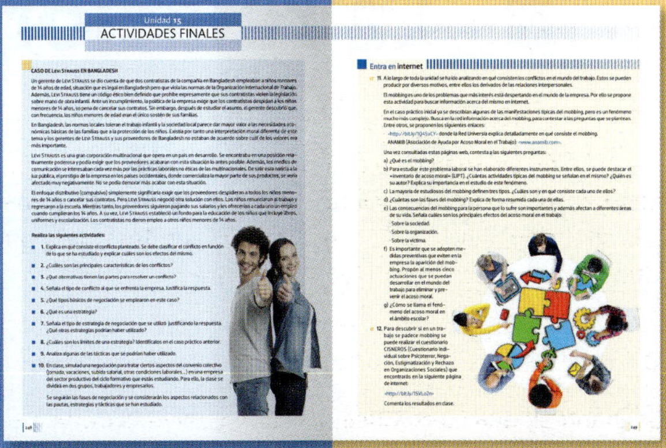

Práctica profesional

En la práctica profesional, se plantea un caso práctico elegido para que apliques lo que has aprendido. Debes realizarla una vez asimilada y trabajada la unidad y, con ayuda del profesor y de tus compañeros, puedes extender la práctica a otras posibles situaciones.

Estas prácticas profesionales representan los resultados de aprendizaje que deberás alcanzar al terminar el módulo formativo.

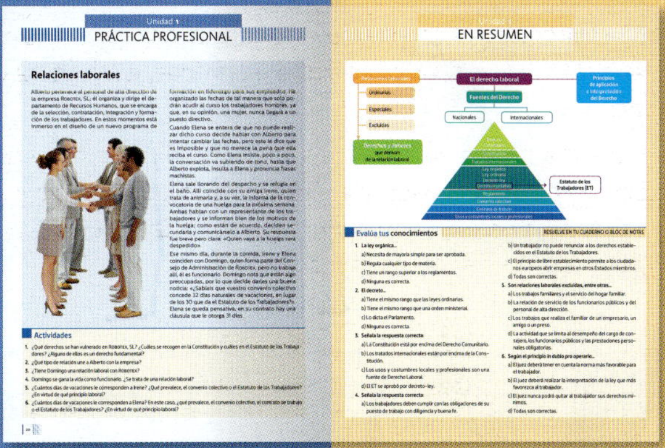

En resumen

Presenta un mapa conceptual con los conceptos clave de la unidad de trabajo.

Evalúa tus conocimientos

Consiste en una batería de preguntas tipo test que te permitirán comprobar el nivel de conocimientos adquiridos al término de la unidad.

Además, regístrate en nuestra web y accede a los recursos adicionales: <www.editex.es>.

1 La relación laboral

Vamos a conocer...

1. Las relaciones laborales
2. Las fuentes del Derecho del Trabajo
3. Principios de aplicación del Derecho Laboral
4. Derechos y deberes

PRÁCTICA PROFESIONAL

Relaciones laborales

Y al finalizar esta unidad...

- Conocerás el origen del Derecho del Trabajo.
- Distinguirás las relaciones laborales de las que no lo son, y de las relaciones laborales especiales.
- Reconocerás las fuentes del Derecho Laboral y sabrás aplicar la que corresponde, en cada caso.
- Aprenderás los derechos y deberes de trabajadores y empresarios.

Caso práctico inicial

Situación de partida

Beatriz mantiene una relación laboral con una empresa desde hace cinco años. Hace dos meses informó a sus superiores de su embarazo. Desde entonces no le proporcionan tarea alguna y le hacen la vida imposible. Un día oyó a su jefe comentar con unos compañeros que procuraran hablar con ella solo lo imprescindible.

Otro día, un superior le ordenó coger un peso muy elevado para ella. Beatriz se negó porque suponía un riesgo para su salud y para la del feto.

Preocupada por su empleo, Beatriz decide afiliarse a un sindicato, donde le informan de que el convenio colectivo al que pertenece concede 18 semanas de permiso de maternidad. Al día siguiente informa de todo ello a su jefe, quien reacciona con visible enfado y le responde a gritos que el Estatuto de los Trabajadores, una norma de rango superior a un convenio colectivo y, por lo tanto, aplicable en primer lugar, concede tan solo 16 semanas. A los pocos minutos del incidente, el jefe de personal entrega a Beatriz una carta de despido alegando ausencias injustificadas y sancionándola con la pérdida de sus vacaciones por no haber obedecido a un superior; como esto no es cierto, nuestra trabajadora, convencida de que la han despedido por estar embarazada y afiliarse a un sindicato, decide demandar a la empresa ante los tribunales.

Pocos días después de la marcha de Beatriz, la empresa inicia un proceso de selección para cubrir su puesto. Durante el mismo, el entrevistador tira todos los *curriculum vitae* de las mujeres, mientras dice negando con la cabeza: «Nada de mujeres».

Como el proceso de selección se alarga, uno de los dueños de la empresa pide a su hijo (con el cual convive) que vaya unos días a trabajar con él para ayudarle y como favor por haberle pagado un viaje.

Por su parte, Beatriz, desilusionada por el clima laboral que ha encontrado y con el deseo de perfeccionar el alemán, se pregunta si podrá trabajar en Alemania. Su marido le propone irse los dos a Inglaterra, cuyo idioma dominan ambos, y montar allí juntos una empresa.

Estudio del caso

Antes de empezar a leer esta unidad de trabajo, puedes contestar las dos primeras preguntas. Después, analiza cada punto de la unidad con el objetivo de resolver el resto de las cuestiones de este caso práctico.

1. ¿Qué rama del Derecho se ocupa de regular la situación que está viviendo Beatriz?
2. ¿Conoces el Estatuto de los Trabajadores? Lee su artículo 1.1. ¿A quién se aplica esta ley?
3. ¿Qué norma tiene un rango jerárquico superior: el convenio colectivo o el Estatuto de los Trabajadores?
4. ¿Tiene razón el jefe de Beatriz cuando le indica que el Estatuto de los Trabajadores es una norma de rango superior a un convenio colectivo y, por lo tanto, aplicable en primer lugar?
5. ¿Cuál es la duración del permiso de maternidad que debe disfrutar Beatriz? Puedes encontrarlo en el Estatuto de los Trabajadores.
6. ¿Puede Beatriz trabajar, como asalariada, en Alemania? ¿Por qué?
7. ¿Pueden montar una empresa Beatriz y su marido en Inglaterra? ¿En virtud de qué derecho o libertad?
8. El hijo del dueño que acude a trabajar unos días a la empresa, ¿mantiene una relación laboral? ¿Y el personal de alta dirección?
9. ¿Qué derechos del trabajador han sido vulnerados en la empresa de Beatriz? ¿Cuáles se recogen en la Constitución y cuáles en el Estatuto de los Trabajadores? ¿Se vulnera algún derecho fundamental?
10. ¿Cuáles son las potestades del empresario? ¿Obró Beatriz correctamente al no obedecer al superior que le ordenó coger peso?
11. ¿Se puede sancionar a un trabajador con la pérdida de vacaciones?

El Estatuto de los Trabajadores (Real Decreto Legislativo 2/2015, de 23 de octubre, por el que se aprueba el texto refundido de la Ley del Estatuto de los Trabajores)

En internet puedes encontrar versiones actualizadas de esta norma, por ejemplo en <www.boe.es> (versión consolidada), <http://noticias.juridicas.com> o en la web del Ministerio de Empleo y Seguridad Social: <www.empleo.gob.es>.

1. Las relaciones laborales

1.1. El origen del Derecho Laboral

Caso práctico inicial

La rama jurídica que regula una situación como la que está viviendo Beatriz es el Derecho Laboral.

El **Derecho Laboral** regula las relaciones laborales, y desempeña un papel decisivo en la sociedad actual, pues afecta a una gran parte de la población: los trabajadores.

El trabajo es una actividad tan antigua como el hombre. Sin embargo, el Derecho del Trabajo, como rama jurídica autónoma, no aparece hasta el siglo XIX, como respuesta a los problemas económicos y sociales que surgen a partir de la Revolución Industrial (jornadas laborales de 18 horas, ausencia de vacaciones y descanso semanal…).

Ordenamiento jurídico

Es el conjunto de normas y principios jurídicos que rigen en una sociedad.

Cuando los proletarios toman conciencia de clase social, desprotegida y maltratada, deciden unirse para reivindicar mejores condiciones laborales. Surge, así, el **movimiento obrero,** cuyo camino será largo y duro. En un principio fueron perseguidos y criminalizados —la huelga se llegó a considerar un delito—. Pero, poco a poco, consiguieron que se dictaran leyes que los protegiesen; así se configuró el Derecho Laboral, con una clara vocación humanitaria y el propósito de dignificar las condiciones de trabajo.

1.2. La relación laboral

No todo trabajo realizado por el hombre es una relación laboral. Debemos diferenciar las **relaciones laborales** de las **relaciones no laborales.** Y dentro de las relaciones laborales debemos distinguir entre **ordinarias** y **especiales.**

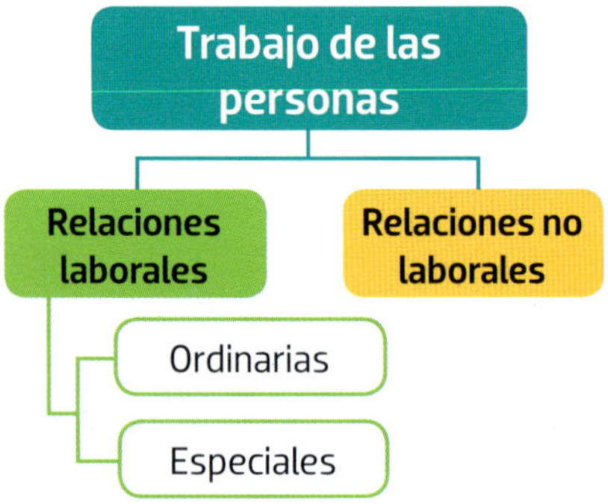

Una **relación laboral es** aquella existente entre un trabajador y un empresario, por la cual, el primero se compromete personal y voluntariamente a prestar sus servicios profesionales al segundo, que dirige el trabajo, se apropia de sus resultados y, a cambio, abona un salario al trabajador.

El Estatuto de los Trabajadores (ET), la norma básica del Derecho del Trabajo, califica como relación laboral ordinaria aquella que reúne las cinco **características** siguientes:

Voluntaria	El trabajador firma un contrato libremente. A este respecto hay que destacar que los trabajos forzosos están prohibidos por la Constitución española.
Por cuenta ajena	Los frutos directos del trabajo no son propiedad del trabajador, sino que pertenecen, desde el instante en que se producen, a una persona distinta a la que ejecuta el trabajo: el empresario.
Remunerada	El trabajador presta unos servicios, es decir, trabaja a cambio de una compensación económica, el salario, que recibe independientemente de la buena marcha de la empresa.
Personalísima	El trabajo debe ser realizado personalmente por el trabajador, no por otra persona en su nombre.
Dependiente	El empresario es quien organiza y dirige la actividad laboral y a cuyas órdenes está sometido el trabajador. Si este desobedece, el empleador tiene poder para sancionarle.

1.3. Relaciones excluidas de la relación laboral

En principio, los siguientes trabajos no reúnen alguna de las condiciones requeridas para ser una relación laboral:

Funcionarios públicos	■ Esta relación reúne todas las características propias de una relación laboral, pero tienen una normativa reguladora propia, el Estatuto Básico del Empleado Público, por su labor especial y la información a la que acceden algunos funcionarios.
Prestaciones personales obligatorias	■ Falta la voluntariedad.
Consejeros o miembros del consejo de administración	■ Siempre que sea la única actividad que realicen en la empresa. Falta la dependencia.
Trabajos realizados a títulos de amistad, benevolencia o buena vecindad	■ Falta la remuneración.
Trabajos familiares	■ Realizados por el cónyuge, ascendientes y descendientes hasta el segundo grado de consanguinidad, afinidad o adopción, que convivan con el empresario, salvo que demuestren su condición de asalariados. Falta la remuneración.
Representantes de comercio	■ Comisionistas mercantiles que intervienen en operaciones mercantiles por cuenta de uno o más empresarios, asumiendo el riesgo y ventura de la operación. Falta la ajenidad.
Transportistas	■ Si disponen de autorización administrativa propia y vehículos de servicio público de los que sean propietarios, aun cuando se realicen de forma continuada para una misma persona.
Autónomos y autónomos económicamente dependientes (TRADE)	■ Falta la ajenidad. El trabajo autónomo se regula por el Estatuto del Trabajo Autónomo. Distingue dos figuras: – El trabajador autónomo, persona física que realiza una actividad económica o profesional a título lucrativo, con o sin trabajadores a cargo, de forma habitual, personal, directa, por cuenta propia y fuera del ámbito de dirección de otra persona. – El TRADE, que trabaja de forma habitual, personal, directa y predominante para un cliente, del que depende económicamente por percibir de él, al menos, el 75 % de sus ingresos.

Los parentescos

Pariente consanguíneo: es aquel que está ligado a la familia por vínculos de sangre.

Pariente afín: está ligado a la familia por vínculos matrimoniales; son los llamados parientes políticos (suegros, nuera, yerno, etc.).

Grados de parentesco

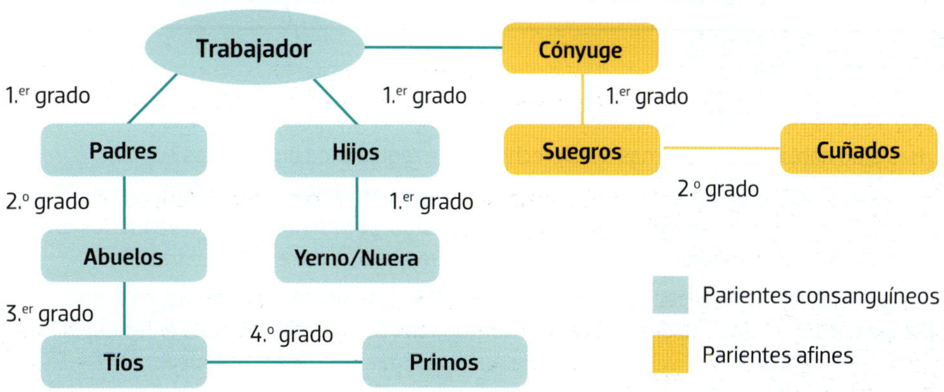

Caso práctico inicial

En el caso práctico inicial aparecen relaciones laborales ordinarias (Beatriz), especiales (director) y excluidas (el hijo del director).

1.4. Relaciones laborales especiales

Las relaciones laborales especiales reúnen todas las características de las relaciones laborales ordinarias, pero se consideran especiales por sus peculiares características. Cada una de ellas se regula por su propia norma y solo se aplica el ET para aquellos aspectos no contemplados en su normativa específica. El ET ofrece una lista abierta:

- El personal de **alta dirección.**
- Los **trabajadores al servicio del hogar familiar,** que incluye a quienes se ocupan de la limpieza, cuidado de niños, labores de jardinería, etc.
- **Presos o penados** en instituciones penitenciarias.
- **Deportistas profesionales.**
- **Artistas** en espectáculos públicos.
- Quienes intervengan en **operaciones mercantiles** por cuenta de uno o más empresarios sin asumir el riesgo y ventura de aquellas.
- Trabajadores **discapacitados** que presten servicios en **centros especiales** de empleo.
- Menores sometidos a medidas de internamiento.
- **La residencia para la formación de especialistas en Ciencias de la Salud (MIR).**
- **Los abogados que prestan servicios en despachos de abogados.**
- Cualquier otro trabajo expresamente declarado como relación laboral de carácter especial por una ley.

Ejemplos

Julián Fernández está cuidando durante todos los miércoles del mes de octubre de los hijos de Javier y M.ª Ángeles, sus vecinos y amigos. ¿Se trata de una relación laboral?

No se considera relación laboral, se trata de una tarea realizada a título de amistad, benevolencia o buena vecindad; para que fuera relación laboral, el trabajo debería estar remunerado.

Javier Ruiz es contratado como empleado del hogar en casa de sus tíos. ¿Se trata de una relación laboral?

Por un lado, sabemos que los empleados del hogar son relaciones laborales especiales, pero debemos estudiar el grado de parentesco de Javier con el empresario, por si se tratara de trabajos familiares. Si observamos el árbol genealógico anterior, observaremos que el grado de parentesco con un tío es de tercer grado, por lo que nunca podría tratarse de trabajos familiares, ya que estos solo se consideran como tales hasta el segundo grado.

David Martín decide inscribirse como voluntario en una ONG. A partir del mes de diciembre acudirá todos los domingos a dar apoyo escolar a alumnos de ESO. ¿De qué tipo de relación se trata?

Se considera relación laboral excluida porque no está retribuida; es un trabajo realizado a título de benevolencia.

Un trabajador español trabaja en una empresa española en Rusia, ¿que legislación laboral será de aplicación?

La legislación laboral española será de aplicación al trabajo que presten los trabajadores españoles contratados en España al servicio de empresas españolas en el extranjero, sin perjuicio de las normas de orden público aplicables en el lugar de trabajo. Dichos trabajadores tendrán, al menos, los derechos económicos que les corresponderían de trabajar en territorio español.

Actividades

1. ¿Conoces formas de explotación laboral en la actualidad? ¿Cuáles? ¿Dónde se producen? ¿Por qué motivos?
2. ¿Has oído hablar de otras ramas del Derecho? ¿Qué regula cada una de ellas?
3. Mireya es representante de una determinada marca de perfumes, cuyo producto vende. Todos los meses, la empresa le envía 20 frascos. Por cada perfume vendido cobra una comisión, pero si no consigue venderlos en el periodo de tiempo establecido, los devuelve, sin que suponga una pérdida para ella. ¿De qué tipo de relación se trata?
4. Alejandra tiene una discapacidad reconocida del 40 %. Trabaja, como una más, en la sección de perfumería de unos grandes almacenes. Pedro tiene una discapacidad reconocida del 65 % y trabaja en un centro especial de empleo. ¿De qué tipo de relación se trata, en cada caso?

2. Las fuentes del Derecho del Trabajo

Antes de analizar las fuentes del Derecho del Trabajo, recordaremos los tres poderes del Estado:

Poderes del Estado	En qué consiste	Quién lo ejerce
Legislativo	Elabora las leyes.	Las Cortes (o Parlamento), compuestas por el Congreso de los Diputados y el Senado.
Ejecutivo	Dirige la vida administrativa del país y elabora los reglamentos.	El Gobierno, compuesto por el presidente y sus ministros.
Judicial	Aplica e interpreta la ley.	Los jueces y magistrados (estos últimos actúan de forma colegiada).

Las fuentes del Derecho indican de dónde provienen las normas, su origen. Podemos distinguir entre **fuentes nacionales** e **internacionales.**

Norma y ley no son lo mismo

La **norma** es un precepto jurídico.

La **ley** es un tipo de norma. El convenio colectivo también es otro tipo de norma.

2.1. Fuentes nacionales

En Derecho Laboral, las fuentes nacionales se ordenan jerárquicamente del siguiente modo:

1.º) **La Constitución:** la norma española de mayor rango en el Estado español es la Constitución de 1978; el resto de las normas nacionales no pueden contradecirla y deben ajustarse a sus disposiciones y principios.

2.º) **Leyes y normas con rango de ley:**

Caso práctico inicial

El rango jerárquico del Estatuto de los Trabajadores.

Leyes

Las leyes son aprobadas por las Cortes Generales (compuestas por el Congreso y el Senado)

Ley orgánica

Ley para cuya aprobación, modificación o derogación se exige la mayoría absoluta del Congreso en una votación final sobre el conjunto del proyecto. La mayoría absoluta significa que deben votar a favor la mitad más uno de los miembros, lo que supone una mayor protección del contenido que se regula.
Son leyes orgánicas las relativas al desarrollo de los derechos fundamentales, las que aprueban los Estatutos de Autonomía y el régimen electoral general y las demás previstas en la Constitución.

Ley ordinaria

Ley para cuya aprobación solo se necesita mayoría simple.
Regula el resto de materias que no están reservadas al desarrollo por ley orgánica.

Normas con rango de ley

Decreto legislativo

Norma dictada por el Gobierno previa delegación expresa de las Cortes Generales. Al delegar, las Cortes especifican la materia a tratar, que no podrá ser ninguna de las reservadas a ley orgánica.
La norma que regula los aspectos básicos de la relación laboral, el Texto Refundido de la Ley del Estatuto de los Trabajadores (ET), se ha aprobado por Real Decreto Legislativo 2/2015, de 23 de octubre.

Decreto-ley

Norma dictada por el Gobierno (sin necesidad de delegación previa por las Cortes). Solo se redactan en caso de extraordinaria y urgente necesidad, y son normas provisionales que deben ser sometidas a debate y votación en el Congreso en los 30 días siguientes a su promulgación. No pueden versar sobre materias propias de ley orgánica, ni sobre las instituciones básicas del Estado.

3.º) **Reglamento:** son normas elaboradas por el Gobierno en virtud de su potestad reglamentaria. Los reglamentos pueden ser:

- **De ejecución:** cuando desarrollan una ley anterior, de cuyas prescripciones no pueden desviarse al ser jerárquicamente inferiores.
- **Independientes o autónomos:** tratan materias no reguladas previamente por ley o cuya regulación no está reservada a esta.

Pueden adoptar la forma de Decretos o de Órdenes Ministeriales.

4.º) **Convenio colectivo:** es un pacto escrito y negociado entre los representantes de los trabajadores y los empresarios para regular las condiciones de trabajo de un sector profesional concreto. Su peculiaridad radica en que es un acuerdo entre sujetos privados, pero con fuerza normativa, ya que obliga a todos los incluidos dentro de su ámbito de aplicación y durante el tiempo de su vigencia.

5.º) **Contrato de trabajo:** es un acuerdo entre el empresario y el trabajador firmantes, por el cual se comprometen, voluntariamente, a intercambiar una prestación de servicios por una remuneración.

6.º) **Usos y costumbres locales y profesionales:** son normas creadas e impuestas, de forma espontánea, por el devenir diario de los empresarios y los trabajadores de una localidad y de una determinada rama de la producción, profesión u oficio.

Caso práctico inicial

En el caso de Beatriz no se sabe qué norma aplicar: el Estatuto de los Trabajadores o su convenio colectivo.

Fuentes exclusivas del Derecho del Trabajo

Los convenios colectivos, el contrato de trabajo y los usos y costumbres locales y profesionales son fuentes exclusivas del Derecho del Trabajo.

Otras fuentes de Derecho

La **jurisprudencia:** cuando el Tribunal Supremo interpreta una norma y dicta dos o más sentencias sobre hechos idénticos, similares o análogos, resolviendo en el mismo sentido, decimos que sienta jurisprudencia. Los demás tribunales, de categoría inferior, no pueden contradecirla.

Los **principios generales del Derecho,** que solo se aplican en defecto de ley o de costumbre.

Actividades

5. Copia el siguiente cuadro de las fuentes del Derecho Laboral y completa en tu cuaderno el apartado sobre quién elabora cada norma:

Fuentes	Quién elabora cada norma
Constitución	■■■■■■■■■■■■■■■■■■■■■■
Convenio colectivo	■■■■■■■■■■■■■■■■■■■■■■
Contrato de trabajo	■■■■■■■■■■■■■■■■■■■■■■
Usos y costumbres locales y profesionales	■■■■■■■■■■■■■■■■■■■■■■

2.2. Fuentes de ámbito internacional

En el ámbito internacional, las fuentes del Derecho Laboral son el Derecho Comunitario y los tratados internacionales firmados y ratificados por España.

2.2.1. Derecho Comunitario

España es uno de los 29 países que integran la Unión Europea (UE) y, al igual que los demás, ha delegado en ella parte de su soberanía; de este modo, la Unión puede tomar decisiones sobre asuntos de interés común. Esta unión de soberanías se denomina integración europea y permite a las instituciones de la UE crear normas aplicables a todos los Estados miembros. El Derecho Comunitario se sitúa jerárquicamente por encima del derecho nacional (incluida la Constitución) y se divide en derecho originario y derecho derivado:

Derecho comunitario

- **Derecho originario**: Se compone de los Tratados que fundaron las Comunidades Europeas, sus modificaciones posteriores (por ejemplo, el Tratado de Lisboa) y las Actas de Adhesión de los Estados miembros.
- **Derecho derivado**: Está conformado por las distintas normas que rigen la vida de la Unión Europea (básicamente, Reglamentos, Directivas, Decisiones y Recomendaciones). Las principales actuaciones de la UE en el ámbito del Derecho del Trabajo son la introducción de derechos laborales en la Carta de Derechos Fundamentales de la UE y la libre circulación de trabajadores.

La libre circulación de trabajadores en la UE

- **La libre circulación de trabajadores asalariados**: Todo ciudadano de la UE puede buscar libremente un trabajo por cuenta ajena, por todo el territorio de la UE y recibir un trato igualitario en materia laboral, sindical, social y en el acceso al empleo.
- **El derecho de libre establecimiento**: Es el derecho a instalarse permanentemente en otro país de la UE para ofrecer allí sus productos o servicios en las mismas condiciones que ese país impone a sus nacionales. Esto incluye la gestión y la constitución de empresas y sociedades.
- **El derecho a la libre prestación de servicios**: Comprende la prestación de servicios sin instalación permanente en otros países, con o sin desplazamiento de un Estado a otro, a cambio de una remuneración. Si bien, al menos, sí debe haber establecimiento en un Estado miembro.
- **Límites a la libre circulación de trabajadores**:
  - Los empleos en la Administración Pública están abiertos a todos los ciudadanos europeos, salvo aquellos puestos que impliquen el ejercicio del poder público y de la soberanía nacional, como en la policía o el ejército.
  - La reserva de orden público: permite ciertas limitaciones al principio de libre circulación por razones de orden público, seguridad y salud pública.

2.2.2. Tratados internacionales

Firmados por el Gobierno español y ratificados por el Congreso, forman parte del derecho español; jerárquicamente se sitúan entre la Constitución y las leyes.

El organismo internacional que destaca por su trabajo en el ámbito laboral es la **Organización Internacional del Trabajo** (dependiente de las Naciones Unidas), cuya finalidad es mejorar las condiciones de trabajo y el nivel de vida de los trabajadores del mundo, además de elaborar programas de asistencia y asesoramiento a los países que lo requieran. En sus órganos directivos no solo se hallan los gobiernos de los países miembros, sino también las asociaciones empresariales y sindicales.

La Unión Europea

Su germen fueron las Comunidades Europeas (CEE, CECA y EURATOM), creadas en la década de los años 50 con la intención de establecer un mercado común europeo.

Caso práctico inicial

Beatriz podría trabajar como asalariada en Alemania, al ser ciudadana europea.

Ella y su marido también pueden montar una empresa.

3. Principios de aplicación del Derecho Laboral

Debido a la existencia de diversas normas laborales, en ciertas ocasiones, puede haber confusión respecto a la norma que se debe aplicar o sobre cómo interpretarla; para solucionar este problema, los tribunales recurren a los principios de aplicación e interpretación del derecho.

Según el **principio de jerarquía normativa,** las normas de rango superior prevalecen sobre las de rango inferior, por lo que una norma de rango inferior no puede contradecir a otra de igual o superior rango. La pirámide jerárquica en materia laboral sería la siguiente:

Caso práctico inicial

En el caso de Beatriz se duda entre aplicar el convenio colectivo o el Estatuto de los Trabajadores (de rango superior).

Caso práctico inicial

En el caso de Beatriz, el convenio colectivo es más favorable para la trabajadora.

La aplicación del principio de jerarquía normativa en materia laboral requiere de una cierta atenuación para poder cumplir con uno de los fines del Derecho del Trabajo, proteger al trabajador. Esto se consigue con la aplicación prioritaria de los cinco principios siguientes:

Principio *in dubio pro operario* o siempre a favor del trabajador

- **¿En qué consiste?** Cuando una norma no es clara y puede ser susceptible de diversas interpretaciones, se aplica la interpretación que más favorezca al trabajador.
- **Ejemplo:** el Estatuto de los Trabajadores establece una indemnización por despido improcedente de 33 días de salario por año de servicio, pero no especifica qué se entiende por salario, ¿solo el salario base o el salario base, los complementos salariales y las pagas extras? Si interpretamos la norma a favor del trabajador, concluiremos que la palabra salario abarca todos los conceptos, de este modo la indemnización que recibirá será mayor.

Principio de norma más favorable

- **¿En qué consiste?** Si en un caso concreto pueden aplicarse dos o más normas, se aplicará la que, en su conjunto y en cómputo anual, favorezca más al trabajador. La norma se aplicará en su totalidad, no se puede escoger lo más favorable y rechazar lo adverso de una misma norma.
- **Ejemplo:** consideremos el caso de Beatriz. El Estatuto de los Trabajadores concede 16 semanas de permiso de maternidad, mientras que su convenio colectivo permite disfrutar de 18 semanas. Aunque el Estatuto de los Trabajadores es una norma jerárquicamente superior, se aplica el convenio, por ser más favorable para Beatriz.

Principio de condición más beneficiosa	■ **¿En qué consiste?** Si se aprueba con posterioridad una norma que establece, con carácter general, peores condiciones que las disfrutadas en virtud de un contrato, prevalecerán las del contrato, por ser las más beneficiosas. ■ **Ejemplo:** en el contrato de un trabajador, Mario, se recoge una cláusula por la cual disfruta de un plus de productividad. Sus compañeros disfrutan del mismo plus por convenio colectivo, no por contrato. Tras la aprobación de un nuevo convenio, se suprime el plus de productividad, por lo que todos los trabajadores lo pierden, salvo Mario, que lo tiene concedido a título particular, en su contrato de trabajo.
Principio de norma mínima	■ **¿En qué consiste?** Las normas jerárquicamente superiores establecen las condiciones mínimas que deben disfrutar los trabajadores, de modo que una norma inferior no puede empeorarlas, pero sí mejorarlas. ■ **Ejemplo:** el Estatuto de los Trabajadores concede 30 días naturales de vacaciones anuales retribuidos; un convenio colectivo puede otorgar 31 días o más, pero nunca 29 o menos.
Principio de irrenunciabilidad de los derechos	■ **¿En qué consiste?** Los trabajadores no pueden renunciar a los derechos indispensables que les otorgan las normas. ■ **Ejemplo:** un trabajador no puede renunciar a sus vacaciones anuales o al salario de un mes, aunque le ofrezcan alguna mejora a cambio.

Actividades

6. El Estatuto de los Trabajadores concede, a todos los trabajadores, dos días de permiso retribuido en caso de fallecimiento de un familiar hasta el segundo grado, por consanguinidad o afinidad. El convenio colectivo que se aplica a los establecimientos sanitarios amplía dicho plazo a tres días naturales.

¿Cuál de las dos normas debe aplicarse en este caso? ¿Qué principio de Derecho Laboral debe aplicarse?

7. Una empresa ofrece a un trabajador renunciar a su descanso semanal, durante un mes, a cambio de ser el único trabajador de su sección en no ser despedido. ¿Es posible?

8. Luis ha trabajado durante dos años en el sector sanitario; ahora comienza una nueva etapa laboral en un taller de reparación de vehículos. La primera semana de trabajo, observa que determinadas costumbres que se respetaban de forma muy estricta en su antiguo trabajo, se ignoran en el taller. Luis sabe que las costumbres son una norma más del Derecho Laboral, por lo que se pregunta si están obrando correctamente en el taller. ¿Qué le responderías?

9. Durante la negociación del convenio colectivo del sector siderometalúrgico, los representantes de los trabajadores y de los empresarios se plantean la posibilidad de conceder menos tiempo de permiso de maternidad que el Estatuto de los Trabajadores. ¿Es posible? ¿En qué principio de Derecho Laboral fundamentas tu respuesta?

10. Emilio, director de Recursos Humanos, anuncia a sus trabajadores que no tiene más remedio que imponerles 40 horas de trabajo a la semana porque así lo dice su convenio colectivo.

¿Es cierto o podría concederles una mejora? ¿Cómo?

Principio de igualdad en la aplicación e interpretación de las normas

La igualdad de trato y de oportunidades entre mujeres y hombres es un principio informador del ordenamiento jurídico y, como tal, se integrará y observará en la interpretación y aplicación de las normas jurídicas.

Días naturales y días hábiles

Cuando se habla de días naturales, se contabilizan todos los días de la semana.

Como días hábiles solo computan los días de trabajo.

Caso práctico inicial

Varios de estos derechos se han vulnerado en el caso de Beatriz.

4. Derechos y deberes

4.1. Derechos y obligaciones de los trabajadores

Todos los trabajadores tienen los siguientes derechos:

Derechos derivados de la Constitución y el ET	Derechos derivados de la relación laboral
■ **Derecho al trabajo** y a elegir libremente una profesión u oficio. ■ **Derecho fundamental a la libre sindicación** y a fundar sindicatos: todo ciudadano es libre de afiliarse o no a un sindicato y si decide afiliarse, al que elija. ■ **Derecho fundamental a la huelga.** ■ **Derecho a la negociación colectiva** (los dos grandes colectivos en Derecho Laboral son los empresarios y los trabajadores). ■ Derecho a la adopción de medidas de conflicto colectivo. ■ **Derecho fundamental** de **reunión.** ■ **Derecho a la participación en la empresa a** través de sus representantes.	■ **Derecho a la ocupación efectiva,** es decir, a tener unas tareas y funciones específicas en el puesto de trabajo y los medios necesarios para desarrollarlas. ■ **Derecho a la promoción y formación profesional,** incluida la dirigida a su adaptación a las modificaciones operadas en el puesto de trabajo. ■ **Derecho a no ser discriminado** directa o indirectamente al acceder a un empleo, ni una vez empleado, por razones de sexo, estado civil, edad, raza, condición social, ideas religiosas o políticas, orientación sexual, afiliación o no a un sindicato, ni por razón de lengua o por discapacidad. ■ **Derecho a la integridad física** y a una adecuada política de seguridad e higiene. ■ **Derecho a la intimidad y respeto a la dignidad,** incluida la protección frente a ofensas verbales o frente al acoso sexual o acoso por razón de sexo. ■ **Derecho a la percepción puntual del salario.** ■ **Derecho al ejercicio individual de las acciones** derivadas del contrato de trabajo y a cuantos otros derechos se deriven específicamente del contrato de trabajo.

ITSS

La Inspección de Trabajo y Seguridad Social es un órgano de la Administración del Estado cuya misión es controlar y vigilar que se cumpla la normativa laboral, de Seguridad Social y de prevención de riesgos laborales.

Puedes encontrar más información en la página web del Ministerio de Empleo y Seguridad Social: <http://bit.ly/1kvu7gV>.

Los derechos fundamentales gozan de una protección privilegiada:

- Su desarrollo ha de efectuarse por ley orgánica.
- La violación de estos derechos permite acudir ante los tribunales ordinarios mediante un procedimiento preferente y sumario y recurrir en amparo ante el Tribunal Constitucional.

Quien goza de una serie de derechos, ha de cumplir con sus deberes correspondientes. Por eso, los trabajadores tienen unas **obligaciones** derivadas de la relación laboral:

Obligaciones de los trabajadores

- Cumplir con las obligaciones de su puesto de trabajo con diligencia y buena fe.
- Observar las medidas de seguridad e higiene.
- Cumplir con las órdenes e instrucciones del empresario, siempre y cuando estas se refieran a la actividad laboral, sean legales, no supongan un riesgo para la salud o la integridad física del trabajador y no atenten contra su dignidad, ni contra su prestigio profesional.
- No competir con el empresario para el que trabaja.
- Contribuir a la mejora de la productividad.
- Y cuantos otros deberes se deriven del contrato.

4.2. Obligaciones y potestades del empresario

Los empresarios tienen la obligación de cumplir la ley y respetar los derechos de los trabajadores; están obligados a respetar la igualdad de trato y de oportunidades en el ámbito laboral y, con esta finalidad, deberán adoptar medidas dirigidas a evitar cualquier tipo de discriminación laboral entre mujeres y hombres. Las empresas con más de 250 trabajadores deben elaborar y aplicar un plan de igualdad. El resto de las empresas deberán hacerlo cuando así se establezca en el convenio colectivo.

Potestades del empresario

- **Organizar y dirigir** la empresa.
- **Dictar órdenes e instrucciones** para la prestación de servicios.
- **Controlar** que se están cumpliendo sus órdenes e instrucciones.
- **Vigilar al trabajador** para controlar y verificar que cumple con sus obligaciones y deberes laborales.
- **Poder disciplinario**: Puede sancionar al trabajador por hechos previamente recogidos por escrito y con la sanción descrita para tales casos. Normalmente, los convenios colectivos incluyen un capítulo dedicado a las faltas y sanciones, dividiéndolas en leves, graves y muy graves. Las sanciones nunca podrán consistir en suprimir el sueldo, ni los periodos de descanso, aunque sí se permite la suspensión conjunta de empleo y sueldo.

Registros
Cuando se tenga la seguridad o la sospecha acompañada de pruebas de que un trabajador ha robado a la empresa o a un compañero, el empresario puede registrar al propio trabajador, su taquilla o efectos particulares (bolso, coche, mesa, etc.). Los registros se realizarán dentro del centro de trabajo y en horas de trabajo y en presencia de algún representante de los trabajadores.

Videovigilancia
El empresario podrá vigilar con cámaras desprovistas de audio los lugares de trabajo, salvo vestuarios, zonas de descanso, comedores, servicios, etc. La empresa debe informar a los trabajadores de la instalación de cámaras.

Vigilancia del correo electrónico y el uso de ordenadores
El empresario debe dar unas pautas sobre el uso de los medios informáticos y advertir de la existencia de controles, que se realizarán cuando existan indicios evidentes y claros de que se está haciendo un uso inadecuado. Debe estar presente un testigo, preferentemente un representante de los trabajadores.

Verificar el estado de enfermedad o accidente del trabajador
Cuando se aleguen estos motivos para faltar al trabajo, a través de reconocimientos médicos realizados por personal médico de la empresa.

Tu sector profesional

CASO PRÁCTICO. Busca en internet el convenio colectivo aplicable al sector relacionado con tu ciclo formativo (<http://noticias.juridicas.com/convenios>). Consérvalo, porque vas a trabajar con este convenio a lo largo de las unidades de trabajo siguientes.

11. Manuel Torres ha llegado tarde al trabajo todos los días durante las dos últimas semanas, sin haber notificado a su superior la causa. Su compañero y amigo, Javier Fernández, fichó por él a la hora de entrada, para que Manuel no fuera sancionado, pues sabe que el padre de Manuel ha muerto recientemente y, desde entonces, su amigo se encuentra muy nervioso y preocupado.

Uno de los días que Manuel llegó tarde fue por atender a un cliente particular (ajeno a la empresa). Para acudir a esta cita, utilizó el coche que el laboratorio pone a su disposición, con tan mala fortuna que tuvo un pequeño golpe al doblar una esquina, lo que provocó que el faro izquierdo del coche se desprendiera ligeramente. Para evitar tener que dar explicaciones, Manuel ha sujetado el faro con cinta aislante y no ha dado parte del incidente, ni a la empresa, ni al seguro.

Indica las posibles faltas que han podido cometer Javier y Manuel y la sanción que debe imponérseles. ¿Cuál es el plazo de prescripción de cada falta?

ACTIVIDADES FINALES

- **1.** ¿Cuáles son las cinco características propias de toda relación laboral?
- **2.** Lucía se encuentra en el Departamento de Recursos Humanos firmando su primer contrato de trabajo; como su hermano está desempleado, pide al Jefe de Personal que su hermano ocupe su puesto los fines de semana. ¿Es posible?
- **3.** Un pueblo de la costa valenciana queda inundado tras unas fuertes lluvias. Muchas personas están aún desaparecidas. Toda la población en edad de trabajar es llamada por el alcalde para colaborar en las labores de rescate. ¿Se considera relación laboral? ¿Por qué?
- **4.** Laura trabaja como voluntaria en MÉDICOS SIN FRONTERAS. Indica si es una relación laboral y por qué.
- **5.** Un productor cinematográfico contrata a un actor para trabajar en un espectáculo público. ¿Es una relación laboral? ¿De qué tipo? Razona la respuesta.
- **6.** Un ciclista profesional ha firmado un contrato con una compañía. ¿Se considera relación laboral?
- **7.** Raúl Páez es el director de una importante compañía. ¿Le vincula con la misma una relación laboral?
- **8.** Elena es la jardinera y cocinera de la familia Núñez. ¿Se trata de una relación laboral? Razona la respuesta.
- **9.** Jaime es autónomo; su relación laboral ¿se regula por el Estatuto de los Trabajadores? Razona la respuesta.
- **10.** Copia el siguiente cuadro de las fuentes del Derecho Laboral y completa en tu cuaderno el apartado sobre quién elabora cada norma:

Fuentes	Quién elabora cada norma
Ley orgánica	....
Ley ordinaria	....
Decreto-ley, decreto legislativo	....
Reglamento	....

- **11.** ¿Puede un abogado español defender ante los tribunales franceses a un ciudadano belga, teniendo solo un despacho en España? ¿En virtud de qué principio europeo?
- **12.** ¿Puede un español abrir una tienda de juguetes en Hungría? ¿Por qué?
- **13.** Ordena conforme al principio de jerarquía normativa, las siguientes normas:
  - Convenio Colectivo de la Siderometalurgia.
  - Convenio n.º 171 de la OIT sobre el trabajo nocturno.
  - Real Decreto Legislativo 2/2015, de 23 de octubre, por el que se aprueba el texto refundido de la Ley del Estatuto de los Trabajadores.
  - Real Decreto-Ley 10/2009, de 13 de agosto, por el que se regula el programa temporal de protección por desempleo e inserción.
  - Ley 31/1995, de 8 de noviembre, de Prevención de Riesgos Laborales.
  - Decreto 1006/1985, de 26 de junio, por el que se regula la relación laboral especial de los deportistas profesionales.
  - Contrato de trabajo.
  - Constitución española de 1978.
  - Ley Orgánica 11/1985, de 2 de agosto, de Libertad Sindical.
  - Directiva europea 75/117/CEE, de 10 de febrero de 1975, para conseguir la igual remuneración para hombres y mujeres.
- **14.** Samuel estuvo trabajando de camarero en Valencia. Ahora vive en Madrid y trabaja también de camarero; el primer día que acude al trabajo se queda sorprendido al ver que algunas costumbres que en Valencia nadie se atrevía a infringir aquí nadie las sigue; muy enfadado se dirige al empresario exigiéndole que debe cumplir con las mismas costumbres que hay en Valencia. ¿Tiene razón Samuel? ¿Por qué?

15. El Estatuto de los Trabajadores concede a todos los trabajadores 15 días de permiso remunerado en caso de matrimonio. El convenio colectivo que se debe aplicar a Eduardo Mendoza amplía dicho plazo a 20 días y el contrato que él ha firmado con la empresa estipula que tendrá derecho a 17 días de permiso remunerado en caso de matrimonio. ¿Qué norma debe aplicarse en este caso? ¿Por qué?

16. Una empresa ofrece a un trabajador renunciar a la mitad de sus vacaciones, a cambio de no denunciarle por haber llegado tarde al trabajo durante una semana entera. ¿Es posible?

17. Imagina que eres un empresario con varios trabajadores a cargo. ¿Qué harías ante los siguientes hechos?:

- Uno de tus trabajadores ha insultado a un compañero durante la jornada laboral.
- Otro trabajador ha llegado tarde al trabajo de forma no justificada en diez ocasiones en un mismo mes.

Para responder correctamente a esta actividad, puedes consultar el convenio colectivo de tu sector profesional o el artículo 54 del Estatuto de los Trabajadores.

18. Busca en la Constitución española el derecho a la educación y la libertad sindical. ¿Qué tipos de derechos son?

Indica si las siguientes afirmaciones son verdaderas o falsas y explica por qué:

- El Gobierno puede desarrollar por decreto-ley o decreto legislativo el derecho a la educación.
- Determinadas materias laborales deben desarrollarse, necesariamente, mediante una ley orgánica, como, por ejemplo, el derecho fundamental a la libertad sindical.
- Por ley, se puede limitar o exceptuar el ejercicio de la libertad sindical a las Fuerzas o Institutos armados o a los demás Cuerpos sometidos a disciplina militar y regular las peculiaridades de su ejercicio para los funcionarios públicos.

19. Compara el artículo 14 de la Constitución y el artículo 4.2.c) del Estatuto de los Trabajadores. Ambos hacen referencia a la igualdad: ¿qué diferencias hay entre uno y otro?

20. Realizad un debate en clase sobre lo que significa la obligación del trabajador de contribuir a la mejora de la productividad. No os olvidéis de elegir a un moderador.

Entra en internet

21. Recursos de internet en el ámbito laboral:

- <www.empleo.gob.es>, el portal del Ministerio de Empleo y Seguridad Social.
- <www.congreso.es> y <www.senado.es>, las páginas del Congreso y el Senado españoles.
- <www.uned-derecho.com/diccionario>, un diccionario jurídico.
- <http://noticias.juridicas.com>, donde podrás encontrar legislación actualizada.
- <http://europa.eu>, la página oficial de la Unión Europea.

22. Busca el convenio colectivo que se aplica a tu sector profesional. Puedes encontrarlo en:

- El portal del Ministerio de Empleo y Seguridad Social.
- El Boletín Oficial del Estado, si el convenio es de ámbito estatal <www.boe.es>.
- La página web oficial de la comunidad autónoma a cuyo ámbito se refiera el convenio.

  Por ejemplo, para encontrar los convenios colectivos de la Comunidad de Madrid, entra en <www.madrid.org>. A continuación, pincha en *Gobierno Regional*. Después elegimos la *Consejería de Empleo*. Una vez en esta página, en el apartado de organización, buscamos la *Dirección General de Trabajo* y, por último, entramos en *Convenios Colectivos*.
- Las páginas web de algunos sindicatos.
- Un buscador de convenios: <http://noticias.juridicas.com/convenios>.

23. Busca en la página web de la Organización Internacional del Trabajo (<www.ilo.org>) los convenios que ha promovido y la *Declaración sobre principios y derechos fundamentales en el trabajo*. ¿Cuáles son las cuatro áreas que abarca?

Busca también algún programa o proyecto que esté llevando a cabo la OIT para dignificar el trabajo. Explica en qué consiste y dónde se aplica.

PRÁCTICA PROFESIONAL

Relaciones laborales

Alberto pertenece al personal de alta dirección de la empresa ROBOTEX, SL; él organiza y dirige el departamento de Recursos Humanos, que se encarga de la selección, contratación, integración y formación de los trabajadores. En estos momentos está inmerso en el diseño de un nuevo programa de formación en liderazgo para sus empleados. Ha organizado las fechas de tal manera que solo podrán acudir al curso los trabajadores hombres, ya que, en su opinión, una mujer, nunca llegará a un puesto directivo.

Cuando Elena se entera de que no puede realizar dicho curso decide hablar con Alberto para intentar cambiar las fechas, pero este le dice que es imposible y que no merece la pena que ella reciba el curso. Como Elena insiste, poco a poco, la conversación va subiendo de tono, hasta que Alberto explota, insulta a Elena y pronuncia frases machistas.

Elena sale llorando del despacho y se refugia en el baño. Allí coincide con su amiga Irene, quien trata de animarla y, a su vez, le informa de la convocatoria de una huelga para la próxima semana. Ambas hablan con un representante de los trabajadores y se informan bien de los motivos de la huelga; como están de acuerdo, deciden secundarla y comunicárselo a Alberto. Su respuesta fue breve pero clara: «Quien vaya a la huelga será despedido».

Ese mismo día, durante la comida, Irene y Elena coinciden con Domingo, quien forma parte del Consejo de Administración de ROBOTEX, pero no trabaja allí, él es funcionario. Domingo nota que están algo preocupadas, por lo que decide darles una buena noticia: «¿Sabíais que vuestro convenio colectivo concede 32 días naturales de vacaciones, en lugar de los 30 que da el Estatuto de los Trabajadores?». Elena se queda pensativa, en su contrato hay una cláusula que le otorga 31 días.

Actividades

1. ¿Qué derechos se han vulnerado en ROBOTEX, SL? ¿Cuáles se recogen en la Constitución y cuáles en el Estatuto de los Trabajadores? ¿Alguno de ellos es un derecho fundamental?
2. ¿Qué tipo de relación une a Alberto con la empresa?
3. ¿Tiene Domingo una relación laboral con ROBOTEX?
4. Domingo se gana la vida como funcionario. ¿Se trata de una relación laboral?
5. ¿Cuántos días de vacaciones le corresponden a Irene? ¿Qué prevalece, el convenio colectivo o el Estatuto de los Trabajadores? ¿En virtud de qué principio laboral?
6. ¿Cuántos días de vacaciones le corresponden a Elena? En este caso, ¿qué prevalece, el convenio colectivo, el contrato de trabajo o el Estatuto de los Trabajadores? ¿En virtud de qué principio laboral?

EN RESUMEN

Evalúa tus **conocimientos**

RESUELVE EN TU CUADERNO O BLOC DE NOTAS

1. La ley orgánica...

a) Necesita de mayoría simple para ser aprobada.

b) Regula cualquier tipo de materia.

c) Tiene un rango superior a los reglamentos.

d) Ninguna es correcta.

2. El decreto...

a) Tiene el mismo rango que las leyes ordinarias.

b) Tiene el mismo rango que una orden ministerial.

c) Lo dicta el Parlamento.

d) Ninguna es correcta.

3. Señala la respuesta correcta:

a) La Constitución está por encima del Derecho Comunitario.

b) Los tratados internacionales están por encima de la Constitución.

c) Los usos y costumbres locales y profesionales son una fuente de Derecho Laboral.

d) El ET se aprobó por decreto-ley.

4. Señala la respuesta correcta:

a) Los trabajadores deben cumplir con las obligaciones de su puesto de trabajo con diligencia y buena fe.

b) Un trabajador no puede renunciar a los derechos establecidos en el Estatuto de los Trabajadores.

c) El principio de libre establecimiento permite a los ciudadanos europeos abrir empresas en otros Estados miembros.

d) Todas son correctas.

5. Son relaciones laborales excluidas, entre otras...

a) Los trabajos familiares y el servicio del hogar familiar.

b) La relación de servicio de los funcionarios públicos y del personal de alta dirección.

c) Los trabajos que realiza el familiar de un empresario, un amigo o un preso.

d) La actividad que se limita al desempeño del cargo de consejero, los funcionarios públicos y las prestaciones personales obligatorias.

6. Según el principio *in dubio pro operario*...

a) El juez deberá tener en cuenta la norma más favorable para el trabajador.

b) El juez deberá realizar la interpretación de la ley que más favorezca al trabajador.

c) El juez nunca podrá quitar al trabajador sus derechos mínimos.

d) Todas son correctas.

2 El contrato de trabajo

Vamos a conocer...

1. El contrato de trabajo y la capacidad para contratar
2. Aspectos básicos del contrato
3. Modalidades contractuales
4. Contratos indefinidos
5. Contratos temporales
6. Otros contratos
7. Las empresas de trabajo temporal

PRÁCTICA PROFESIONAL

Contrato de trabajo en prácticas

Y al finalizar esta unidad...

- Sabrás quién puede firmar un contrato de trabajo.
- Descubrirás que un contrato de trabajo puede celebrarse de forma verbal o escrita.
- Distinguirás los diferentes tipos de contratos.
- Identificarás las relaciones contractuales en caso de trabajar para una ETT.
- Conocerás algunos de los pactos que suelen acompañar a los contratos.

Caso práctico inicial

Situación de partida

María es una estudiante de un ciclo formativo de FP que compagina sus estudios con un trabajo en unos grandes almacenes, donde acude de lunes a viernes, de 17:00 a 21:00 horas. Todos los años, el mes de diciembre resulta especialmente agotador porque todo el mundo se lanza a comprar los regalos de Navidad. Para ayudar a las dependientas por el aumento del volumen de pedidos, la empresa ha contratado a dos personas más, solo para estas fechas.

Por otra parte, la jefa de María se ha jubilado y están buscando a alguien que ocupe su puesto. Mientras dura el proceso de selección, han llamado a una antigua trabajadora, Catalina, que sufre una discapacidad superior al 33%.

En un principio, el paso de Catalina por la empresa iba a ser temporal, pero se ha adaptado tan bien que están considerando la posibilidad de ofrecerle que se quede definitivamente.

Justo la semana anterior al día de Navidad, cuando hay mayor afluencia de clientes, se cayó parte del techo del aseo de mujeres. María, que estaba dentro, ha sufrido diversos golpes y se ha roto una pierna, por lo que ha de estar de baja durante un mes. Para sustituirla han contratado a Iván, un joven despreocupado de 16 años, que firmó el contrato sin leerlo porque le pareció muy largo y aburrido.

Como es necesario reparar el techo, dos obreros han visitado la obra y han dicho que lo tendrán listo en dos o cuatro semanas.

Con tantas contrataciones, el departamento de Recursos Humanos está bastante ocupado seleccionando la modalidad contractual más adecuada para cada situación.

Estudio del caso

Antes de empezar a leer esta unidad de trabajo, puedes contestar las tres primeras preguntas. Después, analiza cada punto de la unidad, con el objetivo de contestar al resto de las cuestiones de este caso práctico.

1. ¿Crees que ha hecho bien Iván en firmar el contrato sin leerlo? Si lo hubiera leído y no hubiera estado conforme con alguna cláusula, ¿puede pedirle a la empresa que la modifique?
2. ¿A partir de qué edad se puede trabajar en España? ¿Puede firmar Iván su contrato de trabajo, sin más?
3. María tiene una jornada de trabajo reducida, ¿sabes cómo se llama este tipo de contrato, por el que no se trabaja la jornada completa?
4. Las primeras modalidades contractuales que vas a estudiar son los contratos indefinidos. Cuando se celebran con ciertos colectivos, los empresarios pueden disfrutar de unas bonificaciónes en las cuotas que pagan a la Seguridad Social por esos trabajadores. ¿Pertenece Catalina a alguno de estos colectivos?
5. ¿Qué contrato temporal formalizará la empresa con los nuevos trabajadores que van a ayudar a las dependientas, por el aumento del volumen de pedidos?
6. ¿Qué contrato habrán firmado con Catalina para que ocupe el puesto de la trabajadora jubilada, mientras dura el proceso de selección?
7. ¿Qué modalidad contractual se debe utilizar en el caso de Iván?
8. ¿Qué contrato se formalizará con los dos albañiles que van a realizar la obra en el aseo?

El contrato de trabajo

- **Artículos 6 a 17 del Estatuto de los Trabajadores.** Si consultas esta norma en internet, asegúrate de encontrar versiones actualizadas (consulta la versión consolidada del BOE).

> **Caso práctico inicial**
> El contrato laboral es un acuerdo, por lo que el empresario y el trabajador pueden discutir y negociar su contenido, siempre que respeten la ley.

1. El contrato de trabajo y la capacidad para contratar

El **contrato de trabajo** es un acuerdo entre el empresario y el trabajador, mediante el cual el trabajador se compromete, voluntariamente, a prestar unos servicios y someterse al poder de organización y dirección del empresario, a cambio de una remuneración, que debe recibir independientemente de la buena marcha de la empresa.

> **Caso práctico inicial**
> Recuerda que Iván firmó el contrato él solo.

El contrato de trabajo es firmado por el trabajador y por el empresario o el representante legal de la empresa.

Requisitos para ser trabajador y poder firmar un contrato de trabajo

Ser persona física

- **Ser mayor de edad** (tener 18 años cumplidos)
- o **Tener 16 o 17 años** siempre y cuando...
  - Se cuente con la autorización de los padres, tutores o de la persona o institución que les tenga a su cargo
  - Se esté emancipado
- o **Excepción: menores de 16 años** en espectáculos públicos (teatro, cine, televisión, circo...) siempre y cuando...
  - Tengan permiso de la autoridad laboral para cada uno de los espectáculos en los que intervengan
  - No suponga un peligro para su salud física ni para su formación profesional y humana

Requisitos del empresario para celebrar un contrato de trabajo

- **Ser una persona jurídica**
- o **Ser una persona física** mayor de edad o emancipada, o un incapacitado a través de su representante legal
- o **Ser una comunidad de bienes**

Vocabulario

Emancipación

La emancipación es una situación legal que permite al menor de edad vivir de forma independiente y regir, por sí mismo, su persona y sus bienes como si fuera mayor de edad.

Se puede conseguir por matrimonio, concesión de los padres o concesión judicial, siempre con el consentimiento del menor.

Ejemplo

Es importante conocer el vocabulario jurídico básico. ¿Sabes distinguir una persona física de una persona jurídica? ¿Qué es una comunidad de bienes?

- Una persona física es un sujeto con derechos y obligaciones (todos nosotros somos personas físicas).
- Una persona jurídica es una asociación de persona/s física/s a quienes la ley concede una personalidad propia, distinta e independiente de la de cada uno de sus miembros. Este es el caso de las sociedades. Por ejemplo, una sociedad anónima o una sociedad limitada son personas jurídicas.
- Hay comunidad de bienes cuando la propiedad de una cosa o de un derecho pertenece *pro indiviso* a varias personas. Un ejemplo de comunidad de bienes sería la comunidad de propietarios de un edificio de viviendas.

2. Aspectos básicos del contrato

2.1. Forma

La forma del contrato puede ser escrita o verbal. En la actualidad se exige que **todos los contratos laborales se celebren por escrito excepto:**

- El contrato indefinido ordinario.
- El contrato eventual por circunstancias de la producción, a tiempo completo, cuya duración sea inferior a cuatro semanas.

Aun así, el trabajador puede exigir en cualquier momento que el empresario realice por escrito el contrato y quede constancia del mismo desde el primer día en que el trabajador acudió a trabajar.

Además, el empresario debe informar por escrito al trabajador en el plazo de dos meses desde la fecha de comienzo de la relación laboral (y siempre antes de que termine el contrato) sobre los **elementos esenciales del contrato:**

¿Por qué la mayoría de los contratos de trabajo se celebran por escrito?

Para proteger a la parte más débil en la relación laboral (el trabajador). Aunque en un principio existía libertad de forma, poco a poco esta se fue restringiendo.

Las partes	■ Identificación del trabajador y del empresario.
Elementos temporales	■ Fecha de comienzo de la relación laboral. ■ Duración del contrato. ■ Duración y distribución de la jornada ordinaria de trabajo.
El lugar de trabajo	■ Domicilio social de la empresa. ■ Centro de trabajo donde el trabajador prestará sus servicios habitualmente. Si el trabajador tuviera que trabajar en diferentes centros de trabajo o en centros de trabajo móviles o itinerantes, se harán constar estas circunstancias.
La categoría o grupo profesional	■ Indicación de la categoría o grupo profesional del puesto de trabajo que va a ocupar el trabajador o una descripción del contenido específico del trabajo que va a realizar.
El salario	■ Salario base inicial. ■ Complementos salariales. ■ Periodicidad de su pago.
Las vacaciones	■ Duración, atribución y distribución entre los trabajadores.
Los plazos de preaviso	■ Tanto trabajador como empresario deberán respetar unos plazos para poner fin al contrato.
El convenio colectivo	■ Identificación del convenio aplicable a la relación laboral.

2.2. Validez

El trabajador debe firmar el contrato de trabajo para indicar que está conforme con la relación acordada; no obstante, si hubiera alguna cláusula abusiva o en fraude de ley, no perjudicará al trabajador y se considerará como no puesta.

El empresario tiene las siguientes obligaciones:

- Entregar una copia del contrato al trabajador.
- Entregar una copia básica a los representantes de los trabajadores, para que la firmen.
- Comunicar y entregar en la Oficina de Empleo, en el plazo de 10 días hábiles desde la celebración del contrato, una copia del mismo y la copia básica firmada por los representantes de los trabajadores. Esta comunicación se realizará con independencia de que el contrato se realice por escrito o de palabra.

3. Modalidades contractuales

El contrato de trabajo podrá concertarse por tiempo indefinido (sin límite de tiempo) o por una duración determinada (contratos temporales).

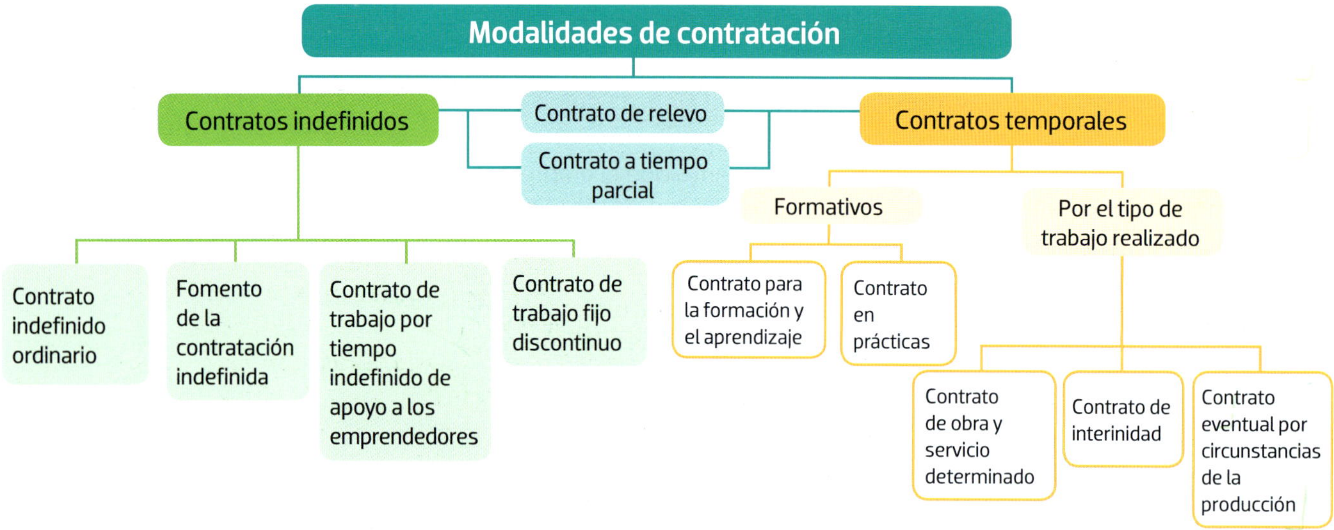

4. Contratos indefinidos

Hay diversas modalidades de contratos indefinidos:

Contrato indefinido ordinario

- Se puede concertar por escrito o de forma verbal. No se exige ningún requisito para su celebración y puede celebrarse a tiempo completo o a tiempo parcial.

Fomento de la contratación indefinida

- Para incentivar la contratación indefinida, se conceden a las empresas unas **bonificaciones en las cuotas que pagan a la Seguridad Social** por cada trabajador indefinido contratado. La cuantía de estas bonificaciones varía según los casos, y su disfrute puede durar unos años o toda la vigencia del contrato. Las bonificaciones solo se aplican:
  - **Por contratar a determinados colectivos** (mujeres víctimas de violencia de género o doméstica, personas con la condición de víctima del terrorismo acreditada, trabajadores en situación de exclusión social, personas con una discapacidad igual o superior al 33 % o con una incapacidad permanente).
  - **Por transformar en indefinidos contratos para la formación y el aprendizaje, en prácticas y de relevo** (en empresas con menos de 50 trabajadores) y **contratos temporales** celebrados con personas con una discapacidad igual o superior al 33 % o con una incapacidad permanente.

Contrato indefinido de apoyo a los emprendedores

- Esta modalidad de contrato indefinido aparece por primera vez en el año 2012, con el objeto de facilitar el empleo estable y potenciar la iniciativa empresarial. Solo puede ser concertado por **empresas que tengan menos de 50 trabajadores.** Características específicas:
  - **Jornada:** puede celebrarse a tiempo completo y a tiempo parcial.
  - **Forma**: por escrito, en modelo oficial.
  - **Duración del periodo de prueba:** un año.
  - **Incentivos:** la empresa tendrá derecho y podrá compatibilizar incentivos fiscales y bonificaciones en las cuotas de la Seguridad Social si los trabajadores pertenecen a determinados colectivos.
- Para la aplicación de estos incentivos, el empresario deberá mantener en el empleo al trabajador al menos 3 años (en caso contrario, devolverá los incentivos). No se considerará incumplida esta obligación cuando el contrato se extinga por despido disciplinario procedente, dimisión, muerte, jubilación o incapacidad permanente del trabajador.

5. Contratos temporales

5.1. Contratos formativos

5.1.1. Contrato para la formación y el aprendizaje

Finalidad	Conseguir que el trabajador adquiera la **formación teórica y práctica** necesaria para desempeñar un oficio o puesto de trabajo, alternando la actividad laboral retribuida en una empresa, con una actividad formativa recibida en el marco del sistema de formación profesional para el empleo o del sistema educativo.
Requisitos de los trabajadores	▪ **Límite de edad.** Con carácter general, tener entre 16 y 25 años. Excepciones: – No habrá límite máximo de edad cuando el contrato se concierte con personas con discapacidad o en situación de exclusión social (contratados por empresas de inserción). – Hasta que la tasa de desempleo en nuestro país se sitúe por debajo del 15 % podrán realizarse contratos para la formación y el aprendizaje con trabajadores menores de 30 años. ▪ **Carecer de una cualificación profesional reconocida** por el sistema de formación profesional del sistema educativo o de formación profesional para el empleo (título o certificado de profesionalidad, respectivamente) requerida para un contrato en prácticas. Podrá celebrarse con trabajadores que cursen formación profesional del sistema educativo. ▪ **No haber desempeñado antes ese puesto de trabajo** en la misma empresa por un tiempo superior a 12 meses.
Duración	▪ **Mínima**: 1 año. **Máxima**: 3 años. Por convenio colectivo podrán establecerse distintas duraciones del contrato, sin que la duración mínima pueda ser inferior a 6 meses, ni la máxima superior a 3 años. ▪ Las situaciones de incapacidad temporal, riesgo durante el embarazo, maternidad, adopción o acogimiento, riesgo durante la lactancia y paternidad, se interrumpirá el cómputo de la duración del contrato. ▪ Finalizada la duración del contrato, el trabajador no podrá ser contratado bajo esta modalidad por la misma o distinta empresa, salvo que la formación del nuevo contrato se destine a la obtención de una cualificación profesional distinta.
Formación	▪ La actividad laboral desempeñada por el trabajador en la empresa deberá estar relacionada con la formación. ▪ **Acreditación:** la formación debe justificarse a la finalización del contrato.
Jornada	▪ El tiempo de trabajo efectivo deberá ser compatible con el tiempo dedicado a las actividades formativas, y no podrá ser superior al 75 %, durante el primer año, o al 85 %, durante el segundo y el tercer año, de la jornada máxima prevista en el convenio colectivo o, en su defecto, a la jornada máxima legal. ▪ Los trabajadores no podrán realizar horas extraordinarias (salvo casos de fuerza mayor), trabajos nocturnos, ni trabajo por turnos.
Retribución	▪ Se fijará en proporción al tiempo de trabajo efectivo, de acuerdo con lo establecido en convenio colectivo. En ningún caso, la retribución podrá ser inferior al salario mínimo interprofesional en proporción al tiempo de trabajo efectivo.
Acción protectora	▪ Comprenderá todas las contingencias, situaciones protegibles y prestaciones, incluido el desempleo.

5.1.2. Contrato en prácticas

Finalidad	■ Proporcionar al trabajador **práctica profesional** adecuada a su nivel de estudios.
Requisitos de los trabajadores	■ Tener un título universitario o de FP de grado medio o superior, un título oficialmente reconocido como equivalente o un certificado de profesionalidad. ■ Que no hayan transcurrido más de 5 años desde la terminación de los estudios (7 años si se trata de un trabajador discapacitado). Podrán celebrarse contratos en prácticas con menores de 30 años, aunque hayan transcurrido cinco o más años desde la finalización de sus estudios, hasta que la tasa de desempleo en nuestro país se sitúe por debajo del 15 %.
Forma	■ Debe celebrarse por escrito y constar la titulación del trabajador, la duración del contrato y el puesto de trabajo a desempeñar durante las prácticas.
Duración	■ **Mínimo**: 6 meses. **Máximo:** 2 años. Dentro de estos límites, los convenios colectivos podrán especificar la duración de este tipo de contratos. ■ Las situaciones de incapacidad temporal, riesgo durante el embarazo, maternidad, adopción o acogimiento, riesgo durante la lactancia y paternidad interrumpirán el cómputo de la duración del contrato.
Jornada	■ Puede celebrarse a tiempo completo y a tiempo parcial.
Retribución	■ Será la fijada en convenio colectivo, sin que pueda ser inferior al 60 % durante el primer año, o al 75 % durante el segundo, del salario fijado por convenio para un trabajador que desempeñe el mismo o equivalente puesto. Para los trabajadores contratados a tiempo parcial el salario se reducirá en función de la jornada que realicen.

Actividades

1. Carlos tiene 19 años y está estudiando un ciclo formativo. Una empresa quiere contratarle para desempeñar un trabajo relacionado con sus estudios. Su futuro jefe está pensando ofrecerle un contrato en prácticas o un contrato para la formación y el aprendizaje. ¿Qué contrato debería firmar Carlos? ¿Por qué?
2. ¿Qué diferencias hay entre un contrato para la formación y el aprendizaje y un contrato en prácticas?

5.2. Contratos por el tipo de trabajo que se realiza

Los siguientes contratos solo pueden concertarse para los fines previstos. De no hacerlo así, se incurrirá en fraude de ley.

5.2.1. Contrato de obra o servicio determinado

Finalidad	Se concierta para realizar una **obra** o prestar un **servicio:** ▪ Con **autonomía y sustantividad propia** la obra o el servicio serán distintos a la actividad normal de la empresa. ▪ Cuya ejecución sea, en principio, de **duración incierta,** aunque **limitada en el tiempo.** Los convenios colectivos podrán identificar aquellos trabajos o tareas con sustantividad propia dentro de la actividad normal de la empresa que puedan cubrirse con contratos de obra o servicio. **Ejemplo:** una empresa cuya actividad es la fabricación y venta de bolsos y zapatos, decide acondicionar un local. Esta obra de albañilería es independiente de la fabricación de zapatos y no se sabe cuánto tiempo tardarán en finalizarla. Con los albañiles que contrate, formalizará un contrato de obra o servicio.
Forma	Por escrito y debe identificarse claramente la obra o servicio.
Duración	El contrato finalizará **cuando termine la obra o servicio,** sin que pueda superar los 3 años de duración. Este plazo se puede ampliar hasta en 12 meses más por convenio. Transcurridos estos plazos, los contratos se convierten en fijos. Una vez alcanzada la duración máxima o realizada la obra o servicio objeto del contrato, si no hubiera denuncia y se continuara trabajando, el contrato se considerará prorrogado tácitamente por tiempo indefinido, salvo prueba en contrario que acredite la naturaleza temporal de la prestación. No es necesario que la obra esté terminada para que el empresario pueda ir extinguiendo poco a poco los contratos.
Jornada	Puede celebrarse a tiempo completo y a tiempo parcial.

5.2.2. Contrato eventual por circunstancias de la producción

Finalidad	Estos contratos solo deben celebrarse **para atender a circunstancias especiales en el mercado:** acumulación de tareas o exceso de pedidos, aun tratándose de la actividad normal de la empresa. Por ejemplo: en la época navideña, los grandes almacenes necesitan más dependientas, debido al aumento de pedidos y ventas en estas fechas.
Forma	Duración **superior a 4 semanas:** por escrito; si es inferior, pueden ser verbales, si se celebran a tiempo completo.
Duración	Como máximo 6 meses dentro de un periodo de referencia de 12 meses. Por convenio colectivo se puede ampliar el periodo de referencia hasta 18 meses; en este caso, el contrato no puede durar más de 3/4 partes del periodo de referencia que se fije (entre 12 y 18 meses). Aun así, si las 3/4 partes del periodo de referencia superan los 12 meses, el periodo máximo de duración del contrato se considerará 12 meses. Si el contrato se celebrara por tiempo inferior al máximo establecido legal o convencionalmente, solo se admite una prórroga.
Jornada	Puede celebrarse a tiempo completo y a tiempo parcial.

Contrato «primer empleo» joven

Finalidad	Modalidad de contrato eventual que solo se podrá celebrar hasta que la tasa de paro de nuestro país se sitúe por debajo del 15 %. Su finalidad es incentivar que los jóvenes tengan una primera experiencia laboral. Las empresas que transformen en indefinidos estos contratos tendrán derecho a una bonificación en las cuotas de la Seguridad Social.
Requisitos trabajador	▪ Experiencia laboral inferior a 3 meses. ▪ Menor de 30 años.
Requisitos empresa	Mantener el empleo neto (para evitar el efecto sustitución).
Jornada	Debe ser de al menos el 75 % de la jornada a tiempo completo.

5.2.3. Contrato de interinidad

Finalidad	Este contrato solo puede celebrarse en los siguientes casos: ■ Para sustituir a un trabajador con derecho a reserva del puesto de trabajo, por ejemplo, un trabajador que está de baja por enfermedad o accidente. ■ Para cubrir temporalmente un puesto de trabajo, durante el proceso de selección que se realice para cubrir ese puesto definitivamente.
Forma	Por escrito. Debe constar el trabajador sustituido y la causa de la sustitución, indicando si el puesto es el mismo que ocupaba la persona sustituida o el de otro trabajador que pase a desempeñar el puesto de quien está de baja.
Duración	■ Cuando se trata de sustituir a un trabajador con derecho a reserva del puesto de trabajo, el contrato tendrá la misma duración que la baja del trabajador sustituido. ■ Si se cubre un puesto de trabajo durante un proceso de selección, la duración máxima del contrato será de 3 meses, salvo si la empresa es la Administración Pública, en cuyo caso no existe límite máximo.
Extinción	El contrato de interinidad se transforma en indefinido si una vez producida la causa prevista para la extinción del contrato (reincorporación del trabajador sustituido), no se hubiera producido denuncia expresa de alguna de las partes y se continuara trabajando.
Jornada	A **tiempo completo.** Solo puede celebrarse a **tiempo parcial** cuando: ■ La persona sustituida trabajase a tiempo parcial. ■ Se complete la jornada de alguien que ha reducido la suya.
Incentivos	Si el contrato de interinidad se celebra para sustituir a un trabajador que se acoge a un descanso relacionado con la maternidad o con la conciliación de la vida familiar y laboral o para sustituir a una víctima de violencia de género o a un discapacitado, el empresario tendrá derecho a una bonificación en las cuotas que paga a la Seguridad Social.

5.3. Aspectos comunes a los contratos temporales

Los trabajadores con contratos temporales tendrán los mismos derechos que los trabajadores con contratos de duración indefinida.

Asimismo, los contratos temporales también conceden al empresario bonificaciones en las cuotas que paga a la Seguridad Social, cuando se celebren con colectivos con dificultades de inserción laboral, como víctimas de violencia de género o doméstica, trabajadores en situación de exclusión social, discapacitados con un grado superior o igual al 33 %, incapacitados permanentes, desempleados, menores de 30 años, etc.

Acceso a puestos de trabajo permanentes

El empresario debe informar a los trabajadores con contrato temporal acerca de la existencia de puestos de trabajo vacantes, a fin de garantizarles las mismas oportunidades de acceder a puestos permanentes que a los demás trabajadores.

Actividades

3. El taller TUN, SA, necesita contratar a diez informáticos por el tiempo que tarden en instalar un nuevo programa informático de contabilidad. ¿Qué tipo de contrato celebrará con los nuevos trabajadores?
4. Los salones de belleza FLASH, SA, necesitan contratar a diez maquilladoras durante los meses de mayo y junio debido al aumento del número de bodas y al deseo de las novias de ser maquilladas en estos salones. Se trata de atender un número elevado de pedidos en los meses de mayo y junio. ¿Qué tipo de contrato celebrarán con las maquilladoras? ¿Cuál es su duración máxima? ¿Cuál será la forma de dicho contrato?
5. Un trabajador pasa a disfrutar de un descanso de paternidad. ¿Qué tipo de contrato se firmará con la persona que le sustituya? ¿Quiénes pueden proporcionar una bonificación? ¿Cuánto durará dicho contrato? ¿Qué forma tendrá?
6. Una escuela infantil decide instalar un jardín de juegos en el interior de sus instalaciones. Isabel, la directora del centro, ya ha hablado con los albañiles que va a contratar. ¿Qué tipo de contrato debe formalizar con ellos? ¿Cuál será la duración de dichos contratos? ¿Pueden realizarse verbalmente?

5.3.1. Prórroga y conversión en indefinidos

Los contratos de duración determinada que tengan establecido plazo máximo de duración, incluidos los contratos en prácticas y para la formación, concertados por una duración inferior a la máxima legalmente establecida, se entenderán prorrogados automáticamente hasta la duración máxima de la correspondiente modalidad contractual, cuando no medie denuncia o prórroga expresa y el trabajador continúe prestando servicios.

Expirada dicha duración máxima o realizada la obra o servicio objeto del contrato, si no hubiera denuncia y se continuara en la prestación laboral, el contrato se considerará prorrogado tácitamente por tiempo indefinido, salvo prueba en contrario que acredite la naturaleza temporal de la prestación.

Ejemplo

Elena ha estado contratada en prácticas durante un año. Cuando finaliza su contrato, nadie en la empresa le dice nada y ella sigue trabajando como hasta entonces. ¿Qué ocurre?

El contrato se prorroga hasta la duración máxima de los contratos en prácticas, dos años. Si después de esos dos años, la empresa tampoco avisa de la finalización del contrato y Elena continúa en su puesto, se entiende que el contrato se transforma en indefinido, salvo que el empresario demuestre la naturaleza temporal de la prestación.

5.3.2. El encadenamiento de los contratos temporales

Adquirirán la **condición de trabajadores fijos** aquellos que en un periodo de 30 meses hubieran estado contratados durante un plazo superior a 24 meses:

- De forma continuada o interrumpida, es indiferente.
- Para el mismo o diferente puesto de trabajo.
- Con la misma empresa o grupo de empresas.
- Mediante dos o más contratos temporales.
- Bien directamente por la empresa o a través de una empresa de trabajo temporal (ETT).
- Con las mismas o diferentes modalidades contractuales.

De este modo, los contratos temporales no pueden encadenarse sin límite, si bien esto no se aplica a los contratos formativos, de relevo y de interinidad.

Justificación de la condición de fijo en caso de encadenamiento de contratos temporales

El trabajador puede solicitar un certificado de los contratos temporales al Servicio Público de Empleo.

Ejemplo

Lucía ha estado trabajando para la misma empresa, primero con un contrato eventual de 6 meses, concertado a través de una ETT; después, la empresa la contrató directamente durante 19 meses con un contrato de obra o servicio. El siguiente contrato que firme deberá ser indefinido.

Encadenamiento de contratos temporales en la Administración Pública

Se aplican las mismas reglas, sin perjuicio de los principios de igualdad, mérito y capacidad en el acceso al empleo público.

5.3.3. Preaviso

Si la duración del contrato temporal es superior a un año, la parte que quiera darlo por finalizado debe notificarlo a la otra con una antelación mínima de 15 días.

Si el empresario no lo hiciera así, tendrá que abonar al trabajador una indemnización equivalente al salario correspondiente a los días en que dicho plazo se haya incumplido.

Si el trabajador no avisara con la suficiente antelación se le podrán descontar tantos días de salario como días de retraso en la notificación.

5.3.4. El periodo de prueba

Al firmar un contrato de trabajo se puede establecer, mediante un pacto escrito, un periodo de prueba, durante el que se pretende ver si la relación laboral interesa al empresario y al trabajador.

Durante este periodo, las dos partes pueden romper el vínculo contractual en cualquier momento, sin generar derecho a indemnización. Por lo demás, el trabajador tiene los mismos derechos y deberes que cualquier otro.

Duración máxima del periodo de prueba

- La **duración máxima** del periodo de prueba se fijará en el convenio colectivo. En ausencia de regulación, se estará a lo dispuesto en el Estatuto de los Trabajadores, según el cual, el periodo de prueba no podrá exceder:
  - De **6 meses** para los técnicos titulados.
  - De **2 meses** para el resto, salvo en las empresas con menos de 25 trabajadores, donde no superará los tres meses.
- **Contrato eventual por circunstancias de la producción**; **Contrato por obra o servicio**; **Contrato de interinidad (no superior a 6 meses)**
  - **1 mes,** salvo que se disponga otra cosa en el convenio colectivo
- **Contrato en prácticas**
  - **1 mes** para los trabajadores con título de grado medio o un certificado de profesionalidad de nivel 1 o 2
  - **2 meses** para quienes posean un título de grado superior o un certificado de profesionalidad de nivel 3

Será nulo el pacto que establezca un periodo de prueba cuando el trabajador ya haya desempeñado las mismas funciones con anterioridad en la empresa, bajo cualquier modalidad de contratación.

Contratación de discapacitados

Las empresas públicas y privadas con 50 o más trabajadores tienen la obligación de contratar un número no inferior al 2 % de su plantilla de trabajadores con una discapacidad igual o superior al 33 %.

5.3.5. Indemnización

A la finalización de los contratos temporales (salvo los de interinidad y los formativos), el trabajador tendrá derecho a recibir una indemnización que varía en función del año en el que se firmó el contrato. Esta indemnización aumentará progresivamente hasta llegar a ser de 12 días de salario por año de servicio para los contratos temporales que se celebren a partir del 1 de enero de 2015 (o la indemnización establecida en la normativa específica de aplicación).

5.3.6. Pactos anexos

Pactos anexos

- **Pacto de permanencia**
  - Es un pacto, por el cual, el trabajador asume la obligación de permanecer en una empresa durante un cierto tiempo. Su duración máxima es de dos años.
  - Para que su celebración sea válida se exige que la empresa corra con los gastos de un curso de formación que se impartirá al trabajador.
  - La rescisión del contrato, por parte del trabajador, antes del plazo pactado, genera para el empresario el derecho a una indemnización de daños y perjuicios.
- **Pacto de plena dedicación**
  - Es aquel pacto escrito, por el cual, un trabajador se obliga a prestar sus servicios en exclusiva a un solo empresario, a cambio de una compensación económica.
  - Debe realizarse por escrito.

Trabajadores en situación de exclusión social

La exclusión social es una situación en la que se debilitan los vínculos entre el individuo y el resto de la sociedad, bien por problemas, económicos, laborales, sociales, personales o de aislamiento geográfico.

6. Otros contratos

6.1. Contrato de relevo

Finalidad

Es aquel que se concierta para sustituir parcialmente al trabajador que accede a la jubilación parcial anticipada.

Requisitos

El trabajador debe estar inscrito como desempleado en la oficina de empleo o haber concertado con la empresa un contrato de duración determinada.

Jornada

Puede celebrarse a jornada completa o a tiempo parcial.

La duración de la jornada deberá ser, como mínimo, igual a la disminución de la jornada del trabajador sustituido. El horario de trabajo del relevista podrá completar el del trabajador sustituido o simultanearse con él, y pueden coincidir los dos a la vez en el trabajo.

6.2. Contrato a tiempo parcial

Finalidad

Es aquel que se concierta para realizar la prestación de servicios durante un número de horas al día, a la semana, al mes o al año, inferior a la jornada de trabajo de un *trabajador a tiempo completo comparable*.

Se entenderá por *trabajador a tiempo completo comparable* aquel de la misma empresa, con el mismo tipo de contrato, que realice un trabajo idéntico o similar, a jornada completa. Si en la empresa no hubiera ningún trabajador comparable a tiempo completo, se considerará la jornada a tiempo completo prevista en el convenio colectivo correspondiente o, en su defecto, la jornada máxima que establece el ET.

Forma

Por escrito.

En el contrato deberá figurar el número de horas ordinarias de trabajo al día, a la semana, al mes o al año contratadas, y su modo de distribución.

Duración

Puede ser temporal o indefinido

Jornada

La jornada se registrará día a día y se totalizará mensualmente, entregando copia al trabajador, junto con la nómina, del resumen de todas las horas realizadas cada mes.

Horas extras y horas complementarias

Los trabajadores a tiempo parcial no pueden realizar horas extraordinarias (salvo las de fuerza mayor).

Los trabajadores a tiempo parcial pueden realizar horas complementarias si su jornada de trabajo no es inferior a 10 horas semanales en cómputo anual. Las horas complementarias son aquellas que exceden de la jornada ordinaria y se caracterizan por:

- No pueden superar el 30 % de las horas ordinarias. Por convenio colectivo se puede ampliar este porcentaje hasta un 60 % de las horas ordinarias contratadas.
- Se retribuyen igual que las horas ordinarias.
- Se recogen en un pacto específico, por escrito.

En todo caso, la suma de las horas ordinarias y complementarias no podrá exceder del límite legal del trabajo a tiempo parcial.

7. Las empresas de trabajo temporal

Fraude de ley

La contratación de trabajadores para cederlos temporalmente a otra empresa solo podrá efectuarse a través de una ETT debidamente autorizada.

Los trabajadores cedidos ilegalmente tendrán derecho a adquirir la condición de fijos en la ETT o en la empresa usuaria a su elección.

Trabajos especialmente peligrosos

Respetando las limitaciones acordadas mediante negociación colectiva, podrán celebrarse contratos de puesta a disposición para realizar trabajos especialmente peligrosos, siempre y cuando:

- La ETT organice de forma total o parcial sus actividades preventivas con recursos propios debidamente auditados.
- Constituya un comité de seguridad y salud con, al menos, cuatro delegados de prevención.
- El trabajador posea las aptitudes, competencias, cualificaciones y formación específica requeridas para dichos puestos.

Una **empresa de trabajo temporal** (ETT) es aquella cuya actividad fundamental consiste en contratar a trabajadores para, posteriormente, cederlos a otra empresa (denominada *empresa usuaria*) para la que trabajarán durante un tiempo determinado.

Deben obtener una autorización administrativa para realizar su actividad. Pueden, además, actuar como agencias de colocación si obtienen la autorización correspondiente para ello. Deberán informar expresamente y en cada caso si actúan en condición de ETT o de agencia de colocación.

Relaciones contractuales: el trabajador firma un contrato laboral con la ETT, y esta, a su vez, firmará un contrato (no laboral) con la empresa usuaria, que se denomina *contrato de puesta a disposición*.

Modalidades contractuales entre la ETT y el trabajador:

- Contrato indefinido.
- Contratos temporales, cuya duración coincidirá con el periodo para el cual el trabajador prestará servicios a la empresa usuaria.

  Pueden utilizarse las modalidades de contrato de interinidad, eventual por circunstancias de la producción, por obra o servicio, contrato para la formación y el aprendizaje, contrato en prácticas y contrato de trabajo de primer empleo joven, cumpliendo con todos los requisitos estudiados para este tipo de contratos.

Exclusiones. No se podrán celebrar contratos de puesta a disposición en los siguientes casos:

- Para sustituir a trabajadores en huelga en la empresa usuaria.
- Si en los 12 meses inmediatamente anteriores a la contratación, la empresa ha despedido a los trabajadores que ocupaban los puestos de trabajo que ahora se pretenden cubrir, alegando despido improcedente o por causas económicas, técnicas, organizativas o de producción (salvo fuerza mayor).
- Para ceder trabajadores a otras empresas de trabajo temporal.
- Para la realización de trabajos u ocupaciones especialmente peligrosos para la seguridad y la salud en el trabajo, salvo en los casos previstos por la ley.

Las ETT no podrán realizar con las Administraciones Públicas contratos de puesta a disposición de trabajadores para la realización de tareas que, por ley, estén reservadas a los funcionarios.

Forma: el contrato debe celebrarse por escrito.

Convenio aplicable: el de la empresa usuaria.

Extinción: cuando la duración del contrato sea temporal, el trabajador tendrá derecho a una indemnización de doce días de salario por año de servicio, o a la establecida, en su caso, en la normativa específica que sea de aplicación. La indemnización podrá ser prorrateada durante la vigencia del contrato.

Derechos del trabajador contratado por una ETT

Tendrán derecho en las mismas condiciones que si hubieran sido contratados directamente por la empresa usuaria para ocupar el mismo puesto en cuanto a:

- Condiciones esenciales de trabajo (remuneración, duración de la jornada, horas extras, periodos de descanso, trabajo nocturno, vacaciones, días festivos).
- Condiciones de empleo.
- Protección de mujeres embarazadas, en periodo de lactancia, protección de menores, igualdad de trato de hombres y mujeres, lucha contra la discriminación y uso de servicios e instalaciones comunes, como guardería, comedor, transporte, etc.
- Ser informados por la empresa usuaria sobre la existencia de puestos de trabajo vacantes, a fin de garantizarles las mismas oportunidades que a los trabajadores contratados directamente por ella.
- Ser representados por los representantes de los trabajadores de la empresa usuaria.

Responsabilidades y potestades de la ETT

- Cumplir con las obligaciones salariales y de Seguridad Social.
- Destinar anualmente el 1 % de la masa salarial a la formación de los trabajadores cedidos.
- Sancionar al trabajador (poder disciplinario).
- Cuando celebren contratos para la formación y el aprendizaje, la ETT será la responsable de las obligaciones de formación.

Responsabilidades y potestades de la empresa usuaria

- Informar al trabajador sobre los riesgos de su puesto de trabajo y las medidas de protección y prevención.
- Tiene el poder de organización y dirección de la actividad laboral.
- La empresa usuaria responderá subsidiariamente de las obligaciones salariales y de Seguridad Social contraídas con el trabajador, así como de la indemnización económica que corresponda a la extinción del contrato.
- Cuando se firmen contratos para la formación y el aprendizaje, se designará a la persona de la empresa usuaria que se encargará de tutelar el desarrollo de la actividad laboral del trabajador y que actuará como interlocutora con la empresa de trabajo temporal.

Actividades

7. Elena terminó un ciclo formativo el año pasado. Después de enviar varios currículos, es contratada por NOVACIÓN, mediante un contrato de interinidad, para ser cedida a otra empresa, LABORATORIOS SIMANTEC, SA, donde trabaja Miguel con un contrato indefinido.

a) Identifica en un esquema a la ETT, al trabajador y a la empresa usuaria.

b) ¿Es obligatorio formalizar un contrato a través de una ETT por escrito?

c) ¿Qué convenio se aplica a Elena?

d) ¿Quién puede sancionar a Elena si comete una infracción? ¿Y a Miguel?

e) ¿Quién debe informar y formar a Elena en materia de prevención de riesgos laborales? ¿Y proporcionarle los equipos de protección individual?

f) Si Elena y Miguel realizan el mismo trabajo y tienen la misma categoría profesional, ¿podría Elena cobrar un salario inferior al de Miguel?

Tu sector **profesional**

8. Retoma el convenio colectivo de tu sector profesional que buscaste en la unidad de trabajo anterior y contesta a las siguientes preguntas:

- ¿Establece el convenio colectivo un periodo de preaviso para la finalización del contrato?
- ¿Regula la duración máxima del contrato en prácticas y del periodo de prueba?
- ¿Fija alguna retribución para el contrato en prácticas?
- ¿Permite ampliar la duración del contrato eventual por circunstancias de la producción?

Recuerda: si el convenio analizado no hace referencia a ninguna de estas cuestiones, se mantiene la regulación del Estatuto de los Trabajadores.

ACTIVIDADES FINALES

1. Enumera los contratos que deben celebrarse, por norma, obligatoriamente a jornada completa.

   Reflexiona: el resto de los contratos pueden celebrarse a jornada completa o a tiempo parcial.

2. ¿Qué trámites administrativos debe realizar la empresa después de que empresario y trabajador firmen el contrato de trabajo?

3. Un empresario del mundo del espectáculo pretende contratar los servicios de un menor de 15 años. El contrato tendría por objeto la participación del menor en una obra de teatro que habría de representarse durante el verano. En estas circunstancias, ¿podría formalizarse un contrato?

4. Anabel ha firmado un contrato en prácticas de dos años de duración, que inició el 1 de julio de 2012. En diciembre de ese mismo año, se fue de viaje a Tanzania, donde contrajo la malaria, lo que motivó que estuviera de baja por incapacidad temporal durante dos meses. ¿Cuándo finalizará su contrato?

5. Evaristo accede a la jubilación parcial anticipada. Su empresa necesita contratar a otro trabajador porque Evaristo, al reducir su jornada, no puede llevar a cabo toda la tarea que realizaba antes. ¿Qué modalidad contractual se firmará con el nuevo trabajador? ¿Qué duración puede tener? ¿Qué tipo de jornada puede tener? ¿Qué forma tendrá el contrato?

6. En verano, las ventas aumentan considerablemente en una heladería. ¿Qué modalidad contractual sería la más adecuada para contratar a personal de apoyo durante el período estival? ¿Cuál es su duración máxima? ¿Se realizará por escrito o basta con la vía verbal?

7. Una empresa de más de 50 trabajadores desea cubrir dos puestos de auxiliar administrativo. ¿Tiene obligación el empresario de contratar a algún trabajador discapacitado? ¿Qué modalidad contractual podría utilizar? ¿Qué incentivos tiene?

8. Un empresario decide contratar a un joven de 20 años que no tiene ningún tipo de estudios, por lo que le interesaría recibir formación a la vez que aprende la práctica del oficio que va a desarrollar en la empresa. ¿Qué tipo de contrato debe realizarle? ¿Será verbal o escrito?

9. ¿Qué protección social recibe el trabajador contratado para la formación y el aprendizaje?

10. ¿Pueden los trabajadores a tiempo parcial realizar horas extraordinarias?

11. Juan está contratado a tiempo parcial desde hace doce años y desea pasar a tiempo completo. Un día oye a su jefe decir que necesitan más trabajadores a tiempo completo, ¿tiene Juan algún tipo de preferencia? Consulta el Estatuto de los Trabajadores para responder a esta pregunta.

12. Marisa Fernández fue contratada mediante un contrato de interinidad en enero del presente año, en sustitución de Elena Merino, que solicitó una baja por maternidad. Sin embargo, no ha ocupado el puesto concreto de Elena, sino que las tareas de Elena han pasado a su antigua compañera y Marisa ocupa el puesto de la trabajadora que sustituye a Elena. ¿Es correcta la manera de obrar del empresario?

13. ¿Qué contratos de trabajo se pueden celebrar de forma verbal?

14. Un trabajador sufre un accidente de trabajo y, como consecuencia de ello, estará de baja, al menos, tres meses. El empresario decide contratar un suplente durante el periodo de baja de su trabajador. ¿Qué tipo de contrato de trabajo formalizará con el sustituto?

Entra en internet

15. Entra en la página web del Servicio Público de Empleo Estatal, <www.sepe.es> y localiza las modalidades contractuales que has estudiado en esta unidad. Descarga los modelos oficiales. Puedes utilizar el asistente de contratos para encontrar la modalidad más adecuada.

PRÁCTICA PROFESIONAL

Contrato de trabajo en prácticas

MINISTERIO
DE EMPLEO Y
SEGURIDAD SOCIAL

SERVICIO PÚBLICO
DE EMPLEO ESTATAL

FONDO SOCIAL EUROPEO
El FSE invierte en tu futuro

CONTRATO DE TRABAJO EN PRÁCTICAS

DATOS DE LA EMPRESA

CIF/NIF/NIE

D./DÑA.	NIF/NIE	EN CONCEPTO (1)
NOMBRE O RAZÓN SOCIAL DE LA EMPRESA	DOMICILIO SOCIAL	
PAIS	MUNICIPIO	C. POSTAL

1

DATOS DE LA CUENTA DE COTIZACIÓN

RÉGIMEN	COD. PROV.	NÚMERO	DIG. CONTR.	ACTIVIDAD ECONÓMICA

DATOS DEL CENTRO DE TRABAJO

PAIS	MUNICIPIO

DATOS DEL/DE LA TRABAJADOR/A

1

D./DÑA.		NIF/NIE	FECHA DE NACIMIENTO
Nº AFILIACIÓN S.S.	NIVEL FORMATIVO	NACIONALIDAD	
MUNICIPIO DEL DOMICILIO		PAIS DOMICILIO	

Con la asistencia legal, en su caso, de D./Dña. ....
con N.I.F./ N.I.E. ...., en calidad de (2) ....

DECLARAN

a) Que el/la trabajador/a está en posesión del título o certificado de profesionalidad de (3) ...., o en condiciones de obtenerlo por haber terminado con fecha ...., los estudios correspondientes al mismo que le capacitan para la práctica profesional objeto de este contrato (4).

b) Que no han transcurrido cinco años, o siete en el caso de personas con discapacidad, desde la terminación o convalidación de los estudios o del certificado de profesionalidad , salvo en el supuesto que el trabajador sea menor de 30 años o menor de 35 con un grado de discapacidad reconocido igual o superior al 33%, en cuyo caso no se exige periodo de finalización de estudios.

c) Que el/la trabajador/a tiene reconocida la condición de persona con discapacidad , como se acredita con la certificación expedida por .... (5)

d) Que el/la trabajador/a no ha estado contratado en prácticas en ésta u otra empresa por tiempo superior a dos años.

En caso de primer contrato en prácticas :Señalese con una X, lo que corresponda:

☐ Que el trabajador/a desempleado/a es menor de 30 años.

☐ Que el trabajador/a desmpleado/a es menor de 35 años y con un grado de discapacidad reconocido igual o superior al 33%.

☐ Que el trabajador/a desempleado/a es menor de 30 años y realiza prácticas no laborales acogidas al R.D. 1543/2011 en la empresa.

Que reunen los requisitos exigidos para la celebración del presente contrato y, en su consecuencia, acuerdan formalizarlo con arreglo a las siguientes:

CLÁUSULAS

4 PRIMERA: El/la trabajador/a prestará sus servicios como (6) ...., en prácticas, incluido en el grupo profesional / categoría / nivel profesional (7) ...., de acuerdo con el sistema de clasificación vigente en la empresa, en el centro de trabajo ubicado en (calle, nº y localidad) 3 ....

1

http://www.sepe.es

Los elementos esenciales del contrato:

1. Las partes que celebran el contrato
2. Elementos temporales
3. El lugar de trabajo
4. Categoría o grupo profesional
5. El salario
6. Las vacaciones
7. Plazos fin de contrato
8. El convenio colectivo

PRÁCTICA PROFESIONAL

(continuación)

SEGUNDA: La jornada de trabajo será (8):

☐ **A tiempo completo**: la jornada de trabajo será de .... horas semanales, prestadas de ...., a ...., con los descansos que establece la ley.

☐ **A tiempo parcial**: la jornada de trabajo ordinaria será de ...., horas ☐al día, ☐ a la semana, ☐ al mes, ☐ al año, siendo esta jornada inferior a (9)..

La distribución del tiempo de trabajo será de ....

2 TERCERA: La duración del presente contrato será de (10) .... y se extenderá desde .... hasta (11).. Se establece un período de prueba de (12) ....

5 CUARTA: El/la trabajador/a percibirá una retribución total de (13) .... euros brutos .... que se distribuyen en los siguientes conceptos salariales (14) ....

6 QUINTA: La duración de las vacaciones anuales será de (15) ....

SEXTA: A la finalización del presente contrato, la empresa se obliga a expedir un certificado al/a la trabajador/a en el que conste la duración de las prácticas, el puesto o puestos de trabajo ocupados y las principales tareas realizadas por cada uno de ellos.

SÉPTIMA : El/la empleador/a tendrá derecho en el caso de que el trabajador sea de menor de 30 años a una reducción del 50% de la cuota empresarial por contingencias comunes correspondiente al trabajador durante toda la vigencia del contrato. Si el trabajador estuviese realizando prácticas no laborales en la empresa, según lo establecido en el Real Decreto 1543/2011, en el momento de la concertación del contrato en prácticas la reducción será del 75%. Se aplicará en lo relativo a esta reducción lo dispuesto en la Sección 1ª del Capítulo I de la ley 43/2006, salvo lo establecido en el art. 2.7.

7 OCTAVA: El contrato se extinguirá por la expiración del tiempo convenido,incluido, en su caso, el de las prórrogas que se puedan acordar.

NOVENA: En lo no previsto en este contrato se estará a la legislación vigente que resulte de aplicación, y particularmente, a lo dispuesto en el art. 11 del Estatuto de los Trabajadores, aprobado por el Real Decreto Legislativo 1/1995, de 24 de marzo (BOE de 29 de marzo), art. 13 del R.D. Ley 4/2013 de 22 de febrero (BOE de 23 de febrero), por el Real Decreto 488/1998, de 27 de marzo (BOE de 9 de abril). Asimismo le será
8 de aplicación lo dispuesto en el Convenio Colectivo de ....

DÉCIMA: El contenido del presente contrato se comunicará al Servicio Público de Empleo de ...., en el plazo de los 10 días siguientes a su concertación. El/la empresario/a comunicará el fin de la relación laboral al Servicio Público de Empleo de .... en el plazo de los 10 días siguientes a dicha terminación.

UNDÉCIMA: ESTE CONTRATO PODRÁ SER COFINANCIADO POR EL FONDO SOCIAL EUROPEO.

DUODÉCIMA : PROTECCIÓN DE DATOS. Los datos consignados en el presente contrato tendrán la protección derivada de la Ley Orgánica 15/1999 de 13 de diciembre.

(1) Director/a Gerente, etc.
(2) Padre, madre, tutor/a o persona o institución que le tenga a su cargo.
(3) De acuerdo con los títulos o certificados establecidos en el art. 11.1 del Estatuto de los Trabajadores según redacción dada por la Ley 35/2010, de 17 de septiembre.
(4) El/la trabajador/a deberá entregar al/a la empresario/a fotocopia compulsada del título o certificado de profesionalidad, certificación de su solicitud o certificación acreditativa de [illegible] de los estudios o de la formación obtenida.
(5) Se cumplimentará sólo en el caso de que el/la trabajador/a tenga la condición de persona con discapacidad y se indicará el organismo oficial que ha emitido dicha certificación.
(6) Indicar profesión.
(7) Señalar el grupo profesional y la categoría o nivel profesional que corresponda, según el sistema de clasificación profesional vigente en la empresa.
(8) Marque con una X lo que corresponda.
(9) Indíquese el número de horas,según convenio colectivo para jornada completa, máximo legal o del trabajador a tiempo completo.
(10) No inferior a seis meses ni superior a dos años.
(11) Las situaciones de I.T., riesgo durante el embarazo, maternidad, adopción o acogimiento, riesgo durante la lactancia y paternidad, interrumpiran el cómputo de la duración del contrato.
(12) De establecerse período de prueba, no podrá ser superior a un mes para los/as titulados/as de grado medio o con certificado de profesionalidad de nivel 1 ó 2, ni de dos meses para los/as titulados/as de grado superior o certificado de profesionalidad de nivel 3, salvo lo dispuesto en Convenio Colectivo.
(13) Diarios, semanales o mensuales, no inferior en la establecida en convenio colectivo para los/as trabajadores/as en prácticas, ni, en su defecto, al 60 o al 75 por 100 durante el primer o segundo año de vigencia del contrato, repectivamente, de salario fijado en convenio para un/a trabajador/a que desempeñe el mismo o equivalente puesto de trabajo. En ningún caso, inferior al Salario Mínimo Interprofesional.
(14) Salario base y complementos salariales.
(15) Mínimo: 30 días naturales.

Actividades

1. Te proponemos un supuesto práctico en el que tú eres la persona protagonista. Imagina que has terminado tu ciclo formativo y la empresa ALFA te contrata durante 2 años para que puedas adquirir la práctica profesional adecuada a tus estudios. La actividad de la empresa está directamente relacionada con la propia de tu sector profesional. Busca en la página web del Servicio Público de Empleo Estatal <www.sepe.es> los modelos oficiales de contratos, elige el modelo oficial adecuado a este caso y rellénalo con tus datos personales y la información dada. Recuerda que puede ayudarte a elegir el tipo de contrato más adecuado el asistente de contratos de trabajo que ha creado el SEPE. El resto de los datos puedes inventarlos o rellenarlos conforme al convenio colectivo de tu sector.

EN RESUMEN

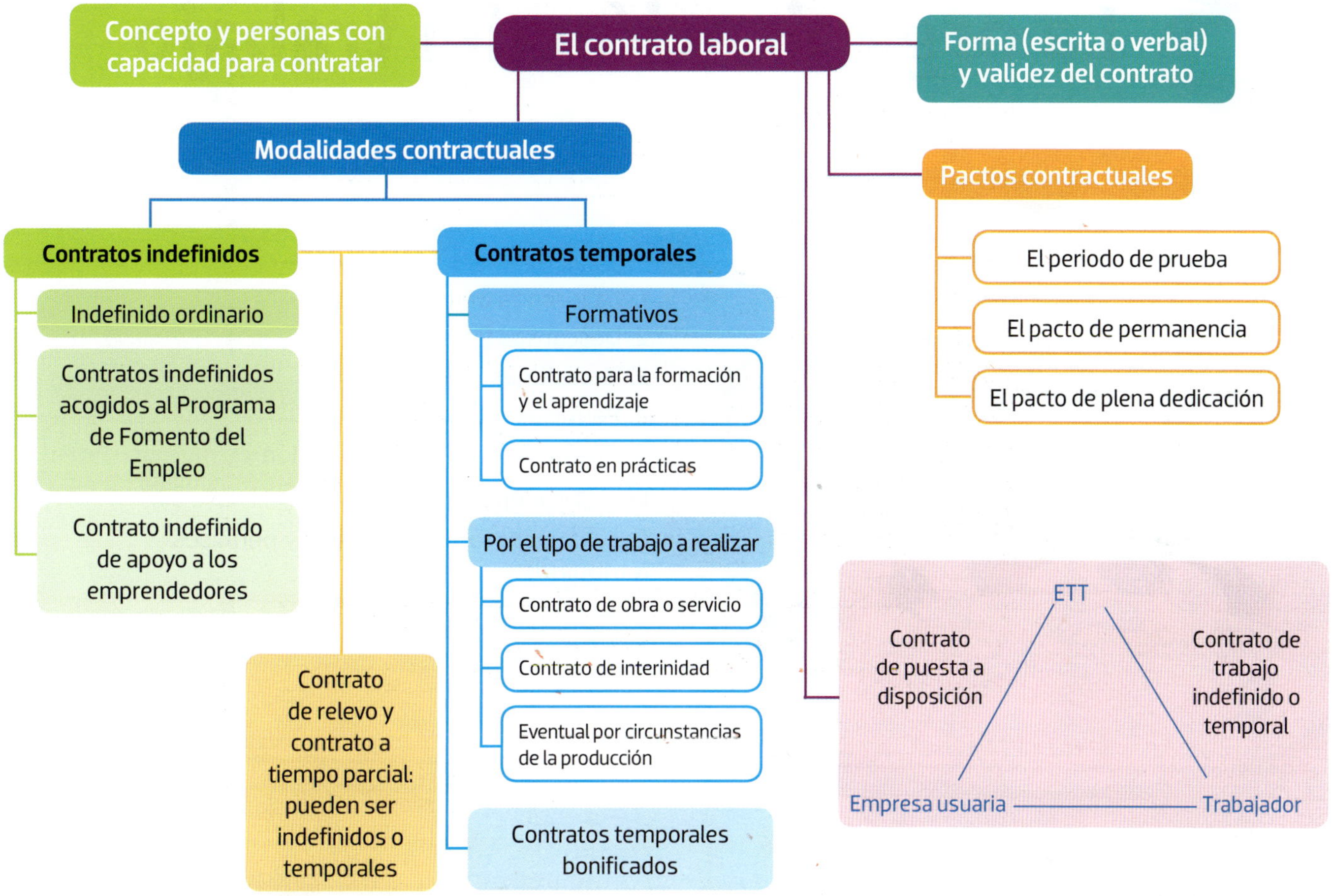

Evalúa tus conocimientos

RESUELVE EN TU CUADERNO O BLOC DE NOTAS

1. **Ignacio, de 19 años de edad, obtuvo hace dos años un título de Grado Medio. Una empresa le contrata por primera vez, mediante un contrato para la formación y el aprendizaje:**
   a) No se puede contratar a una persona con un título de un Ciclo Formativo de Grado Medio mediante este tipo de contrato.
   b) No es posible, porque Ignacio obtuvo el título hace 2 años.
   c) Ignacio excede de la edad permitida.
   d) Ninguna es correcta.

2. **Señala la respuesta correcta:**
   a) Un trabajador con un contrato en prácticas a tiempo parcial puede realizar horas complementarias.
   b) La duración máxima del periodo de prueba es de 2 meses.
   c) Un trabajador puede pedir en cualquier momento que se plasme su contrato por escrito.
   d) Ninguna es correcta.

3. **El ayuntamiento de una localidad necesita cubrir un puesto de trabajo, por lo que convoca un concurso-oposición. Como el proceso de selección se demora, decide contratar a una persona para ocupar ese puesto mientras dure dicho proceso de selección. ¿Qué tipo de contrato firmarán con esta persona?**
   a) Eventual.
   b) Indefinido.
   c) De interinidad.
   d) A tiempo parcial.

4. **¿Cuántos meses puede durar como máximo el contrato de la pregunta anterior?**
   a) Dos meses.
   b) Tres meses.
   c) Un año.
   d) No hay límite máximo.

5. **Respecto al contrato de obra o servicio:**
   a) Al finalizar el contrato, el trabajador recibe una indemnización.
   b) El empresario debe avisar con una antelación de 15 días del final de la obra o servicio si el contrato es superior a un año.
   c) Solo puede celebrarse por escrito.
   d) Todas son correctas.

3 La organización del trabajo

Vamos a conocer...

1. La jornada de trabajo
2. Descansos y festivos
3. Vacaciones
4. Permisos retribuidos
5. Nuevas formas de organización

PRÁCTICA PROFESIONAL

Casos prácticos sobre jornada y permisos retribuidos

Y al finalizar esta unidad...

- Identificarás las condiciones laborales de los trabajos por turnos y nocturnos, y de las horas extraordinarias.
- Sabrás cuáles son los derechos de los trabajadores en relación con los descansos, los festivos, las vacaciones o los permisos retribuidos.
- Conocerás las medidas que se aplican en la organización del trabajo para conciliar la vida familiar y la laboral.
- Aprenderás lo que es la flexibilidad y su influencia en la vida laboral.

Caso práctico inicial

Situación de partida

Gonzalo es el jefe de Recursos Humanos del Hotel Arco, que dispone de 220 habitaciones y servicios como bar y cafetería, restaurante o centro de convenciones, entre otros.

Hoy ha sido un día muy ajetreado para Gonzalo. Ha tenido que resolver varias dudas de empleados del hotel, además de realizar diferentes gestiones.

Carlos fue a consultarle acerca de una duda que tenía sobre cómo podría disfrutar de los dos días seguidos que le han comentado unos amigos que le corresponden de descanso semanal. Hace cinco años que trabaja en el restaurante del hotel y normalmente le dan el sábado o el domingo y solo medio día, y a veces a mitad de semana.

Patricia ha comunicado que se casa dentro de tres meses. Ha preguntado qué tiene que hacer y los días libres que le corresponden.

Roberto ha llamado por teléfono para decir a Gonzalo que se va a tomar el día libre que le corresponde por ir a testificar a un juicio por un accidente de tráfico que presenció hace seis meses. Se celebra a las 9:00 h de la mañana. Roberto trabaja en turno de tarde y entra a trabajar a las 15:00 h.

En la recepción del hotel, Luisa realiza siempre el turno de noche. Ha llegado a un acuerdo con el hotel para hacerlo. Tiene una duda en relación con su nómina, porque no sabe si está cobrando más dinero que sus compañeros de otros turnos y, por ello, acude a Gonzalo.

Ese mismo día, ha sido publicado en el BOE el convenio colectivo de la empresa, que tiene ámbito nacional. Después de leerlo, Gonzalo piensa que el apartado de las vacaciones no le viene bien a su hotel, porque reconocen un día laboral libre más. Él, desde luego, no lo piensa aplicar.

El departamento comercial de Sander Servicios Integrales, que es la contrata que lleva el mantenimiento del hotel, ha enviado a Gonzalo el nuevo contrato de este año, para que lo firme.

Andrés, camarero que realiza servicios extras en algunos de los eventos que se organizan en el hotel, ha pasado por el departamento de Recursos Humanos para firmar el contrato por obra y servicio determinado como camarero extra para dos bodas que se van a celebrar en el hotel este fin de semana. Andrés puede compaginar este tipo de trabajo con sus estudios de formación profesional.

Estudio del caso

Antes de empezar a leer esta unidad de trabajo, intenta contestar las cuestiones que se plantean a continuación sobre el caso práctico. Después, una vez estudiada la unidad, compara tus respuestas con lo que hayas aprendido.

1. ¿Es legal la forma en que Carlos disfruta del descanso semanal?
2. Por matrimonio, ¿tiene Patricia derecho a disfrutar de algún permiso? En caso afirmativo, ¿cuánto tiempo y qué obligaciones formales tiene?
3. ¿Podría Roberto faltar al trabajo si está en el turno de tarde y el juicio se celebra a primera hora de la mañana?
4. Explica el tipo de jornada que tiene Luisa en su puesto de trabajo. ¿Qué derechos le asisten?
5. ¿Puede Gonzalo decidir qué parte del convenio aplica y cuál no?
6. Explica qué tipo de relación tiene Sander Servicios Integrales con el Hotel Arco.
7. Señala ante qué tipo de flexibilidad laboral nos encontramos en la situación de Andrés. Explica qué ventajas puede encontrar en ella.

- **Real Decreto Legislativo 2/2015, de 23 de octubre, por el que se aprueba el texto refundido de la Ley del Estatuto de los Trabajadores**
- **Real Decreto 1561/1995, de 21 de septiembre, sobre jornadas especiales de trabajo**
- **Ley Orgánica 3/2007, de 22 de marzo, para la igualdad efectiva de mujeres y hombres**
- **Ley 20/2007, de 11 de julio, del Estatuto del Trabajo Autónomo**

Estos textos se pueden encontrar en internet en la página web del Ministerio de Empleo y Seguridad Social <www.empleo.gob.es> en el apartado de Legislación.

1. La jornada de trabajo

La duración y la ordenación del tiempo de trabajo se pactan en convenio colectivo o en contrato de trabajo, dentro de los márgenes legales.

> La **jornada de trabajo** es el número de horas que diaria, semanal o anualmente el trabajador presta los servicios para los que ha sido contratado. Si existen interrupciones, la jornada se denomina *partida;* en caso contrario, se conoce como *jornada continuada.*

El **horario** es la forma de distribuir el tiempo de trabajo y descanso durante la jornada. Es rígido si la hora de entrada y salida del trabajo es fija, y flexible, si hay un margen de libertad de entrada y salida, dentro de unos límites.

La **duración máxima de la jornada** será de **cuarenta horas semanales de promedio en cómputo anual.** Un 10 % de la jornada anual se puede distribuir de una forma irregular, que deberá respetar en todo caso los periodos mínimos de descanso diario y semanal. El día y la hora deberán ser conocidos por el trabajador con un preaviso mínimo de 5 días.

La **jornada diaria** no puede ser superior a nueve horas diarias de trabajo efectivo, salvo que, por negociación colectiva, se establezca otra distribución.

Los menores de 18 años no podrán realizar más de 8 horas diarias de trabajo efectivo, que incluyen, en su caso, el tiempo dedicado a la formación y, si trabaja para varios empresarios, las horas realizadas para cada uno.

Entre el final de una jornada y el comienzo de la siguiente deben mediar, como mínimo, **12 horas de descanso.** De este límite están exentas ciertas actividades, trabajos y sectores con jornadas especiales que por sus peculiaridades amplían o limitan el tiempo de trabajo y descanso.

Presencia del trabajador en su puesto

El trabajador se tiene que encontrar en su puesto al comienzo y al final de la jornada diaria. Incluye el trabajo efectivo y de presencia, espera o disposición.

La empresa fija el horario de su actividad, respetando la legalidad vigente y puede utilizar diversos métodos para verificar su cumplimiento.

Jornada pactada y jornada realizada

Las diferencias entre la jornada pactada y la realmente realizada se pueden compensar en el plazo de 12 meses desde que se produzcan.

La empresa puede utilizar diversos métodos para verificar el cumplimiento del horario.

Jornadas especiales (RD 1561/1995)

Ampliar la jornada

- Empleados de fincas urbanas
- Guardas y vigilantes no ferroviarios
- Comercio y hostelería
- Trabajos en el campo
- Transporte
- Trabajos en el mar
- Trabajos por turnos
- Trabajos de puesta en marcha y cierre
- Condiciones especiales de aislamiento y lejanía
- Jornadas fraccionadas

Limitar la jornada

Proteger la salud y seguridad de los trabajadores por las características de la actividad o por exposición a riesgos:

- En el campo
- En el interior de las minas
- En la construcción y en las obras públicas
- En cajones de aire comprimido
- En cámaras frigoríficas de congelación

La jornada también se ve reducida en los siguientes casos:

- Contratos a tiempo parcial
- Por motivos familiares
- Para formarse en prevención de riesgos laborales

Actividades

1. José Ramón está trabajando, de martes a sábado, en una oficina de información turística. Su horario es de 9:00 a 12:30 h por la mañana y de 18:30 a 23:00 h por la tarde. ¿Son correctos su horario y su jornada?
2. Señala cuáles de las siguientes situaciones se consideran trabajo efectivo y cuáles no:
   - Tiempo de traslado desde la recepción o el garaje de la empresa al puesto de trabajo.
   - Fichar al entrar o salir.
   - Descanso para comer el bocadillo.
   - Reconocimientos médicos.
   - Tiempo para cambiarse de ropa.
   - Tareas de limpieza o similares si se está expuesto a riesgos.
   - Tareas previas a la realización del trabajo.

Horas extraordinarias

- Las horas extraordinarias son cada hora de trabajo efectivo que se realice sobre la duración de la jornada ordinaria. Su **realización es voluntaria,** salvo que se pacten o sean por fuerza mayor.
- Por negociación colectiva o individual, se optará entre abonarlas en la cuantía que se fije, que no será inferior al valor de la hora ordinaria, o compensarlas con tiempo equivalente de descanso retribuido en los 4 meses siguientes a su realización.
- Las horas extraordinarias por fuerza mayor se realizan para reparar siniestros u otros daños extraordinarios y urgentes o ante casos de riesgo de pérdida de materias primas.
- **No deben superar 80 horas al año,** a no ser que se compensen con tiempo libre o sean por fuerza mayor. Si la jornada en cómputo anual es inferior a la jornada general en la empresa, se reducirá en la misma proporción que exista entre tales jornadas.
- Se prohíbe la realización de horas extras, salvo que sean horas por fuerza mayor o por irregularidades en el relevo de los turnos, a los menores de 18 años, los trabajadores a tiempo parcial, durante el periodo nocturno (salvo en actividades especiales debidamente especificadas y expresamente autorizadas) o durante el permiso parcial de maternidad o paternidad.

Caso práctico inicial

Luisa es trabajadora nocturna, por lo que debe recibir una retribución específica, salvo que su salario ya la recoja. No puede realizar horas extra y tiene derecho a la misma protección en materia de salud laboral.

Con carácter general, no se pueden realizar más de 80 horas extras al año.

Organización especial del trabajo

- **Se organizará el trabajo según un cierto ritmo,** adaptándolo a la persona, atenuando su monotonía y repetitividad y cumpliendo las normas de salud laboral.
- El **trabajo nocturno** es aquel que se realiza entre las 22:00 h y las 06:00 h. Tiene una retribución específica, salvo que sea nocturno por su propia naturaleza o se haya acordado la compensación de este por descansos. Queda prohibido para menores de 18 años.
- El **trabajador nocturno** realiza normalmente en periodo nocturno una parte no inferior a 3 horas de su jornada diaria o se prevé que una parte no inferior a un tercio de la jornada anual sea en este horario. Su jornada no podrá exceder de ocho horas diarias de promedio, en un periodo de referencia de 15 días.
- En **el trabajo por turnos,** los trabajadores ocupan sucesivamente los mismos puestos, según un cierto ritmo, continuo o discontinuo, donde prestan sus servicios en horas diferentes en un periodo determinado de días o de semanas. En empresas con **procesos productivos continuos de 24 horas,** en la organización de los turnos se tendrá en cuenta la rotación de los mismos y que ningún trabajador esté en el de noche más de dos semanas consecutivas, salvo adscripción voluntaria.

2. Descansos y festivos

Durante los descansos y festivos, el trabajador no está a disposición de la empresa, a pesar de lo cual debe ser retribuido.

Descanso semanal	Los trabajadores tendrán derecho a un **descanso mínimo semanal de día y medio ininterrumpido** que, como regla general, comprenderá la tarde del sábado o, en su caso, la mañana del lunes y el día completo del domingo. Se puede acumular por periodos de hasta 14 días. Los **menores de 18 años** disfrutarán como mínimo, de **dos días de descanso semanal** ininterrumpido, no acumulables, en principio.
En jornadas continuadas	En la **jornada continuada,** los trabajadores disfrutarán de un descanso que no será inferior a **15 minutos,** si excede de **6 horas.** Los menores de 18 años disfrutarán al menos de **30 minutos** cuando la jornada exceda de **4,5 horas.**
Fiestas laborales	Las fiestas laborales, con carácter retribuido y no recuperable, **no podrán exceder de 14 al año, de las cuales dos serán locales.** En cualquier caso, se respetarán como fiestas de ámbito nacional la Natividad del Señor (25 de diciembre), Año Nuevo (1 de enero), la Fiesta del Trabajo (1 de mayo) y la Fiesta Nacional de España (12 de octubre). El Gobierno puede trasladar a lunes las fiestas nacionales si son entre semana, o al lunes inmediatamente posterior, si coinciden en domingo. En este caso y en las fiestas nacionales señaladas, las comunidades autónomas las pueden sustituir por sus fiestas tradicionales.
Calendario laboral	Anualmente, las empresas elaborarán el calendario laboral, en el que se incluye el horario de trabajo y la distribución anual de los días de trabajo, festivos y descanso. Se expondrá en cada centro de trabajo en un lugar visible. Los representantes de los trabajadores serán consultados y emitirán un informe sobre esta materia.

Para conciliar la vida personal, familiar y laboral, el trabajador puede adaptar la duración y la distribución de su jornada laboral, según lo dispuesto en la negociación colectiva o en un acuerdo con el empresario.

Los trabajadores tienen derecho a un descanso mínimo semanal de día y medio ininterrumpido.

Caso práctico inicial

Carlos trabaja en la hostelería, actividad que puede tener una jornada especial.

Si lo reconoce su convenio, se puede acumular el medio día del descanso semanal por periodos de hasta 4 semanas, o su separación del día completo para su disfrute en otro día de la semana.

3. Vacaciones

Las vacaciones son la **interrupción retribuida de la actividad laboral** a lo largo del año para que descanse el trabajador. Son un derecho constitucional y no son ni recuperables ni sustituibles por compensación económica.

La duración de las vacaciones se pactará en convenio colectivo o en el contrato individual, sin que pueda ser inferior a **30 días naturales**. Si no se trabaja el año completo, este periodo se reducirá proporcionalmente.

Hay que **disfrutarlas en el año natural** al que correspondan y se podrán coger completas o fraccionadas, según lo acordado entre las partes. Se permite el **fraccionamiento** de las vacaciones en dos o más periodos, siempre que al menos uno sea de dos semanas ininterrumpidas, según el Convenio 132 de la OIT.

El momento de disfrute se fijará de común acuerdo entre el empresario y el trabajador, según la planificación anual de vacaciones de la empresa. La fijación del periodo de vacaciones no puede ser adoptada ni modificada unilateralmente por el empresario (STC 13/6/85).

Se pueden disfrutar en fecha distinta, incluso si ha finalizado el año natural a que correspondan, si coinciden con la suspensión por maternidad, paternidad o acogimiento. Igual sucede si es por otra causa, aunque no tienen que haber transcurrido más de 18 meses a partir del final de año en que se hayan originado.

Las fechas de vacaciones serán conocidas por el trabajador dos meses antes de su comienzo. Ante un desacuerdo, el Juzgado de lo Social fijará su fecha de disfrute en un procedimiento sumario, preferente y urgente regulado por la Ley de la Jurisdicción Social.

Ejemplos

Natalia ha empezado a trabajar en una empresa el día 1 de septiembre, de lunes a jueves. ¿Qué tiempo de vacaciones le corresponde si su convenio le reconoce el derecho a 30 días naturales? ¿Y si tuviera derecho a 21 días laborables?

Los días naturales son los días reales, de lunes a domingo, es decir, se incluyen los días festivos y los de descanso semanal. Por tanto, si fuesen 30 días naturales se calcula mediante una regla de tres. Si en 12 meses se genera derecho a 30 días naturales, en cuatro meses serán: 4 x 30 / 12 = 10 días naturales. Son 2,5 días por mes.

Los días laborables son los días que el trabajador efectivamente se encuentra trabajando; en este caso, no se computan sábados, ni domingos, ni festivos. Por ello, serán: 21 x 4 / 12 = 7 días laborables.

Normalmente, cuando los días de vacaciones se contabilizan por días laborables, el trabajador sale beneficiado.

¿Se puede pedir a un empleado que trabaje todos los días de la semana?

Se permite acumular el descanso semanal por periodos de hasta catorce días; es decir, se pueden realizar once días de trabajo efectivo y tres días de descanso ininterrumpidos, salvo que el trabajador sea menor.

Actividades

3. Pedro tiene desde hace 5 años un horario de 8:00 a 15:00 h. ¿Tiene derecho a descansar durante la jornada?
4. Delia tiene una jornada partida con hora y media para comer. ¿Puede descansar para comer el bocadillo?
5. ¿Podría una comunidad autónoma sustituir o cambiar el festivo de la Fiesta Nacional, el 12 de octubre?
6. ¿Puede Magdalena disfrutar de las vacaciones al año siguiente si ha estado de baja por maternidad?

4. Permisos retribuidos

El trabajador, previo aviso y justificación posterior, podrá ausentarse del trabajo, independientemente de su antigüedad, con derecho a remuneración.

Permisos retribuidos generales

- Por **traslado del domicilio habitual.** — 1 día
- Para cumplir un **deber inexcusable de carácter público y personal** (sufragio activo, participar en un juicio, ser miembro de una mesa electoral o por gestiones ante órganos administrativos). Se puede pasar al trabajador a excedencia forzosa si no puede trabajar durante 3 meses más del 20 % de horas laborables. — Tiempo imprescindible o el que legalmente se determine
- Para realizar **funciones sindicales o de representación.** — Tiempo establecido por la normativa o el convenio

Permisos retribuidos para conciliar la vida laboral y familiar

- Por **matrimonio,** 15 días naturales.
- Por **nacimiento de un hijo** o por el **fallecimiento, accidente o enfermedad graves,** hospitalización o intervenciones quirúrgicas sin hospitalización o que precisen de reposo domiciliario de parientes hasta segundo grado, 2 días, o 4 días en caso de desplazamiento.
- Tiempo imprescindible para **exámenes prenatales y técnicas de preparación al parto** que deban realizarse durante la jornada de trabajo.
- Por **lactancia de un hijo natural, adoptado o acogido, menor de 9 meses,** los trabajadores tendrán derecho a 1 hora de ausencia del trabajo, que puede dividirse en dos fracciones que no tienen que ser necesariamente iguales, o a una reducción de su jornada en media hora, a opción del trabajador. Solo podrá ser ejercido por uno de los progenitores si ambos trabajan.

  En caso de optarse por la reducción, ha de efectuarse sobre la jornada efectivamente realizada por el trabajador, no sobre la ordinaria o normal de trabajo en la empresa, es decir, se debe disfrutar íntegro, sin reducción proporcional. Se puede acordar la acumulación en jornadas completas de todo el tiempo de lactancia.
- Por **nacimiento de hijos prematuros o que deban permanecer hospitalizados a continuación del parto** la madre o el padre podrán ausentarse del trabajo durante 1 hora. Asimismo, pueden reducir su jornada hasta un máximo de 2 horas, con la disminución proporcional del salario.
- Derecho a **reducir entre un octavo y la mitad la jornada habitual** del trabajador, con la disminución proporcional del salario, para quien tenga a su **cuidado directo:**
  - Por guarda legal, a algún menor de 12 años o una persona con discapacidad física, psíquica o sensorial que no desempeñe una actividad retribuida.
  - Un familiar, hasta el segundo grado de consanguinidad o afinidad, que por edad, accidente o enfermedad no se valga por sí mismo y no realice trabajo retribuido.
- Los trabajadores **víctimas de violencia de género o de terrorismo** tendrán derecho, para hacer efectiva su protección o su derecho a la asistencia social integral, a reducir su jornada de trabajo con disminución proporcional del salario o a la reordenación del tiempo de trabajo (adaptación del horario, horario flexible u otras formas).

Caso práctico inicial

Patricia tiene derecho a 15 días naturales de permiso por matrimonio.

Roberto debe asistir a un juicio como testigo, lo que es considerado un deber inexcusable, pero solo durante el tiempo imprescindible. Por ello, Roberto no puede ausentarse del trabajo por la tarde.

Ambos deben avisar previamente y luego justificar el motivo de su ausencia.

Otros permisos retribuidos

- Permisos para acudir a **exámenes.**
- Los trabajadores con al menos un año de antigüedad tienen derecho a 20 horas anuales de **formación profesional para el empleo** vinculada a la actividad de la empresa, acumulables por un periodo de hasta 5 años.
- Por cada 3 meses de **desplazamiento del trabajador,** 4 días laborales en su domicilio de origen.

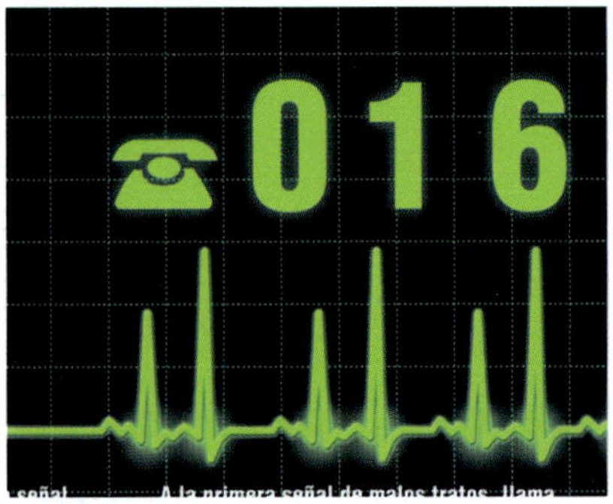

Teléfono de información y asesoramiento jurídico en materia de violencia de género.

Ejemplos

David va a formar parte de un jurado popular. En principio, no hay problema porque prevé faltar solo una semana, de 8 a 13 h por la mañana. Solo puede ir a trabajar una hora al día. David tiene obligación no solo de asistir al juicio, sino que también debe celebrar reuniones para deliberar en secreto y emitir un veredicto. Así pues, la semana podría convertirse en más tiempo. ¿Qué puede hacer la empresa en esta situación?

La empresa puede pasar a David a una excedencia forzosa porque su actividad como jurado es un deber inexcusable, de carácter público y personal, que le imposibilita la prestación del trabajo en más del veinte por ciento de las horas laborales, en un periodo de tres meses.

¿Se puede ampliar la duración de la jornada de los trabajadores nocturnos?

Sí. En los sectores de actividad que tienen permitida la ampliación de jornada, para prevenir y reparar siniestros o daños extraordinarios y urgentes o en el trabajo por turnos, en caso de irregularidades en el relevo por causas no imputables a la empresa. No se podrá superar la jornada de 8 horas diarias de trabajo efectivo de promedio en un periodo de referencia de 4 meses en sectores con jornada ampliada, o de 4 semanas en el resto.

Actividades

7. En Consultores Rojas la jornada es de 42 horas semanales. De junio a septiembre se disfruta de la jornada de verano y solo se trabaja 35 horas a la semana.

¿Es legal esta distribución? Argumenta tu respuesta.

8. La noche pasada ha llovido mucho y los almacenes de la Pastelería Sánchez se han inundado. En ellos trabajan habitualmente cuatro mozos de almacén, dos de los cuales tienen 17 y 16 años.

¿Tienen obligación de realizar horas extraordinarias si la empresa se lo pide? ¿Cómo se compensarían?

9. Darío ha estado trabajando durante año y medio en Electricidad Ruiz. Su contrato finaliza el 30 de mayo y todavía no ha disfrutado de sus vacaciones.

¿Cuántos días le corresponden si por un año de trabajo tiene derecho a 23 días laborales? Al finalizar el contrato, ¿cómo las disfrutará?

10. Rosa y Pedro son padres de un niño de 3 meses y están trabajando en distintas empresas. ¿Cuál de los dos podría acogerse al permiso de lactancia?

11. ¿Tiene derecho un trabajador a un permiso para realizar el examen de conducción? Argumenta la respuesta.

12. ¿A cuántos días de permiso tendrá derecho un trabajador en las siguientes situaciones?

- Cambio de domicilio habitual.
- Fallecimiento de un tío.
- Ser miembro de una mesa electoral.
- Celebración de elecciones generales un domingo que no trabaja.
- Asistencia al examen de FOL.
- Nacimiento de un hijo en Sevilla. El padre trabaja en Córdoba.
- Un desplazamiento temporal de 5 meses.

Tu sector profesional

13. Vamos a trabajar de nuevo con el convenio colectivo aplicable al ámbito profesional del título de tu ciclo formativo o el propio de una empresa del sector productivo.

Haz un estudio comparativo entre la regulación del mismo y lo que has estudiado, indicando si se mejoran o igualan los siguientes aspectos:

- La jornada laboral diaria, semanal y anual. Indica si se regula si la jornada es continuada o partida.
- Los descansos semanales y entre jornadas, los permisos retribuidos y las vacaciones.
- El régimen del trabajo por turnos, nocturno y la regulación de las horas extraordinarias.

5. Nuevas formas de organización

Las empresas han introducido modelos organizativos que buscan flexibilizar las relaciones laborales para adaptarse rápidamente a sus necesidades productivas y poder así obtener el máximo rendimiento de sus empleados, ahorrar costes y aumentar su productividad y beneficios económicos.

Formas de flexibilización laboral

Flexibilidad en el tiempo de trabajo

Modificar el número de horas de trabajo por razones productivas o por intereses personales de los empleados.

Se utilizan fórmulas como la jornada a tiempo parcial, el horario flexible, la distribución irregular de la jornada anual y la realización de horas extraordinarias o trabajar por turnos.

Flexibilidad contractual

Variar el número de trabajadores en función de las necesidades empresariales. Para ello se utilizan contratos temporales, o fijos discontinuos o los servicios de los trabajadores de las empresas de trabajo temporal.

Flexibilidad productiva

Dividir la empresa en otras de menor tamaño o **repartir la actividad** utilizando contratas, subcontratas y trabajadores autónomos.

Flexibilidad salarial

Adaptar la retribución a la productividad y a la actividad con complementos salariales asociados a los resultados de la empresa o a la calidad o cantidad del trabajo.

Formas de flexibilización laboral

Acortar la vida laboral como medida para reducir el número de empleados en situaciones de crisis o para rejuvenecer la plantilla con programas de prejubilación o jubilación parcial, bajas incentivadas o recolocación de trabajadores.

Flexibilidad geográfica

Desplazar a los trabajadores a otro centro de trabajo. Aprovechando las nuevas tecnologías se utilizan fórmulas como el teletrabajo o el trabajo a domicilio.

Flexibilidad funcional

Realizar **funciones diferentes** a las habituales.

Caso práctico inicial

SANDER SERVICIOS INTEGRALES es una contrata del HOTEL ARCO. Andrés tiene un contrato por obra o servicio para cubrir las necesidades productivas concretas del HOTEL ARCO. Ambos son ejemplos de flexibilidad laboral.

Actividades

14. Clasifica las siguientes situaciones dentro de alguna de las modalidades de flexibilidad estudiadas:

- Programa de prejubilaciones.
- Utilización de contratas.
- Recolocación de trabajadores.
- Rotación en los puestos de trabajo.
- Contratación temporal.
- Trabajadores fijos discontinuos.
- Pago de incentivos.
- Trabajo a tiempo parcial.

La flexibilización ha tenido unas consecuencias inmediatas en las relaciones laborales, algunas de ellas positivas y otras negativas.

Ventajas

- Realizar trabajos y enfrentarse a situaciones distintas puede hacer que los empleados aumenten su motivación y su interés por su actividad, sean más polivalentes y se facilite su promoción profesional.
- Permite trabajar a ciertos colectivos o personal valioso para la empresa que de otra manera no podría hacerlo por intereses o motivos personales o por encontrarse estudiando.
- Las jubilaciones anticipadas y parciales permiten retirarse a trabajadores que quieren hacerlo por su edad y da la oportunidad de emplearse a otras personas.
- Asociar la retribución a los resultados hace que los trabajadores se impliquen más en su trabajo.

Inconvenientes

- La rotación excesiva puede incrementar el número de trabajadores poco cualificados al no tener tiempo para conocer y dominar una tarea, es decir, se pierde capital humano.
- La inestabilidad laboral aumenta la rivalidad por conseguir o mantener un puesto de trabajo.
- Reducción de los ingresos para el trabajador e incremento de los costes para la empresa.
- La inestabilidad laboral, el alargamiento de las jornadas de trabajo, el trabajo nocturno o por turnos puede incrementar la fatiga física, las prácticas de trabajo inseguras, el síndrome del trabajador quemado (*burn out*), el acoso moral (*mobbing*) y otras alteraciones ansiosas depresivas.
- El sistema de contratas y subcontratas conlleva la aparición de complejos modos de organización formal e informal, que dificulta la coordinación en el trabajo y la vigilancia interna para cumplir las normas de salud laboral.

Trabajo en **equipo**

15. Realizad un debate en clase donde se comente la siguiente situación:

«La empresa HEWLETT-PACKARD, para implantar la flexibilidad de la jornada, consultó a sus empleados cómo les gustaría ver reducida su jornada laboral: los empleados más jóvenes estaban interesados en una jornada semanal flexible, los adultos preferían tener más tiempo de vacaciones, mientras que los más mayores optarían por la jubilación anticipada.»

ACTIVIDADES FINALES

1. Indica la diferencia entre horario de trabajo y jornada laboral.

2. ¿Qué significa que la jornada anual se puede distribuir de forma irregular?

3. El Banco CCP ha contratado a Ana Rupérez como cajera en una oficina en Valencia. El primer día le explican qué tiene que hacer y cómo y dónde va a trabajar, y le presentan a sus compañeros.

   Está muy contenta porque puede disponer de las tardes libres, pues trabaja de lunes a sábado de 8:30 a 15:00 h, desde noviembre a abril, y desde mayo a octubre, trabaja de lunes a viernes en el mismo horario. Al entrar y al salir del trabajo tiene que fichar.

   - Señala el tipo de jornada laboral que tiene Ana, el tiempo de la misma y si es legal su distribución.
   - ¿Cuál es su horario?
   - ¿Puede el Banco CCP hacer fichar a Ana? Argumenta la respuesta.
   - ¿Tiene derecho a disfrutar de algún descanso durante la jornada?

4. Ángel Pérez presta sus servicios como jefe de mantenimiento en Rodesa, SL, realizando una jornada laboral semanal distribuida del siguiente modo:

   - Lunes y martes: de 8:00 a 14:00 h.
   - Miércoles: de 7:30 a 16:30 h.
   - Jueves y viernes: de 7:00 a 14:00 h.

   ¿Es procedente o improcedente su jornada laboral?

5. Busca en el Real Decreto sobre jornadas especiales de trabajo en qué tipos de trabajo, en qué situaciones y por cuánto tiempo se permite reducir el descanso entre jornadas.

6. Guillermo va a comenzar un Ciclo Formativo de Mecanizado. Durante el verano, ha decidido ponerse a trabajar, pero en algunas empresas no lo contratan por tener 17 años. ¿Podrías explicarle qué limitaciones tienen los menores de edad para trabajar?

7. ¿Cuál es el número máximo anual de horas extraordinarias? ¿Incluye todo tipo de horas extras?

8. Explícale a Sandra, que es la dueña de una pequeña tienda de regalos en Salamanca y tiene un empleado, qué obligaciones tiene como empresaria en relación con el calendario laboral.

9. Ante la baja voluntaria de un trabajador que ha disfrutado de vacaciones completas, ¿podría deducirse de su liquidación final la parte de dichas vacaciones que no ha generado?

10. Enrique está realizando reformas en su casa. Durante los dos meses que duran las obras se va a ir a vivir a casa de su tío. ¿Podría disfrutar Enrique de un permiso por traslado de domicilio?

11. Señala si las siguientes situaciones son causas para que las horas extraordinarias sean consideradas por fuerza mayor o por fuerza no mayor:

    - Atender a unos clientes que vienen fuera del horario comercial.
    - Reparar una máquina que se ha roto. Las reparaciones son necesarias para reanudar la producción.
    - Mudanza por cambio de domicilio social.
    - Realizar trabajos para salvar las máquinas, útiles y herramientas y demás material, cuando se ha producido un incendio.

12. A continuación se presentan diferentes situaciones relacionadas con la jornada laboral. Indica si son correctas o no.

- El descanso semanal para todos los trabajadores es de 2 días seguidos.
- Si tu padre está hospitalizado tienes derecho a dos días naturales de permiso, que podrán ampliarse a 4 días si tienes que desplazarte.
- Descansar para comer el bocadillo es un derecho que deben disfrutar todos los trabajadores independientemente de su jornada.
- Durante unas elecciones generales, los miembros de una mesa electoral podrán disfrutar de un permiso retribuido durante el día de la votación, si es laborable, y de una reducción de 5 horas de duración en su jornada de trabajo del día después de las elecciones.
- El plazo de tiempo para solicitar la reducción de jornada por cuidado de hijos es de 9 meses desde su nacimiento, adopción y acogimiento.

13. Luisa comunica a su jefe el 2 de septiembre que va a disfrutar los 8 días de vacaciones que todavía le quedan por coger. La decisión es unilateral, puesto que las fechas no habían sido pactadas previamente con su empresa.

El 15 de septiembre no acude a su trabajo y alega que está de vacaciones. El empresario, al no haber dado su consentimiento ni haber pactado las vacaciones en esa fecha, le comunica por escrito su despido por ausencia injustificada del trabajo. Analiza la actitud de la trabajadora de iniciar sus vacaciones sin consentimiento.

14. Las siguientes situaciones facilitan la conciliación de la vida laboral y familiar de los trabajadores en una empresa. Debatid sobre las ventajas y desventajas que suponen tanto para la empresa como para el propio trabajador.

- Horarios flexibles. No existe un horario cerrado y fijo de entrada y salida al trabajo; se permite que el trabajador lo gestione libremente dentro de unos límites establecidos.
- Teletrabajo. El trabajador no se encuentra en el centro de trabajo, sino que realiza su trabajo en otro lugar que le resulte más cómodo para sus intereses personales gracias, fundamentalmente, al uso de las tecnologías de la comunicación. La realización del trabajo se basa en resultados, no en la presencia del trabajador.

Entra en internet

15. Busca en internet el calendario laboral vigente para este año. Puedes encontrarlo en la página oficial del Ministerio de Empleo y Seguridad Social <www.empleo.gob.es> o en la del Boletín Oficial del Estado <www.boe.es>. Además, hay otras páginas, como la de la Seguridad Social, donde puedes especificar la comunidad autónoma correspondiente: <http://bit.ly/1MoxaBh>.

Contesta a las siguientes preguntas:

- De las fiestas que se celebran en tu comunidad autónoma, ¿cuáles son de ámbito nacional y, de estas, cuáles son obligatorias en toda España? Indica las que señala el Estatuto de los Trabajadores y las que son señaladas reglamentariamente por el Gobierno para ese año.
- ¿Qué día se reconoce como fiesta autonómica y cuáles son las locales?
- ¿Se disfruta este año de alguna fiesta en lunes por caer en domingo o en mitad de semana? En caso de que la respuesta sea afirmativa, ¿el traslado ha sido aprobado por el Gobierno nacional o por el autonómico?

Casos prácticos sobre jornada y permisos retribuidos

Resuelve los siguientes casos prácticos sobre jornadas y permisos retribuidos:

1. Caso práctico sobre jornada continuada

Un trabajador de 22 años disfruta de una jornada diaria continuada de 7 horas, que empieza a las 8:00 y acaba a las 15:00 h. Indica si la empresa tiene que concederle algún descanso. El convenio colectivo no dice nada al respecto.

2. Caso práctico sobre trabajo por turnos

En la empresa Producmetal se trabaja en tres turnos, de mañana, tarde y noche, de lunes a viernes. Antonio está adscrito voluntariamente al turno de noche con un horario de 22:00 a 6:00 h. ¿Puede este trabajador realizar horas extraordinarias?

3. Caso práctico sobre simultaneidad del permiso de lactancia y la reducción de jornada por cuidado de hijo

Alejandra, tras reincorporarse a su puesto tras su baja de maternidad, ha solicitado la reducción a la mitad de su jornada laboral por cuidado de hijo. ¿Puede disfrutar simultáneamente el permiso de lactancia?

4. Caso práctico sobre el permiso para el cumplimiento de un deber inexcusable de carácter público y personal

Indica si las situaciones que se exponen a continuación pueden ser consideradas causas para disfrutar de un permiso retribuido por el tiempo indispensable para el cumplimiento de un deber inexcusable de carácter público y personal:

- Expedición y/o renovación del DNI.
- Expedición y/o renovación del pasaporte.
- Gestiones notariales.
- Acudir a juicio.

5. Caso práctico sobre guardias presenciales de 24 horas

En el convenio colectivo se establece que los médicos deben realizar guardias presenciales de 24 horas seguidas. ¿Se considerarían horas extraordinarias?

EN RESUMEN

La organización del trabajo

- **La jornada de trabajo**
  - Definición jornada y horario
  - Jornada máxima
  - Jornada diaria
  - Limitaciones de la jornada
  - Descanso entre jornadas
  - Jornadas especiales
  - Horas extraordinarias
  - Organización especial del trabajo
- **Descansos**
  - Descanso semanal
  - En jornadas continuas
  - Festivos
  - Calendario laboral
- **Vacaciones**
  - Definición
  - Duración
  - Concesión y conflictos
  - Supuestos especiales
- **Permisos retribuidos**
  - Definición
  - Permisos retribuidos generales
  - Permisos retribuidos que permiten conciliar la vida laboral y familiar
  - Otros permisos retribuidos
- **Nuevas formas de organización del trabajo**
  - Formas de flexibilidad laboral (contractual, en la vida laboral, salarial, tiempo de trabajo, productiva y geográfica)
  - Ventajas y desventajas

Evalúa tus **conocimientos**

RESUELVE EN TU CUADERNO O BLOC DE NOTAS

1. La duración máxima de la jornada ordinaria es de...:

a) 8 horas al día.

b) 40 horas semanales de promedio en cómputo anual.

c) 40 horas semanales de promedio en cómputo semanal.

d) Son correctas a) y c).

2. ¿Qué situaciones pueden limitar o reducen la jornada?

a) Licencia de 6 horas semanales en despidos objetivos.

b) La formación en prevención de riesgos laborales.

c) Lactancia.

d) Todas son correctas.

3. Las horas extraordinarias se pueden compensar:

a) Siempre con dinero.

b) Con tiempo libre o con más dinero.

c) Preferiblemente con tiempo libre equivalente.

d) Siempre con tiempo libre.

4. ¿Qué fiestas de ámbito nacional se respetan siempre?

a) Fiesta de los Reyes Magos, el 6 de enero.

b) Día del Padre, el 19 de marzo.

c) Fiesta del Trabajo, el 1 de mayo.

d) Fiesta de la Constitución, el 6 de diciembre.

5. No trabajar más del 20 % de las horas laborales durante tres meses por un deber inexcusable permite que...:

a) La empresa pase al trabajador a excedencia forzosa.

b) Se dé siempre la oportunidad de trabajar.

c) El trabajador solo disfrute de una excedencia voluntaria.

d) Se pague al trabajor simplemente.

6. La utilización de un contrato a tiempo parcial se considera:

a) Flexibilidad contractual.

b) Flexibilidad horaria.

c) Flexibilidad funcional.

d) Flexibilidad salarial.

4 La nómina

Vamos a conocer...

1. El salario
2. El recibo de salarios
3. Devengos
4. Bases de cotización y retención IRPF
5. Deducciones

PRÁCTICA PROFESIONAL

Elaboración de nóminas

Y al finalizar esta unidad...

- Conocerás qué es el salario y sus tipos.
- Aplicarás en tu vida laboral aquellos aspectos más relevantes sobre el salario: su pago, el SMI y medidas de protección.
- Identificarás una nómina y los distintos conceptos que figuran en la misma.
- Sabrás qué ingresos cotizan a la Seguridad Social y cuáles no lo hacen.
- Interpretarás y diferenciarás las distintas deducciones que se aplican al salario.
- Cumplimentarás nóminas sencillas.

Caso práctico inicial

Situación de partida

Ana trabaja como oficial administrativo desde el 10 de diciembre en TARLEX, SA.

En su contrato de trabajo Ana tiene reconocido el salario que fija el convenio colectivo de TARLEX, SA, para su categoría profesional.

Recibirá 930 € al mes como salario base, además de un plus de asistencia y puntualidad de 30 €/mes, un plus de convenio de 40 €/mes y un plus de transporte de 25 € mensuales.

Tiene derecho a tres pagas extraordinarias de salario base más plus de convenio que se cobran en marzo, junio y diciembre. El devengo de pagas es semestral.

El 30 de diciembre, antes de acabar la jornada laboral, la llaman del departamento de Recursos Humanos para que pase a cobrar su primer sueldo.

Pedro, encargado de personal, le da el cheque de su salario. Además, le presenta su nómina para que la firme.

Después de observar detenidamente el documento, Ana no entiende casi nada del recibo de salario; es su primer trabajo y nunca antes había visto uno.

Lo primero que le llama la atención es que le han pagado ya una paga extraordinaria llevando tan solo 22 días en la empresa. «¡Qué sorpresa! Seguro que se han equivocado», piensa Ana.

Las cifras bailan en su cabeza, que si el salario base, que si el líquido total a percibir, que si la base de cotización... No entiende nada. Está muy confusa.

Pero, sin lugar a dudas, lo que más le llama la atención es que le quitan mucho dinero de su salario. Ella pensaba que su salario era «limpio».

Por todo esto, le pide a Pedro que le explique su nómina.

Este empieza diciéndole de dónde salen las cantidades que cobra, qué es la cotización a la Seguridad Social y la retención del IRPF.

Estudio del caso

Antes de empezar a leer esta unidad de trabajo puedes contestar estas cuestiones. Después, analiza cada punto de la unidad para poder comparar la respuesta que has dado con lo estudiado.

1. ¿Debe firmar siempre Ana la nómina cuando recibe el salario?
2. ¿Puede la empresa pagar menos del salario mínimo interprofesional?
3. Clasifica los distintos conceptos que cobra Ana como percepciones salariales y percepciones no salariales.
4. ¿Qué tipo de remuneración tiene Ana, mensual o diaria? ¿Por qué?
5. ¿Debe la empresa deducir de los ingresos las cuotas para la Seguridad Social? ¿Es legal practicar la retención por IRPF?

- **Real Decreto Legislativo 2/2015, de 23 de octubre, por el que se aprueba el texto refundido de la Ley del Estatuto de los Trabajadores, artículos 26 a 29**
- **Real Decreto Legislativo 8/2015, de 30 de octubre, por el que se aprueba el Texto Refundido de la Ley General de Seguridad Social**
- **Ley 35/2006, de 28 de noviembre, del Impuesto sobre la Renta de las Personas Físicas**
- **Real Decreto 439/2007, de 30 de marzo, por el que se aprueba el Reglamento del Impuesto sobre la Renta de las Personas Físicas**

Estos textos se pueden encontrar en la página web del Ministerio de Empleo y Seguridad Social <www.empleo.gob.es> y en la de la Agencia Tributaria <www.agenciatributaria.es>.

1. El salario

Caso práctico inicial

TARLEX, SA, no puede pagar a Ana una cantidad inferior al SMI y tampoco por debajo de lo fijado por el convenio colectivo, al ser un salario mayor al mínimo legal.

El **salario** es la totalidad de las percepciones económicas de los trabajadores, en dinero o en especie, recibidas como contraprestación por los servicios laborales por cuenta ajena, ya retribuyan el trabajo efectivo o los periodos de descanso computables como de trabajo.

Tipos de salario

Salario en dinero

El salario en dinero es el que se cobra en moneda de curso legal.

Puede pagarse en efectivo, cheque o transferencia bancaria.

Se podrá fijar:

- Por unidad de **tiempo** se calcula por la duración del servicio, sin considerar la cantidad de obra realizada. Se abona por horas, días, semanas, meses o al año.
- Por **obra** o **a destajo,** donde se paga la cantidad o calidad de trabajo, independientemente del tiempo invertido.

Pueden combinarse el salario por unidad de tiempo y por obra.

Salario en especie

El salario en especie es el uso, consumo y obtención de bienes, derechos o servicios de forma gratuita o a un precio inferior al de mercado para uso particular.

No superará el 30 % del salario total.

Son salario en especie:

- Utilizar una vivienda.
- Uso y/o entrega de un vehículo.
- Préstamo a un tipo de interés menor al legal del dinero.
- Prestaciones por manutención, hospedaje, viajes y similares.
- Gastos de estudio y manutención del empleado y parientes (hasta el cuarto grado).
- Planes de pensiones.
- Primas de contrato de seguro.

El salario será, al menos, igual al salario mínimo interprofesional o al indicado en el convenio colectivo, aunque en contrato de trabajo puede mejorarse.

1.1. Salario mínimo interprofesional e IPREM

El **salario mínimo interprofesional** (SMI) es la cantidad mínima que se debe recibir por el trabajo realizado por cuenta ajena a tiempo completo, independientemente de la profesión u oficio.

El SMI es fijado anualmente por el Gobierno, teniendo en cuenta factores como el índice de precios de consumo (IPC), la productividad media nacional alcanzada o el incremento de la participación del trabajo en la renta nacional.

El **indicador público de renta de efectos múltiples** (IPREM) es un índice de referencia que sirve para determinar la cuantía de algunas prestaciones o para acceder a determinadas prestaciones, beneficios o servicios públicos.

Periodos de descanso computables como de trabajo

- Descanso semanal y festivos.
- Vacaciones anuales.
- Descanso acordado en las jornadas continuadas.
- Ausencias justificadas retribuidas.
- Salarios de tramitación.

1.2. Periodo de pago del salario

El salario se paga en la **fecha que se acuerde, sin exceder de un mes,** aunque se pueden percibir anticipos a cuenta del trabajo ya realizado.

La impuntualidad en el pago obliga al empresario a abonar un interés de mora del 10 % anual de lo adeudado.

El pago tiene que efectuarse dentro de la jornada laboral o inmediatamente después y en el lugar de trabajo.

1.3. Protección del salario

El **SMI es inembargable**, salvo que sea para pagar las pensiones alimenticias de los hijos o del cónyuge, en las separaciones o divorcios.

Los créditos salariales no satisfechos por la empresa tienen preferencia sobre otras deudas:

Preferencia de los créditos salariales no satisfechos por la empresa sobre otras deudas

- Por los últimos treinta días de trabajo, si no superan el doble del SMI
- Respecto de los objetos elaborados por los trabajadores, mientras sean propiedad o estén en posesión del empresario
- Otros créditos sin derecho real (hipoteca), en la cuantía resultado de multiplicar el triple del SMI por el número de días pendientes de pago

1.4. Fondo de Garantía Salarial (FOGASA)

El **Fondo de Garantía Salarial** garantiza la percepción de los **salarios pendientes** de pago reconocidos en acta de conciliación o resolución judicial y las **indemnizaciones** por despido o extinción reconocidas por vía judicial o administrativa, si hay insolvencia empresarial o procedimiento concursal.

En decisiones extintivas improcedentes, la empresa paga la indemnización.

La cantidad máxima que abona el FOGASA es de **120 días por los salarios pendientes y una anualidad por las indemnizaciones,** sin que en ningún caso se pueda superar el doble del SMI diario, incluidas las pagas extras.

Actividades

1. Busca en la página de internet del Ministerio de Empleo (<www.empleo.gob.es>) el importe del salario mínimo interprofesional vigente en España para este año. Compáralo con el de otros países de la Unión Europea.
2. ¿Qué es el Indicador Público de Renta de Efectos Múltiples? Indica cuál es el importe para este año y en qué situaciones se utiliza dicho indicador.
3. Jaime García García recibe una retribución en dinero de 2 000 €/mes. Además, la empresa le paga el alquiler de una vivienda por 600 €/mes. ¿Es legal su retribución en especie?
4. Calcula las retribuciones mensuales en especie de un trabajador que disfruta de forma gratuita de una vivienda alquilada por la empresa por 400 €/mes y tiene un préstamo de 6 000 € a un interés del 3 % anual, si el precio legal del dinero es del 4 %.
5. Felipe cobra 1 000 € por pintar un piso. Indica si se trata de un salario por tiempo, obra o mixto.
6. Sonia gana 1 000 €/mes. Ante la falta de pago de su préstamo bancario, el juzgado decreta el embargo del salario y ordena que su empresa le descuente todos los meses 300 € de su nómina. ¿Es correcto?
7. Jorge Sánchez tiene una deuda con su banco de 25 000 €. ¿Cuánto dinero le podrán embargar en su nómina si su salario líquido o neto es de 3 527,70 € mensuales?

2. El recibo de salarios

Caso práctico inicial

Ana debe firmar la copia de la nómina que se queda TARLEX, SA, para justificar el pago al contado.

Al liquidar y pagar el salario, hay que entregar un recibo individual justificativo del pago del mismo, ajustado al modelo oficial. En el convenio colectivo o por acuerdo entre la empresa y los representantes de los trabajadores se podrá utilizar otro modelo diferente, que contendrá con claridad y de forma separada las percepciones y las deducciones practicadas.

Las empresas deben archivar y conservar los recibos de salarios, junto con los boletines de cotización, durante al menos cuatro años.

Encabezamiento: datos de la empresa y del trabajador.

Periodo de liquidación: indica la fecha y días naturales liquidados. Serán 30, en remuneración mensual, y 30, 31, 28 o 29, en remuneración diaria, según corresponda al mes.

I. Devengos: cantidades percibidas por el trabajador. Pueden ser:

- **Percepciones salariales.**
- **Percepciones no salariales.**

En el apartado **A. Total devengado,** se suman las percepciones salariales y no salariales. Es el **salario bruto.**

II. Deducciones por aportaciones a la Seguridad Social, el IRPF, anticipos y el valor de los productos en especie.

En el apartado **B. Total a deducir,** se pone la suma total de deducciones.

Líquido total a percibir es el **salario neto** que recibe el trabajador: Total devengado (A) – Total a deducir (B).

La nómina debe firmarse para justificar el cobro, salvo que se realice una transferencia bancaria. El trabajador recibe una copia.

Bases de cotización a la Seguridad Social y de **retención del IRPF** necesarias para calcular las deducciones del apartado II y la aportación de la empresa, que se indican aquí, aplicando los tipos establecidos.

RECIBO INDIVIDUAL JUSTIFICATIVO DEL PAGO DE SALARIOS

Empresa: Domicilio: CIF: CCC:	Trabajador: N.I.F.: Núm. Afil. Seguridad Social: Grupo Profesional: Grupo de cotización:

Periodo de liquidación: del ___ de ___ al ___ de ___ de ___ Total días ___

I. DEVENGOS	IMPORTE	TOTALES
1. Percepciones salariales		
Salario base		
Complementos salariales		
Horas extraordinarias		
Horas complementarias (contratos a tiempo parcial)		
Gratificaciones extraordinarias		
Salario en especie		
2. Percepciones no salariales		
Indemnizaciones o suplidos		
Prestaciones e indemnizaciones de la Seguridad Social		
Indemnizaciones por traslados, suspensiones o despidos		
Otras percepciones no salariales		
A. TOTAL DEVENGADO		

II. DEDUCCIONES

1. Aportaciones del trabajador a las cotizaciones de la Seguridad Social y conceptos de recaudación conjunta

	%		
Contingencias comunes			
Desempleo			
Formación Profesional			
Horas extraordinarias			
TOTAL APORTACIONES			
2. Impuesto sobre la renta de las personas físicas			
3. Anticipos			
4. Valor de los productos en especie			
B. TOTAL A DEDUCIR			

LIQUIDO TOTAL A PERCIBIR (A-B)

___ de ___

Firma y sello de la empresa — RECIBÍ

DETERMINACIÓN DE LAS BASES DE COTIZACIÓN A LA SEGURIDAD SOCIAL Y CONCEPTOS DE RECAUDACIÓN CONJUNTA Y DE LA BASE SUJETA A RETENCIÓN DEL IRPF Y APORTACIÓN DE LA EMPRESA

CONCEPTO		BASE	TIPO	APORTACIÓN EMPRESA
1. Contingencias comunes Importe remuneración mensual				
Importe prorrata pagas extraordinarias				
	TOTAL			
2. Contingencias Profesionales y conceptos de recaudación conjunta	AT y EP			
	Desempleo			
	Formación Profesional			
	Fondo Garantía Salarial			
3. Cotización adicional horas extraordinarias				
4. Base sujeta a retención del I.R.P.F.				

3. Devengos

3.1. Percepciones salariales

Salario base

- Retribución fijada por unidad de tiempo u obra para cada grupo profesional o nivel retributivo. Se determina en convenio colectivo o contrato de trabajo.

Complementos salariales

Retribuciones por circunstancias personales, laborales o empresariales no incluidas en el salario base. Se negocian en el convenio colectivo o en acuerdo individual.

- Complementos **personales** por circunstancias particulares del trabajador como los **conocimientos específicos** (idiomas o títulos) o la **antigüedad** en la empresa, cuyo cálculo puede hacerse mediante módulos temporales (trienios, quinquenios, sexenios...), con porcentajes aplicados al salario base o con cantidades alzadas.
- Complementos del **puesto de trabajo** por las peculiaridades o forma de realizar la actividad. Algunos de ellos son pluses o complementos como los de penosidad, toxicidad o peligrosidad, de nocturnidad, de turnicidad, de responsabilidad, de disponibilidad horaria y/o funcional o de residencia.
- Complementos por **cantidad o calidad del trabajo** como comisiones, primas e incentivos o pluses de productividad, asistencia o puntualidad.
- Complementos por la **situación o resultados de la empresa** como la participación en los resultados económicos reales y primas o bonos sobre la productividad global en la empresa o unidad inferior.

Solo los complementos personales son consolidables. El resto se cobran únicamente mientras dure la circunstancia que los genera.

Horas extraordinarias y complementarias

Horas extraordinarias compensadas económicamente, y horas complementarias.

Complementos de vencimiento periódico superior al mes

Cantidad devengada día a día que se percibe con una **periodicidad superior al mes.**

- Tienen derecho al menos a dos **gratificaciones extraordinarias** al año, una en Navidad y la otra en el mes acordado entre las partes. Su cuantía se fija en convenio colectivo o el contrato de trabajo y su devengo puede ser **semestral o anual.**

  Se pueden **prorratear** las pagas extraordinarias, es decir, se puede cobrar una parte proporcional de ellas en cada mes, si así se negocia.
- **Participación en beneficios** si no se asocian a los resultados económicos reales de la empresa y se perciben aunque estos sean negativos.

Salario en especie

Se valora económicamente según los siguientes criterios de Hacienda:

- Importe del alquiler o 5-10 % del valor catastral de la vivienda (máx. 10 % salario).
- **Coste de adquisición** del vehículo más tributos si es **entrega.** Por **uso** será el **20 % anual** del coste de adquisición si es de la empresa, o del valor del mercado si no es de su propiedad. La **entrega posterior** se valora a **precio de mercado** del coche usado. La valoración **reduce hasta en un 30 % si se trata de vehículos eficientes energéticamente.**
- Diferencia entre el interés legal del dinero y el que se cobra.
- Aportaciones a los planes de pensiones o coste para la empresa, incluidos los tributos, del resto de salario en especie.

Devengos
Cantidades totales percibidas

Percepciones salariales + **Percepciones no salariales**

El importe del alquiler de la vivienda se considera salario en especie.

Complementos habituales en los convenios colectivos

Algunos complementos muy habituales en los convenios colectivos son el **plus de convenio** o la **mejora voluntaria,** cuya naturaleza es la que determine el convenio colectivo y que se utiliza en algunas ocasiones para racionalizar y simplificar la estructura salarial, englobando y sustituyendo a otros complementos.

Pagas extras durante el periodo de incapacidad temporal

Salvo acuerdo entre las partes, las pagas extras no se devengarán durante el periodo de incapacidad temporal, al sustituirse el salario por una prestación, para cuyo cálculo se computa la parte proporcional de las pagas extras.

3.2. Percepciones no salariales

3.2.1. Indemnizaciones o suplidos

Compensan los gastos consecuencia de la actividad laboral.

Indemnizaciones o suplidos

- **No cotizan ni tributan**
  - **Gastos de locomoción** que se reciben en los desplazamientos por motivos laborales. Están exentos de cotizar y tributar los gastos justificados con factura si se usa un medio de transporte público o 0,19 €/km recorrido más gastos de aparcamiento y peaje si se desplaza con un vehículo propio.
  - **Dietas** recibidas por pernoctar o efectuar las comidas principales fuera del domicilio de trabajo. No cotizan ni tributan los gastos de estancia justificados con factura y los gastos de manutención que no superen los límites legales.
- **Cotizan y tributan en su totalidad**
  - **Quebranto de moneda** que cubre los desajustes en el saldo de caja.
  - **Desgaste de útiles o herramientas** y prendas de trabajo propiedad del empleado.
  - **Plus de distancia** que compensa los gastos en lugares de trabajo lejanos al casco urbano.
  - **Plus de transporte** urbano para cubrir los gastos de desplazamiento al trabajo.

Límites de las dietas	España	Extranjero
Pernocta	53,34 €/día	91,35 €/día
Sin pernocta	26,67 €/día	48,08 €/día

Las cantidades superiores a los límites legales cotizan y tributan.

3.2.2. Prestaciones e indemnizaciones de la Seguridad Social

Incluyen el subsidio de incapacidad temporal o desempleo parcial, que son abonados por el empresario mediante pago delegado.

3.2.3. Indemnizaciones por traslados, suspensiones y despidos

Concepto	Límite exento de cotización
Traslados y suspensiones. Fallecimiento.	Cuantía máxima prevista en convenio colectivo o norma sectorial.
Despido o cese del trabajador.	Cantidad obligatoria según una norma, que será un convenio, pacto o contrato.
Despido colectivo u objetivo por causas económicas, técnicas, organizativas, productivas o fuerza mayor.	Indemnización que no supere los límites legales obligatorios.
Extinción antes del acto de conciliación, salvo bajas incentivadas acordadas en planes colectivos.	Importe correspondiente a un despido improcedente.

3.2.4. Otras percepciones no salariales

- Primas de **seguro** para enfermedad del trabajador o sus familiares.
- **Ayudas** por hijos en edad escolar o nacimiento de hijos y percepciones por matrimonio.
- **Asistencia social** con fines formativos, culturales y deportivos.
- Productos a precio rebajado en **cantinas** o **comedores** de empresa o **economatos** sociales y **fórmulas indirectas** de servicio de **comedor** (tiques restaurante).
- **Mejoras de las prestaciones** de la Seguridad Social distintas de la incapacidad temporal.
- **Primas de seguro** de accidente laboral o responsabilidad.
- Productos en **especie concedidos voluntariamente** por la empresa.
- Entrega gratuita o a un precio inferior de mercado de **acciones o participaciones** de la empresa o del mismo grupo.

Todas ellas cotizan a la Seguridad Social.

4. Bases de cotización y retención IRPF

4.1. Base de cotización por contingencias comunes

La **base de cotización por contingencias comunes** se calcula así:

Remuneración →

Remuneración mensual (grupos 1 a 7)	Remuneración diaria (grupos 8 a 11)
Devengos cotizables del mes sin horas extras + Exceso legal de las percepciones que no cotizan	Devengos cotizables del mes sin horas extras + Exceso legal de las percepciones que no cotizan

Prorrata de pagas extras →

Remuneración mensual (grupos 1 a 7)	Remuneración diaria (grupos 8 a 11)
Importe anual de gratificaciones extraordinarias y conceptos de devengo superior al mensual / 12. **En la remuneración mensual todos los meses tienen 30 días.**	Importe anual de gratificaciones extraordinarias y conceptos de devengo superior al mensual / 365 o 366. **El resultado del cociente se multiplicará por el número de días del mes (30, 31, 28 o 29).**

Si la suma de la remuneración devengada y la prorrata de las gratificaciones extraordinarias no está comprendida entre las bases mínima y máxima del grupo de cotización del trabajador, se cotizará por la base mínima o máxima, según que la resultante sea inferior a aquella o superior a esta.

Según la categoría profesional se asigna un grupo de cotización al trabajador.

Bases de cotización por contingencias comunes			
Grupos			**Categorías profesionales**
Remuneración	Mensual	1	Ingenieros y licenciados. Personal de alta dirección
		2	Ingenieros técnicos, peritos y ayudantes titulados
		3	Jefes administrativos y de taller
		4	Ayudantes no titulados
		5	Oficiales administrativos
		6	Subalternos
		7	Auxiliares administrativos
	Diaria	8	Oficiales de primera y segunda
		9	Oficiales de tercera y Especialistas
		10	Peones
		11	Menores de dieciocho años

4.2. Base de cotización por contingencias profesionales

La **base de cotización por contingencias profesionales** y conceptos de recaudación conjunta (formación profesional, desempleo y FOGASA) se calcula así:

Base de cotización de contingencias comunes + horas extraordinarias

4.3. Base de cotización por horas extraordinarias

La **base de cotización adicional por horas extraordinarias** está formada por el importe total que se ha percibido por este concepto.

4.4. Base sujeta a retención del IRPF

La **base sujeta a retención** es todo rendimiento derivado del trabajo personal sin la renta exenta de tributación.

Actividades

8. En la página de la Seguridad Social (<www.seg-social. es/Internet_1/index.htm>) busca cuáles son las bases de cotización por contingencias comunes y profesionales mínimas y máximas. Esta información hay que tenerla en cuenta para realizar los ejercicios de nóminas que se proponen en esta unidad.

5. Deducciones

Las **deducciones** son las cantidades que se restan al total devengado, que convierten la remuneración total bruta en neta o líquida.

5.1. Aportación del trabajador a las cotizaciones de la Seguridad Social y conceptos de recaudación conjunta

En el recibo de salario al trabajador se le deducen las aportaciones a la Seguridad Social y conceptos de recaudación conjunta, que son ingresadas por la empresa al mes siguiente, por los siguientes conceptos:

- Contingencias comunes, utilizando para ello la BCCC.
- Formación profesional y desempleo, usando la BCCP.
- Horas extraordinarias por fuerza mayor y el resto, con la base de cotización correspondiente a este concepto.

A cada base de cotización se le aplica el **tipo** correspondiente (véase tabla al margen).

El resultado obtenido son las **cuotas** de la Seguridad Social, cuyo total aparece en el recibo de salarios en el apartado de **total aportaciones**.

Contingencias	Trabajador	Empresario
Comunes	4,70 %	23,60 %
Formación Profesional	0,10 %	0,60 %
Fondo de Garantía Salarial	--	0,20 %
Desempleo para contratos indefinidos, prácticas, relevo, interinidad y discapacitados	1,55 %	5,50 %
Desempleo para contratos temporales	1,60 %	6,70 %
Horas extras por fuerza mayor	2,00 %	12,00 %
Horas extras por fuerza no mayor	4,70 %	23,60 %

Nota: por accidente de trabajo y enfermedades profesionales se aplicarán los tipos de la tarifa de primas para cada actividad. Es responsabilidad exclusiva del empresario.

5.2. Impuesto sobre la renta de las personas físicas

A la base del IRPF se le aplica una **tipo de retención** que se determina según los rendimientos íntegros del trabajo y las circunstancias personales y familiares de cada trabajador. Si su situación cambia se regulariza calculando un nuevo tipo.

En los contratos de duración inferior al año el tipo de retención mínimo es del 2%.

Posteriormente la empresa tiene que ingresar en Hacienda las retenciones que el trabajador compensará en su declaración anual de la renta.

5.3. Anticipos

En la nómina se deducen las siguientes cantidades:

- Anticipo a cuenta del trabajo ya realizado.
- Anticipo de estímulo por trabajos no realizados, máximo de 3 meses de salario base. Se devuelve en una cantidad no superior a un sexto del salario base mensual.
- Pensiones de alimentos a cónyuge e hijos en caso de separación o divorcio.
- Salarios abonados por periodos inferiores al mes.

5.4. Valor de los productos recibidos en especie

La cuantía de la valoración de los productos en especie más su ingreso a cuenta, si no ha repercutido en la base sujeta a retención, se incluye en este apartado.

5.5. Otras deducciones

Se reflejan reducciones como la cuota sindical de afiliados o la devolución de los préstamos de la empresa a su empleado.

Líquido total a percibir o salario neto o líquido = **A. total devengado (salario bruto)** – **B. Total que se va a deducir**

Caso práctico inicial

Ana, auxiliar administrativo del grupo 7 de cotización (remuneración mensual), recibe las siguientes percepciones salariales:

- Salario base: 930 €/mes.
- Plus de asistencia: 30 €/mes.
- Plus de convenio: 40 €/mes.
- Totalidad de las pagas extras.

Es percepción no salarial el plus de transporte de 25 €, que cotiza y tributa.

A Ana le van a deducir de la nómina sus aportaciones a la Seguridad Social y a los conceptos de recaudación conjunta, además de las retenciones del IRPF.

Ejemplo

Elaborar las nóminas del mes de mayo de dos empleados que Talleres Rodríguez, SL, tiene en c/ Mayor, s/n, de Benavente. Su CIF es B00000000 y su CCC 49/8888888/40.

Confección de una nómina de remuneración mensual

Alba Pérez García

Contrato por obra o servicio — Fecha alta: 1 de febrero de este año

NIF: 80675433N N.° SS: 49/44398766/15 — Tipo de retención del IRPF: 2 %

Categoría Profesional: auxiliar administrativo — GC: 7 AT y EP: 1 %

1. Primero se calcula el **salario bruto,** sumando las percepciones salariales y no salariales:

   Percepciones salariales: salario base + plus de puntualidad + horas extraordinarias

   975 € + 25 € + 56 € = 1056 €

   Percepciones no salariales: plus de transporte = 60 €

   Total devengado o salario bruto: percepciones salariales + percepciones no salariales

   1056 € + 60 € = 1116 €

2. A continuación, se calculan las bases de cotización a la Seguridad Social y la base sujeta a retención del IRPF

   - **Base de cotización por contingencias comunes (BCCC)** que suma la remuneración mensual y la prorrata de pagas extraordinarias.

     Remuneración mensual: salario base + plus de puntualidad + plus de transporte. No se incluyen las horas extraordinarias:

     975 € + 25 € + 60 € = 1060 €

     Prorrata de pagas extraordinarias: (975 € × 2) / 12 = 162,50 €

     Total base cotización contingencias comunes: 1060 € + 162,50 € = 1222,50 €

     Comprobar que la BCCC está entre la base máxima y mínima del grupo de cotización 7.

   - **Base de cotización por contingencias profesionales (BCCP) en donde se suma a** la BCCC las horas extraordinarias. Debe estar entre la base máxima y mínima de dichas contingencias.

     BCCP = 1222,50 € + 56 € = 1278,50 €

   - **Base de cotización** por horas extraordinarias coincide con el importe percibido: 56 €.
   - La **base sujeta a retención del IRPF** será igual al total devengado, al no percibir ningún rendimiento exento, cuyo importe es 1116 €.

3. Se calculan las aportaciones de la empresa a la Seguridad Social y las deducciones del trabajador:

   a) Aportaciones a las cotizaciones de la Seguridad Social y conceptos de recaudación conjunta:

	Empresa	Trabajador
Contingencias comunes	1222,50 € × 23,6 % = 288,51 €	1222,50 € × 4,7 %= 57,46 €
AT y EP	1278,50 € × 1 %= 12,79 €	No cotiza por este concepto
Desempleo	1278,50 € × 6,7 % = 85,66 €	1278,50 € × 1,6 %= 20,46 €
Formación profesional	1278,50 € × 0,6 % = 7,67 €	1278,50 € × 0,1 %= 1,28 €
FOGASA	1278,50 € × 0,2 % = 2,56 €	No cotiza por este concepto
Horas extraordinarias	56 € × 23,6 % = 13,22 €	56 € × 4,7 %= 2,63 €

   Solo se suma el total de aportaciones a deducir al trabajador que es 81,83 €.

   b) Al trabajador se le retendrá a cuenta del IRPF el 2 % de 1116 €, lo que hace un total de 22,32 €.

4. El **Total a deducir** es la suma de 81,83 € y de 22,32 €, que hace un total de 104,15 €.
5. El **líquido total a percibir** es el salario neto que se obtiene de restar al total devengado el total a deducir.

   1116 € – 104,15 € = 1011,85 €.

Ejemplo

Confección de una nómina de remuneración diaria

JAVIER CORREA SÁNCHEZ

Contrato indefinido ordinario
NIF: 90666666E   N.º S.S.: 49/11213321/16
Categoría profesional: oficial de primera

Fecha alta: 10/05/2005
Tipo de retención del IRPF: 10,75 %
Grupo de cotización: 8   AT y EP: 4,45 %

Datos salariales:

Salario base: 32 €/día
Antigüedad: 3,20 €/día
Plus de productividad: 1,5 €/día trabajado. El mes de mayo tiene 20 días laborales.
Dos pagas extraordinarias de 30 días de salario base más antigüedad en junio y diciembre.

Empres: Talleres Rodríguez, SL	Trabajador: Javier Correa Sánchez
Domicili: C/ Mayor s/n, Benavente (Zamora)	N.I.F.: 90666666E
CIF: B00000001	Núm. Afil. Seguridad Social: 49/11213321/16
CCC: 49/8888888/41	Grupo Profesional: Oficial de primera
	Grupo de cotización: 8

Periodo de liquidación: del 1 de Mayo al 31 de Mayo de 201x   Total días 31

I. DEVENGOS		IMPORTE	TOTALES
1. Percepciones salariales			
Salario base	32€/día x 31 días. Se fija en convenio colectivo o contrato	992,00 €	
Complementos salariales			
Antigüedad		99,20 €	
Plus de productividad		30,00 €	
Horas extraordinarias			
Horas complementarias (contratos a tiempo parcial)			
Gratificaciones extraordinarias			
Salario en especie			
2. Percepciones no salariales			
Indemnizaciones o suplidos			
Prestaciones e indemnizaciones de la Seguridad Social			
Indemnizaciones por traslados, suspensiones o despidos			
Otras percepciones no salariales			
A. TOTAL DEVENGADO		Es el salario bruto	**1.121,20 €**

II. DEDUCCIONES		%			
1. Aportaciones del trabajador a las cotizaciones de la Seguridad Social y conceptos de recaudación conjunta					
Contingencias comunes	Sobre la BCCC 1300,69€	4,70	61,13 €		
Desempleo	Sobre la BCCP 1300,69€	1,55	20,16 €		
Formación Profesional	Sobre la BCCP 1300,69€	0,10	1,30 €		
Horas extraordinarias					
TOTAL APORTACIONES			61,13€ + 20,16€ + 1,3 €	82,59 €	
2. Impuesto sobre la renta de las personas físicas		10,75	Sobre la base del IRPF	120,53 €	
3. Anticipos					
4. Valor de los productos en especie					
B. TOTAL A DEDUCIR					**203,12 €**
LIQUIDO TOTAL A PERCIBIR (A-B)			1121,2 € - 203,12 €. Es el salario neto		**918,08 €**

31 de Mayo 201x

Firma y sello de la empresa   RECIBÍ

DETERMINACIÓN DE LAS BASES DE COTIZACIÓN A LA SEGURIDAD SOCIAL Y CONCEPTOS DE RECAUDACIÓN CONJUNTA Y DE LA BASE SUJETA A RETENCIÓN DEL IRPF Y APORTACIÓN DE LA EMPRESA

CONCEPTO			BASE	TIPO	APORTACIÓN EMPRESA
1. Contingencias comunes					
Importe remuneración mensual		1.121,20 €	Suma todos los conceptos devengados		
Importe prorrata pagas extraordinarias		179,49 €	La prorrata es (35,2 € x 30 días x 2 pagas)/365 =5,79 €. 5,79 € x31 días =179,49 €		
	TOTAL		1.300,69 €	23,60 %	306,96 €
	AT y EP		1.300,69 €	4,45 %	57,88 €
2. Contingencias Profesionales y conceptos de recaudación conjunta	Desempleo		La BCCC debe estar entre la base máxima y	5,50 %	71,54 €
	Formación Profesional		mínima del grupo de cotización y la BCCP entre	0,60 %	7,80 €
	Fondo Garantía Salarial		la máxima y minima de Cont. Prof.	0,20 %	2,60 €
3. Cotización adicional horas extraordinarias					
4. Base sujeta a retención del I.R.P.F.			1.121,20 €		

Tu sector **profesional**

9. Analiza en el convenio colectivo del sector que ya has utilizado en unidades anteriores los conceptos salariales de las categorías profesionales que se reconocen para tu futura profesión:

- ¿Cuál es el salario base y los complementos salariales y no salariales de cada una?
- ¿Tienen remuneración mensual o diaria?
- Elabora la nómina de esas categorías profesionales del mes de agosto.

Actividades

10. Ana (G.C.5) recibe en enero un salario base de 1100 €, un plus de convenio de 110 €, un plus de transporte de 30 € y por horas extras por fuerza no mayor 50 €. Tiene derecho a dos pagas extras de salario base más plus de convenio en junio y diciembre. Su tipo de retención es del 9,24 %. Su contrato es indefinido y el tipo de IT e IMS es el 1 %. Realiza su nómina.

11. Pedro es especialista y recibe 40,48 €/día de salario base más un plus de productividad de 10€/día trabajado (20 días laborales). Percibe tres pagas extraordinarias de salario base de 30 días. Su contrato eventual finaliza el 31 de julio. El tipo de AT y EP es el 1,25%. Calcula el recibo de salarios de febrero (año no bisiesto).

12. Juan Parejo Romero (ayudante titulado) tiene un salario base de 1200 €/mes, un plus de nocturnidad de 15 €/hora nocturna (20 horas realizadas) y un plus de distancia de 90 €/mes. Tiene derecho a dos pagas extras de salario base en junio y Navidad. Su contrato es eventual. El tipo de AT y EP es 1,35%. Realiza la nómina de abril.

13. Patricia Díaz Román es oficial de primera con un salario base de 41,54 €/día y un plus de transporte de 3 €/día trabajado (22 días laborales). Recibe tres pagas extraordinarias de 30 días de salario base en marzo, junio y Navidad. Su contrato es indefinido y su retención del IRPF es del 10 %. El tipo de IT e IMS es 1,25 %. Realiza la nómina de mayo.

14. Pablo Soria Páez recibe como portero (G.C. 6) una retribución igual al salario mínimo interprofesional con dos pagas extraordinarias en verano y en Navidad del mismo importe. Tiene un contrato por obra y servicio determinado. El tipo para contingencias profesionales es de 1,85 %. Elabora su recibo de salarios del mes de enero.

15. Sofía Pena Rojo es camarera de piso (G.C.9) desde hace 5 meses con un contrato de interinidad. Percibe un salario base 50,56 €/día, 5 €/día de plus de convenio, 4 €/día trabajado por plus de peligrosidad (20 días trabajados) y 150 €/ mes de dietas por 10 días. En mayo y Navidad recibe las pagas extras de treinta días de salario base. El tipo de contingencias profesionales es 1,25 %. Realiza la nómina de octubre.

16. Hugo Belmonte Páez, cajero (G.C. 6) desde hace 13 años, recibe mensualmente un salario base de 1 000 €, una antigüedad del 2 % por trienio, un plus de productividad de 300 € y un plus de transporte de 45 €. Su tipo de retención es el 6,75 % y el de AT y EP es 1,25 %. Percibe dos pagas extraordinarias de salario base más antigüedad en junio y diciembre. Realiza la nómina de enero.

17. Realiza el recibo de salario de marzo de Juan Carlos Blanco Pasamar (auxiliar administrativo) que recibe un salario base de 930,50 €/ mes, 46,50 €/mes por antigüedad, un plus de asistencia de 21,04 €/mes y por horas extraordinarias por fuerza mayor 90,15 €/ mes. Tiene derecho a dos pagas extraordinarias de salario base más antigüedad en verano y en Navidad. Se le retine el 2,16 % por IRPF y el tipo de contingencias profesionales es del 1 %. Su contrato es indefinido.

18. Roberto Sáenz Sol es jefe de taller (G.C. 3) en Portilar, SA, con el siguiente salario mensual:

- Salario base: 1600 €.
- Antigüedad (10 años): 2 % de salario base por trienio y 4 % de salario base por quinquenio.
- Por utilizar inglés en su trabajo diario: 60 € mensuales.
- Por asistencia puntual al trabajo: 25 €/mes trabajado.

Tiene derecho a tres pagas extras en marzo, julio y diciembre de salario base, antigüedad y plus de idioma. El tipo de retención del IRPF es del 18 % y su tipo de AT y EP es 3,85 %. Realiza el recibo de salario del mes de julio.

19. Antonio López López es monitor de fitness (G.C.4) con un contrato por obra desde el 1 de junio. Percibe un salario base de 1 000 €/ mes, un plus de convenio de 300 €/mes y dos pagas extraordinarias de 1 000 €/cada una en junio y diciembre, con un devengo semestral. El tipo de AT y EP es del 3 %. Realiza la nómina de diciembre.

20. Irene Santos Rodríguez presta sus servicios como oficial de primera con un contrato indefinido. Percibe un salario base de 40 €/ día, un plus de actividad de 9,10 €/día trabajado y un plus de transporte de 75 €/mes trabajado. Tiene derecho a tres pagas extraordinarias de treinta días de salario base en marzo, julio y diciembre. El tipo de retención del IRPF es del 14 % y el de contingencias profesionales es de 1,85 %. Realiza la nómina del mes de junio (21 días trabajados) y del mes de julio, sabiendo que durante todo ese mes va a estar de vacaciones.

21. Rafael Rodríguez Gómez es director adjunto (G.C.1) y tiene las siguientes retribuciones:

- Salario base: 1400 €/mes.
- Mejora voluntaria: 600 €/mes.
- Plus de responsabilidad: 250 €/mes.
- Horas extras por fuerza no mayor: 130 €.
- Percibe tres pagas extras prorrateadas de 2 250 €.
- Recibe un vehículo de 15 000 € incluidos impuesto

Su contrato es indefinido y su IRPF es del 21 %. El tipo de AT y EP es el 3%. Realiza la nómina de agosto.

22. Cristina Monje Ropero es auxiliar administrativo con contrato eventual a tiempo parcial. Trabaja los lunes, miércoles y viernes durante 5 horas cada día. A jornada completa (40 horas/semana) recibiría un salario base de 986 € más un plus de convenio de 60 €. Recibe dos pagas extras de salario base en julio y diciembre. El tipo de AT y EP es del 1 %. Realiza la nómina de junio (65 horas totales trabajadas y 3 días de descanso).

ACTIVIDADES FINALES

1. Indica qué se considera como salario en dinero y salario en especie.
2. ¿Qué son el salario mínimo interprofesional y el IPREM? ¿Para qué se utilizan?
3. ¿A qué se destina la cotización por contingencias comunes?
4. ¿Cuáles son los conceptos de recaudación conjunta?
5. Identifica las percepciones salariales y no salariales: plus de distancia, dietas, salario base, plus de responsabilidad, participación en beneficios, horas extraordinarias por fuerza mayor, bonos, comisiones sobre ventas, plus de productividad, idiomas, antigüedad, kilometraje.
6. ¿Cómo se calcula la base de retención del impuesto sobre la renta de las personas físicas?
7. Explica cómo se determina la base de cotización por horas extraordinarias. ¿Qué tipo de cotización se aplica?
8. ¿Qué se hace con las cantidades retenidas al trabajador en el recibo de salarios?
9. Los trabajadores pueden recibir anticipos de distintas naturalezas. ¿Qué tipos de anticipos se pueden abonar?
10. Indica cuáles de los siguientes conceptos cotizan a la Seguridad Social y cuáles no:
    - Un trabajador que ha sido desplazado para realizar un servicio a un cliente durante 5 días que le obliga a pernoctar fuera de su domicilio, recibe 45 € al día para pagar las comidas principales y 90 € diarios para pagar el hotel en donde se aloja, gastos estos últimos que justificará con factura.
    - Al nacer su hijo, Antonio ha recibido 300 € por este motivo.
    - Una empresa paga a sus empleados 80 € para compensar los gastos de transporte.
    - El personal que trabaja en una oficina bancaria percibe todos los meses 110 € en concepto de quebranto de moneda.
    - Un técnico de sistemas ha utilizado su coche particular para acudir a prestar un servicio a un cliente. Se le han abonado 0,35 € por cada kilómetro recorrido. Además, ha tenido que pagar 9 € de parking y 20 € en concepto de peaje en la autovía.
    - El seguro de responsabilidad civil percibido por un educador infantil.
    - Complementos a la prestación de incapacidad temporal pagados directamente por la empresa.
    - Los tiques restaurante por un importe de 9 € que le da su empresa a Rocío.
    - La indemnización de 20 días de salario por cada año de servicio que ha recibido Isabel en concepto de despido por causas objetivas.
11. Calcula y confecciona la nómina del mes de marzo de Sonsoles Pozuelo Rodríguez con los siguientes datos:

    NIF: 10365365-R; Núm. Seguridad Social: 33/37655375/29.

    Categoría: técnico de mantenimiento de páginas web; Grupo de cotización: 2.

    Contrato por obra o servicio; alta en la empresa: 15/01 de este año.

    El epígrafe de IT e IMS es el 62. Programación, consultoría y otras actividades relacionadas con la informática, cuyo total es el 1,35 %.

    Retribuciones:

    - Salario base: 1468,54 €.
    - Plus de transporte: 80,00 €.
    - Plus de convenio: 69,50 €.
    - Recibe dos pagas extraordinarias de salario base más plus de convenio en junio y en diciembre.
    - Tipo de retención de IRPF: 2 %.

Entra en internet

12. Entra en la página oficial de la Agencia Tributaria <www.agenciatributaria.es> y pincha en el apartado de <Descarga de programas de ayuda>. Entra en la sección de <Retenciones>. Busca el ejercicio del presente año y accede a <Servicio de Cálculo de Retenciones>. Utilizando la aplicación online, busca el tipo de retención de los siguientes contribuyentes y realiza las nóminas del mes de febrero (nadie cobra paga extraordinaria ese mes). En todos ellos el tipo de cotización por AT y EP es el 1 %:

- **Santiago,** oficial administrativo, con NIF 03456654–F y contrato indefinido. Está casado, su cónyuge (NIF 16987856-X) no tiene rentas y tiene dos hijos de 11 y 8 años. Año de nacimiento: 1973. Sus retribuciones son:

  Salario base: 860,56 €/mes. Plus de transporte: 105,40 €/mes (11 meses).

  Antigüedad: 86 €/mes. Mejora voluntaria: 389 €/mes.

  Recibe tres pagas extras de salario base más antigüedad y mejora voluntaria.

- **Antonio,** oficial de segunda, con NIF 56777432–T, tiene un contrato por obra o servicio determinado desde el 1 agosto del año pasado. Está casado, su cónyuge trabaja y tiene un hijo de un año. Año de nacimiento: 1978. Sus retribuciones son:

  Salario base: 57 €/día. Plus de peligrosidad: 5,40 €/día trabajado (255 días laborables en el año, de los cuales 21 corresponden a febrero). Incentivos: 10 €/día.

  Recibe tres pagas extras de 30 días de salario base.

- **Juan Ramón,** subalterno, con NIF 87666556-D y contrato indefinido. Es viudo y tiene tres hijos de 10, 9 y 5 años. Año de nacimiento: 1972. Sus retribuciones son las siguientes:

  Salario base: 1 100 €/mes. Plus de productividad: 120 €/mes.

  Antigüedad: 220 €/mes. Quebranto de moneda: 30 €/mes (durante 11 meses).

  Recibe dos pagas extras de salario base más antigüedad.

- **Susana,** jefa de taller, con NIF 45678888–Z y contrato indefinido ordinario. Está soltera y no tiene hijos. Año de nacimiento: 1965. Recibe las siguientes retribuciones:

  Salario base: 1 600 €/mes. Plus de responsabilidad: 800 €/mes. Mejora voluntaria: 230 €/mes.

  Antigüedad: 250 €/mes.

  Recibe cuatro pagas extras de salario base más antigüedad, mejora voluntaria y plus de responsabilidad.

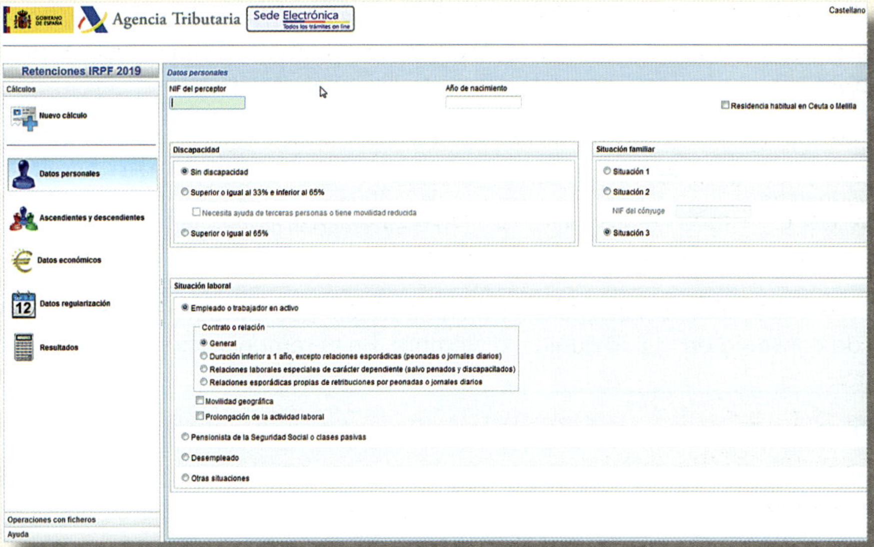

PRÁCTICA PROFESIONAL

Elaboración de nóminas

La empresa Almacenes Eléctricos Sacri, SA, situada en la c/ Flor, 3 de Sevilla, con NIF número A00000000 y CCC 41/8765543/53, tiene los siguientes empleados:

Marina Fernández García NIF: 45663456-S
N.° S.S.: 41/44398766/15
Cat. Prof.: Dependiente; G.C.: 6
Contrato eventual; Fecha de alta: 1/02
Retribuciones:
- Salario base: 930 €/mes
- Plus de convenio: 60 €/mes
- Incentivos: 90 €/mes

Tipo de retención de IRPF: 2 %
IT e IMS: 1,65 %

Rodrigo Parral García NIF: 23445555-E
N.° S.S.: 41/34112333/75
Cat. Prof.: Mozo de almacén; G.C.: 8
Contrato por obra o servicio; Fecha de alta: 05/01
Retribuciones:
- Salario base: 42 €/día
- Plus de convenio: 13 €/día
- Plus de productividad: 1,5 €/día de trabajo (21 días laborales)

Tipo de retención de IRPF: 2 %
IT e IMS: 1,65 %

Enrique Solé Rodríguez NIF: 13455555-A
N.° S.S.: 41/98875432/57
Cat. Prof: Oficial administrativo; G.C.: 5
Contrato indefinido; Fecha de alta: 1/09/2000
Retribuciones:
- Salario base: 1035 €/mes
- Antigüedad: 104 €/mes
- Plus de convenio: 80 €/mes
- Horas extras por fuerza no mayor: 85 €/mes

Tipo de retención de IRPF: 9%
IT e IMS: 1 %

Manuela Soto Santiesteban NIF: 34555555-X
N.° S.S.:41/64455555/48
Cat. Prof.: Encargada de tienda; G.C.: 3
Contrato indefinido; Fecha de alta: 10/03/2000
Retribuciones:
- Salario base: 980 €/mes
- Antigüedad: 98 €/mes
- Plus de convenio: 200 €/mes
- Incentivos: 320 €/mes

Tipo de retención de IRPF: 14 %
IT e IMS: 1 %

David Rodríguez Salmerón NIF: 76885588-S
N.° S.S.: 41/77745666/92
Cat. Prof: Repartidor; G.C.: 9
Contrato eventual; Fecha de alta: 3/02
Retribuciones:
- Salario base: 34 €/día
- Plus de convenio: 11 €/días
- Plus de peligrosidad: 2,25 €/día trabajado (21 días laborales)
- Dieta por manutención sin pernocta: 20 €/día de trabajo

Tipo de retención de IRPF: 2 %
IT e IMS: 1,65 %

Paula Vera Rojo NIF: 65434332-E
N.° S.S.: 41/98111444/41
Cat. Prof.: Gerente; G.C.: 1
Contrato indefinido; Fecha de alta: 01/08/1998
Retribuciones:
- Salario base: 3300 €/mes
- Dietas por manutención con pernocta en España: 70 €/día (por 5 días)
- Antigüedad: 330 €/mes
- Plus de convenio: 290 €/mes
- Incentivos: 600 €/mes
- Uso del vehículo propiedad de la empresa, que tiene un coste total de 25 300 €

Tipo de retención de IRPF: 19 %
IT e IMS: 1 %

Los empleados de Almacenes Eléctricos Sacri perciben tres pagas extraordinarias de salario base más antigüedad y plus de convenio en marzo, junio y diciembre. En la remuneración diaria se calcula por 30 días.

Actividades

1. Clasifica las distintas percepciones que reciben los trabajadores de Almacenes Eléctricos Sacri distinguiendo entre salariales y no salariales. Señala qué conceptos se incluyen en las bases de cotización y si la retribución es mensual o diaria.
2. Determina cuáles son las bases de cotización y las bases sujetas a retención de los empleados de Almacenes Eléctricos Sacri del mes de abril de este año.
3. Calcula el líquido total a percibir de los trabajadores de Almacenes Eléctricos Sacri y confecciona sus nóminas del mes de abril.

EN RESUMEN

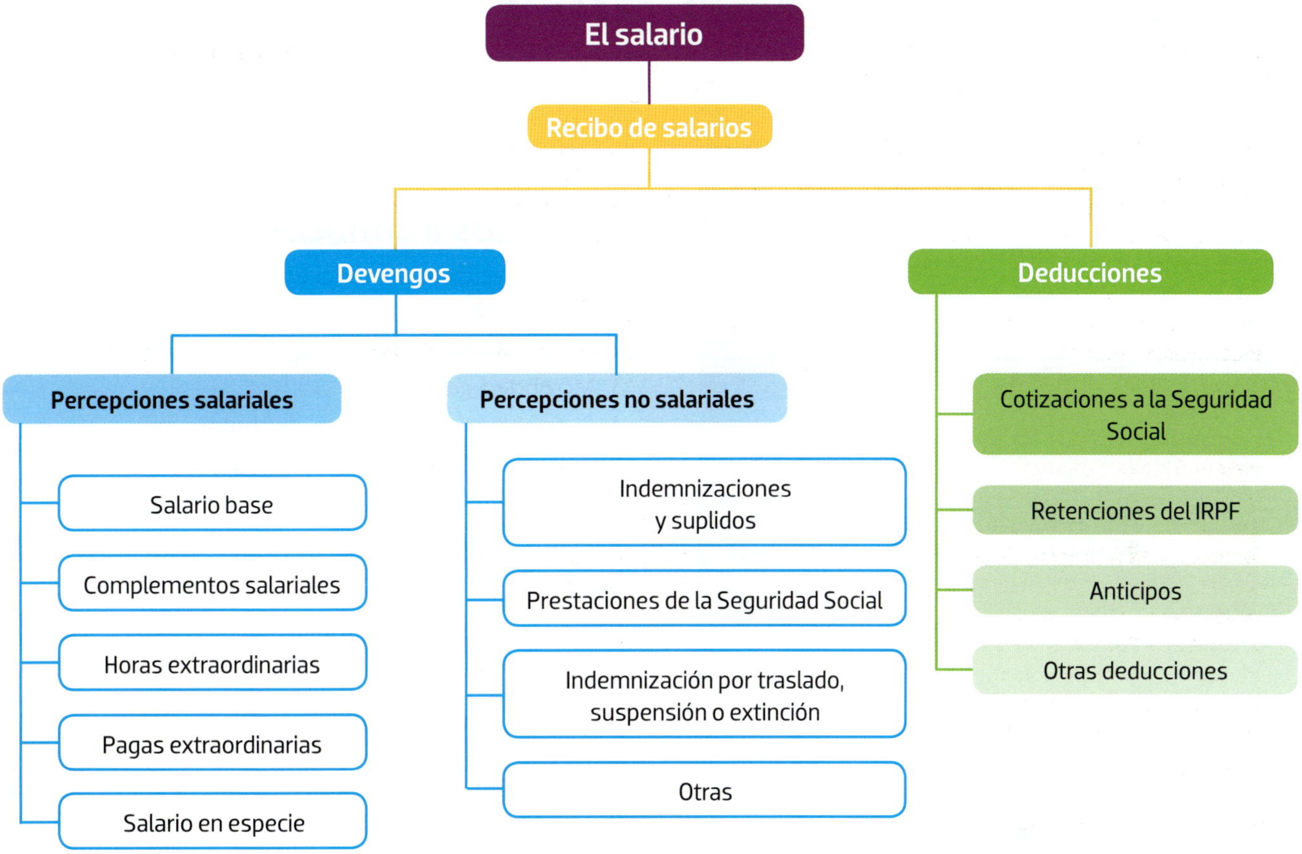

Evalúa tus conocimientos

RESUELVE EN TU CUADERNO O BLOC DE NOTAS

1. Indica cuál de los siguientes no es un complemento salarial:

a) Nocturnidad.

b) Horas extras.

c) Salario mínimo interprofesional.

d) Participación en beneficios.

2. De la siguiente relación, indica cuál es una percepción salarial:

a) Plus de transporte.

b) Dietas de viaje.

c) Plus de toxicidad.

d) Quebranto de moneda.

3. ¿Cuándo se incluyen las horas extraordinarias en el recibo de salarios?

a) Solo se incluyen las horas por fuerza mayor.

b) Se incluyen tanto las pagadas como las compensadas con tiempo libre.

c) Nunca se incluyen las horas extras en la nómina.

d) Solo las que se acuerde que se van a compensar económicamente.

4. Indica cuáles de las siguientes remuneraciones se consideran retribución en especie:

a) Utilización de una vivienda propiedad de la empresa.

b) Participación en beneficios.

c) Plus de residencia.

d) Plus de transporte.

5. Indica, de estos conceptos, cuáles se consideran deducciones a efectos de retribución:

a) Dietas de viaje.

b) Cotización por desempleo.

c) Retención por IRPF.

d) Son correctas las respuestas b y c.

5 Modificación, suspensión y extinción del contrato

Vamos a conocer...

1. Modificaciones sustanciales del contrato de trabajo
2. Movilidad funcional
3. Movilidad geográfica
4. Suspensión del contrato de trabajo
5. Extinción del contrato de trabajo
6. Derecho Procesal Social
7. Elaboración de finiquitos

PRÁCTICA PROFESIONAL

Reestructuración de plantilla

Y al finalizar esta unidad...

- Descubrirás los tipos de modificaciones que puede efectuar el empresario en el contrato de trabajo.
- Identificarás los tipos de despido.
- Conocerás las causas de interrupción temporal de la relación laboral.
- Sabrás qué tipo de acciones legales puedes emprender en caso de disconformidad con las decisiones empresariales.
- Conocerás las diferentes cuantías de las indemnizaciones, en caso de despido, y aprenderás a calcular un finiquito.

Caso práctico inicial

Situación de partida

Carlos lleva trabajando dos años en la empresa MERZEDEX, SA, dedicada a la fabricación de automóviles en Zaragoza. Cuando firmó el contrato escogió el turno de mañana para poder acudir por la tarde al instituto y terminar los estudios de Grado Superior de Automoción.

Hace dos días, el jefe le ordenó cambiarse al turno de tarde, alegando que se ha elevado mucho el absentismo de ese grupo de trabajadores porque tienen obligaciones familiares.

Su amiga Beatriz, que trabaja como administrativa y controla la máquina del café, ha sido despedida disciplinariamente por haberse apoderado de pequeñas cantidades de dinero para tomarse gratis su café diario. Beatriz cree que, en realidad, los verdaderos motivos de la empresa son que quieren deshacerse de ella porque hace una semana les comunicó que estaba embarazada e iba a ser madre de dos gemelos y, además, quieren ahorrarse la indemnización que le deberían pagar por despedirla.

Recientemente, el jefe de personal ha comunicado a Juan que van a suspender temporalmente su contrato de trabajo porque van a cerrar la empresa durante tres meses para paralizar la producción y evitar el exceso de vehículos sin vender. También le ha anunciado que, si las cosas no mejoran, se verán obligados a trasladar la fábrica a un país asiático, donde la mano de obra es más barata, y prescindirán de 500 trabajadores, pero a él le ofrecen la posibilidad de seguir trabajando con ellos en el país que finalmente escojan.

Mientras tanto, el departamento de Recursos Humanos está preparando un expediente de regulación de empleo para despedir a 500 trabajadores, porque han disminuido los beneficios. Dice que la nueva ley no les obliga a solicitar a la Inspección de Trabajo la autorización del despido por causas económicas y de producción. No obstante, piensan que es conveniente negociar con los representantes de los trabajadores para que acepten una indemnización de 30 días de salario por año trabajado para quienes finalmente resulten despedidos. Luis, que lleva tres años trabajando en la empresa, ha consultado con especialistas la propuesta y piensa que aceptará la oferta, porque es superior a lo que establece la ley para estos casos.

Estudio del caso

Estudia todos los puntos de la unidad de trabajo para poder responder a las siguientes cuestiones:

1. ¿Debe Carlos obedecer al empresario?
2. ¿Se puede despedir a una trabajadora mientras está de baja por riesgo durante el embarazo?
3. ¿Podrá Beatriz reincorporarse a su puesto de trabajo después de que el juez haya considerado el despido nulo?
4. ¿En qué ocasiones se pueden suspender los contratos y luego reanudarlos?
5. ¿Puede la empresa despedir a 500 trabajadores de golpe?
6. ¿Está actuando correctamente el departamento de Recursos Humanos?
7. ¿Es legal la indemnización que ofrecen a los despedidos? ¿Aconsejarías a Luis que aceptara la oferta?
8. ¿Qué hay que hacer obligatoriamente antes de presentar una demanda ante un juzgado?

Estatuto de los Trabajadores

Puedes leer los artículos 39 a 57 del Estatuto de los Trabajadores.

Encontrarás versiones actualizadas de esta norma, por ejemplo, en <www.empleo.gob.es>.

1. Modificaciones sustanciales del contrato de trabajo

La dirección de la empresa puede acordar modificaciones sustanciales de las condiciones de trabajo cuando existan probadas **razones económicas, técnicas, organizativas o de producción**. Se consideran tales, las que estén relacionadas con la competitividad, la productividad o la organización técnica o del trabajo en la empresa. Pueden ser individuales o colectivas y afectar, entre otras, a las siguientes materias:

Modificaciones sustanciales

- Jornada de trabajo
- Horario y distribución del tiempo de trabajo
- Régimen de trabajo a turnos
- Sistema de remuneración y cuantía salarial
- Sistema de trabajo y rendimiento
- Las funciones que excedan los límites de la movilidad funcional

Procedimiento para realizar modificaciones sustanciales

El empresarlo debe **notificar la decisión de la modificación sustancial** al trabajador afectado y a sus representantes legales con una antelación mínima de 15 días a la fecha de su efectividad.

Si se trata de **modificaciones colectivas** la decisión de modificación sustancial se realizará mediante un procedimiento similar al que se explica más adelante para los despidos colectivos.

En cualquier momento se podrá acordar la sustitución del periodo de consultas por un procedimiento de mediación o arbitraje.

Si no se llega a un acuerdo, al finalizar el periodo de consultas el empresario notificará su decisión sobre la modificación colectiva de las condiciones de trabajo a los representantes de los trabajadores y surtirá efectos en el plazo de los siete días siguientes a esta notificación.

Opciones del trabajador

- **Rescindir el contrato,** salvo que la modificación se refiera al sistema de trabajo y rendimiento, y percibir una indemnización de 20 días de salario por año trabajado, prorrateándose por meses los periodos inferiores al año y con un máximo de nueve meses.
- **Impugnar** las modificaciones ante la **jurisdicción social.** La sentencia declarará si la **modificación es justificada o injustificada** y, en este caso, reconocerá el derecho del trabajador a recuperar sus condiciones anteriores.
- Reclamar en conflicto colectivo, cuando las **modificaciones** sean **colectivas**.
- Aceptar la decisión y adaptarse a los cambios que se le imponen.

Caso práctico inicial

El cambio de turno de Carlos se considera una modificación sustancial de las condiciones del contrato, porque afecta a la jornada. Por estar cursando estudios reglados tiene derecho preferente a elegir turno.

Modificaciones sustanciales de carácter colectivo

Las modificaciones sustanciales se consideran de carácter colectivo cuando en un periodo de 90 días afectan, como mínimo, a:

N.° trabajadores afectados	N.° trabajadores de la empresa
10	Menos de 100
10 % de la plantilla	100 - 300
30	Más de 300

Distribución de la jornada de trabajo

La empresa puede distribuir el 10 % de la jornada de trabajo de manera irregular a lo largo del año, en defecto de pacto entre empresario y trabajadores o convenio colectivo.

2. Movilidad funcional

La movilidad funcional se produce cuando el empresario ordena al trabajador la realización de tareas diferentes a las que venía realizando habitualmente y para las que había sido contratado. Debe efectuarse de acuerdo con las titulaciones académicas o profesionales precisas para ejercer la prestación laboral y con respeto a la dignidad del trabajador.

Tipos de movilidad funcional

Tipos	Definición y modalidades	Causas y requisitos	Efectos sobre el trabajador
Movilidad horizontal	Consiste en realizar tareas incluidas en el mismo grupo profesional.	El empresario puede decidir las modificaciones libremente dentro del poder de dirección.	Debe aceptar el cambio obligatoriamente y seguirá cobrando lo mismo.
Movilidad vertical	Consiste en realizar funciones de distinto grupo profesional. Puede ser de dos tipos: ■ **Descendente:** si son tareas de un grupo profesional inferior. ■ **Ascendente:** si son tareas de un grupo profesional superior.	Deben existir **razones técnicas o de organización** que la justifiquen y será por el tiempo imprescindible para su atención. El empresario deberá **comunicar su decisión** y las razones a los representantes de los trabajadores. El trabajador debe tener la **titulación académica o profesional** necesaria para realizar las funciones.	■ **Descendente:** se debe aceptar, siempre que se respete la dignidad personal. Se tiene derecho a seguir percibiendo el salario de origen. ■ **Ascendente:** derecho a solicitar el salario del grupo profesional superior. Se puede solicitar el ascenso cuando las funciones se hayan desempeñado por un periodo superior a 6 meses durante un año, u 8 meses durante dos años, si a ello no obsta lo dispuesto en convenio colectivo o no contradice las reglas de ascenso de la empresa.

Artículo 22 ET

2. *Se entenderá por grupo profesional el que agrupe unitariamente las aptitudes profesionales, titulaciones y contenido general de la prestación, y podrá incluir distintas tareas, funciones, especialidades profesionales o responsabilidades asignadas al trabajador.*

[...]

Ejemplo

Suponiendo que Carlos llevara trabajando en la empresa desde el 1 de abril de 2017 y el 20 de noviembre de 2018 le comunicaran un cambio de turno injustificado, ¿qué indemnización debería recibir si tuviera un salario mensual de 1 500 € con las pagas prorrateadas?

Indemnización = n.° de días de indemnización × salario diario × año trabajado

Primero calculamos el salario diario a efectos de indemnización dividiendo el salario anual del trabajador entre 365 días (STS 30/06/2008): (1500 × 12) / 365 = 49,32 €/día

Después calculamos el número de días de indemnización que le corresponden: 20 días de salario por año de servicio, prorrateándose por meses los periodos inferiores a un año, con un máximo de 9 mensualidades, por tratarse de una modificación sustancial de las condiciones de trabajo. Carlos ha trabajado 1 año, 7 meses y 20 días; hay que computar 1 año y 8 meses: 20 × (1 + 8 / 12) = 33,33 días de indemnización.

La indemnización que le corresponde es de 33,33 × 49,32 = 1643,83 €, que no supera las 9 mensualidades máximas (9 × 1500 = 13500 €).

3. Movilidad geográfica

Es el cambio de centro de trabajo que obliga al trabajador a residir, definitiva o temporalmente, en una localidad distinta a la de su domicilio habitual, cuando no ha sido contratado específicamente para ello. Deben existir razones económicas, técnicas, organizativas o de producción.

Desplazamiento

- El trabajador debe cambiarse temporalmente a otro centro de trabajo por un periodo no superior a 12 meses, en un plazo de 3 años.
- Se debe comunicar con la antelación suficiente, que no será inferior a 5 días laborables, si el desplazamiento es superior a 3 meses.

El trabajador puede

- **Aceptar** el desplazamiento con los siguientes derechos:
  - Percibir los gastos de viaje y dietas, además del salario.
  - Disfrutar de un permiso de 4 días laborables por cada 3 meses de desplazamiento con los gastos del viaje pagados.
- **No aceptar** el desplazamiento y recurrir ante el Juzgado de lo Social, si considera que no existían causas económicas, técnicas, organizativas o de producción que lo justifiquen.

Traslado

- El trabajador debe prestar servicios en otro centro, lo que exige cambiar de domicilio; o cuando el desplazamiento supera doce meses, en un periodo de 3 años.
- Se debe comunicar con un plazo de 30 días de antelación, como mínimo, a la fecha de su efectividad.

El trabajador puede

- **Aceptar** el traslado percibiendo una compensación por sus gastos y los de su familia.
- **Pedir la extinción de su contrato** de trabajo y percibir una indemnización de 20 días de salario por año de servicio, prorrateándose por meses los periodos inferiores a un año y con un máximo de 12 mensualidades.
- **Trasladarse e impugnar** la decisión empresarial ante la jurisdicción social. La sentencia declarará el traslado justificado o injustificado, reconociendo en este caso el derecho del trabajador a reincorporarse al centro de trabajo de origen.

Traslados y despidos colectivos

Cuando en un periodo de 90 días resultan afectados:

Trabajadores afectados	Plantilla
Todos	Más de 5
10	Menos de 100
10 %	100 – 300
30	Más de 300

Se tramitarán a través de un procedimiento similar al de los despidos colectivos, que se explica más adelante.

Los representantes legales de los trabajadores tienen prioridad de permanencia en los puestos de trabajo. Durante el periodo de consultas se podrán establecer prioridades de permanencia hacia ciertos colectivos como trabajadores con cargas familiares, mayores de determinada edad o personas con discapacidad.

Ejemplo

Ismael trabaja en Segovia como técnico de comercio de una multinacional. El jefe le ha propuesto marcharse a la empresa que tienen en Londres, durante seis meses, para explicar a los técnicos ingleses las características del mercado español. Ismael piensa que le viene muy bien para su currículum aceptar la propuesta y cree que ganará un poco más. ¿Cuáles son sus derechos?

- La empresa le tiene que abonar todos los gastos del viaje de ida a Londres y el de regreso a España.
- Le deben pagar las dietas establecidas en el convenio colectivo de aplicación, durante todos los días que dure su estancia en Londres.
- Le deben conceder un permiso de 4 días laborables por cada 3 meses de desplazamiento para que pueda viajar a España, pagándole todos los gastos del viaje.

4. Suspensión del contrato de trabajo

Consiste en la interrupción temporal de la relación laboral. El trabajador no acude a su puesto de trabajo y el empresario no le abona el salario correspondiente.

Durante el tiempo que dura la suspensión del contrato, el trabajador tiene derecho a la reserva de su puesto de trabajo, con las siguientes excepciones:

- En aquellos supuestos en que la suspensión se haya establecido por **mutuo acuerdo** o por **causas válidamente consignadas en el contrato de trabajo,** la reincorporación y reserva del puesto de trabajo dependerá de lo que se haya pactado entre las partes.
- Si se trata de una **excedencia voluntaria,** la empresa no tiene la obligación de reservar el puesto de trabajo, el trabajador solamente podrá reincorporarse en el caso de que existan vacantes.
- En las **excedencias por motivos familiares,** solamente se reserva el puesto de trabajo durante el primer año, o durante 15 meses si se trata de una familia numerosa.

Causas legales de suspensión del contrato de trabajo

- Por causas consignadas válidamente en el **contrato de trabajo o mutuo acuerdo.**
- Por **privación de libertad** mientras no exista sentencia condenatoria.
- Por **incapacidad temporal.**
- Por **incapacidad permanente** si se prevé mejoría.
- Por **huelga lícita.**
- Por **cierre patronal.**
- Por **suspensión disciplinaria** de empleo y sueldo por la comisión de faltas.
- Por ser **víctima de violencia de género.**

- Por **causas económicas, técnicas, organizativas o de producción.**
- Por **fuerza mayor temporal.**

El empresario puede suspender el contrato de trabajo cuando exista una **situación económica** negativa, se introduzcan **cambios en los medios de producción** o en los métodos de organización del personal o haya una **variación en la demanda** de los bienes que la empresa pretende colocar en el mercado.

Se tramitará a través de un procedimiento conocido como **ERTE** (expediente temporal de regulación de empleo) que será aplicable cualquiera que sea el número de trabajadores de la empresa y del número de afectados por la suspensión.

El empresario puede suspender el contrato de trabajo cuando exista una **causa inevitable e imprevisible** que impida la relación laboral. Debe solicitarlo a la Autoridad laboral que determinará la existencia o no de la fuerza mayor en el plazo de 5 días desde la comunicación.

Permisos para la conciliación de la vida familiar y laboral

- Maternidad, paternidad, adopción, guarda o acogimiento.
- Riesgo durante el embarazo o la lactancia de un menor de nueve meses.

Excedencias

- **Forzosas:** por designación para cargo público o ejercicio de funciones sindicales.
- **Voluntarias:** para trabajadores con al menos 1 año de antigüedad.
- **Voluntarias por motivos familiares:** cuidado de hijos o de familiares.

Excedencia forzosa por designación o elección para un cargo público o ejercicio de funciones sindicales de ámbito provincial o superior que imposibilite la asistencia al trabajo.

Excedencia voluntaria: podrá ser solicitada por los trabajadores que tengan como mínimo un año de antigüedad. Su duración no puede ser inferior a 4 meses, ni superior a 5 años.

Excedencia por motivos familiares: para atender al cuidado de cada hijo, se podrá disfrutar de una excedencia por un periodo no superior a 3 años. Para atender al cuidado de un familiar hasta el segundo grado de consanguinidad o afinidad que no pueda valerse por sí mismo y no realice trabajo remunerado. Tendrá como máximo 2 años de duración.

Suspensiones para la conciliación de la vida familiar y laboral

- Por **maternidad,** la madre disfrutará de **dieciséis semanas ininterrumpidas** de suspensión, que se **ampliarán en dos semanas por parto múltiple a partir del segundo hijo.** Las 6 semanas inmediatamente posteriores al parto son obligatorias para la madre. Las 10 semanas restantes se pueden disfrutar, a opción de la madre, antes o después del parto.
- **Permisos por adopción, guarda con fines de adopción o acogimiento** de menores de 6 años o de menores mayores de esa edad si son discapacitados o tienen especiales dificultades de inserción social y familiar, durante **16 semanas ininterrumpidas,** contadas a la elección del trabajador, bien a partir de la resolución judicial de adopción o de la decisión administrativa o judicial de acogimiento. **Se amplía en 2 semanas más por cada hijo adoptado o acogido a partir del segundo o si este es discapacitado.**
- **Permiso de paternidad** durante **4 semanas ininterrumpidas,** que se acumulan a los 2 días de permiso por nacimiento de hijo. Se amplía en 2 días por cada hijo, en caso de parto múltiple a partir del segundo.
- Por decisión de la trabajadora que se vea obligada a abandonar su puesto de trabajo por ser **víctima de violencia de género,** con una duración inicial que no exceda de 6 meses, salvo que el juez prorrogue su duración por periodos de 3 meses, con un máximo de 18 meses.
- **Por riesgo durante el embarazo o durante la lactancia natural.** La suspensión finalizará cuando se inicie la suspensión por maternidad biológica o cuando el lactante cumpla 9 meses.

Artículo 48.7 ET

En los supuestos de nacimiento de hijo, adopción, guarda con fines de adopción o acogimiento de acuerdo con el artículo 45.1.d), el trabajador tendrá derecho a la suspensión del contrato por paternidad durante cuatro semanas ininterrumpidas, ampliables en los supuestos de parto, adopción, guarda con fines de adopción o acogimiento múltiples en dos días más por cada hijo a partir del segundo.

Comunicación del permiso de paternidad al empresario

El permiso de paternidad se debe comunicar al empresario con la antelación establecida en el convenio colectivo y podrá disfrutarse en régimen de jornada completa o parcial de un mínimo del 50 %, previo acuerdo entre el empresario y el trabajador.

Ejemplos

Antonio ha disfrutado de una excedencia de 3 años para cuidar de su hija Lucía. Al intentar incorporarse de nuevo, le comunican que su puesto de trabajo como auxiliar administrativo en Medina del Campo está ocupado y lo trasladan a Burgos a una vacante de administrativo. ¿Es legal esta situación? ¿Puede disfrutar de otros derechos?

Sí, porque al durar más de un año la excedencia por cuidado de hijo, la reserva solo se refiere a un puesto del grupo profesional equivalente, pudiendo cambiar incluso al trabajador de centro de trabajo. A Antonio, el periodo de excedencia se le computa a efectos de antigüedad y, además, ha tenido derecho a asistir a cursos de formación profesional. Ahora podría pedir una reducción de su jornada de entre un octavo y la mitad por tener a su cuidado directo a su hija Lucía, menor de 12 años, reduciéndose su salario en la misma proporción. Igualmente, la empresa debe adaptar la duración y distribución de su jornada laboral para conciliar su vida laboral y familiar. Estos derechos pueden ser mejorados por negociación colectiva o en su contrato.

Recuerda que a Juan, trabajador del caso práctico inicial, le habían comunicado que iban a suspender temporalmente su contrato de trabajo porque iban a cerrar la empresa durante tres meses para paralizar la producción y evitar el exceso de vehículos sin vender. ¿Es legal esta decisión? ¿Se lo pueden comunicar verbalmente? ¿Puede cobrar la prestación por desempleo durante ese tiempo?

La decisión es correcta, siempre que existan causas económicas, técnicas, organizativas o de producción que lo justifiquen. En este caso, la causa es un exceso de producción de vehículos provocado por una disminución de las ventas. La comunicación no puede ser verbal, ya que debe tramitarse mediante el procedimiento conocido como ERTE (expediente de regulación de empleo temporal). Durante esos 3 meses podrá cobrar la prestación por desempleo que le corresponda, siempre que haya cotizado un mínimo de 360 días en los seis años anteriores.

5. Extinción del contrato de trabajo

Significa la finalización de la relación laboral entre el empresario y el trabajador. El Estatuto de los Trabajadores recoge, entre otras causas:

5.1. Extinción del contrato por voluntad del empresario y del trabajador

Tipos	Causa	Indemnización	Forma
Por mutuo acuerdo entre empresario y trabajador	El empresario y el trabajador pueden decidir libremente el término del contrato.	No tiene derecho.	Comunicación verbal o escrita.
Causas válidamente consignadas en el contrato de trabajo	Se pueden incluir condiciones que ocasionen la finalización de la relación laboral si llegan a cumplirse, o al contrario.	No tiene derecho.	El motivo debe aparecer por escrito en el contrato de trabajo.
Por cumplimiento del tiempo pactado o por finalización de la obra	Cuando se acaba el tiempo por el que se ha contratado o se finaliza la obra.	12 días de salario por año trabajado, correspondiente a los contratos temporales (salvo interinidad y formativos).	Comunicar al trabajador, con 15 días de antelación, la finalización del contrato si ha durado más de 1 año.

5.2. Extinción del contrato por voluntad del trabajador

Tipos	Causa	Indemnización	Forma
Modificaciones sustanciales de las condiciones de trabajo	El empresario modifica condiciones del contrato que alteran profundamente lo pactado, de acuerdo con la ley.	20 días de salario por año trabajado con un máximo de 9 mensualidades, prorrateándose por meses los periodos inferiores al año.	Solicitar al empresario la extinción por escrito.
Movilidad funcional o geográfica	El empresario ordena al trabajador prestar sus servicios en lugar distinto para el que ha sido contratado.	20 días de salario por año trabajado con un máximo de 12 mensualidades, prorrateándose por meses los periodos inferiores al año.	Solicitar al empresario la extinción por escrito.
Dimisión	El trabajador comunica al empresario su intención de dejar el puesto de trabajo.	No tiene derecho.	Avisar con 15 días de antelación o lo que establezca el convenio colectivo.
Incumplimiento de las obligaciones por parte del empresario	Por ejemplo, por falta de pago o retrasos continuados en el abono del salario.	33 días de salario por año de servicio con un máximo de 24 mensualidades, prorrateándose por meses los periodos inferiores al año.	Presentar una demanda en el Juzgado de lo Social y solicitar la extinción del contrato.

5.3. Otras causas de extinción

Tipos	Causa	Indemnización	Forma
Muerte, incapacidad o jubilación del empresario o del trabajador	Interrupción permanente de las obligaciones contractuales por parte del empresario o del trabajador.	■ Un mes de salario si desaparece la empresa. ■ Seis meses de salario en caso de muerte del trabajador por accidente de trabajo o enfermedad profesional.	Por escrito.
Extinción de la personalidad jurídica de la empresa o fuerza mayor	Imposibilidad definitiva de la prestación laboral.	20 días de salario por año de servicio, con un máximo de 12 mensualidades, prorrateándose por meses los periodos inferiores al año.	Por escrito.

5.4. Extinción del contrato por voluntad del empresario

5.4.1. Despido disciplinario

El despido disciplinario es la **extinción del contrato de trabajo por decisión del empresario basada en incumplimientos del trabajador graves y culpables**. Es la mayor sanción que puede recibir un trabajador, por ello debe ir precedida de otras amonestaciones o sanciones previas de carácter más leve.

Causas

- La embriaguez habitual o toxicomanía. Las faltas repetidas e injustificadas de asistencia o puntualidad.
- El acoso por motivos de raza, religión, discapacidad, convicciones, edad... El acoso sexual o por razón de sexo al empresario o a los trabajadores.
- La indisciplina o desobediencia relativas a las órdenes de trabajo. Las ofensas verbales o físicas al empresario, a los compañeros o a familiares.
- La trasgresión de la buena fe contractual y el abuso de confianza en el desempeño del trabajo. La disminución continuada y voluntaria del rendimiento del trabajo.

Forma de comunicar el despido

- Por escrito, indicando detalladamente los hechos que lo motivan, las fechas en que se produjeron y el día a partir del cual tendrá efecto.
- Si el trabajador fuera representante legal de los trabajadores o delegado sindical, antes de la carta de despido se abrirá un expediente contradictorio en el que serán oídos los interesados y los demás miembros de la representación a la que pertenece.

Despido improcedente

En un despido improcedente, la decisión de readmitir o indemnizar al trabajador corresponde al empresario, salvo que el despedido sea un representante de los trabajadores, en cuyo caso será él quien decida, abonándole los salarios de tramitación en todo caso.

Efectos del despido disciplinario

Despido procedente

- Queda acreditado el incumplimiento alegado por el empresario en su carta de despido.
- El trabajador no tiene derecho a indemnización y se encontrará en situación legal de desempleo.

Despido improcedente

- No quedan demostrados los motivos alegados por el empresario y no se han cumplido los requisitos de forma.
- El empresario podrá optar entre:
  - abonar una indemnización de 33 días de salario por año trabajado, prorrateándose por meses los periodos inferiores a 1 año, con un máximo de 24 mensualidades, o
  - readmitir al trabajador, abonándole los salarios de tramitación desde la fecha del despido hasta la fecha de notificación de la sentencia.

Despido nulo

- Cuando esté motivado por alguna de las causas de discriminación prohibidas en la Constitución o resulte contrario a los derechos fundamentales y libertades públicas de los trabajadores.
- Cuando se haya efectuado en fraude de ley.
- El empresario debe readmitir al trabajador y abonarle los salarios de tramitación desde la fecha de despido hasta la fecha de notificación de la sentencia.

5.4.2. Despido por causas objetivas

Es la extinción del contrato de trabajo que realiza el empresario basándose en alguna de las siguientes causas:

Causas

- Ineptitud del trabajador conocida después del periodo de prueba.
- Amortización de puestos de trabajo cuando existan causas económicas, organizativas, técnicas o de producción, en número inferior al despido colectivo. Insuficiencia de consignación presupuestaria para la ejecución de planes y programas públicos.
- Falta de adaptación del trabajador a las modificaciones técnicas del puesto de trabajo, cuando hayan transcurrido 2 meses como mínimo desde que se introdujo la modificación o finalizó la formación.
- Faltas de asistencia al trabajo, aun justificadas, pero intermitentes, que alcancen el 20% de las jornadas hábiles en 2 meses consecutivos o el 25% en 4 meses discontinuos, dentro de un periodo de 12 meses.

Requisitos formales para realizar este despido

- Comunicarlo por escrito al trabajador expresando la causa del despido con un plazo de preaviso de 15 días.
- Dar al trabajador, junto a la carta de despido, una indemnización equivalente a 20 días de salario diario por año trabajado, prorrateándose por meses los periodos inferiores al año, con un máximo de 12 mensualidades.
- Conceder al trabajador una licencia de 6 horas semanales durante el periodo de preaviso, para que pueda buscar otro trabajo.

Indemnización por despido improcedente

La indemnización por despido improcedente de los contratos formalizados con anterioridad al 12 de febrero de 2012 se calculará a razón de 45 días de salario por año de servicio por el tiempo de prestación de servicios anterior a dicha fecha, prorrateándose por meses los periodos de tiempo inferiores a un año, y a razón de 33 días de salario por año de servicio por el tiempo de servicios posterior, prorrateándose igualmente por meses los periodos de tiempo inferiores a un año. La cuantía resultante no podrá ser superior a 720 días de salario, salvo que del cálculo de la indemnización por el periodo anterior al 12 de febrero resultase un número de días superior, en cuyo caso se aplicará este como importe máximo, sin que dicho importe pueda ser superior a 42 mensualidades en ningún caso (D.T. 11.ª Real Decreto Legislativo 2/2015, de 23 de octubre por el que se aprueba el texto refundido de la Ley del Estatuto de los trabajadores).

Efectos del despido por causas objetivas

Despido procedente

- Queda acreditada la concurrencia de la causa en que se fundamentó y se han cumplido los requisitos formales.
- El trabajador hace suya definitivamente la indemnización que recibió en el momento de la carta de despido y se encontrará en situación legal de desempleo.

Despido improcedente

- No quedan demostrados los motivos alegados por el empresario y no se han cumplido los requisitos formales.
- El empresario podrá optar entre:
  - abonar una indemnización de 33 días de salario por año trabajado, prorrateándose por meses los periodos inferiores a un año, con un máximo de 24 mensualidades, o
  - readmitir al trabajador, abonándole los salarios de tramitación desde la fecha del despido hasta la fecha de notificación de la sentencia.

Despido nulo

- Cuando esté motivado por alguna de las causas de discriminación prohibidas en la Constitución o resulte contrario a los derechos fundamentales y libertades públicas de los trabajadores.
- El empresario debe readmitir al trabajador y abonarle los salarios de tramitación desde la fecha de despido hasta la fecha de notificación de la sentencia.

5.4.3. Despido colectivo

El empresario puede extinguir los contratos de una parte importante de la plantilla de trabajadores, basándose en la existencia de **causas económicas, técnicas, organizativas o de producción que lo justifiquen.** La extinción debe afectar en un plazo de 90 días, al menos al número de trabajadores señalado para las modificaciones sustanciales colectivas.

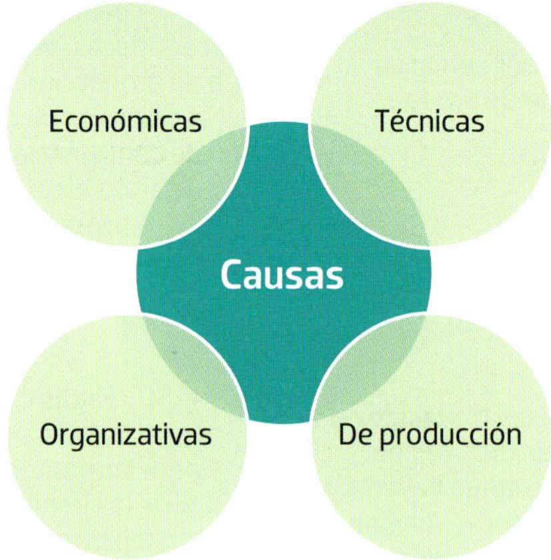

Los despidos se tramitarán a través de un **expediente de regulación de empleo, conocido como ERE,** observando el siguiente procedimiento:

Comunicación del empresario de la intención de iniciar el procedimiento de despido colectivo a los trabajadores o a sus representantes

▼

Constitución de la comisión representativa de los trabajadores (máximo 13 miembros)

- En el plazo máximo de 7 o 15 días, según que el centro de trabajo tenga o no representantes de los trabajadores.
- La falta de constitución de la comisión representativa no impedirá el inicio y transcurso del periodo de consultas, y su constitución con posterioridad al inicio del mismo no comportará, en ningún caso, la ampliación de su duración.

▼

Comunicación formal del inicio del periodo de consultas

Contenido mínimo de la comunicación a los representantes de los trabajadores y a la Autoridad Laboral:

- La memoria explicativa de las causas del despido.
- El número y la clasificación profesional de los trabajadores afectados por el despido.
- El número y la clasificación profesional de los trabajadores empleados en el último año.
- El periodo previsto para la realización de los despidos.
- Los criterios tenidos en cuenta para la designación de los trabajadores afectados.
- La copia de la comunicación de la intención de iniciar el procedimiento de despido colectivo a los trabajadores o a sus representantes.
- La comisión representativa de los trabajadores que integrará la comisión negociadora o la falta de su constitución.

▼

Apertura del periodo de consultas

- **Constitución de la comisión negociadora** única integrada por un máximo de trece miembros por cada parte.
- **Duración:** como máximo 30 días naturales o 15, si la empresa tiene menos de 50 trabajadores.
- **Negociación de buena fe,** para evitar o reducir los despidos y atenuar sus consecuencias con medidas sociales o acciones de formación.

Despido colectivo

Se entiende que concurren **causas económicas** cuando de los resultados de la empresa se desprenda una situación económica negativa, en casos tales como la existencia de pérdidas actuales o previstas, o la disminución persistente de su nivel de ingresos ordinarios o ventas. En todo caso, se entenderá que la disminución es persistente si se produce durante tres trimestres consecutivos.

Se entiende que concurren **causas técnicas** cuando se produzcan cambios, entre otros, en el ámbito de los medios o instrumentos de producción; **causas organizativas** cuando se produzcan cambios, entre otros, en el ámbito de los sistemas y métodos de trabajo del personal o en el modo de organizar la producción y **causas productivas** cuando se produzcan cambios, entre otros, en la demanda de los productos o servicios que la empresa pretende colocar en el mercado.

Caso práctico inicial

El despido de 500 trabajadores de la empresa MERZEDEX, SA, sería considerado como despido colectivo si afecta a más del 10 % de la plantilla.

La indemnización que plantean supera la establecida legalmente para este tipo de despidos, que es de 20 días de salario por año trabajado, con un máximo de 12 mensualidades.

Finalización del periodo de consultas

- **Con acuerdo:** el empresario envía una copia del acuerdo a la Autoridad Laboral.
- **Sin acuerdo:** el empresario comunica a los representantes de los trabajadores y a la Autoridad Laboral la decisión final del despido colectivo y las condiciones del mismo. Notificará los despidos individualmente. Los trabajadores tendrán la posibilidad de presentar demandas.

Sentencia que declara la decisión empresarial

- **Ajustada a Derecho**: Si el empresario ha acreditado la causa alegada y ha respetado el procedimiento legalmente establecido.
- **No ajustada a Derecho**: Si no se ha acreditado la concurrencia de la causa alegada.
- **Nula**: Si no se ha respetado el procedimiento legalmente establecido o se han vulnerado derechos fundamentales y libertades públicas.

6. Derecho Procesal Social

La rama social del Derecho, o Derecho Laboral, **se encarga de resolver los conflictos**, tanto individuales como colectivos, **que pueden surgir entre los trabajadores y los empresarios**, así como en materia de Seguridad Social.

Juzgados y tribunales de lo social

Tribunal Supremo (TS) Sala de lo Social

- Ámbito de actuación: nacional.
- Sede: Madrid.
- Competencia: conoce siempre en vía de recurso contra las resoluciones de los Tribunales Superiores de Justicia y de la Audiencia Nacional.

Audiencia Nacional (AN) Sala de lo Social

- Ámbito de actuación: nacional.
- Sede: Madrid.
- Competencia: conoce de los conflictos colectivos de ámbito superior al de comunidad autónoma.

Tribunales Superiores de Justicia (TSJ) Sala de lo Social

- Ámbito de actuación: la comunidad autónoma.
- Competencia: conocen de los recursos de suplicación que se interponen contra las sentencias de los Juzgados de lo Social y de los conflictos colectivos de ámbito superior al provincial, pero inferior al de comunidad autónoma.

Juzgados de lo Social

- Ámbito de actuación: la provincia.
- Competencia: conocen de los conflictos laborales individuales y colectivos de ámbito provincial o inferior.

FOGASA

El **Fondo de Garantía Salarial** es un organismo autónomo adscrito al Ministerio de Empleo y Seguridad Social que se encarga de abonar a los trabajadores el importe de los salarios o las indemnizaciones que les debe el empresario cuando no puede abonarlos por motivos de insolvencia o concurso.

Deben estar reconocidos en sentencias, autos, actos de conciliación judicial o resolución administrativa, y motivados por causa de despidos o extinción de los contratos de trabajo y con los siguientes límites:

- 120 días de salario diario.
- Un año de indemnización.

El salario diario base del cálculo no puede exceder del doble del salario mínimo interprofesional, incluyendo la parte proporcional de las pagas extraordinarias.

Jurisdicción social

Puedes consultar la Ley 36/2011, de 10 de octubre, reguladora de la jurisdicción social (LRJS).

Conciliación o mediación previa

No es necesaria la conciliación o mediación previa en los procesos que exijan la reclamación previa en vía administrativa, las impugnaciones de despidos colectivos por representantes de los trabajadores, los que versen sobre Seguridad Social, disfrute de vacaciones, materia electoral, movilidad geográfica, modificación sustancial de las condiciones de trabajo, suspensión del contrato y reducción de jornada por causas económicas, técnicas, organizativas o de producción o derivadas de fuerza mayor.

Caso práctico inicial

Beatriz, que no está conforme con el despido, puede intentar la conciliación ante el SMAC y acudir al Juzgado de lo Social si no llegan a un acuerdo.

Procedimiento de reclamación judicial

El trabajador que no esté conforme con alguna decisión del empresario o resolución de la Seguridad Social, debe proceder de la siguiente manera:

1. Solicitud de mediación, acto de conciliación previa o reclamación previa

Ante el Servicio de Mediación, Arbitraje y Conciliación (SMAC) de la comunidad autónoma. Se interrumpe el cómputo del plazo para presentar la demanda. Si se reclama contra el Estado, la conciliación se sustituye por una reclamación previa.

2. Acudir al acto de mediación o conciliación

El empresario y el trabajador deben intentar llegar a un acuerdo conforme a la ley. Como resultado del acto puede ocurrir:

- Que haya acuerdo. Se abonarán las cantidades acordadas o se readmitirá al trabajador.
- Que no haya acuerdo. Se debe interponer demanda.

3. Presentar demanda ante el Juzgado de lo Social

El secretario judicial admitirá la demanda o pedirá la subsanación de los errores que corresponda y señalará fecha y hora para realizar los actos de conciliación y juicio.

4. Conciliación judicial

Antes de comenzar el juicio, el secretario judicial intentará una nueva conciliación entre las partes.

5. Celebración del juicio oral

Las partes pueden comparecer por sí mismas o representadas por procurador, abogado, graduado social colegiado o cualquier persona que se encuentre en el pleno ejercicio de sus derechos civiles.
Los sindicatos también pueden actuar en nombre e interés de los trabajadores afiliados a ellos que así lo autoricen.

6. Sentencia

El juez emitirá sentencia y la notificará a las partes. En ella se dará la razón al trabajador o al empresario, se indicará si es firme o admite recurso, el plazo para recurrir, en su caso, y las tasas que correspondan.

7. Elaboración de finiquitos

El **finiquito** es un documento que el empresario debe entregar al trabajador con ocasión de la extinción del contrato de trabajo, para dejar constancia de que finaliza la relación laboral y de que le ha abonado todas las cantidades pendientes. Tiene una doble naturaleza:

- **Finiquito-liquidación de haberes:** es un recibo que recoge todas las cantidades adeudadas al trabajador por todos los conceptos, como salarios pendientes de percibir, parte proporcional de pagas extraordinarias, vacaciones no disfrutadas e indemnizaciones.
- **Finiquito-extinción:** es un reconocimiento de la finalización de la relación laboral entre empresario y trabajador de forma expresa, clara e inequívoca, en el que el trabajador acepta que se le han abonado todas las cantidades pendientes y, por ello, renuncia a las acciones legales que le pudieran corresponder.

En el momento de proceder a la firma del finiquito, el trabajador podrá solicitar la presencia de un representante legal de los trabajadores, haciéndose constar en el mismo si se usa esta posibilidad o no.

Si no está de acuerdo con el contenido no debe firmarlo o, si lo firma, debe hacer constar la expresión «No conforme».

Conceptos que debe incluir un finiquito

Conceptos que debe incluir un finiquito:

Devengos
1. **Salarios** del mes. 2. **Parte proporcional** de una o de las dos pagas extras (según el devengo sea semestral o anual). 3. Días de **vacaciones** no disfrutados. 4. **Indemnización** según tipo de despido. 5. Periodo de **preaviso** no cumplido.
Deducciones
6. Cotizaciones a la **Seguridad Social.** 7. Retenciones por **IRPF.**

Ejemplo

Mario Pérez Rodríguez, ayudante no titulado (grupo 4) en TALLERES SORE, SL, ve extinguida su relación laboral el 12 de marzo por un despido colectivo. Tenía un contrato indefinido ordinario firmado el 13 de junio del año anterior. Percibía 900 € de salario base y 100 € de plus de convenio, además de dos pagas extras de 900 € cada una en junio y diciembre, cuyo devengo es anual. Su retención de IRPF es del 7,66 %. Todavía no ha disfrutado en este año de vacaciones.

Confecciona la nómina del mes de marzo y elabora el finiquito:

El Tribunal Supremo señala que para calcular las liquidaciones a efectos de salarios, los cálculos se hacen tomando los días naturales del mes o del año (365 o 366). Exclusivamente a efectos de cotización, los cálculos en remuneración mensual se calculan con meses de 30 días y años de 360.

1. **Cálculo de los devengos por los días trabajados:**

   Mario ha trabajado 12 días en marzo, por los cuales recibirá las siguientes cantidades:
   - Salario base: (900 € / 31 días) × 12 días = 348,39 €
   - Plus de convenio: (100 € / 31 días) × 12 días = 38,71 €

2. **Liquidación de las pagas extras correspondientes:**

   Las pagas extras son de devengo anual y se calculan así:

   a. **Paga extraordinaria de junio:** se devenga del 1 de julio del año anterior al 30 de junio del presente año. En este caso se liquida desde el 1 de julio hasta el 12 de marzo, lo que hace un total de 255 días. A través de una regla de tres se calcula su importe de la siguiente manera:

   Por 365 días trabajados .... 900 €
   Por 255 días trabajados.............................. x

   x = (255 días × 900 €) / 365 días = 628,77 € de paga de junio

   b. **Paga extra de navidad:** esta paga coincide con el año natural desde el 1 de enero al 31 de diciembre. Se liquidan un total de 71 días (31 días de enero, 28 de febrero y 12 de marzo). El importe se calcula con una regla de tres:

   Por 365 días trabajados .... 900 €
   Por 71 días trabajados.............................. x

   x = (71 días × 900 €) / 365 días = 175,07 € de paga de navidad

Ejemplo

3. Liquidación de las vacaciones no disfrutadas en el año:

Primero debemos calcular los días que hay que liquidar:

Por 365 días trabajados .... 30 días de vacaciones
Por 71 días trabajados x

x = (71 días × 30 días) / 365 días = 5,84 días de vacaciones

Para calcular el importe de las vacaciones, se tiene en cuenta que durante las mismas se paga el salario base (900 €) y el plus de convenio (100 €) y se aplica una regla de tres:

Por 30 días de vacaciones .... 1000 €
Por 5,84 días de vacaciones.......... x

x = (5,84 días × 1000 €) / 30 días = 194,67 €

Las percepciones correspondientes a vacaciones anuales devengadas y no disfrutadas y que sean retribuidas a la finalización de la relación laboral serán objeto de liquidación y cotización complementaria a la del mes de la extinción del contrato, es decir, tienen realmente su propia base de cotización y pueden dar lugar a que se cotice por encima de la base mensual máxima vigente (art. 109.1 LGSS).

4. Indemnización, que se calcula aplicando la siguiente fórmula:

Indemnización = n.º días (dependiendo del tipo de despido) × salario diario × años trabajados.

Salario que se debe computar: en ausencia de condiciones más favorables para el trabajador establecidas por convenio o contrato, el salario que se ha de tener en cuenta es el de la fecha del despido, en concreto, el percibido en el último mes, prorrateado con las pagas extraordinarias, salvo que existan circunstancias especiales (STS 12/05/2005).

El cálculo del salario diario se realiza dividiendo el salario anual del trabajador entre 365 días (STS 30/06/2008).

El salario diario de Mario es: [(900 € + 100 €) × 12] / 365 días = 32,88 € salario diario, a lo que hay que añadir la prorrata diaria de las pagas extraordinarias que se determinará dividiendo por el número de días del año: (900 € × 2 pagas) / 365 días = 4,93 €/día

El salario diario total es: 32,88 € + 4,93 € - 37,81.

Al ser un despido colectivo, la indemnización es de 20 días de salario por año de servicio, prorrateándose por meses los periodos inferiores a 1 año, con un máximo de 12 mensualidades. El TS ha aclarado que la fracción de un mes equivale a un mes completo (STS unif. doctrina 31/07/2007). Por ejemplo, una antigüedad de 1 año, 1 mes y 2 días, debe computarse como de 1 año y 2 meses. Mario ha trabajado 8 meses completos y parte de otro, por ello hay que computar 9 meses para calcular la indemnización.

$$20 \text{ días} \times 37{,}81 \text{ €/día} \times \frac{9 \text{ meses}}{12 \text{ meses}} = 567{,}15 \text{ €}$$

Cantidad que no supera el máximo de 12 mensualidades.

5. Finiquito:

En ■■■■■■■■■■■■■■■■■■, a 12 de marzo de 201■■■■

El/la trabajador/a D. Mario Pérez Rodríguez, con DNI/NIF ■■■■■■■■■■■■ da por terminada su relación laboral con la empresa TALLERES SORE, SL, domiciliada en C/ ■■■■■■■■■■■■■■■■■■ con NIF ■■■■■■■■■■■■■■■■■■ y por extinguido el contrato de trabajo que con ella le unía, percibiendo las siguientes cantidades, por los conceptos que se indican:

Salario pendiente del mes en curso	387,10 €
Vacaciones no disfrutadas	194,67 €
Parte proporcional de paga de junio	628,77 €
Parte proporcional de paga de diciembre	175,07 €
Indemnización	567,15 €
TOTAL BRUTO	1952,76 €

Con el percibo de la referida cuantía, disminuida en las deducciones legales que por ella correspondan, me considero totalmente saldado y finiquitado por toda clase de conceptos con la referida empresa, comprometiéndome a no reclamar por concepto alguno que pudiera derivarse de la mencionada relación laboral, que doy expresamente por concluida.

Lo que firmo y ratifico en prueba de conformidad en la fecha y lugar arriba consignado.

Fdo. El trabajador   Fdo. El representante legal   Fdo. El Director de la empresa

Ejemplo

6. Confección del recibo de salarios:

RECIBO INDIVIDUAL JUSTIFICATIVO DEL PAGO DE SALARIOS

Empresa:	Talleres Soro, S.L.	**Trabajador:**	Mario Pérez Rodríguez
Domicilio:	XXX	**N.I.F.:**	XXX — **Antigüedad:** 13 de junio de 201X
N.I.F.:	XXX	**Número de Afiliación a la S.S:**	XXX
Código de Cuenta de Cotización		**Categoría o Grupo Profesional:**	Ayudante no titulado
a la Seguridad Social:	XXX	**Grupo de cotización:**	XXX

Periodo de liquidación **del** 1 **al** 12 **de** Marzo **de** 201X **Total días** 12

I. DEVENGOS — TOTALES

1. Percepciones salariales

Concepto	Detalle	Importe	Totales
Salario base	Días trabajados: 900 € / 31 días naturales del mes x 12 días trabajados	348,39 €	
Complementos salariales			
Plus de convenio	Calculado así: 100 € / 31 días reales del mes x 12 días trabajados	38,71 €	
Vacaciones	Por 5,84 días de vacaciones del año no disfrutadas	194,67 €	
Horas extraordinarias			
P.P.gratificación extraordinaria junio		628,77 €	
P.P.gratificación extraordinaria navidad		175,07 €	
2. Percepciones no salariales			
Indemnizaciones y suplidos			
Prestaciones e indemnizaciones de la Seguridad Social			
Indemnizaciones por traslados, suspensiones o despidos			
Por despido colectivo		567,15 €	
Otras percepciones no salariales			
A. TOTAL DEVENGADO	(Es el salario bruto)		1.952,76 €

II. DEDUCCIONES

1. Aportaciones del trabajador a las cotizaciones de la Seguridad Social y conceptos de recaudación conjunta

Concepto	Base	%	Importe	Totales
Contingencias comunes	Sobre la BCCC 447,10 €	4,70	21,01 €	
Desempleo	Sobre la BCCP 447,10 €	1,55	6,93 €	
Formación Profesional	Sobre la BCCP 447,10 €	0,10	0,45 €	
Vacaciones	Sobre la BC de vacaciones 194,67 €	6,35	12,36 €	
Horas extraordinarias				
Fuerza mayor				
Resto				
TOTAL APORTACIONES	21,01 € + 6,93 € + 0,45 € + 12,36 €		40,75 €	
2. I.R.P.F.	Sobre la base del IRPF 1.385,61 €	7,66	106,14 €	
3. Anticipos				
4. Valor de los productos en especie				
B. TOTAL A DEDUCIR				146,89 €
LIQUIDO TOTAL A PERCIBIR (A-B)	1.952,76 € - 146,89 € Es el salario neto			1.805,87 €

Firma y sello de la empresa XXX, 12 **de** Marzo **de** 201X

Recibí

DETERMINACIÓN DE LAS BASES DE COTIZACIÓN A LA SEGURIDAD SOCIAL Y CONCEPTOS DE RECAUDACIÓN CONJUNTA Y DE LA BASE SUJETA A RETENCIONES DE I.R.P.F.

1. Base de cotización por contingencias comunes		
Remuneración mensual	387,10 €	Suma de Salario base (348,39 €) y Plus de convenio (38,71 €). No se incluyen la indemnización ni las vacaciones
Prorrata pagas extraordinarias	60,00 €	La prorrata se calcula así: (900 € x 2 pagas / 360 días) x 12 días
TOTAL	447,10 €	Se comprueba que la BCCC está entre las bases máxima y mínima del grupo de cotización 4
2. Base de cotizacon por Contingencias Profesionales (AT y EP) y conceptos de recaudación conjunta (Desempleo, FP y FOGASA)	447,10 €	La BCCP es igual a la BCCC al no realizarse HHEE. Se comprueba que está entre bases mínima y máxima de contingencias profesionales
3. Base de cotización adicional por horas extraordinarias		
4. Base sujeta a retención del I.R.P.F.	1.385,61 €	Es igual al Total Devengado, sin la indemnización por despido
5. Base de cotización por vacaciones	194,67 €	Las vacaciones devengadas y no disfrutadas tienen una base de cotización propia una liquidación y cotización complementaria (art.109 LGSS)

ACTIVIDADES FINALES

1. El empresario para quien trabaja María como auxiliar de enfermería ha decidido que realice turnos rotatorios de tarde y noche a partir del próximo mes.
   - ¿De qué tipo de modificación del contrato se trata?
   - ¿Qué causas puede alegar la empresa?
   - ¿Tiene María obligación de obedecer?
   - ¿Qué puede hacer María?

2. El taller donde trabajas se va a trasladar a otra comunidad autónoma por razones económicas.
   - ¿De qué tipo de movilidad se trata?
   - ¿Qué puedes hacer?

3. Jorge tiene que hacerse cargo del trabajo del jefe de su sección, a quien le van a practicar una intervención quirúrgica y permanecerá 12 meses de baja.
   - ¿Seguirá Jorge cobrando lo mismo durante la sustitución?
   - ¿Tiene derecho a que le asciendan de categoría?

4. Indica de qué tipo de extinción de contrato de trabajo se trataría en cada caso:
   - Un trabajador coge dinero de la caja.
   - Terminación de la obra o servicio.
   - Despido de 100 empleados de una empresa automovilística.
   - Un incendio ha quemado la fábrica donde trabaja Luis.
   - El jefe de María se jubila.
   - Inadaptación a nuevas máquinas.

5. Tu amigo Juan ha decidido que quiere tomarse un permiso para atender a su abuelo enfermo y no sabe si perderá el puesto de trabajo en el que lleva 5 años:
   - ¿Qué tipo de excedencia puede solicitar?
   - ¿Tiene derecho a que le reserven su puesto de trabajo?
   - ¿Cuánto tiempo tiene que transcurrir para poder volver a solicitar una excedencia?

6. Los camareros de un restaurante llevan seis meses sin cobrar su salario porque los clientes han disminuido. Han pensado en pedir al jefe la extinción de sus contratos de trabajo.
   - ¿Tienen derecho a ello?
   - ¿Qué tendrían que hacer?
   - ¿Qué indemnización les correspondería si el juez les da la razón?
   - ¿Podría pagarles el FOGASA si el empresario no dispone de dinero?

7. Alejandro trabaja como cajero en un banco desde hace 5 años, con un sueldo mensual de 1 600 € y dos pagas extraordinarias de 1 300 €. La empresa le ha comunicado por escrito que a partir del mes próximo no le necesitan porque van a instalar cajeros automáticos y le han dado 3 horas libres semanales para que busque otro trabajo.
   - ¿De qué tipo de despido se trata?
   - ¿Se han cumplido todos los requisitos formales para realizar este tipo de despido?
   - ¿Qué indemnización le corresponde si el despido se considera procedente?

8. La empresa MONTREAL, SL, comunica a tu amigo Ismael García la finalización de su contrato de trabajo de interinidad el día 18 de abril de 2018 y le pide que firme el finiquito, que asciende a un total de 845 €. Ayúdale a calcular su finiquito sabiendo que lleva en la empresa desde el 20 de septiembre de 2017, cobra 820 € mensuales y tiene dos pagas extraordinarias de devengo semestral de 700 €. Si está de acuerdo con la cantidad, ¿debe firmar el finiquito? ¿Y si no está conforme con el despido?

- **9.** Después de 10 años trabajando en una empresa, tu jefe te despide verbalmente, alegando que has faltado injustificadamente al trabajo durante varios días. Explica de qué tipo de despido se trata.
  - ¿Ha respetado las formalidades exigidas en este tipo de despido?
  - ¿Qué debes hacer si no estás conforme con el despido? ¿En qué plazo?
  - ¿Tienes derecho a cobrar indemnización si el juez califica el despido como procedente?
  - Si el juez califica el despido como improcedente, ¿qué dos posibilidades se abren? ¿A quién corresponde el derecho de opción? ¿Qué indemnización te correspondería?

Papeleta de conciliación individual previa a la vía judicial laboral

1.- Datos del demandante:

NIF / NIE	Apellido 1	Apellido 2	Nombre
CP	Localidad	Dirección	N.º
Teléfono fijo		Teléfono móvil	
Grupo profesional		Fecha de antigüedad en la empresa	
Salario bruto	Con inclusión de prorrata de pagas extras		Otras remuneraciones
¿El trabajador es representante legal o sindical de los trabajadores o lo ha sido en el año inmediatamente anterior?		Sí	No

2.- Datos del demandado(s):

Apellido 1		Apellido 2	
Nombre / Razón social			
Dirección	CP	Localidad	Teléfono

3.- Datos de la solicitud:

Motivo:	Concepto			
	Otros conceptos			
En caso de despido:	Fecha de efectividad	Forma	Verbal	Por escrito
En caso de solicitud por cantidad:		Cantidad total reclamada		
En caso de reclamación de otros derechos (indicad cuales)				

4.- Enumeración clara y concreta de los HECHOS en los que basa su pretensión:

Por todo lo expuesto, solicito al Servicio de mediación, arbitraje y conciliación (SMAC) de Madrid, que teniendo por presentado el presente escrito con sus copias correspondientes, lo admita y, en su virtud se sirva señalar día y hora citando al interesado (s) para la celebración del preceptivo INTENTO DE CONCILIACIÓN con el demandado (s), previo a la vía judicial laboral,

En.................................., a.......... de........................ de...........   FIRMA

Entra en internet

- **10.** Entra en la página web del poder judicial (<www.poderjudicial.es>) y encontrarás una utilidad para calcular indemnizaciones por extinción del contrato. Accede también a la página <www.mjusticia.gob.es> donde se muestra la organización del sistema judicial español.

PRÁCTICA PROFESIONAL

Reestructuración de plantilla

La empresa CONSTRUMET, SL, dedicada a la construcción de viviendas, con una plantilla de 100 trabajadores, está pasando malos momentos por la crisis. El jefe de personal propone tomar las siguientes decisiones con el objetivo de superar las circunstancias y poder mantener la empresa a flote:

- Planea despedir a 30 albañiles, y para ello inicia un periodo de negociación de 20 días con los representantes de los trabajadores ofreciéndoles una indemnización de 18 días de salario por año trabajado, con un máximo de 15 mensualidades.
- Además, quiere que Francisco y Manuel, que son técnicos superiores en instalaciones electrotécnicas, vayan al centro que tienen en Alemania, durante 9 meses y 2 años respectivamente, para adquirir nuevos conocimientos que luego puedan implantar aquí.
- Despide a Jorge que es delineante porque, después de tres meses, no domina el programa informático de diseño asistido por ordenador, que facilitaría la realización de los planos de las obras.
- Suspende de empleo y sueldo a Vicente, que ha sido privado de libertad por alterar el orden público durante el fin de semana.
- Rebaja de categoría a Pedro, capataz de los albañiles, y le encomienda tareas de peón.
- Suspende de sueldo a Juan durante cinco días por desobedecer las órdenes del jefe al no ponerse el casco, ni el arnés.
- El día 30 de junio de 2013 despide a Luisa, contable y miembro del comité de empresa, que lleva trabajando en la constructora desde el 15 de abril de 1992, con un salario de 1800 € mensuales y dos pagas extraordinarias de devengo semestral del mismo importe, alegando que se dedicaba a llevar la contabilidad de otros clientes en el tiempo de trabajo.
- Despide a María que ha sido elegida concejala del ayuntamiento de su pueblo.
- No va a readmitir a Juan, que ha pedido 1 año de excedencia para cuidar a su hijo de 10 meses.

Actividades

1. ¿De qué tipo es el despido de los albañiles? ¿Qué formalidades se deben observar antes de proceder a los despidos? ¿Qué te parece la indemnización que ofrecen?
2. Francisco, que está soltero, decide aceptar la propuesta. ¿Cuántos días tiene para venir a ver a su familia? ¿Quién pagará los viajes?
3. Sin embargo Manuel, que acaba de tener un niño, no desea marcharse. ¿Puede obligarle el empresario? ¿Podría solicitar la extinción del contrato de trabajo y que le indemnizaran? ¿Podría pedir una excedencia? ¿Durante cuánto tiempo?
4. ¿Es legal el despido de Jorge?
5. ¿Puede despedir a Vicente antes de la celebración del juicio?
6. ¿Debe aceptar Pedro la decisión del empresario?
7. ¿Qué debe hacer Luisa? Rellena la papeleta de conciliación, según el modelo que te proponemos en esta unidad. ¿Qué tipo de despido alegará la empresa? Suponiendo que el juez declarara el despido improcedente ¿A quién le corresponde tomar la decisión entre readmisión o indemnización? Calcula el importe de la indemnización que le correspondería.
8. ¿Cómo calificará el juez el despido de María?
9. ¿Es posible suspender de sueldo a un trabajador?
10. ¿Puede negarse el jefe a readmitir a Juan?

EN RESUMEN

- **Modificación, suspensión y extinción del contrato de trabajo**
  - **Modificaciones: cambios individuales o colectivos**
    - **Movilidad funcional**
      - Horizontal
      - Vertical ascendente
      - Vertical descendente
    - **Movilidad geográfica**
      - Traslado
      - Desplazamiento
    - **Modificaciones sustanciales**
      - Horario
      - Jornada
      - Salario
      - Etc.
  - **Suspensión: interrupción temporal**
    - Con reserva de puesto de trabajo
    - Sin reserva de puesto
    - Para cuidado de familiares
    - Por conciliación de la vida familiar y laboral
  - **Extinción: terminación**
    - Despido disciplinario
    - Despido por causas objetivas
    - Despido colectivo
    - Fin contrato
    - Fuerza mayor
    - Mutuo acuerdo
    - Por voluntad del trabajador
    - Otras causas

- **Derecho Procesal Social**
  - Órganos administrativos y judiciales: SMAC, Juzgados de lo Social
  - Procedimiento de reclamación judicial
  - Papeleta de conciliación, mediación, reclamación previa. Demanda
  - Sentencias
    - Despido procedente
    - Improcedente
    - Nulo

Evalúa tus conocimientos

RESUELVE EN TU CUADERNO O BLOC DE NOTAS

1. En un despido por causas objetivas:

a) La empresa debe dar la carta de despido al trabajador con 15 días de antelación.

b) El trabajador no recibe ninguna indemnización.

c) La empresa no puede despedir al trabajador por razones económicas.

d) El trabajador tiene derecho a 10 horas semanales libres para buscar trabajo.

2. En un despido disciplinario:

a) Te deben indemnizar con 20 días de salario por año trabajado.

b) No tienes derecho a finiquito.

c) No tienes derecho a indemnización

d) No tienes derecho a vacaciones.

3. La demanda por despido:

a) Debe presentarse en el plazo de 20 días naturales.

b) Debe presentarse después de haber fallado la conciliación previa.

c) Se tramita en el Juzgado de lo Civil.

d) Debe presentarla obligatoriamente un abogado.

4. El despido improcedente significa:

a) Que se ha probado la causa de despido.

b) Que el empresario debe indemnizar al trabajador o readmitirle.

c) Que está basado en vulneración de derechos fundamentales.

d) Que el despido es válido.

5. No se reserva el puesto de trabajo cuando la causa de la suspensión sea:

a) El permiso de paternidad.

b) El ejercicio de un cargo público.

c) La excedencia voluntaria.

d) Todas son correctas.

6. Cuando el trabajador tiene que desplazarse a otro centro de trabajo:

a) El empresario no tiene que pagarle los gastos.

b) Tiene que cambiarse de casa definitivamente.

c) No se puede negar.

d) Tiene derecho a un permiso de 4 días por cada mes de desplazamiento.

6 La representación de los trabajadores

Vamos a conocer...

1. La participación de los trabajadores en la empresa
2. La representación colectiva unitaria
3. La representación colectiva sindical
4. El convenio colectivo
5. Los conflictos colectivos

PRÁCTICA PROFESIONAL

Elecciones sindicales

Análisis de un convenio colectivo

Y al finalizar esta unidad...

- Descubrirás los derechos de los trabajadores en materia de representación y participación en la empresa.
- Conocerás las garantías y competencias de los representantes de los trabajadores.
- Distinguirás la representación unitaria de la repesentación sindical.
- Analizarás los aspectos más importantes de los convenios colectivos.
- Sabrás cuáles son las medidas de conflicto colectivo y en qué consiste el cierre patronal.
- Aprenderás las implicaciones del ejercicio del derecho a la huelga.

Caso práctico inicial

Situación de partida

Antonio es un trabajador comprometido: le gusta trabajar bien y que todos respeten la normativa laboral. Lleva un año trabajando en una empresa pequeña, de nueve trabajadores, por lo que todos se conocen y quedan, de vez en cuando, después del trabajo. Un día les propone organizarse y elegir un representante que hable por ellos con el dueño de la empresa.

Todos acogen favorablemente la idea y le proponen a Antonio que él mismo sea el representante; si bien, antes de hacer nada de forma oficial, Antonio considera que es mejor comunicar a su jefe lo que han estado hablando. La reacción del dueño no es la esperada:

JEFE.– Yo creía que en las empresas con menos de diez trabajadores no había necesidad de tener representantes. ¿Tenéis algún problema?

ANTONIO.– No, solamente quería organizar legalmente nuestra comunicación y hacer llegar nuestra opinión; todos podemos sacar provecho de ello, los trabajadores conocemos muy bien la tarea diaria y se nos ocurren buenas ideas para obtener un mayor rendimiento.

JEFE.– Antonio, no te metas en jaleos. Ser representante de los trabajadores trae muchos problemas y mucho trabajo. Tendrás que trabajar como hasta ahora y además asistir a reuniones, emitir informes, vigilar que todos hagan bien su trabajo...

ANTONIO.– No me importa si así contribuyo a mejorar el ambiente en la empresa.

JEFE.– De todas formas, no te puedes presentar porque no estás afiliado a ningún sindicato y no tienes antigüedad suficiente.

Después de esta conversación, Antonio está desilusionado. Ya no sabe si ser representante de los trabajadores puede ser una fuente de problemas, por lo que decide hablar y pedir consejo a su amigo Íñigo, que es delegado de personal.

Íñigo le anima a que presente su candidatura, aunque le advierte que, en ocasiones, tendrá que enfrentarse a su jefe y a sus compañeros. Recuerda que tuvo que llamar la atención, repetidas veces, a un compañero porque no hacía bien su trabajo de forma consciente y siempre llegaba tarde; al final tuvo que denunciarle a un superior porque entorpecía el trabajo de los demás. El trabajador fue sancionado y corrigió su conducta, pero ya no volvió a dirigirle la palabra.

A pesar de esta anécdota, Íñigo le comenta que merece la pena colaborar para que las condiciones de trabajo sean las mejores posibles, su labor se convertirá en un beneficio para todos. «Además –añade guiñándole un ojo–, tendrás que estudiar bien la normativa laboral, ¡no vayas a convocar una huelga ilícita o sin la antelación suficiente!... No te preocupes, yo te pondré al día de todo lo que necesitas saber.»

Estudio del caso

Antes de empezar a leer esta unidad de trabajo intenta contestar alguna de estas preguntas; después, analiza cada punto de la unidad para resolver el resto de cuestiones.

1. ¿Los trabajadores tienen derecho a participar en la vida de la empresa?
2. ¿Puede presentarse a las elecciones cualquier trabajador o solo quien esté afiliado a un sindicato?
3. ¿Qué tipo de representación colectiva sería la adecuada en la empresa de Antonio?
4. En una empresa con menos de diez trabajadores, ¿puede haber representantes de los trabajadores?
5. ¿Es cierto que un representante de los trabajadores tiene que realizar todas las tareas que dice el jefe de Antonio? ¿Crees que puede ser una sobrecarga de trabajo?
6. ¿Qué antigüedad mínima se requiere para ser candidato en las elecciones de representantes de los trabajadores?
7. ¿Es lo mismo ser delegado sindical que delegado de personal, como es Íñigo?
8. ¿Entra dentro de las labores de Íñigo, como delegado de personal, llamar la atención a un compañero que no cumple con la normativa laboral?
9. ¿Qué huelgas se consideran ilícitas?
10. ¿Cuál es la antelación mínima con la que se debe avisar de la convocatoria de una huelga? ¿A quién se avisa? ¿Quién puede convocar una huelga?

La representación de los trabajadores

- **Artículos 61 a 81 ET y Ley Orgánica de Libertad Sindical (LOLS).**

1. La participación de los trabajadores en la empresa

> **Caso práctico inicial**
> La participación de los trabajadores en la empresa es un derecho constitucional.

El derecho de participación de los trabajadores en la empresa se reconoce en la **Constitución** y el **Estatuto de los Trabajadores**: los trabajadores tienen derecho a informar, ser informados, colaborar en la gestión de la empresa y otorgar al empresario el consentimiento para que use el *ius variandi*, en determinados casos. Este derecho lo ejercen **a través de sus representantes**, que ellos mismos eligen, y mediante **dos formas de representación:**

- **Representación de los trabajadores**
  - **Representación colectiva unitaria**
    - Delegados de personal
    - Comité de empresa
  - **Representación colectiva sindical**
    - Sindicatos

Para poder ejercer este derecho, los trabajadores de una misma empresa o centro de trabajo tienen **derecho a reunirse en asamblea,** en el centro de trabajo, si las condiciones de este lo permiten y fuera de las horas de trabajo.

Los **empresarios** pueden actuar por sí mismos, sin representación, o bien pueden asociarse y ser representados por organizaciones empresariales. Una de las más conocidas es la Confederación Española de Organizaciones Empresariales (CEOE), que cuenta con diversas organizaciones miembros, como la Confederación Española de la Pequeña y Mediana Empresa (CEPYME).

Vocabulario

Ius variandi

Es el poder del empresario para pedir al trabajador, dentro de unos límites, que realice tareas no contempladas en su contrato, pero que son de naturaleza similar, para el buen funcionamiento de la empresa.

Las garantías de los representantes de los trabajadores

Para evitar que se tomen represalias contra los representantes de los trabajadores por el ejercicio de su cargo, se les conceden unas garantías:

> **Caso práctico inicial**
> Los representantes de los trabajadores cuentan con un crédito de horas para no estar sobrecargados de trabajo.

Garantías de los representantes de los trabajadores

- **Prioridad de permanencia** en la empresa o centro de trabajo respecto de los demás trabajadores, en los casos de suspensión o extinción de contratos por causas tecnológicas o económicas y en los casos de movilidad geográfica.
- **No ser despedido ni sancionado** durante su mandato, ni en el año posterior a la finalización de este, siempre que el motivo del despido o sanción se base en una acción realizada en el ejercicio de su representación.
- Si son sancionados por faltas graves o muy graves, deberá abrirse un **expediente contradictorio;** esto significa que serán oídos el interesado y los demás representantes de los trabajadores.
- **No ser discriminado** en su promoción económica o profesional.
- **Libertad de expresión** en las materias concernientes a su representación, pudiendo publicar y distribuir materiales de interés laboral o social, sin perturbar el normal desarrollo del trabajo.
- Se concede a cada representante un número determinado de horas al mes retribuidas (conocido como **crédito de horas**), para ejercer sus funciones de representación, de acuerdo con la escala del margen. Por convenio colectivo se puede pactar la acumulación de horas, en uno o varios representantes, pudiendo quedar totalmente relevado/s del trabajo, y percibiendo su remuneración de origen. Esta figura se conoce como **liberado sindical.**

N.º de trabajadores en la empresa	Crédito de horas al mes
Hasta 100	15
De 101 a 250	20
De 251 a 500	30
De 501 a 750	35
De 751 en adelante	40

2. La representación colectiva unitaria

El colectivo de trabajadores de una empresa tiene derecho a ser representado, con independencia de su afiliación o no a un sindicato, a través de los delegados de personal o del comité de empresa.

La existencia de delegados de personal o de un comité de empresa depende del número de trabajadores que haya en el centro de trabajo.

> **Caso práctico inicial**
>
> No es necesario que Antonio esté afiliado a un sindicato.

2.1. Los delegados de personal

Cuando la empresa tiene **menos de 50 trabajadores,** la representación unitaria se efectúa a través de los delegados de personal, según las siguientes proporciones:

Número de trabajadores	Número de delegados de personal
De 6 a 10	Si los trabajadores deciden por mayoría tener un delegado de personal, podrán tenerlo, de forma voluntaria (no es obligatorio).
De 11 a 30	Es obligatoria la presencia de un delegado de personal.
De 31 a 49	Habrá 3 delegados de personal.

> **Caso práctico inicial**
>
> En la empresa de Antonio podría haber un delegado de personal si así lo desean los trabajadores.

Los delegados de personal ejercen la representación de los trabajadores ante el empresario **de forma mancomunada,** es decir, de común acuerdo.

2.2. El comité de empresa

Si la empresa tiene **50 o más trabajadores,** la representación unitaria se ejerce a través del comité de empresa, un órgano cuya composición depende del número de trabajadores en la empresa o centro de trabajo:

Número de trabajadores	Número de miembros del comité de empresa	Actuación
De 50 a 100	5 miembros	Actúa **de forma colegiada,** toma acuerdos por mayoría y puede ejercer acciones administrativas y judiciales. Se eligen, de entre sus miembros, un presidente y un secretario. Tienen un reglamento propio. Se reúnen cada dos meses o siempre que lo solicite, al menos, un tercio de sus miembros o de los trabajadores.
De 101 a 250	9 miembros	
De 251 a 500	13 miembros	
De 501 a 750	17 miembros	
De 751 a 1000	21 miembros	
De 1001 en adelante	2 miembros por cada 1000 trabajadores o fracción, hasta un máximo de 75	

> **Ejemplo**
>
> **En una empresa con 1200 trabajadores, la representación colectiva unitaria será ejercida por un comité de empresa, compuesto por 23 miembros.**
>
> Por los primeros 1000 trabajadores, corresponden 21 miembros y por la fracción de 1000 (200 trabajadores), 2 miembros más.

Comité de empresa europeo

Puede ser creado por iniciativa de la dirección o por un mínimo de 100 trabajadores, pertenecientes, por lo menos, a dos empresas o centros situados en Estados comunitarios diferentes. Sus funciones son de información y consulta.

En ciertos casos, pueden formarse los siguientes comités:

- **Comité de empresa conjunto:** las empresas que tengan dos o más centros de trabajo en una misma provincia o en municipios limítrofes, sin llegar a 50 trabajadores en cada centro, pero sumando, en conjunto, 50 o más trabajadores, constituirán un comité de empresa conjunto común a todos los centros.

  Cuando unos centros tengan 50 trabajadores y otros de la misma provincia no, en los primeros se constituirán comités de empresa propios y, en el resto, otro conjunto.

- **Comité intercentros:** en aquellas empresas donde ya existan varios comités de empresa se podrá pactar, por convenio colectivo, la creación de un comité intercentros, con un máximo de 13 miembros, que serán designados de entre los componentes de los distintos comités de empresa de cada centro. Sus funciones serán las que se le otorguen por convenio colectivo.

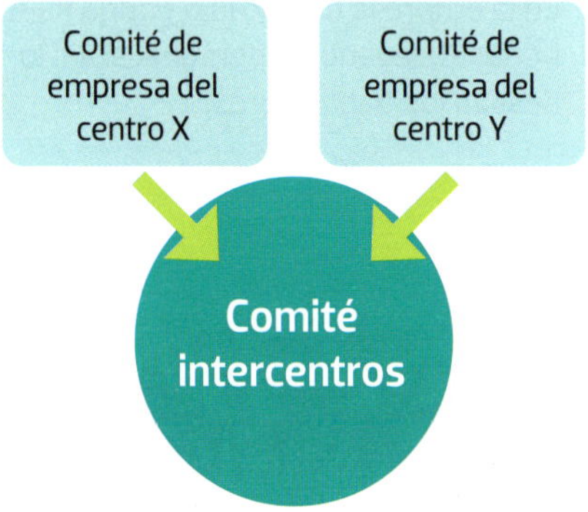

Ejemplos

Una empresa tiene tres centros de trabajo en Almería, uno con 40 trabajadores, otro con 30 y otro con 60.

Los dos primeros centros constituirán un comité de empresa conjunto y el último contará con un comité de empresa propio.

Una empresa tiene 5 centros de trabajo, con 800 trabajadores cada uno; la representación será ejercida por un comité de empresa, compuesto por 21 delegados de personal.

El convenio colectivo de empresa permite la creación de un comité intercentros compuesto, como máximo, por 13 miembros.

2.3. Competencias

Los delegados de personal y los miembros del comité de empresa tienen, entre otras, las siguientes competencias:

Competencias

- **Recibir información** sobre la situación económica de la empresa, la evolución probable del empleo (previsión de nuevos contratos, despidos, etc.), las sanciones impuestas por faltas muy graves, el absentismo de la plantilla y sus causas, los índices de accidentes de trabajo y enfermedades profesionales, etc.
- Respecto a los **contratos** recibir la copia básica y la notificación de las prórrogas en el plazo de diez días.
- **Emitir un informe** antes de que el empresario ejecute sus decisiones sobre despidos o suspensiones, reducciones de jornada, traslados, etc.
- **Vigilar el cumplimiento de las normas** laborales, de Seguridad Social y empleo.
- **Vigilar y controlar las condiciones de seguridad e higiene** en la empresa.
- **Participar** en la gestión de obras sociales establecidas en la empresa y colaborar en la puesta en marcha de medidas de conciliación.
- **Colaborar con la dirección de la empresa** para conseguir que se lleven a cabo las medidas tomadas para el mantenimiento y el incremento de la productividad, según lo pactado en los convenios colectivos.
- **Informar a sus representados** de todos los temas de interés.

Caso práctico inicial

Antonio tendrá las siguientes competencias.

Caso práctico inicial

Íñigo obró correctamente al llamar la atención a un compañero que no cumplía con los deberes de todo trabajador.

Las empresas deben poner a disposición de los delegados de personal y del comité de empresa, siempre que sus características lo permitan, un **local** adecuado para el desarrollo de su actividad y uno o varios **tablones de anuncios.**

Los representantes de los trabajadores tienen el deber de **sigilo profesional** sobre la información que les proporciona la empresa en el ejercicio de sus funciones, aun después de dejar su cargo.

2.4. Elecciones

Los representantes de los trabajadores se eligen por sufragio libre, directo, personal y secreto, y su mandato será de cuatro años, entendiéndose prorrogado si a su término no se promueven nuevas elecciones.

Pueden convocar elecciones no solo las organizaciones sindicales, sino también los trabajadores del centro de trabajo, por acuerdo mayoritario acreditado mediante un acta de reunión.

¿Quién puede ser elegido?

Los delegados de personal y los miembros del comité de empresa serán elegidos, de entre los trabajadores de la empresa:

- Mayores de 18 años.
- Con una antigüedad de, al menos, 6 meses (las empresas con alta movilidad de personal, podrán rebajar, por convenio colectivo, el mínimo de antigüedad, teniendo como límite 3 meses).

¿Quién puede votar?

Podrán votar en estas elecciones los trabajadores:

- Mayores de 16 años.
- Con una antigüedad en la empresa de, al menos, un mes.
- También podrán ser electores los extranjeros que reúnan las condiciones exigidas a los trabajadores españoles, los fijos-discontinuos y los trabajadores con un contrato temporal.

Ley de igualdad

Los representantes de los trabajadores deberán contribuir a prevenir el acoso sexual y el acoso por razón de sexo en el trabajo, mediante la sensibilización de los trabajadores y trabajadoras frente al mismo y la información a la dirección de la empresa de las conductas o comportamientos de que tuvieran conocimiento y que pudieran propiciarlo.

Caso práctico inicial

La antigüedad de los candidatos a representantes de los trabajadores.

Caso práctico inicial

En la empresa de Antonio votarán a un candidato concreto, de entre todos los que se presenten, de forma individual.

Actividades

1. Indica el tipo de representación unitaria que deberían tener las siguientes empresas:
   - Una perfumería con 7 trabajadores.
   - Una *boutique* con 25 trabajadores.
   - Unos grandes almacenes con 100 trabajadores.
   - Un supermercado con 2 300 trabajadores.
   - Una fábrica de muebles, con tres centros de trabajo en la misma provincia: uno con 15 trabajadores, otro con 40 y el tercero con 55.

3. La representación colectiva sindical

Vocabulario

Asociaciones sin ánimo de lucro

Su objetivo no es conseguir un beneficio económico; generalmente tienen finalidad social y humanitaria.

Los **sindicatos** son asociaciones, sin ánimo de lucro, de trabajadores por cuenta ajena, cuyo fin principal es conseguir el progreso económico y social de sus miembros, a través del mantenimiento o la mejora de sus condiciones de trabajo.

La Constitución de 1978 proclama la libertad sindical como un derecho fundamental, desarrollado por la Ley Orgánica 11/1985, de 2 de agosto, de Libertad Sindical cuyos aspectos más importantes se resumen a continuación.

Derechos que comprende el derecho a la libertad sindical

- Derecho a fundar sindicatos.
- Derecho a afiliarse o no a un sindicato (nadie puede ser obligado a afiliarse), a separarse del sindicato al que estuviera afiliado, a elegir libremente el sindicato al que afiliarse.
- Derecho de cada afiliado a elegir libremente a sus representantes dentro de cada sindicato.
- Derecho a la actividad sindical.

Quién puede afiliarse a un sindicato

- Trabajadores por cuenta ajena.
- Parados.
- Trabajadores de la Administración Pública.
- Incapacitados.
- Trabajadores por cuenta propia, sin trabajadores a su servicio.
- Jubilados.

Excluidos del derecho de afiliación a un sindicato

- Miembros de las Fuerzas Armadas y de los Institutos Armados de carácter militar.
- Jueces, magistrados y fiscales, mientras se hallen en activo.

Excluidos del ámbito de aplicación de la LOLS

- Los miembros de los Cuerpos y Fuerzas de Seguridad del Estado que no tengan carácter militar (por ejemplo, la Policía), se regirán por su normativa específica.

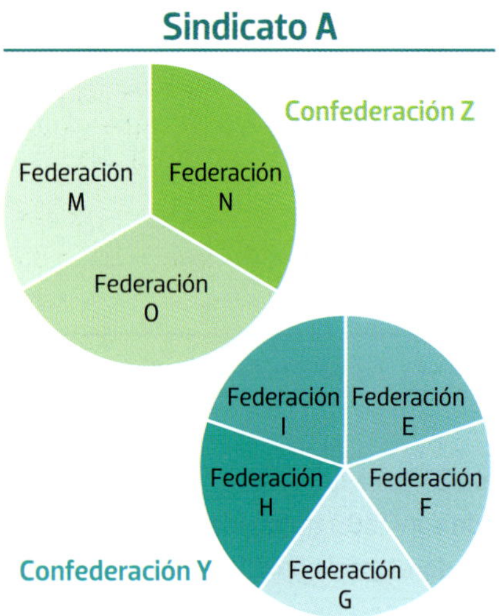

3.1. La organización interna de los sindicatos

Los sindicatos agrupan a los trabajadores por actividades profesionales o ramas de producción. Estas agrupaciones se denominan **federaciones sindicales**; por ejemplo, existe la Federación Sindical de Enseñanza o la Federación del Metal. La agrupación de federaciones de un mismo sindicato recibe el nombre de **confederación sindical**.

Secciones sindicales

Los afiliados a un mismo sindicato que trabajen en una misma empresa tienen derecho a formar secciones sindicales en su empresa o en su centro de trabajo.

Delegados sindicales

En las empresas o centros de trabajo donde haya **más de 250 trabajadores** (cualquiera que sea su contrato), las secciones sindicales estarán representadas por delegados sindicales elegidos por y entre los trabajadores de esa empresa, afiliados a dicho sindicato.

Los delegados sindicales tienen las mismas garantías que los miembros del comité de empresa y los siguientes derechos:

- **Acceso a la misma información** que el empresario proporciona al comité de empresa (por tanto, les corresponde el mismo deber de sigilo profesional).
- **Asistir a las reuniones** del **comité de empresa** y de los órganos internos de **prevención de riesgos laborales.**
- **Ser escuchados por la empresa** antes de que esta adopte medidas de carácter colectivo, despida o sancione a cualquier trabajador.

Caso práctico inicial

No es lo mismo delegado de personal que delegado sindical.

3.2. El nivel de representatividad de los sindicatos

No todos los sindicatos tienen el mismo grado de representatividad y, por lo tanto, las mismas capacidades.

Representatividad de los sindicatos

- **Sindicatos más representativos**
  - **Ámbito estatal**: Acreditan el 10 % o más del total de delegados de personal y de los miembros del comité de empresa.
  - **Ámbito de comunidad autónoma**: Acreditan el 15 % o más de delegados de personal y miembros del comité de empresa, siempre que cuenten con un mínimo de 1500 representantes y no estén federados o confederados a organizaciones sindicales de ámbito estatal.
- **Sindicatos con representatividad menor**
  - **Otro ámbito territorial o funcional específico**: Acreditan el 10 % o más de delegados de personal o miembros del comité de empresa.

Los **sindicatos más representativos** tendrán las siguientes **capacidades:**

a) Ostentar la **representación institucional** ante las Administraciones Públicas.

b) Participar como **interlocutores** en la determinación de las condiciones de trabajo en las Administraciones Públicas.

c) Participar en la **negociación colectiva.**

d) Participar en los sistemas no jurisdiccionales de solución de conflictos de trabajo.

e) Promover **elecciones para delegados de personal** y miembros del comité de empresa.

f) La posibilidad de que las Administraciones Públicas les cedan el **uso de inmuebles públicos.**

g) Y cualquier otra **función representativa** que se establezca.

Los **sindicatos con representatividad menor** pueden ejercitar, en su ámbito específico, estas mismas capacidades, excepto las de los apartados a) y f).

¿Cómo se financian los sindicatos?

Sus recursos pueden provenir:

- **Del ámbito privado:** recaudación de cuotas a sus afiliados, donativos o rendimientos de su propio patrimonio.
- **Del ámbito público:** ayudas y subvenciones de los poderes públicos, exenciones y bonificaciones fiscales.

Actividades

2. ¿Por qué el derecho a la libertad sindical se regula mediante una ley orgánica?

3. ¿Pueden afiliarse a un sindicato un trabajador autónomo, un extranjero, un funcionario, un parado y un policía?

4. ¿Se puede despedir a un delegado sindical?

4. El convenio colectivo

La máxima expresión de la participación de los trabajadores en el ámbito de las relaciones laborales es su capacidad para negociar y firmar convenios colectivos a través de unos representantes legitimados para ello.

El **convenio colectivo** es un acuerdo libremente adoptado entre los representantes de los trabajadores y los empresarios para regular las condiciones de trabajo, la productividad y la paz laboral, respetando siempre los derechos mínimos establecidos por las normas de rango superior.

La Constitución reconoce la **fuerza vinculante** de los convenios colectivos: esto significa que todos los empresarios y trabajadores incluidos en su ámbito de aplicación están obligados a su cumplimiento.

Excepción

Cuando concurran causas económicas, técnicas, organizativas o de producción, por acuerdo entre la empresa y los representantes de los trabajadores legitimados para negociar un convenio colectivo, **se podrá proceder (previo periodo de consultas) a no aplicar en la empresa las condiciones de trabajo previstas en el convenio colectivo aplicable,** sea este de sector o de empresa, que afecten a las siguientes materias:

a) Jornada de trabajo.
b) Horario y distribución del tiempo de trabajo.
c) Régimen de trabajo por turnos.
d) Sistema de remuneración y cuantía salarial.
e) Sistema de trabajo y rendimiento.
f) Funciones, cuando excedan de los límites de la movilidad funcional.
g) Mejoras voluntarias a la protección de la Seguridad Social.

Ámbitos de aplicación del convenio colectivo

Funcional	■ El convenio puede aplicarse en un ámbito inferior al de empresa, en el ámbito de la empresa o en un ámbito superior a la empresa.
Territorial	■ Hace referencia al espacio geográfico en el que el convenio produce sus efectos. El convenio colectivo puede aplicarse en el ámbito local, provincial, interprovincial, de comunidad autónoma, estatal, europeo o internacional.
Personal	■ Alude a quién puede firmar el acuerdo (las partes con capacidad convencional y legitimación) y a quién se aplica el convenio.
Temporal	■ Las partes negociadoras establecerán la **duración** de los convenios (pueden pactarse distintos periodos de vigencia para cada materia o grupo homogéneo de materias, dentro de un mismo convenio). Salvo pacto en contrario, los convenios colectivos se prorrogarán de año en año si no media denuncia expresa de las partes. ■ Transcurrido un año desde la denuncia del convenio colectivo sin que se haya acordado uno nuevo o dictado un laudo arbitral, el antiguo convenio perderá vigencia (salvo pacto en contrario) y se aplicará el convenio colectivo de ámbito superior. ■ La **fecha de entrada en vigor** del convenio será la acordada por las partes; estas pueden pactar, incluso, que algunas partes del convenio colectivo tengan efectos retroactivos.

Recuerda

El convenio colectivo como fuente de Derecho Laboral

En la unidad sobre la relación laboral descubriste que el convenio colectivo es una fuente de Derecho Laboral.

Sucesión de convenios

Un convenio colectivo que sucede a otro deroga en su integridad al anterior, salvo en los aspectos que expresamente se mantengan.

En convenios posteriores se puede disponer sobre los derechos reconocidos en los precedentes, es decir, se pueden empeorar (siempre y cuando se respeten los derechos mínimos establecidos por la ley), de modo que se aplicará íntegramente lo regulado por el último convenio.

4.1. El contenido del convenio colectivo

Los convenios colectivos podrán regular materias de índole económica, laboral, sindical y, en general, todo cuando afecte a las condiciones de empleo y al ámbito de relaciones de los trabajadores y sus empresas. En todo convenio colectivo debe incluirse como **contenido mínimo:**

Contenido mínimo del convenio colectivo

- Las partes que acuerdan el convenio colectivo.
- El ámbito personal, funcional, territorial y temporal.
- Procedimientos para solventar de manera efectiva las discrepancias que puedan surgir para la no aplicación de las condiciones establecidas por un convenio.
- Forma, condiciones y plazo de preaviso para denunciar el convenio.
- Designación de una comisión paritaria que represente a las dos partes negociadoras. Su misión será determinar los procedimientos mediante los cuales se resolverán las discrepancias que puedan surgir en la interpretación del convenio y entender de cuantas cuestiones le sean atribuidas.

En la negociación de los convenios colectivos se deben negociar medidas dirigidas a promover la igualdad de trato y de oportunidades entre mujeres y hombres en el ámbito laboral o, en su caso, planes de igualdad.

4.2. La negociación de los convenios colectivos

¿Quién negocia un convenio colectivo en representación de los trabajadores?

- **Cuando afectan a más de una empresa**
  - Los **sindicatos más representativos** (a nivel estatal o de comunidad autónoma) para los convenios de su ámbito territorial.
  - Los **sindicatos de representatividad menor** en el ámbito geográfico y funcional del convenio.
- **Ámbito de empresa o inferior**
  - El **comité de empresa,** los **delegados de personal** o las **secciones sindicales** (si las hay y, en su conjunto, suman la mayoría de los miembros del comité).
- **Convenios dirigidos a un perfil profesional específico**
  - Las **secciones sindicales** designadas mayoritariamente por sus representantes a través de votación personal, libre, directa y secreta.

¿Quién negocia en representación de la empresa?

- **En los convenios colectivos sectoriales**
  - Las asociaciones empresariales que, en el ámbito geográfico y funcional del convenio cuenten con el 10 % de los empresarios y den ocupación al 10 % de los trabajadores afectados.
  - Las asociaciones empresariales que en el ámbito geográfico y funcional del convenio, den ocupación al 15 % de los trabajadores afectados.
- **En los convenios que afectan a más de una empresa**
  - La representación de dichas empresas.
- **Ámbito de empresa o inferior**
  - El propio empresario.

Durante la vigencia del convenio colectivo, los sujetos que reúnan los requisitos de legitimación podrán negociar su revisión.

Durante las negociaciones para la revisión de un convenio colectivo, en defecto de pacto, se mantendrá su vigencia, si bien las cláusulas por las que se hubiera renunciado a la huelga durante la vigencia de un convenio decaerán a partir de su denuncia.

Actividades

5. Relaciona los derechos con su significado:

- **Derecho a la huelga**
- **Derecho de reunión**
- **Derecho a la negociación colectiva**
- **Derecho de participación en la empresa de los trabajadores**
- **Derecho a adoptar medidas de conflicto colectivo**
- **Derecho a la libre sindicación**

Los trabajadores tienen derecho a informar, ser informados, colaborar en la gestión de la empresa y otorgar al empresario el consentimiento para que use el *ius variandi*, en determinados casos; todo ello a través de sus representantes.

Incluye el derecho a fundar sindicatos, a afiliarse o no a un sindicato, a separarse del sindicato al que estuviera afiliado, a elegir libremente el sindicato al que afiliarse, el derecho de cada afiliado a elegir libremente a sus representantes dentro de cada sindicato y el derecho a la actividad sindical.

Derecho a negociar con la empresa sus condiciones de trabajo a través de sus representantes.

Es la medida de presión y de defensa de los intereses de los trabajadores.

Los trabajadores tienen derecho a tomar las medidas legalmente establecidas para mediar en toda discusión o controversia entre los dos grandes colectivos del mundo laboral (los empresarios y los trabajadores) sobre una causa de interés común.

Los trabajadores de una misma empresa o centro de trabajo tienen derecho a reunirse en asamblea en el centro de trabajo (si las condiciones de este lo permiten) y fuera de las horas de trabajo.

6. Señala, de los siguientes acontecimientos, aquellos que deban comunicarse a los representantes de los trabajadores:

- Número de horas extras que realizan los trabajadores.
- Periodo de vacaciones de los trabajadores.
- Sanción impuesta a un trabajador por retrasos continuados.
- Despido de un trabajador.
- Contratación de un nuevo trabajador.

Trabajo en **equipo**

7. En grupos de cuatro, buscad en el ET los artículos en los que se regula el derecho de reunión. Cada miembro del grupo se encargará de contestar una pregunta en 3 minutos, después se pondrán en común las respuestas (5 minutos) y, posteriormente, se comprobarán las soluciones con el grupo-clase:

- ¿Quién puede convocar a los trabajadores en asamblea? ¿Quién es responsable de su normal desarrollo?
- ¿Dónde se sitúa el lugar de reunión?
- ¿Cuál es el período mínimo de preaviso de la celebración de la asamblea, al empresario?
- ¿Qué mayoría se requiere para la adopción de acuerdos?

5. Los conflictos colectivos

Conflictos entre trabajadores y empresarios

- **Individuales**: Enfrentan a un trabajador y un empresario por una cuestión que afecta solamente a ambos.
- **Colectivos**: Enfrentan a un grupo de trabajadores con un empresario o grupo de empresarios, por un interés que afecta a todo el colectivo de trabajadores. Los legitimados para iniciar el conflicto colectivo son los representantes de los trabajadores.

Las partes implicadas en un conflicto colectivo pueden adoptar medidas de presión, como la huelga (por iniciativa de los trabajadores) y el cierre patronal (por parte de los empresarios).

5.1. La huelga

La **huelga** es una medida de presión y de defensa de los intereses de los trabajadores. Consiste en el cese temporal de la prestación de servicios, acordada por una colectividad de trabajadores de una o varias empresas, con motivo de un conflicto laboral. Incluye el abandono del centro de trabajo por parte de los trabajadores.

El ejercicio del derecho a la huelga **se reconoce de forma individual, aunque se ejerce de forma colectiva:**

- El **reconocimiento individual** significa que cada trabajador decide libremente si se suma o no a una huelga que le afecte, e implica que ningún trabajador puede renunciar a este derecho por acuerdo contractual.
- El **ejercicio colectivo** supone que un trabajador no puede declararse en huelga por sí solo. Su convocatoria, desarrollo y finalización se decide colectivamente a través de los representantes de los trabajadores.

Huelgas ilícitas

- Las que se inicien o se sostengan por motivos políticos o con cualquier otra finalidad ajena al interés profesional de los trabajadores afectados.
- Las huelgas de solidaridad o apoyo, salvo que afecten al interés profesional de quienes la promuevan o sostengan.
- Las que pretendan alterar lo pactado en un convenio colectivo.
- Las huelgas rotatorias y las efectuadas en sectores estratégicos con la finalidad de interrumpir el proceso productivo.
- Las huelgas de celo o de aplicación estricta del reglamento.

5.1.1. Efectos de la huelga

- El contrato de trabajo queda en suspenso; por lo tanto, durante esos días los trabajadores no cobran su salario, ni la parte proporcional de las pagas extras, domingos y festivos.
- Durante la huelga se suspende la obligación de cotizar a la Seguridad Social por parte del trabajador y del empresario (el trabajador pasa a la situación de alta especial).
- El empresario no puede sustituir a los trabajadores huelguistas.
- Los días de huelga no deben ser descontados de las vacaciones.

La huelga es un derecho fundamental

La Constitución reconoce el derecho a la huelga de los trabajadores, para la defensa de sus intereses. La ley que regule el ejercicio de este derecho establecerá las garantías precisas para asegurar el mantenimiento de los servicios esenciales de la comunidad.

Consecuencias de la huelga ilegal

El ejercicio de una huelga ilegal supone el incumplimiento del contrato por parte del trabajador, por lo que puede ser motivo de despido disciplinario o de imposición de una sanción. Sin embargo, la jurisprudencia entiende que para que prosperen estas sanciones el trabajador debe haber participado activamente en la huelga, siendo responsable o instigador de la misma (STC 90/1997, de 6 de mayo).

5.1.2. Procedimiento para el inicio de la huelga

Declaración de la huelga

Exige la adopción de acuerdo expreso en cada centro de trabajo. Pueden acordar la declaración de huelga:

- Los representantes de los trabajadores.
- Los propios trabajadores del centro de trabajo afectados por el conflicto, cuando el 25 % de la plantilla decida someter a votación dicho acuerdo.

Comunicación de huelga y notificación

El acuerdo de declaración de huelga será comunicada al empresario/s afectado/s y a la Autoridad Laboral por los representantes de los trabajadores, al menos con cinco días naturales de antelación a su fecha de inicio. Cuando la huelga afecte a empresas de servicios públicos, el preaviso será de diez días naturales.

La comunicación de huelga se hará por escrito, haciendo constar los objetivos de la huelga, las gestiones realizadas para resolver las diferencias, la fecha de inicio y la composición del comité de huelga.

Comité de huelga

Se compone, como máximo, de 12 trabajadores afectados por el conflicto. Es el órgano que representa a los huelguistas. Sus funciones principales son tratar de llegar a un acuerdo y garantizar los servicios mínimos.

Caso práctico inicial

Quién puede convocar una huelga y cómo se notifica.

5.2. El cierre patronal

El **cierre patronal** consiste en la suspensión colectiva del trabajo y el cierre del centro laboral por iniciativa del empresario. Solo podrá realizarse en caso de huelga o por cualquier otra irregularidad colectiva en el régimen de trabajo, cuando concurra alguna de las siguientes circunstancias:

- Peligro notorio de violencia para las personas o de daños graves para las cosas.
- Ocupación ilegal del centro de trabajo o de cualquiera de sus dependencias, o peligro cierto de que esto se produzca.
- Que el volumen de inasistencia o las irregularidades en el trabajo impidan gravemente el proceso normal de producción.

El cierre de los centros de trabajo **se limitará al tiempo indispensable.**

Los **efectos** del cierre patronal para los trabajadores son los mismos que los señalados para la huelga.

Notificación del cierre patronal

El empresario deberá ponerlo en conocimiento de la Autoridad Laboral en el término de doce horas.

5.3. Procedimientos de solución de conflictos colectivos

Los conflictos colectivos del ámbito laboral se pueden resolver por la **vía judicial** o por **métodos extrajudiciales** (negociación, conciliación, mediación o arbitraje), que permiten a las partes superar un conflicto a través de un acuerdo voluntario y evitan la lentitud y el coste de los procedimientos judiciales.

La negociación colectiva

El derecho de los trabajadores a la negociación colectiva se reconoce en la Constitución y el Estatuto de los Trabajadores: *los trabajadores tienen derecho a negociar con la empresa sus condiciones de trabajo a través de sus representantes.*

La negociación colectiva es, por tanto, un diálogo social entre organizaciones sindicales y empresariales, orientado a conseguir acuerdos para la mejora y la estabilidad de las condiciones laborales.

Para que la negociación colectiva se desarrolle satisfactoriamente, las organizaciones sindicales y las asociaciones empresariales más representativas a nivel estatal o de comunidad autónoma firman **acuerdos marco**, donde se regulan las condiciones en las que ha de desarrollarse la negociación colectiva.

Métodos extrajudiciales de resolución de conflictos

Las organizaciones sindicales y las asociaciones empresariales más representativas firman **acuerdos para la solución extrajudicial de los conflictos colectivos (ASEC)** con el ánimo de fomentar la solución autónoma de conflictos y potenciar la mediación o el arbitraje.

El ASEC cuenta con un servicio de mediación, el **Servicio Interconfederal de Mediación y Arbitraje (SIMA)**, al que pueden acudir los sectores o empresas que lo hayan suscrito. El resto cuenta con un **Servicio de Mediación, Arbitraje y Conciliación (SMAC),** dependiente de la Dirección General de Trabajo, aunque transferido a las comunidades autónomas.

Conciliación

Las partes tratan de llegar a un acuerdo ante un tercero imparcial, el conciliador, que simplemente les **exhorta a llegar a un acuerdo,** ni resuelve ni propone una solución.

La conciliación es obligatoria en la mayoría de los procesos laborales. Se realiza en el **Servicio de Mediación, Arbitraje y Conciliación (SMAC).**

Mediación

El mediador, un tercero sin relación con las partes y ajeno al conflicto, **presenta informaciones y propuestas de solución no vinculantes;** no resuelve el conflicto, su papel consiste en facilitar la negociación y la toma de acuerdos.

En los conflictos laborales colectivos, la mediación se solicita por escrito ante el SIMA y se desarrolla por un órgano que formula propuestas para la solución del conflicto, que las partes podrán aceptar o rechazar de manera expresa (es decir, la decisión del mediador no es vinculante). El acuerdo, si se produjera, se formalizará por escrito, presentándose copia a la Autoridad Laboral competente.

Arbitraje

Las partes en conflicto acuerdan voluntariamente someter sus controversias a la decisión de un tercero neutral y aceptan de antemano la solución que este dicte, el llamado **laudo arbitral, de obligado cumplimiento.** Requiere la manifestación expresa de las partes en conflicto de someterse a la decisión del árbitro.

El árbitro o árbitros, que siempre actuarán conjuntamente, comunicarán la resolución adoptada a las partes, a la Secretaría del Servicio Interconfederal de Mediación y Arbitraje (SIMA) y a la Autoridad Laboral competente. La resolución arbitral tendrá la misma eficacia que lo pactado en convenio colectivo, en cuyo caso será objeto de depósito, registro y publicación.

Actividades

8. Busca el último Acuerdo sobre Solución Extrajudicial de Conflictos Laborales y contesta a las siguientes preguntas. Puedes encontrarlo en la página web <http://noticias.juridicas.com>.

- ¿A qué tipo de conflictos se aplica el acuerdo? ¿Cuáles excluye?
- Explica el procedimiento de designación de mediadores y árbitros.
- ¿Qué tipo de eficacia jurídica tienen los acuerdos adoptados a través de la mediación y el arbitraje?

ACTIVIDADES FINALES

1. Jimena es miembro del comité de empresa. En virtud de su cargo ha exigido en repetidas ocasiones a su empresa que le comunique los despidos que se están realizando y sus causas, pero no obtiene contestación alguna. El día último del presente mes recibe una carta comunicándole su despido por causas económicas, técnicas, organizativas o de producción. Jimena está sorprendida, pues la empresa no había comunicado al comité de empresa que estuviera pasando por una situación crítica.
Señala los errores que ha cometido la empresa en este caso.

2. Diez trabajadores de una empresa, integrada por 300 empleados, deciden afiliarse a un mismo sindicato.
¿Pueden formar secciones sindicales y elegir un delegado sindical?

3. La empresa Asturcar, S. Coop., con 33 trabajadores, celebra elecciones para elegir representantes de personal. Javier es un trabajador, de 18 años de edad, con un contrato en prácticas de dos años de duración y con una antigüedad de 3 meses. Guillermo es otro trabajador, de 40 años, extranjero y con un año de antigüedad en la empresa.
¿Qué tipo de representación puede establecerse en la empresa? ¿Con qué número de representantes? ¿Pueden ser elegidos representantes Javier y Guillermo? ¿Por qué?

4. ¿Qué diferencia hay entre un delegado sindical y un delegado de personal?

5. Una empresa tiene tres centros de trabajo, uno en Madrid con 300 trabajadores, otro en Galicia con 128 trabajadores y un tercero en Navarra con 42 trabajadores. Indica el tipo de representación unitaria y sindical que puede haber en cada centro de trabajo y en la empresa.

6. En una empresa integrada por 100 trabajadores, 20 de sus miembros organizan una reunión para votar si convocan o no una huelga, con el objetivo de pedir un aumento de sueldo. Consideran que el salario acordado por el convenio colectivo, aún vigente, es muy bajo en la actualidad (a pesar de que se ha ido aumentando conforme al IPC, tal y como se pactó en el propio convenio). ¿Pueden estos trabajadores convocar una huelga, si así se decide en la reunión convocada? ¿Es válido el motivo por el cual quieren ir a la huelga?

7. Manuel es mecánico de automóviles, trabaja como autónomo y, en su taller, tiene a su servicio a dos trabajadores especializados en chapa y pintura, también dados de alta como autónomos económicamente dependientes.
¿Puede Manuel afiliarse a un sindicato? ¿Y los autónomos a su servicio?

8. Una empresa tiene que trasladar a 10 trabajadores de su centro de Madrid (con 15 trabajadores) a su centro de Valencia, por motivos económicos. Entre los trabajadores trasladados decide incluir a su delegado de personal. ¿Es correcto?

9. Una empresa con 120 trabajadores eligió 9 miembros para el comité de empresa. ¿Es correcto el número de miembros? ¿Qué crédito de horas tendrá cada trabajador?
Los delegados de personal han decidido acumular el crédito horario de dos de ellos para que una misma persona pueda tener más tiempo disponible para las tareas administrativas. Se lo comunican a la empresa, que dice que esta actuación no es correcta, ¿es eso cierto?

10. En un centro de trabajo de 300 trabajadores, la empresa decide trasladar a otro centro situado en Canarias a un delegado de personal, especialmente reivindicativo, a pesar de que hay otros trabajadores de su misma categoría profesional a los que podría trasladar, ¿es correcta la actuación del empresario?

Entra en internet

11. Busca en las páginas web de Comisiones Obreras (<www.ccoo.es>) y de la Unión General de Trabajadores (<www.ugt.es>) tres federaciones relevantes de cada uno de los dos sindicatos mayoritarios españoles.

12. Busca en la página web de la CEOE (<www.ceoe.es>) tres organizaciones miembros, anótalas junto con su página web y recoge dos empresas que pertenezcan a cada organización.

13. ¿Qué ocurrió el Primero de Mayo de 1886? Busca en la página web de UGT la historia por la cual se ha elegido el Primero de Mayo como el Día del Trabajador en el mundo (<http://bit.ly/1JUy3wA>).

PRÁCTICA PROFESIONAL

Elecciones sindicales

La empresa CAFER, SA, tiene varios centros de trabajo en diversas provincias de la comunidad autónoma de Andalucía:

- En Jaén hay dos centros con 35 y 38 trabajadores, respectivamente.
- Córdoba tiene un centro pequeño, con 5 trabajadores, y otro con 20.
- El centro de Granada cuenta con 1100 trabajadores y tres sindicatos presentes y activos.

Se convocan elecciones para elegir los correspondientes representantes de los trabajadores. En Jaén se presentan, entre otros, Juan Gabriel Menéndez, de 36 años y con una antigüedad de 2 meses en la empresa; José Uribe, un colombiano de 40 años de edad y una antigüedad de 15 años en la empresa; Bernardo de Miguel, de 17 años y una antigüedad de 6 meses en la empresa.

En el centro de Córdoba que tiene más trabajadores, 15 están afiliados a un mismo sindicato, han hablado entre ellos y han decidido constituir una sección sindical.

Las relaciones laborales en la empresa CAFER, SA, se rigen por un convenio colectivo de ámbito de empresa, que se negocia cada tres años. En el anterior convenio se establecía un descanso semanal de dos días para todos los trabajadores, pero en el último convenio se redujo este descanso a día y medio. Los trabajadores de CAFER consideran que los dos días de descanso a la semana es un derecho adquirido que no puede suprimir el nuevo convenio porque empeora las condiciones del anterior.

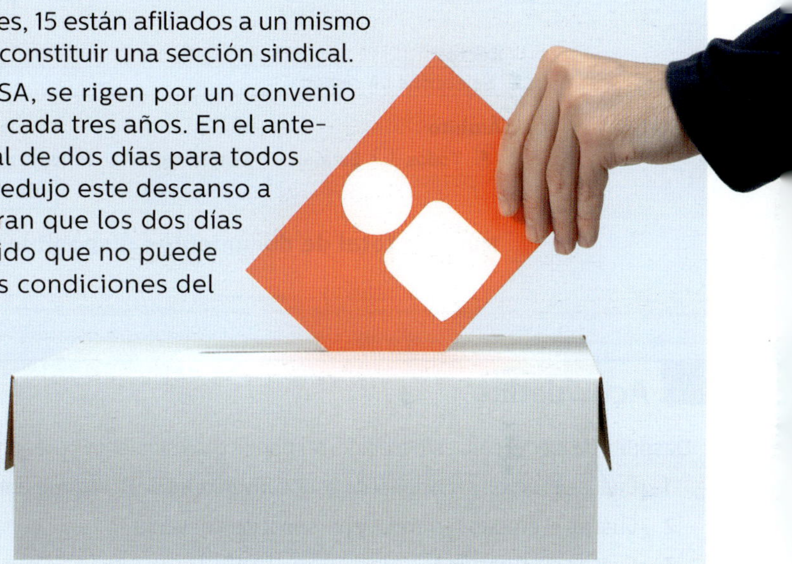

Un año después de la celebración de estas elecciones, la empresa, alegando causas económicas, técnicas, organizativas y de producción, decide cerrar el centro de Córdoba que contaba con 5 trabajadores y reducir a 15 los trabajadores del otro centro de la misma provincia. Entre los trabajadores trasladados se encuentra el delegado de personal.

Actividades

1. ¿Qué tipo de representación colectiva unitaria corresponde a cada centro? ¿Cuál será el número de representantes en cada uno? ¿Podría constituirse un comité de empresa conjunto? ¿Habrá representantes en el centro de Córdoba con 5 trabajadores? ¿Por qué?
2. ¿Podrá constituirse un comité intercentros? ¿Dónde?
3. ¿Cuántas secciones sindicales y delegados sindicales podría haber en el centro de Granada? Recuerda que en ese centro hay tres sindicatos presentes y activos.
4. ¿Pueden presentarse a las elecciones J. G. Menéndez, J. Uribe y B. de Miguel? ¿Por qué?
5. En el centro de Córdoba, donde se ha constituido una sección sindical, ¿pueden nombrar un delegado sindical? ¿Por qué?
6. ¿Puede un convenio colectivo empeorar las condiciones establecidas en un convenio anterior?
7. ¿Es correcto el traslado del delegado de personal de Córdoba?

PRÁCTICA PROFESIONAL

Análisis de un convenio colectivo

El objetivo de esta práctica es analizar un convenio.

Localiza los convenios colectivos que se pueden aplicar en tu sector profesional y elige uno de ellos para elaborar este estudio. Puedes utilizar diferentes buscadores:

- <http://noticias.juridicas.com/convenios>.
- <http://bit.ly/1JUxza2>, el buscador de la Comunidad de Madrid (<www.madrid.org>), donde solo encontrarás los convenios colectivos del ámbito de esta comunidad autónoma.

Actividades

Después de leer el convenio elegido, responde a las siguientes preguntas:

1. ¿Cuál es el ámbito funcional de este convenio, es decir, en qué empresas se aplicará este convenio colectivo?
2. ¿Cuál es el ámbito territorial y personal del convenio?
3. ¿Cuál es su duración?
4. ¿Cuál será la duración de la jornada?, ¿cuál es la jornada diaria máxima?, ¿cuál es la duración del descanso semanal obligatorio?, ¿y el periodo mínimo de descanso entre jornadas?
5. Compara los permisos que concede este convenio colectivo con los que has estudiado que concede el Estatuto de los Trabajadores. ¿Cuáles no se incluyen en el ET y, por lo tanto, solo los disfrutan los trabajadores bajo el ámbito de aplicación de este convenio?
6. ¿Cuál es la duración máxima del periodo de prueba para un profesional de tu categoría?
7. Si desearas dejar la empresa para irte a otra, ¿con qué plazo de antelación deberías preavisar para que no te descuenten salario?
8. ¿Cuál sería tu categoría profesional de acuerdo con tu titulación?
9. Calcula tu salario bruto mensual.
10. Según el convenio colectivo elegido, indica cómo se calificarían las siguientes infracciones, qué sanción se aplicaría y el plazo de prescripción de cada falta:
    - Un trabajador llega tarde todos los días durante las dos últimas semanas sin causa justificada.
    - Estropear o deteriorar material de la empresa.
    - Simular una enfermedad.
    - La falta injustificada de asistencia al trabajo de un día durante un mes.

EN RESUMEN

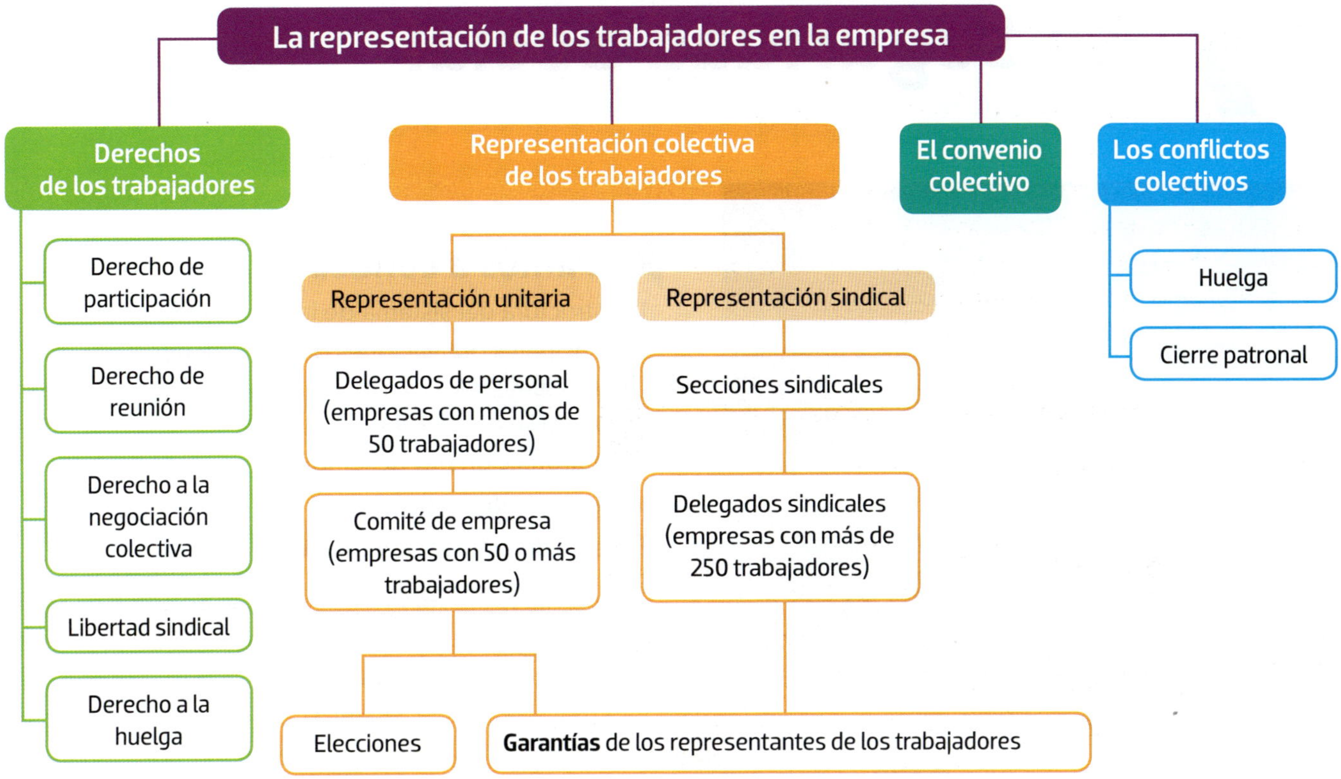

Evalúa tus conocimientos

RESUELVE EN TU CUADERNO O BLOC DE NOTAS

1. **Los sindicatos:**
   a) Son asociaciones lucrativas, cuyos objetivos son la defensa de los trabajadores y la promoción de sus intereses personales.
   b) Se dividen en secciones sindicales, cuando la empresa tiene más de 50 trabajadores.
   c) Forman parte de la representación unitaria de los trabajadores en la empresa.
   d) Ninguna es correcta.

2. **Señala la respuesta correcta:**
   a) El convenio de ámbito de empresa o inferior puede ser negociado por el comité de empresa, los delegados de personal o las secciones sindicales (si hay, y suman la mayoría de los miembros del comité).
   b) El convenio colectivo tiene fuerza vinculante entre las partes.
   c) Un juez no puede afiliarse a un sindicato.
   d) Todas son correctas.

3. **Los sindicatos más representativos:**
   a) Son aquellos que acrediten el 15 % o más de los delegados de personal y miembros del comité de empresa.
   b) Promueven elecciones para representantes de los trabajadores.
   c) Participan en la negociación colectiva y cuentan con un mínimo de 1500 representantes.
   d) Todas son correctas.

4. **Señala la respuesta correcta:**
   a) Un comité intercentros puede constituirse en las empresas que tengan en la misma provincia o en municipios limítrofes dos o más centros de trabajo con menos de 50 trabajadores, pero que en su conjunto sumen 50.
   b) Los delegados de personal tienen derecho a conocer la contabilidad de la empresa.
   c) En las elecciones al comité de empresa se votan listas cerradas, no candidatos individuales.
   d) Todas son correctas.

5. **En caso de huelga:**
   a) Los trabajadores cobran su salario.
   b) Los contratos quedan en suspenso.
   c) Se comunicará con 3 días naturales de antelación a las empresas afectadas y a la Autoridad Laboral.
   d) Cualquier trabajador puede declarar una huelga.

7 La Seguridad Social

Vamos a conocer...

1. Estructura del sistema de la Seguridad Social
2. Principales obligaciones de empresarios y trabajadores
3. La acción protectora
4. La protección por desempleo

PRÁCTICA PROFESIONAL

Sistema de Liquidación Directa

Y al finalizar esta unidad...

- Entenderás la importancia de la existencia de un sistema público de Seguridad Social.
- Serás capaz de encuadrar las diferentes profesiones y actividades en los distintos regímenes de la Seguridad Social.
- Sabrás a qué entidades colaboradoras de la Seguridad Social debes dirigirte para realizar los diversos trámites.
- Conocerás las obligaciones que el empresario y el trabajador tienen con la Seguridad Social.
- Identificarás las distintas prestaciones a las que puedes tener derecho y sabrás calcular su cuantía.

Caso práctico inicial

Situación de partida

Emilio, de 18 años, acaba de terminar un Ciclo Formativo de Cocina y está buscando trabajo.

En estos momentos tiene dos ofertas sobre la mesa. Una de ellas es del Restaurante Fogi, de mucho prestigio en la ciudad, donde va a encargarse, fundamentalmente, del aprovisionamiento y de controlar los consumos. Le hacen un contrato en prácticas y tiene posibilidad de trabajar como ayudante en la cocina preparando y presentando elaboraciones básicas y platos elementales. La otra oferta es de Casa de Comidas La Sabrosa, situada en un polígono industrial. Sería el cocinero de este establecimiento. Le pagarían 200 € más, pero no le hacen contrato ni le van a dar de alta en la Seguridad Social.

Emilio decide informarse en la Tesorería General de la Seguridad Social y en el Servicio Público de Empleo de su ciudad, para saber qué tipo de ventajas tiene estar dado de alta. Va con su padre, que tiene 60 años y acaba de ser despedido; lleva trabajando como albañil desde que tenía 14 años y va a informarse de los derechos que tiene ahora que se ha quedado en paro.

En la oficina del Servicio Público de Empleo, Emilio se encuentra a su vecino Juan, que está con Rosana, su mujer. ¡Qué sorpresa se lleva! Rosana, que solo es 4 años mayor que él, está embarazada de 5 meses. La vida les va fenomenal, los dos están trabajando y parecen muy felices.

Después de informarse, tiene claro que es mejor estar dado de alta en la Seguridad Social, pero piensa: «Soy muy joven y ya tendré tiempo de cotizar. Ahora me interesa ganar más para poder comprarme un coche». Decide entonces aceptar la oferta de Casa de Comidas La Sabrosa.

A los 8 meses de empezar a trabajar, Emilio se tropieza con una sartén y se quema la mano. Lo llevan al médico de la Seguridad Social.

Durante 2 meses no puede ir a trabajar y tampoco le pagan nada, porque no está ni dado de alta en la Seguridad Social ni trabajando. Es más, acaba de llamar el dueño de Casa de Comidas La Sabrosa para decirle que ha encontrado otra persona para sustituirlo y que no lo necesitarán más.

Estudio del caso

Antes de empezar a leer esta unidad de trabajo, intenta contestar a estas preguntas; después, compara tus respuestas con lo que se va a ir explicando en cada punto de la unidad, analizando las diferencias y similitudes.

1. Indica a Emilio qué trabajo le conviene aceptar, explicando los motivos.
2. ¿Puede el padre de Emilio acceder a la pensión de jubilación? Argumenta la respuesta.
3. Juan y Rosana, ¿podrían disfrutar del permiso de maternidad? ¿Y del de paternidad? En caso afirmativo, explica en qué condiciones.
4. En caso de fallecer Rosana, ¿le quedaría alguna prestación a Juan? ¿Y al niño?
5. ¿Tiene derecho Emilio a cobrar la incapacidad temporal? Razona la respuesta.
6. Si Emilio hubiera estado dado de alta en la Seguridad Social, ¿le habría correspondido alguna prestación o subsidio por desempleo?

- **Real Decreto Legislativo 8/2015, de 30 de octubre, texto refundido de la Ley General de la Seguridad Social**
- **Ley 40/2007, de 4 de diciembre, de medidas en materia de Seguridad Social**
- **Orden ESS/66/2013, de 28 de enero, por la que se actualizan las cantidades a tanto alzado de las indemnizaciones por lesiones, mutilaciones y deformidades de carácter definitivo y no invalidantes**
- **Tarifa de primas para la cotización a la Seguridad Social por accidentes de trabajo y enfermedades profesionales**

Puedes encontrar esta documentación en internet, en la página web de la Seguridad Social: <www.seg-social.es/Internet_1/index.htm>.

1. Estructura del sistema de la Seguridad Social

La Constitución española obliga a los poderes públicos a mantener un régimen público de Seguridad Social para todos los ciudadanos que garantice la asistencia y las prestaciones sociales suficientes ante situaciones de necesidad, especialmente en caso de desempleo.

La Ley de Bases de la Seguridad Social de 1963 y su texto articulado de 1967 (reformado en 1974) crean un sistema público de Seguridad Social en España. El texto refundido de la Ley General de la Seguridad Social actualmente vigente (RDL 8/2015, de 30 de octubre) lo adapta a los cambios sociales, políticos y económicos.

Regímenes de la Seguridad Social

Régimen general

- Incluye a los trabajadores por cuenta ajena de la industria y servicios de las sociedades mercantiles capitalistas y a los funcionarios y personal laboral o civil no funcionario de la Administración Pública.
- Para ciertas actividades funcionan los **sistemas especiales,** exclusivamente en materia de encuadramiento, afiliación, forma de cotización y recaudación.

Regímenes especiales

- Actividades que por su naturaleza, condiciones de tiempo y lugar, o por la índole de sus procesos productivos tienen una normativa y una acción protectora propia. Son regímenes especiales los de los trabajadores del mar, autónomos, estudiantes y el de la minería del carbón.

La gestión de la Seguridad Social se lleva a cabo por diversos organismos públicos denominados **entidades gestoras.** Algunos de ellos son:

Entidad	Competencias
Instituto Nacional de la Seguridad Social	Gestión y administración de las prestaciones económicas del sistema de la Seguridad Social.
Servicio Público de Empleo Estatal	Gestión de las prestaciones por desempleo, análisis del mercado de trabajo y registro público de ofertas, demandas y contratos.
Tesorería General de la Seguridad Social	Gestión económica, financiera y patrimonial del sistema.

Las **Mutuas de Accidentes de Trabajo y Enfermedades Profesionales** colaboran gestionando las prestaciones por contingencias profesionales, y las empresas, recaudando cotizaciones y pagando algunas prestaciones.

Actividades

1. Indica en qué régimen de la Seguridad Social se encuadran las siguientes actividades:
   - Dependiente de una perfumería.
   - Actor en una obra de teatro.
   - Banderillero en la cuadrilla de un torero.
   - Estudiantes de un ciclo formativo.
   - Director general de una empresa.
   - Portero de un equipo de fútbol.
   - Técnico de sonido en un concierto.
   - Pescador de anchoa.
   - Titular de un restaurante y su cónyuge.
   - Administrativo con contrato en prácticas.
   - Conserje de un ayuntamiento.
   - Pastor que cuida un rebaño de ovejas.
   - Empleada de hogar.
   - Minero del carbón y del cobre.
   - Farmacéutico.

2. Principales obligaciones de empresarios y trabajadores

La Seguridad Social se financia principalmente a través de las cotizaciones de los empresarios y trabajadores y de las aportaciones del Estado. Sus principales obligaciones respecto de la Seguridad Social son:

Inscripción de la empresa y cobertura de riesgos

- Trámite anterior al inicio de la actividad y contratación de trabajadores, dirigido a **inscribir a la empresa** y **concertar la cobertura de contingencias profesionales** con la entidad gestora o Mutua de Accidentes de Trabajo y Enfermedades Profesionales.

Afiliación y alta

- La **afiliación** incorpora por primera vez al trabajador al sistema de la Seguridad Social, asignándole un número de afiliación, único y vitalicio. El **alta** le incluye en alguno de los regímenes de la Seguridad Social.

Baja y variación de datos

- Comunicación del **cese** o **cambios** en la relación laboral o la actividad empresarial.

Cotización

- La **obligación de cotización** nace al iniciar la actividad laboral y se extingue con el cese en el trabajo, siempre que la baja se comunique en tiempo y forma. Los tipos de cotización que se aplican a las bases de cotización son:

Contingencias	Observaciones	Empresa	Trabajador	Total
Comunes	Para todos los contratos	23,60 %	4,70 %	28,30 %
FOGASA		0,20 %	–	0,20 %
FP		0,60 %	0,10 %	0,70 %
Desempleo	Contrato indefinido, en prácticas, de relevo, interinidad y discapacitados	5,50 %	1,55 %	7,05 %
	Contrato temporal a tiempo completo y a tiempo parcial	6,70 %	1,60 %	8,30 %
Horas extraordinarias	Por fuerza mayor	12,00 %	2,00 %	14,00 %
	Resto de horas extras	23,60 %	4,70 %	28,30 %
Profesionales	Porcentajes de la tarifa de primas por incapacidad temporal (IT) e invalidez, muerte y supervivencia (IMS). Es responsabilidad exclusiva del empresario.			

Ejemplo

Calcula la cuota de un ingeniero del grupo 1 de cotización. En octubre su BCCC y BCCP son de 2 340,50 €. La tarifa de primas es el CNAE 24, con tipos del 2 % por IT y el 1,85 % por IMS.

La base de cotización de 2 340,50 € se encuentra entre los topes máximo y mínimo de los vigentes en el año. Las cuotas que ha de pagar por la empresa y el trabajador en el mes de octubre son los siguientes:

Contingencias	Empresa	Trabajador	Total
Comunes	2 340,50 € × 23,60 % = 552,36 €	2 340,50 € × 4,70% = 110 €	2 340,50 € × 28,30 % = 662,36 €
Profesionales	IT → 340,50 € × 2 % = 46,81 € IMS → 2 340,50 € × 1,85 % = 43,30 €	–	46,81 € + 43,30 € = 90,11 €
Desempleo	2 340,50 € × 5,50 % = 128,73 €	2 340,50 € × 1,55 % = 36,28 €	2 340,50 € × 7,05 % = 165 €
FOGASA	2 340,50 € × 0,2 % = 4,68 €	–	4,68 €
FP	2 340,50 € × 0,60 % = 14,04 €	2 340,50 € × 0,10% = 2,34 €	2 340,50 € × 0,70 % = 16,38 €

Financiación de las prestaciones no contributivas

Las prestaciones no contributivas se financian mediante las aportaciones del Estado, y las prestaciones contributivas, con las cotizaciones de empresas y trabajadores.

3. La acción protectora

La **acción protectora** es el conjunto de **prestaciones** de la Seguridad Social que protege a los ciudadanos ante situaciones de infortunio o estados de necesidad concretos que les suelen originar una pérdida de ingresos o un exceso de gastos. Las prestaciones pueden ser:

- **Contributivas:** dirigidas a los trabajadores y sus familiares cercanos que acrediten un periodo mínimo de cotización o carencia.
- **No contributivas:** sus beneficiarios carecen de recursos suficientes y no han cotizado nunca o lo han hecho durante un tiempo insuficiente.

3.1. La asistencia sanitaria

La asistencia sanitaria tiene por objeto la **prestación de los servicios médicos y farmacéuticos** necesarios para conservar o restablecer la salud de sus beneficiarios así como su aptitud para el trabajo.

3.2. Incapacidad temporal (IT)

Subsidio diario que cubre la pérdida de rentas ante la imposibilidad de trabajar por una contingencia común o profesional.

Situaciones protegidas	Requisitos para ser beneficiario
■ Contingencias comunes: enfermedad común (EC) y accidente no laboral (ANL). ■ Contingencias profesionales: accidente de trabajo (AT) y enfermedad profesional (EP).	■ Estar afiliado y en alta o en situación asimilada al alta en la fecha del hecho causante. ■ En la enfermedad común: tener cotizados 180 días en los 5 años inmediatamente anteriores.
Base reguladora (BR) y cuantía	
Base reguladora en contingencias comunes $\frac{\text{BCCC mes anterior a la baja}}{\text{Número días cotizados (30, 31, 28 o 29)}}$	**Base reguladora en contingencias profesionales** $\frac{\text{BCCP mes anterior a la baja sin horas extraordinarias}}{\text{Número días cotizados}} + \frac{\text{Horas extraordinarias del año natural anterior}}{\text{365 o 360}}$
Cuantía en contingencias comunes ■ Del 1.er al 3.er día: no se cobra nada. ■ Del día 4.° al 20.° inclusive: 60 % de la BR. ■ Del día 21.° en adelante: 75 % de la BR. La empresa paga hasta el día 15.° y la entidad gestora a partir del día 16.° de la baja.	**Cuantía en contingencias profesionales** ■ Día de la baja: salario íntegro pagado por la empresa. ■ Desde el día siguiente a la baja: 75 % de la BR. El sujeto responsable del pago es la entidad gestora o la MATEP.
Si se ingresa en la empresa el mismo mes de inicio de la incapacidad o no se ha estado en alta todo el mes natural anterior, se tomará la base de cotización de dicho mes, dividida por los días efectivamente cotizados.	
Duración	
■ En caso de accidente o de enfermedad la duración será de 365 días prorrogables por otros 180 días cuando se presuma que, durante ellos, el trabajador pueda ser dado de alta médica por curación (máximo 545 días). ■ Al finalizar este periodo se examinará necesariamente, en el plazo máximo de 3 meses, el estado del incapacitado para su calificación como incapacitado permanente. ■ Si hay expectativa de mejoría con vistas a su reincorporación laboral, incluso se puede llegar hasta los 630 días naturales. ■ Periodo de observación: 6 meses prorrogables por otros 6 para el estudio y diagnóstico de la enfermedad profesional.	

Ejemplos

Carlos trabaja desde hace un año como cajero (G. C. 6). El 4 de noviembre se hizo un esguince jugando al fútbol, por lo que permaneció de baja hasta el 27 de noviembre. Su BCCC de octubre es de 1 350 €. Calcula la prestación por IT e indica quién la paga.

Carlos tiene derecho al cobro de IT al estar afiliado y de alta en la Seguridad Social y al ser un accidente no laboral, no se exige periodo mínimo de cotización. La base reguladora es: 1350 € / 30 días = 45 € diarios.

- Del 1.er al 3.er día de la baja (del 4 al 6 de noviembre) no cobra nada. Algunas empresas asumen el pago.
- Del 4.° al 20.° día de la baja, es decir, 17 días (del 7 al 23 de noviembre) cobrará al día: 45 €/día × 60 % = 27 € de subsidio/día por IT. Lo que hace un total de 27 €/día × 17 días = 459 € de subsidio.
- Del día 21.° en adelante (del 24 al 27 de noviembre) cobrará 45 €/día × 75 % = 33,75 € de subsidio/día por IT. Que durante los cuatro días de baja suponen 33,75 €/día × 4 días = 135 € de subsidio.

Por los 24 días de baja el subsidio es de 594 €. La empresa es responsable del pago hasta el día 15 de baja de 324 € (27 € × 12 días) y la Seguridad Social de los 270 € restantes, abonados por la empresa mediante pago.

Un oficial de primera, grupo 8 de cotización, con antigüedad en la empresa desde el 1 de marzo de 2003 sufre, el 10 de septiembre de este año, un accidente de trabajo, por lo que permanece de baja hasta el 17 de diciembre. La BCCP de agosto es de 1 440,13 €, de los cuales 100 € son horas extraordinarias. Por horas extraordinarias, en junio recibió 90 € y en julio 180 €. Calcula el importe del subsidio e indica el periodo de cobro y quién lo paga.

El trabajador está afiliado y de alta en la Seguridad Social y, al tratarse de un accidente de trabajo, no requiere periodo mínimo de cotización. Por todo ello, tiene derecho al cobro del subsidio por IT.

A continuación, se calcula la base reguladora, que estará compuesta por la suma de dos módulos:

$$\frac{1440{,}13\,€ - 100\,€}{31} + \frac{(100\,€ + 90\,€ + 180\,€)}{365} = 43{,}23\,€ + 1{,}01\,€ = 44{,}24\,€/\text{día}$$

A la base reguladora se le aplica el 75 % para calcular el subsidio diario de la IT: 44,24 € × 75 % = 33,18 €/día

El periodo de cobro será del 11 de septiembre al 17 de diciembre. El sujeto responsable del pago es la entidad gestora o la Mutua de AT y EP, pero lo abona la empresa mediante pago delegado.

- En septiembre, del 11 al 30: 20 días × 33,18 € = 663,60 €
- En octubre, del 1 al 31: 31 días × 33,18 € = 1 028,58 €
- En noviembre, del 1 al 30: 30 días × 33,18 € = 995,40 €
- En diciembre, del 1 al 17: 17 días × 33,18 € = 564,06 €

El día de la baja (10 de septiembre) la empresa abonará el salario íntegro al trabajador.

Actividades

2. Lucía ha comenzado a trabajar en marzo como educadora (G. C. 2) en la Escuela Infantil Coloretes. Es su primer empleo. El 13 de mayo la operan de apendicitis, y permanece de baja hasta el 3 de julio. Tiene una BCCC de 1 058,40 €. Calcula la cuantía de la prestación de incapacidad temporal, si tuviera derecho a ella.
3. Ruth es diseñadora gráfica (G. C. 2) en una agencia publicitaria desde hace 5 años. Del 12 de noviembre al 10 de diciembre ha causado baja médica por una contractura muscular no relacionada con su trabajo. La BCCC de octubre es de 1 456,20 €. Si tiene derecho a la prestación de incapacidad temporal, calcula el importe del subsidio.
4. Andrea es auxiliar administrativo (G. C. 7). El 2 de marzo se lesiona el brazo en una caída en su casa y permanece de baja hasta el día 28 de ese mes. En febrero, su BCCC fue de 1 350,60 €. Indica el importe del subsidio de IT que le corresponde.
5. Un oficial administrativo (G. C. 5), sufre un accidente laboral el 15 de noviembre y es dado de alta médica el 18 de diciembre. La base de cotización por contingencias profesionales de octubre es de 1 545 €, de los cuales 200 € son por horas extraordinarias. El año anterior a la baja había cotizado 2 000 € más por horas extraordinarias. ¿Qué cuantía tiene la prestación de incapacidad temporal?
6. Un oficial de primera ha sufrido un accidente de trabajo el 2 de agosto y permanece de baja hasta el 29 de ese mes. Su BCCC y BCCP de julio son de 1 953 €. El año anterior ha percibido 1 689,63 € por horas extraordinarias. ¿Qué subsidio de incapacidad temporal le corresponde?

3.3. Prestación por riesgo durante el embarazo, lactancia natural y cuidado de menor enfermo

Se percibe un subsidio del 100 % de la base reguladora para contingencias profesionales, por **riesgo durante el embarazo o lactancia natural** o por reducir la jornada de trabajo en al menos un 50 % para **cuidar un menor afectado por cáncer u otra enfermedad grave.**

No se exige periodo de carencia. Salvo para cuidar a menor enfermo, que hay que acreditar la misma cotización que en maternidad, ambos progenitores deben trabajar y, además, el subsidio se reduce en la misma proporción que la jornada.

Duración de las prestaciones		
Riesgo embarazo	**Lactancia natural**	**Cuidado hijo enfermo**
Desde la fecha de la suspensión hasta ocupar un puesto adecuado o el día anterior al parto.	Hasta que el lactante cumple 9 meses o por reincorporarse a un puesto compatible.	Equivalente al periodo de reducción de la jornada y, como máximo, hasta que el menor cumpla 18 años.

3.4. Prestación por maternidad

La prestación por maternidad es un subsidio que perciben los trabajadores para disfrutar de los periodos de descanso por maternidad, adopción y acogimiento, siempre que acrediten las siguientes cotizaciones:

Menor de 21 años	Entre 21 y 26 años	Mayor de 26 años
Sin periodo mínimo de cotización.	90 días en los 7 años previos o 180 días en su vida laboral.	180 días en los 7 años previos o 360 días en su vida laboral.

La cuantía es un subsidio equivalente al 100 % de la misma base reguladora utilizada para la incapacidad temporal por contingencias comunes.

En los partos, si la madre trabajadora no reúne el periodo mínimo de cotización, el subsidio es del 100 % del IPREM durante 42 días naturales.

En partos múltiples o en adopciones o acogimientos simultáneos se concede un subsidio especial por cada hijo, a partir del segundo, del mismo importe que el primero, durante las 6 semanas inmediatamente posteriores al hecho causante.

La duración es de 16 semanas ininterrumpidas, que se incrementan en 2 semanas por cada hijo a partir del segundo o si este sufre una discapacidad.

Caso práctico inicial

Juan y Rosana podrán disfrutar de las prestaciones por maternidad y paternidad, al trabajar ambos, en las cuantías y condiciones que se explican en la unidad.

En caso de fallecer Rosana, Juan cobraría la prestación de maternidad, además de la de viudedad y el auxilio por defunción. El hijo sería beneficiario de la orfandad.

3.5. Prestación por paternidad

La prestación por paternidad es un subsidio del 100 % de la misma base reguladora que en la maternidad.

El trabajador debe estar afiliado y en alta o situación asimilada y tener cotizados como mínimo 180 días en los 7 años anteriores o 360 días en su vida laboral.

Esta prestación se cobrará durante 4 semanas ininterrumpidas, ampliables en dos días más por cada menor a partir del segundo en el supuesto de parto, adopción, guarda con fines de adopción o acogimiento múltiples.

Ejemplo

Calcula la cuantía de la prestación por maternidad y paternidad de Sonia y Carlos que han sido padres de una niña el 5 de septiembre. Estos son sus datos:

Madre

- **Fecha de nacimiento: 30 de octubre de 1980**
- **Grupo de cotización: 9**
- **Periodo de cotización: 5 años**
- **Base de cotización de agosto: 1 683,30 €**

Padre

- **Fecha de nacimiento: 6 de junio de 1979**
- **Grupo de cotización: 4**
- **Periodo de cotización: 10 años**
- **Base de cotización de agosto: 2 115 €**

Para tener derecho a cobrar el subsidio, Carlos y Sonia tienen que acreditar 180 días en los últimos 7 años o 360 días totales en su vida laboral, requisito que cumplen ambos.

Las bases reguladoras serán:

Madre: 1683,30 € / 31 = 54,30 €/día

Padre: 2 115 € / 30 = 70,50 €/día

Cuantías de los subsidios:

Madre: 54,30 €/día × 100 % = 54,30 €/día

Estará de baja 16 semanas, lo que hace un total de 112 días; por tanto, el total del subsidio por maternidad será:

54,30 € × 112 días = 6 081,60 €

Padre: 70,50 € × 100 % = 70,50 €

Estará de baja 28 días naturales, por tanto, el total del subsidio por paternidad será:

70,50 € × 28 días = 1 974 €

El abono del subsidio corre a cargo del INSS, que reconoce el derecho y realiza directamente el pago.

Actividades

7. A Inmaculada (G. C. 5) se le suspende el contrato por riesgo durante el embarazo el 15 de marzo, situación que se mantiene hasta el parto, que se produce el 30 de agosto. Su base de cotización por contingencias profesionales es de 1 590 €. Nunca ha realizado horas extraordinarias. Calcula la cuantía de la prestación y el periodo de cobro.

8. Calcula la prestación de maternidad y paternidad de los padres tras el parto de su hijo el 6 de febrero de este año. Estos son los datos que se han de tener en cuenta:

   Madre
   - Edad: 20 años. Tiempo cotizado: 8 meses
   - Oficial de primera (G. C. 8)
   - Base de cotización de enero: 1 395 €

   Padre
   - Edad: 25 años. Tiempo cotizado: 6 años
   - Jefe de Taller (G. C. 3)
   - Base de cotización de enero: 1 891 €

9. Gloria, de 28 años de edad, ha encontrado hace 5 meses su primer trabajo como teleoperadora (remuneración mensual). El día 5 de mayo ha dado a luz a un niño. Su base de cotización del mes de abril fue de 900 €. ¿Tiene derecho a alguna prestación de maternidad? Calcula su importe en caso afirmativo.

10. Carmen y Samuel han sido padres el día 14 de marzo de dos niños mellizos. Ya tenían una niña de 5 años. Tanto el padre como la madre tienen 31 años y acreditan una cotización de más de 180 días en los últimos 7 años. La BCCC de febrero de Carmen es de 1 699,80 € y la de Samuel es de 1 680 € (no es año bisiesto y ambos tienen una retribución mensual). Calcula las prestaciones de maternidad y paternidad.

3.6. Lesiones permanentes no invalidantes

Las **lesiones permanentes no invalidantes** son lesiones, mutilaciones y deformidades de carácter definitivo, causadas por accidentes de trabajo y enfermedades profesionales, que no repercuten sobre la capacidad laboral del trabajador, pero suponen una disminución o alteración de su integridad física.

La prestación es una indemnización económica determinada en el Baremo de Lesiones Permanentes no Invalidantes para las lesiones allí recogidas.

3.7. Incapacidad permanente

La **incapacidad permanente** es la situación en la que el trabajador, después de someterse al tratamiento prescrito y recibir el alta médica, presenta reducciones anatómicas o funcionales graves, susceptibles de determinación objetiva y previsiblemente definitivas, que reducen o anulan su capacidad laboral.

Grados	■ **Parcial:** disminución no inferior al 33 % en el rendimiento normal para la profesión habitual, si bien puede realizar las tareas fundamentales de la misma. ■ **Total:** inhabilita para las tareas fundamentales de la profesión habitual, aunque puede realizar otra. ■ **Absoluta:** inhabilita por completo al trabajador para cualquier profesión. ■ **Gran invalidez:** situación en la que, a consecuencia de pérdidas anatómicas y funcionales graves, se necesita otra persona para los actos esenciales de la vida.
Requisitos	Estar afiliado y en alta o en situación asimilada a la de alta y no tener derecho a la jubilación. Solo si se deriva de enfermedad común, hay que acreditar una cotización previa que será la siguiente: ■ De 1800 días cotizados en los 10 años anteriores, en la incapacidad permanente parcial. ■ Para la incapacidad permanente total, absoluta y gran invalidez dependerá de la edad: – **Menor de 31 años**: 1/3 tiempo transcurrido entre la fecha en que cumple 16 años y el hecho causante. – **Con 31 años o más**: 1/4 tiempo entre la fecha en que cumplió 20 años y el hecho causante. Se pide un mínimo de 5 años de cotización. 1/5 de este periodo estará en los 10 años anteriores.
Base reguladora	■ **Base reguladora en enfermedad común:** **Mayores de 52 años** (periodo de cotización de 8 años): $\frac{\sum \text{BCCC 96 meses anteriores}}{112}$ **Menores de 52 años** (periodo de cotización inferior a 8 años): $\frac{\sum \text{BCCC mensuales del periodo mínimo de cotización exigible}}{\text{Número de meses} \times 1{,}1666}$ En ambos casos los 24 meses anteriores se computan en su valor nominal y el resto se actualizan con el IPC. Aplicar al resultado la misma escala de la jubilación según los años cotizados. En cotizaciones menores a 15 años el porcentaje es del 50 %. ■ **Base reguladora por accidente no laboral:** se suman las BCCC de 24 meses ininterrumpidos elegidos por el interesado en los 7 años anteriores entre 28. ■ **Base reguladora en contingencias profesionales:** se divide por 12 la suma de: – Sueldo y antigüedad diarios multiplicado por 365. – Importe anual de las pagas extraordinarias, beneficios o participación. – Pluses, retribuciones complementarias y horas extraordinarias del año anterior, dividida por los días efectivamente trabajados y multiplicada por 273, salvo que el número de días laborables efectivos sea inferior.
Cuantía	■ **Parcial:** indemnización de 24 mensualidades de la misma base reguladora que en IT. ■ **Total:** 55 % de la base reguladora. En enfermedad común, no será menor al 55 % de la base mínima de cotización vigente. Se incrementa en un 20 % para los mayores de 55 años que no trabajen. Los menores de 60 años que trabajan pueden sustituirla por una indemnización. ■ **Absoluta:** 100 % de la base reguladora. ■ **Gran invalidez:** 100 % de la base reguladora más un complemento (C). C = 45 % base mínima de cotización vigente + 30 % última base de cotización del beneficiario, donde C ≥ 45 % de la pensión sin complemento.

3.8. Jubilación

La jubilación consiste en una pensión vitalicia que se reconoce al beneficiario al alcanzar la edad establecida. Los requisitos y su cuantía son los siguientes.

Requisitos

Tener 15 años de cotización, de los cuales 2 deben estar en los 15 años anteriores al hecho causante.

La edad exigida se recoge en la siguiente tabla:

Año	Periodos cotizados	Edad exigida
2013	Menos de 35 años y 3 meses	65 años y 1 mes
2014	Menos de 35 años y 6 meses	65 años y 2 meses
2015	Menos de 35 años y 9 meses	65 años y 3 meses
2016	Menos de 36 años	65 años y 4 meses
2017	Menos de 36 años y 3 meses	65 años y 5 meses
2018	Menos de 36 años y 6 meses	65 años y 6 meses
2019	Menos de 36 años y 9 meses	65 años y 8 meses
2020	Menos de 37 años	65 años y 10 meses
2021	Menos de 37 años y 3 meses	66 años
2022	Menos de 37 años y 6 meses	66 años y 2 meses
2023	Menos de 37 años y 9 meses	66 años y 4 meses
2024	Menos de 38 años	66 años y 6 meses
2025	Menos de 38 años y 3 meses	66 años y 8 meses
2026	Menos de 38 años y 3 meses	66 años y 10 meses
A partir 2027	Menos de 38 años y 6 meses	67 años

En cotizaciones iguales o superiores a las indicadas la edad exigida será de 65 años.

Jubilación anticipada

Se puede adelantar la edad de jubilación aplicando coeficientes reductores en algunas situaciones:

- Quien era mutualista el 1 de enero de 1967 puede jubilarse a partir de los 60 años.
- Los demandantes de empleo durante al menos 6 meses, que tengan una edad inferior en 4 años, como máximo, a la edad exigida para la jubilación, cesados en el trabajo por una reestructuración empresarial y con cotizaciones efectivas de 33 años.
- Quien cese por voluntad propia a una edad inferior en 2 años, como máximo, a la jubilación y con 35 años de cotización efectiva. El importe resultante debe ser superior a la cuantía de la pensión mínima que recibiría a los 65 años por su situación familiar.

La edad se adelanta en sectores con actividades penosas, tóxicas, peligrosas o insalubres; en discapacidad igual o superior al 45 % o al 65 % o en la jubilación parcial.

Base reguladora

La **base reguladora** a partir de 01/01/2022 es:

$$\frac{\sum \text{bases cotización 300 meses anteriores (25 años)}}{350}$$

Los 24 meses anteriores se computan en su valor nominal y el resto se actualizan con el IPC.

Esta fórmula se calculará paulatinamente así:

Año 2013: ∑ bases cotización 192 meses / 224 (16 años)

Año 2014: ∑ bases cotización 204 meses / 238 (17 años)

Año 2015: ∑ bases cotización 216 meses / 252 (18 años)

Año 2016: ∑ bases cotización 228 meses / 266 (19 años)

Año 2017: ∑ bases cotización 240 meses / 280 (20 años)

Año 2018: ∑ bases cotización 252 meses / 294 (21 años)

Año 2019: ∑ bases cotización 264 meses / 308 (22 años)

Año 2020: ∑ bases cotización 276 meses / 322 (23 años)

Año 2021: ∑ bases cotización 288 meses / 336 (24 años)

Cuantía

A la base reguladora, según los años de cotización, se le aplica una escala que comienza con el 50 % a los 15 años, y aumenta a partir del decimosexto año por cada mes adicional de cotización tal y como se recoge en la tabla:

Periodo transitorio	Meses adicionales cotización	Porcentaje
2013 a 2019	Entre los meses 1 y 163 Por 83 meses restantes	0,21 % 0,19 %
2020 a 2022	Entre los meses 1 y 106 Por 146 meses restantes	0,21 % 0,19 %
2023 a 2026	Entre los meses 1 y 49 Por 209 meses restantes	0,21 % 0,19 %
A partir 2027	Entre los meses 1 y 248 Por 16 meses restantes	0,19 % 0,18 %

No se puede superar el 100 % de la base reguladora, salvo que se prolongue la vida laboral a una edad superior a la ordinaria (jubilación flexible y jubilación parcial).

3.9. Prestaciones por muerte y supervivencia

Las prestaciones por muerte y supervivencia se dirigen a los familiares de quienes conviven y dependen económicamente del trabajador o del pensionista.

Auxilio por defunción	■ **Cantidad a tanto alzado** con la finalidad de ayudar a hacer frente a los **gastos de sepelio.**
Viudedad	■ **Pensión vitalicia o temporal para el cónyuge o pareja de hecho** superviviente al fallecer el causante. En muertes por enfermedad común, hay que tener cotizados 500 días en los últimos 5 años y el cónyuge superviviente deberá tener hijos comunes o haber celebrado el matrimonio 1 año antes al fallecimiento, salvo que acrediten más de 2 años de convivencia. Si no se cumplen estos requisitos, se tiene derecho a la prestación temporal de viudedad con una duración máxima de 2 años y con la misma cuantía que la vitalicia. En el caso de las parejas de hecho, deberán estar inscritas oficialmente 2 años antes del fallecimiento y tendrán una convivencia mínima de 5 años. El beneficiario no superará los límites económicos ni tendrá otros impedimentos legales. ■ **Base reguladora en contingencias comunes** Cociente que resulte de dividir por 28 la suma de las bases de cotización del interesado durante un periodo ininterrumpido de 24 meses, elegido por los beneficiarios dentro de los 15 años inmediatamente anteriores. ■ **Base reguladora en contingencias profesionales** Se calcula dividiendo por 12 la suma de: – Sueldo y antigüedad diarios multiplicado por 365. – Importe anual de las pagas extraordinarias, beneficios o participación. – Cantidad total de los complementos salariales del año anterior, dividida entre los días efectivamente trabajados y multiplicada por 273, salvo que el número de días laborables efectivos sea inferior. La **cuantía** es el **52 % de la base reguladora.** Excepcionalmente, puede ser el 70 % si se acreditan los requisitos.
Orfandad	■ Los beneficiarios son los **hijos del causante y los del cónyuge sobreviviente** aportados al matrimonio celebrado 2 años antes, que hayan convivido a sus expensas y no tengan derecho a otra pensión, **menores de 21 años o mayores incapacitados.** Puede ampliarse a 25 años si el beneficiario no trabaja o sus ingresos anuales son inferiores al 100 % del SMI anual, incluidas las pagas extras. ■ La cuantía de la orfandad se calcula aplicando un **20 % a la misma base reguladora de viudedad.** La suma de todas las pensiones por muerte y supervivencia no podrá superar el 100 % de la BR, salvo que la viudedad sea del 70 % de la BR, en cuyo caso las pensiones de orfandad no pueden superar el 48 % de la BR (118 % en total). En la orfandad absoluta, el porcentaje del 52 % de la viudedad se reparte entre los huérfanos.
Prestación y subsidio en favor de familiares	■ Pensión vitalicia o temporal dirigida a familiares (hermanos, nietos, hijos o padres) que hayan convivido a expensas del fallecido, no tengan derecho a otra pensión pública y carezcan de medios de subsistencia.
Indemnizaciones a tanto alzado por accidente de trabajo y enfermedades profesionales	■ Cónyuge, pareja de hecho o excónyuge: **6 mensualidades de la base reguladora** por viudedad. ■ Huérfanos: **1 mensualidad para cada uno de la base reguladora** de orfandad. Si no hay cónyuge o pareja de hecho, cobrarán la indemnización que les corresponde a estos. ■ **9 mensualidades de la base reguladora,** si solo existe el padre o la madre, o **12 mensualidades si existen ambos,** siempre que vivan a sus expensas y no haya otros familiares con derecho a pensión.

Actividades

11. Andrés ha causado baja por enfermedad común el 5 de enero. Tras el informe del Equipo de Valoración de Incapacidades es declarado incapacitado permanente parcial el 14 de noviembre. La BCCC de diciembre del año anterior es de 1359,90 €.

Si tiene derecho a la prestación de incapacidad permanente parcial, calcula su importe.

12. Samuel tiene 57 años y ha estado de alta y cotizando al régimen general de la Seguridad Social desde 1974. Tras una incapacidad temporal por enfermedad común, es declarado en situación de incapacidad permanente absoluta. Las bases de cotización en los 96 meses anteriores al hecho causante, una vez actualizadas según el IPC, ascienden a 145 350,66 €.

Calcula el importe de la prestación por incapacidad permantente absoluta y señala quién lo paga.

13. Un trabajador, tras una incapacidad temporal por accidente no laboral es declarado el 1 de marzo afectado de una gran invalidez. Su edad es de 54 años y ha estado de alta y cotizando al régimen general de la Seguridad Social durante 15 años. Las BCCC de los 24 meses ininterrumpidos dentro de los últimos 7 años inmediatamente anteriores al hecho causante es de 58 800 €. Su BCCC del mes anterior a la baja es de 2 500 €.

Si tiene derecho a la prestación de gran invalidez, calcula su importe.

14. Paula sufre un accidente en su trabajo, lo que ha dado origen a una incapacidad temporal que resulta interrumpida, previa tramitación del oportuno expediente, por resolución del Equipo de Valoración de Incapacidades que le declara afecta de una incapacidad permanente parcial para su profesión habitual. Paula no había sido dada de alta por su empresario en la Seguridad Social. Solo tiene acreditados, a lo largo de su vida laboral, 428 días. La base reguladora diaria que se le hubiera reconocido durante la incapacidad temporal es de 34,36 €.

¿Tiene derecho a la prestación económica por incapacidad permanente parcial? En caso afirmativo, ¿cuál sería su cuantía?

15. El 17 de agosto Manuel es declarado incapacitado permanente total tras sufrir una incapacidad temporal por enfermedad común. Tiene 54 años y ha estado de alta y cotizando al régimen general de la Seguridad Social desde hace 27 años. Las bases de cotización de contingencias comunes en los 96 meses anteriores al hecho causante, una vez actualizadas según el IPC, ascienden a 203 780 €.

Calcula la prestación por incapacidad permanente total.

16. José Ramón, de 42 años, es declarado el 21 de septiembre afecto de una incapacidad permanente absoluta tras una incapacidad temporal por accidente no laboral. Está en alta y cotizando al régimen general de la Seguridad Social desde hace 20 años. Las bases de cotización por contingencias comunes de los 24 meses ininterrumpidos dentro de los últimos 7 años es de 50 358,70 €.

Si tiene derecho a la prestación por incapacidad permanente absoluta, calcula su cuantía.

17. A los 48 años de edad, Pedro es declarado por el Equipo de Valoración de Incapacidades afecto de una gran invalidez en febrero de este año debido a un accidente de trabajo. En la fecha del accidente, percibía 35 €/día de salario base; 3,5 €/día por antigüedad y tres pagas extras de 30 días de salario base y antigüedad, cada una de ellas. Además, como complementos salariales recibió el año anterior al accidente, 462 € por plus de asistencia, 308 € por plus de producción y 750 € por horas extras. El número de días efectivamente trabajados en el año anterior al accidente fue de 256 días. Su BCCP del mes anterior a la baja es de 1 594 €.

Calcula la cuantía de prestación por gran invalidez.

18. Rosa, de 38 de edad, se acaba de quedar viuda tras 10 años de matrimonio y con tres hijos menores en común. Su marido había cotizado al régimen general de la Seguridad Social durante 16 años y ha fallecido debido a un cáncer. Las bases de cotización de los 24 meses elegidos dentro de los últimos 15 años de cotización de causante, ascienden a 46 700,40 €.

Indica las prestaciones por muerte y supervivencia a las que tiene derecho esta familia, su cuantía económica y las posibles prestaciones conexas.

19. Gema fallece el 30 de octubre tras sufrir un accidente laboral. Hasta esa fecha venía percibiendo un salario base de 25 € al día, más 3 € en concepto de antigüedad, además de dos pagas extraordinarias en Navidad y julio de 30 días de salario base más antigüedad, cada una de ellas. En el mismo periodo percibió, como complementos salariales, 1 500 € por horas extraordinarias, 400 € de plus de asistencia y 300 € por prima de producción. El número de días efectivamente trabajados en el año anterior fue de 260. La difunta deja viudo, de 48 años de edad, con quien convivía y 2 hijos menores de 18 años.

Calcula las prestaciones a las que tienen derecho el viudo y los hijos.

4. La protección por desempleo

> **Caso práctico inicial**
>
> Emilio, por ocho meses de cotización, podría cobrar el subsidio por desempleo, pero, al no estar dado de alta, para cobrarlo debe denunciar previamente a la empresa.
>
> El padre de Emilio tiene derecho a la prestación por desempleo durante dos años. Después accedería a la jubilación anticipada involuntaria.

Se consideran situaciones legales de desempleo las siguientes:

- Extinción o suspensión autorizada de la relación laboral.
- Reducción temporal y autorizada de la jornada de trabajo.
- Retorno de españoles al finalizar un trabajo en el extranjero.
- Liberación de prisión por cumplir la condena o puesta en libertad condicional.
- Cese involuntario en cargos de las corporaciones locales, en altos cargos de la Administración Pública y en cargos representativos de los sindicatos.

4.1. Prestación contributiva por desempleo

La **prestación contributiva por desempleo** la recibirán quienes, pudiendo y queriendo trabajar, pierdan su empleo por el cese definitivo en su actividad con la correspondiente pérdida del salario (desempleo total) o vean reducida su jornada laboral en, al menos, una tercera parte, con la reducción proporcional de salario (desempleo parcial).

<table>
<tr><th colspan="4">Prestación por desempleo</th></tr>
<tr><th>Requisitos</th><th>Base reguladora y cuantía</th><th colspan="2">Duración</th></tr>
<tr>
<td rowspan="12">■ Encontrarse en situación legal de desempleo.
■ No tener la edad de jubilación.
■ Buscar activamente empleo.
■ Suscribir un compromiso de actividad.
■ Aceptar una colocación adecuada.
■ Tener cotizados al menos 360 días en los 6 años anteriores.</td>
<td rowspan="12">$\text{B.R.} = \dfrac{\sum \text{BCCP últimos 180 días sin horas extraordinarias}}{180}$
Cuantía:
Hasta día 180 ⟶ 70 % de la B.R.
A partir del día 181 ⟶ 50 % de la B.R.
No será inferior al 80 % o al 107 % del IPREM más un 1/6, sin hijos o con, al menos, un hijo a cargo, respectivamente.
No será superior al 175 %, 200 % o 225 % del IPREM más 1/6, sin hijos, con un hijo o con dos hijos o más, respectivamente.</td>
<td>Tiempo cotizado (en días) 6 años anteriores</td><td>Periodo de prestación</td></tr>
<tr><td>Desde 360 a 539</td><td>120 días</td></tr>
<tr><td>Desde 540 a 719</td><td>180 días</td></tr>
<tr><td>Desde 720 a 899</td><td>240 días</td></tr>
<tr><td>Desde 900 a 1 079</td><td>300 días</td></tr>
<tr><td>Desde 1 080 a 1 259</td><td>360 días</td></tr>
<tr><td>Desde 1 260 a 1 439</td><td>420 días</td></tr>
<tr><td>Desde 1 440 a 1 619</td><td>480 días</td></tr>
<tr><td>Desde 1 620 a 1 799</td><td>540 días</td></tr>
<tr><td>Desde 1 800 a 1 979</td><td>600 días</td></tr>
<tr><td>Desde 1 980 a 2 159</td><td>660 días</td></tr>
<tr><td>Desde 2 160 (6 años)</td><td>720 días (2 años)</td></tr>
</table>

Actividades

20. Señala la duración de la prestación de desempleo para los siguientes periodos de cotización: 120 días, 360 días, 468 días, 800 días, 600 días y 359 días.

21. Rodrigo, de 35 años, ha pasado a una situación de desempleo después de finalizar su contrato por obra o servicio que ha tenido una duración de 18 meses. Tiene acreditados, en los últimos 6 años, 2 160 días de cotización. Las bases de cotización por desempleo y de contingencias comunes en los últimos 180 días son de 13 800 €. Está casado y tiene tres hijos menores de edad. La familia no tiene otros ingresos porque su esposa no trabaja. Calcula la prestación por desempleo si tiene derecho a ella.

22. Alberto, de 24 años, ha finalizado su contrato en prácticas. Acredita 2 años de cotización (720 días) en los últimos 6 años. La suma de bases de cotización por contingencias profesionales de los últimos 180 días ha sido de 10 260 €. No tiene responsabilidades familiares. Indica la cuantía de la prestación por desempleo.

23. Rosario, de 55 años, es despedida por causas objetivas el 31 de julio. Está casada y tiene dos hijos de 26 y 20 años, ambos estudiantes. La suma de las bases de cotización por contingencias profesionales de los 6 últimos meses es de 10 379,40 €. No ha realizado horas extraordinarias. Solicita la prestación el 1 de septiembre, justo después de volver de la playa donde estaba de vacaciones. Señala todos los derechos que sobre prestación o subsidio por desempleo tiene Rosario.

4.2. Subsidio por desempleo

El subsidio por desempleo es la prestación de nivel asistencial para desempleados demandantes de empleo con los siguientes requisitos:

- No **rechazan una oferta de empleo** adecuada ni se niegan a participar, salvo causa justificada, en **acciones formativas.**
- **Carecen de rentas mensuales** superiores al **75 % del SMI,** sin la parte proporcional de las pagas extraordinarias.

La cuantía mensual del subsidio por desempleo es igual al 80 % del Indicador Público de Renta de Efectos Múltiples (IPREM) sin la parte proporcional de las pagas extraordinarias.

En el caso de desempleo por pérdida de un trabajo a tiempo parcial, dicha cuantía se percibirá en proporción a las horas previamente trabajadas.

Plazo para solicitar el subsidio por desempleo

La solicitud del subsidio se formalizará en el plazo de quince días desde la fecha de agotamiento de la prestación.

Situación			Duración del subsidio
Agotar el desempleo y tener responsabilidades familiares	< 45 años	Por 4 meses de prestación	18 meses
		Por 6 o más meses de prestación	24 meses
	> 45 años	Por 4 meses de prestación	24 meses
		Por 6 o más meses de prestación	30 meses
Mayores de 45 años sin responsabilidades familiares que terminen la prestación			6 meses improrrogables
Españoles emigrantes retornados; liberados de prisión e incapacitados permanentes declarados plena o parcialmente capaces por mejoría			6 meses prorrogables hasta un máximo de 18 meses
No cotizar el tiempo mínimo para cobrar la prestación	Por 3, 4 o 5 meses con responsabilidades familiares		Igual número de meses que los cotizados (3, 4 o 5 meses)
	6 o más meses cotizados	Sin responsabilidad familiar	6 meses improrrogables
		Con responsabilidad familiar	6 meses prorrogables a 21
Trabajadores mayores de 55 años con al menos 6 años de cotización en su vida laboral			Hasta la edad de jubilación
Para trabajadores fijos discontinuos			Mismos meses cotizados el año anterior

Actividades

24. Kevin acaba de quedarse en paro después de trabajar durante 9 meses sustituyendo a un compañero que ha estado de baja por enfermedad. ¿Tendría derecho a alguna prestación o subsidio de desempleo? Si sus bases de cotización por desempleo de los últimos 180 días ascienden a 7 799,40 €, ¿de qué cuantía será?

25. Revisa las actividades de la página anterior. Determina si los trabajadores tienen derecho a percibir el subsidio de desempleo y durante cuánto tiempo.

Tu sector profesional

26. Busca en el convenio colectivo de tu sector posibles mejoras:

- En caso de incapacidad temporal, ¿se reconoce el pago al trabajador de los 3 primeros días en las bajas por enfermedad común? ¿Se abona por parte de la empresa algún complemento a los subsidios de incapacidad temporal?
- ¿Se señala alguna edad obligatoria para que se jubilen los trabajadores?

ACTIVIDADES FINALES

1. ¿Qué norma es la que regula actualmente el sistema público de Seguridad Social?

2. Indica cuáles son los regímenes especiales que se incluyen en el sistema público de Seguridad Social. ¿Por qué son especiales?

3. Enumera las entidades gestoras de la Seguridad Social. ¿A cuál de ellas se tendría que dirigir Carlos si quiere dar de alta a un trabajador en su empresa?

4. Santiago, que está faenando en el PESQUERO LA FRESCA, sufre un ataque de apendicitis. Le operan en Canadá. ¿Cómo se ejerce el derecho a la asistencia sanitaria?

5. Raúl es contratado el 1 de noviembre como dependiente (G. C. 6) en la JUGUETERÍA CHIQUITINES para la campaña de Navidad. Es su primer trabajo. El día 24 de ese mes sufre un accidente no laboral, por lo que permanece de baja hasta el 19 de diciembre. Su retribución es de 951,90 €/mes con dos pagas extras de la misma cuantía cada una. Determina la cuantía del subsidio de incapacidad temporal, si tiene derecho al mismo.

6. Paco y Luisa son un matrimonio de trabajadores por cuenta ajena que reciben a Raúl, un niño discapacitado de dos años, en régimen de acogimiento preadoptivo. Su deseo es compartir el descanso parental y disfrutarlo de forma sucesiva y con una duración idéntica, primero Luisa y posteriormente, Paco, a partir de la fecha de la decisión administrativa de acogimiento, que se produce el 4 de noviembre. Además, el padre quiere disfrutar del descanso por paternidad. La base de cotización de contingencias comunes de octubre de Luisa es de 1 500 € y la de Paco es de 2 190 €. Ambos tienen remuneración mensual. ¿Podrían disfrutar de las prestaciones de maternidad y paternidad como pretenden? En caso afirmativo, ¿durante cuánto tiempo y en qué cuantía?

7. Juan ha estado trabajando durante 18 meses en TALLERES ROJO. Dentro del periodo establecido, Juan solicita la prestación por desempleo. Al darle los papeles, la empresa comprueba que lleva más de 8 meses sin cotizar por él. ¿Tiene derecho a cobrar el paro? En caso afirmativo, calcula la prestación por desempleo.

8. Calcula las cuotas de la Seguridad Social de las ocupaciones (a) del personal en trabajos exclusivos de oficina. Los tipos aplicables son 0,65 % por IT y 0,35 % por IMS. La BCCC es de 1 834,20 € y la BCCP de 2 034,20 €.

9. Cristina (G. C. 3) ha estado de baja por enfermedad común del 5 al 29 de abril. Tiene cubierto el periodo de carencia. La BCCC del mes de marzo es de 1 950 €. Calcula el importe del subsidio de IT a cobrar.

10. Santiago sufre un accidente de trabajo el 6 de noviembre, por lo que permanece de baja hasta el 9 de diciembre. Es oficial de primera y su BCCP del mes de octubre fue de 1 829 €. Durante el año anterior al hecho causante ha percibido 1 600 € en concepto de horas extraordinarias. Indica el importe del subsidio por incapacidad temporal.

11. El 30 de septiembre Roberto, de 45 años, ve extinguida su relación laboral con su empresa por un despido colectivo. Llevaba diez años trabajando. Tiene un hijo pequeño y su cónyuge no trabaja.

    Las bases de cotización por contingencias profesionales de los últimos seis meses son:

    - Abril: 2 250 €
    - Mayo: 2 650 €
    - Junio: 2 250 €
    - Julio: 2 950 €
    - Agosto: 2 250 €
    - Septiembre: 2 250 €

    Durante ese periodo ha percibido horas extraordinarias por un importe de 1 100 €.

    ¿Tiene derecho a percibir la prestación por desempleo?

    En caso afirmativo, calcula el tiempo de percepción y la cuantía.

    Además, señala si tiene derecho al subsidio por desempleo.

12. Resuelve el crucigrama en tu cuaderno:

VERTICAL

1. Lo cobran los parados, generalmente, después de la prestación contributiva.
2. Prestación sanitaria.
3. Siglas de la incapacidad temporal.
4. Prestación que se percibe tras tener un hijo.

HORIZONTAL

1. Entidad que gestiona los recursos de la Seguridad Social.
2. Beneficiario de la Seguridad Social que cotiza.
3. Actividad de un régimen especial de la Seguridad Social.
4. Incapacidad permanente con indemnización a tanto alzado.
5. Grado de incapacidad permanente que no permite seguir realizando la actividad habitual.
6. Se cobra al fallecer el cónyuge.

Entra en **internet**

13. Busca en la página web de la Seguridad Social <www.seg-social.es/Internet_1/index.htm> la Orden ESS/66/2013, de 28 de enero, por la que se actualizan las cantidades a tanto alzado de las indemnizaciones por lesiones, mutilaciones y deformidades de carácter definitivo y no invalidantes. Señala las cantidades que corresponden en las siguientes situaciones de lesiones permanentes no invalidantes:

- Pérdida de las dos orejas.
- En una persona zurda, la pérdida de la segunda falange del pulgar izquierdo.
- Pérdida de la nariz.
- Hipoacusia que afecta a la zona conversacional en ambos oídos.
- Pérdida de la tercera falange del índice de la mano izquierda en un diestro.

14. Vuelve a hacer las actividades propuestas en la unidad utilizando las siguientes aplicaciones, que puedes descargar de internet o usar en línea:

- Prestaciones: <https://sede.seg-social.gob.es/Sede_1/ServiciosenLinea/Ciudadanos/index.htm>
- Desempleo: <https://sede.sepe.gob.es/dgsimulador/introSimulador.do>

15. Entra en el *Aula de la Seguridad Social*. En el apartado dirigido a alumnos de secundaria se pueden poner en práctica todos los conocimientos adquiridos en la unidad. La dirección web es: <www.seg-social.es/Internet_1/PortalEducativo/index.htm>.

16. Busca en internet los grupos de cotización con las bases mínimas y máximas vigentes para este año y la Tarifa de Primas de Contingencias Profesionales.

PRÁCTICA PROFESIONAL

Sistema de Liquidación Directa

El **Sistema de Liquidación Directa (SLD)** es el sistema para efectuar el pago de las cotizaciones a la Seguridad Social.

El **SLD** permite a la Tesorería General de la Seguridad Social (TGSS) tener un papel activo en el proceso de recaudación utilizando un **modelo de facturación** en donde la Administración Pública **genera un recibo y le dice a las empresas lo que tienen que pagar**, en lugar de ser estas últimas quienes envíen los cálculos a la Tesorería.

Las empresas no deberán calcular el total de la cotización de sus trabajadores ni el resultado de la liquidación, ya que este cálculo les será facilitado en el borrador *on line*, que solo habrán de revisar y confirmar.

Los programas de gestión de nóminas utilizados por las empresas deberán estar conectadas con el SLD para que la información esté automatizada.

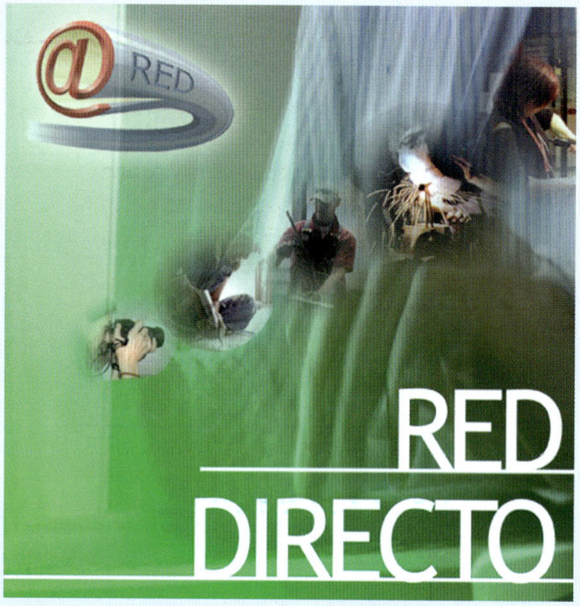

Objetivos del modelo de administración electrónica

- **Minimizar los errores y mejorar la transparencia** en la liquidación, al ser la TGSS quien contrasta los datos con carácter previo a esta.
- **Mejorar la relación con las empresas** usando solo un **sistema telemático,** sin necesidad de actuaciones presenciales y soporte papel.

Procedimiento de liquidación

- Solicitar a la TGSS entre los días primero y penúltimo natural del mes siguiente al cotizado el cálculo de la liquidación de sus trabajadores.
- La TGSS facturará de oficio los días 24 y 28 del mes siguiente en función de la información que conste en sus bases de datos o que le aporte el empresario (variaciones en la situación de los trabajadores, horas extras, incapacidad temporal...).
- Se facilitará a las empresas, de manera telemática, un borrador que podrá ser confirmado y autoliquidado por las mismas.
- El ingreso de la factura se producirá de manera no presencial, a través de cargo en cuenta o pago electrónico.

Actividades

1. ¿Qué es el Sistema de Liquidación Directa?
2. En los Grandes Almacenes La Barata, se producen variaciones en la situación laboral de uno de sus trabajadores que afecta al importe de su cotización. ¿Cuál es el trámite que debe realizar la empresa?
3. ¿Qué utilidades podrán encontrar los Grandes Almacenes La Barata en este sistema?

EN RESUMEN

LA SEGURIDAD SOCIAL

- **Estructura del sistema de la Seguridad Social**
  - Recorrido histórico
  - Regímenes de la Seguridad Social (régimen general y regímenes especiales)
  - Entidades gestoras
- **Acción protectora de la Seguridad Social**
  - ¿Qué es una prestación?
  - Prestaciones contributivas y no contributivas
  - Asistencia sanitaria, incapacidad temporal, prestaciones parentales, lesiones permanentes no invalidantes, incapacidad permanente, jubilación, muerte y supervivencia y desempleo
- **Principales obligaciones de empresarios y trabajadores en materia de Seguridad Social**
  - Inscripción de la empresa
  - Cobertura de AT y EP
  - Afiliación y alta de trabajadores
  - Baja y variación de datos
  - Cotización
- **Situaciones protegibles en la protección por desempleo**
  - Situación legal de desempleo
  - Prestación por desempleo
  - Subsidio por desempleo

Evalúa tus conocimientos

RESUELVE EN TU CUADERNO O BLOC DE NOTAS

1. **La primera Ley General de Seguridad Social se aprobó en el año:**
   a) 1974.
   b) 1963.
   c) 1994.
   d) 1967.
2. **Un futbolista se encuadra en el régimen:**
   a) Especial de futbolistas.
   b) General.
   c) Especial de autónomos.
   d) No se da de alta en la Seguridad Social.
3. **La recaudación económica es responsabilidad de:**
   a) La Tesorería General de la Seguridad Social.
   b) El Servicio Público de Empleo Estatal.
   c) El Instituto Nacional de Seguridad Social.
   d) El Instituto Social de la Marina.
4. **Las modalidades de las prestaciones de la Seguridad Social se pueden clasificar en:**
   a) Económicas y no económicas.
   b) Contributivas y no contributivas.
   c) Familiares y no familiares.
   d) Sanitarias y no sanitarias.
5. **Si la BCCC del mes anterior a la baja por IT de un trabajador es de 1 380 €, ¿cuál es la base reguladora de la IT?**
   a) 49,29 € diarios.
   b) 44,52 € diarios.
   c) 46 € diarios.
   d) 47,59 € diarios.
6. **Indica cuáles se consideran situaciones legales de desempleo:**
   a) Despido colectivo.
   b) Dimisión del trabajador.
   c) Abandono del puesto de trabajo.
   d) Excedencia por cuidado de hijos.

8 Seguridad y salud en el trabajo

Vamos a conocer...

1. El trabajo y la salud
2. Posibles daños a la salud del trabajador
3. Derechos y deberes en PRL
4. Responsabilidades y sanciones
5. Marco normativo básico
6. Organismos públicos

PRÁCTICA PROFESIONAL

Los riesgos laborales

Y al finalizar esta unidad...

- Descubrirás el concepto moderno de *salud*.
- Sabrás analizar los factores de riesgo que pueden estar presentes en el medio laboral.
- Distinguirás entre *accidente de trabajo* y *enfermedad profesional*.
- Descubrirás los derechos y los deberes de los trabajadores en materia de prevención de riesgos laborales.
- Conocerás la normativa básica en materia de prevención de riesgos laborales.
- Descubrirás la existencia de unos organismos públicos que velan por la seguridad e higiene en el trabajo.

Caso práctico inicial

Situación de partida

Javier comienza, con mucha ilusión, su nuevo trabajo en una empresa de reparación de automóviles. Para acceder al taller tiene que atravesar un oscuro pasillo y bajar un largo tramo de escaleras empinadas; para su sorpresa, no hay barandilla, por lo que desciende despacito y con mucho cuidado. Cuando entra al taller, le llama la atención el calor y el ruido: hay varios coches en marcha, la cabina de pintura está funcionando y los trabajadores gritan entre ellos para entenderse.

Su jefe le llama por señas y, una vez hechas las presentaciones, le muestra dónde se encuentran todas las herramientas y le advierte que tenga cuidado, pues algunas son cortantes y punzantes; también le enseña la cabina de pintura y le proporciona una mascarilla, que le protegerá de las sustancias químicas tóxicas que desprende la máquina. «Ten en cuenta que no es el único producto tóxico que te vas a encontrar aquí», añade el jefe, sin dar más explicaciones.

Tres meses después, Javier está muy contento con su trabajo y con las habilidades que está desarrollando, pero también ha descubierto otros factores dañinos para la salud: el ritmo de trabajo es muy elevado, recibe muchos encargos, no se los transmiten por escrito, ni de forma adecuada y está tan saturado que no puede descansar ni un minuto en toda la jornada de trabajo. Esto provoca que su atención disminuya a lo largo del día.

En una ocasión, después de estar soldando, estaba tan cansado que no vio una herramienta que un trabajador se había dejado en el suelo; tropezó con ella y se dio de bruces contra la bancada, rompiéndose el tabique nasal.

Alberto, un compañero con el que ha entablado una buena amistad, al verle sangrar tanto, se asustó y dejó caer el martillo que tenía entre las manos, con tan mala fortuna que le dio en un pie y se rompió un dedo.

Estudio del caso

Analiza cada punto de la unidad con el objetivo de contestar las preguntas de este caso práctico:

1. ¿Qué riesgos corre Javier en su nuevo trabajo?
2. ¿Crees que Javier ha recibido la suficiente información y formación sobre los riesgos de su nueva empresa para comenzar a trabajar?
3. ¿Por qué se ha producido el accidente de Javier y su compañero?
4. ¿A quién tiene que comunicar la empresa el accidente sucedido?
5. Dos días después del accidente, el inspector de Trabajo acude al centro para analizar el caso y toma las siguientes notas en su cuaderno (copia el recorte en tu cuaderno y ayúdale a completar lo que falta):

- Lugar exacto del accidente: Taller 1, junto al lugar destinado a soldar.
- Fecha y hora en la que se produjo el accidente: Viernes 13 de noviembre, a las 18:00 horas.
- Testigos presenciales: dos trabajadores.
- Oficio y años de experiencia de los accidentados:
  - Javier es técnico en carrocería con tres meses de experiencia.
  - Alberto es técnico en electromecánica de vehículos con un año de experiencia.
- ¿Qué tipo de lesiones han sufrido los accidentados? ¿Es necesaria la baja médica?
- ¿Cuáles son las condiciones peligrosas o los actos inseguros que contribuyeron más directamente al accidente?
- ¿Qué medidas deben tomarse para evitar que se repita el accidente?

La Ley de Prevención de Riesgos Laborales (LPRL) (Ley 31/1995, de 8 de noviembre)

En internet puedes encontrar versiones actualizadas de esta norma, por ejemplo, en la página web del Instituto Nacional de Seguridad, Salud y Bienestar en el Trabajo (INSSBT): <www.insht.es>.

1. El trabajo y la salud

> **Caso práctico inicial**
>
> Javier está desarrollando sus habilidades en el taller y ha encontrado un buen amigo, Alberto.

El *trabajo* y la *salud* son dos términos íntimamente relacionados. El trabajo permite obtener los recursos económicos necesarios para cubrir nuestras necesidades básicas, es una fuente de relaciones sociales y contribuye a la satisfacción y realización personal, ya que por medio del mismo desarrollamos nuestras habilidades y cualidades.

Por otra parte, en el trabajo están presentes una serie de riesgos que pueden afectar negativamente a la salud. Antes de profundizar en el análisis de riesgos, debemos analizar qué se entiende por *salud*.

La Organización Mundial de la Salud define la **salud** como un estado de completo bienestar físico, mental y social y no solamente la ausencia de afecciones o enfermedades. Un concepto multidisciplinar que incluye tres aspectos:

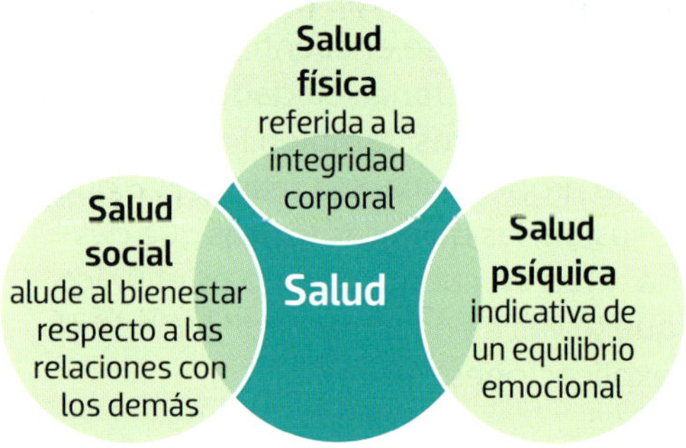

La OMS

La Organización Mundial de la Salud es un organismo de las Naciones Unidas especializado en salud. Su objetivo es conseguir que todos los pueblos gocen del grado máximo de salud posible.

El hecho de que la OMS considere que *la salud no es solo la ausencia de afecciones o enfermedades* da un giro a todas las definiciones anteriores, que recurrían a incorporar el concepto de *enfermedad* para definir la *salud*.

Si consideramos la salud desde un **concepto multidisciplinar**, cuando analicemos todo aquello que pueda suponer un riesgo para los trabajadores, debemos hacerlo desde una perspectiva integral.

Se considera **condición de trabajo** cualquier característica laboral que pueda tener una influencia significativa en la generación de riesgos para la seguridad y la salud del trabajador. Incluye:

- Las **características generales de los locales** y las instalaciones: altura de los techos, espacio mínimo por trabajador, salidas de emergencia, orden y limpieza, señalización de seguridad, condiciones ambientales, etc.
- Los **equipos, productos y útiles** del centro de trabajo: elementos móviles, cortantes, combustibles, etc.
- La presencia, naturaleza y nivel de concentración de los **agentes:**
  - **Físicos:** condiciones acústicas, de iluminación, temperatura, humedad, vibraciones, radiaciones, etc.
  - **Químicos:** polvo en suspensión, gases, etc.
  - **Biológicos:** virus, bacterias, hongos, etc.
- Los **procedimientos** para utilizar y manipular dichos agentes.
- La **organización y ordenación del trabajo.** La carga de trabajo incluye exigencias de tipo físico y mental, como movimientos repetitivos, posturas inadecuadas, manipulación manual de cargas, nivel de responsabilidad, un ritmo de trabajo elevado, cantidad y calidad de información que se recibe, distribución horaria, reparto de tareas, etc.
- Y cualquier otra característica del trabajo que genere riesgos.

> **Caso práctico inicial**
>
> En el trabajo de Javier parece que no se cuidan el orden y la limpieza, ya que los trabajadores se dejan las herramientas por el suelo: la temperatura es elevada; hay herramientas cortantes y punzantes; la cabina de pintura desprende sustancias tóxicas; el ritmo de trabajo es frenético; recibe muchos encargos, no se los transmiten adecuadamente y no tiene tiempo para descansar.
>
> En el nuevo trabajo de Javier existen numerosos riesgos para la salud de los trabajadores.

2. Posibles daños a la salud del trabajador

La Ley de Prevención de Riesgos Laborales considera **daños derivados del trabajo** las enfermedades, patologías o lesiones sufridas con motivo u ocasión del trabajo. Esta definición incluye los accidentes de trabajo (AT), las enfermedades profesionales (EP) y otras patologías, como el estrés, la fatiga laboral, el envejecimiento prematuro...

Para definir los conceptos de enfermedad profesional y accidente de trabajo, tendremos en cuenta dos puntos de vista, el técnico y el legal.

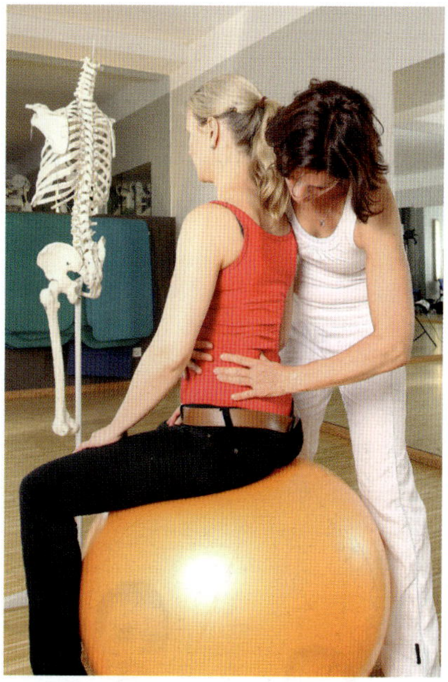

2.1. La enfermedad profesional

Desde el punto de vista técnico, la enfermedad profesional se define del siguiente modo:

> El deterioro paulatino de la salud del trabajador por la sobreexposición reiterada a situaciones insalubres producidas en el trabajo, el medio ambiente en el trabajo o la forma en que este se desarrolla.

Desde el punto de vista legal, la Ley General de la Seguridad Social solo reconoce una enfermedad como profesional si reúne los siguientes **requisitos**:

- Debe tratarse de una **enfermedad recogida en el listado** del Real Decreto 1299/2006, de 10 de noviembre,
- La enfermedad debe estar **provocada por la acción de los elementos o sustancias** que se indiquen en el Real Decreto 1299/2006.
- El motivo de contraer esta enfermedad debe ser la **realización de alguna de las actividades listadas** en el citado Real Decreto.
- En un principio, la enfermedad profesional solo se reconocía a los **trabajadores por cuenta ajena.** Si bien, en la actualidad ya se permite a los **trabajadores por cuenta propia** (autónomos) cotizar y, por lo tanto, disfrutar de esta cobertura social.

Este Real Decreto clasifica las enfermedades profesionales en seis grupos:

Grupo 1	Enfermedades profesionales causadas por agentes químicos.
Grupo 2	Enfermedades profesionales causadas por agentes físicos.
Grupo 3	Enfermedades profesionales causadas por agentes biológicos.
Grupo 4	Enfermedades profesionales causadas por inhalación de sustancias y agentes no comprendidos en otros apartados.
Grupo 5	Enfermedades profesionales de la piel causadas por sustancias y agentes no comprendidos en alguno de los otros apartados.
Grupo 6	Enfermedades profesionales causadas por agentes carcinogénicos.

Los órganos técnicos del Ministerio de Empleo y Seguridad Social y del Ministerio de Sanidad, Servicios Sociales e Igualdad elaboran una guía de los síntomas y patologías relacionados con el agente causante de la enfermedad profesional, que sirve como fuente de información y ayuda para su diagnóstico.

El RD 1299/2006 añade un anexo 2 con un listado complementario de enfermedades cuyo origen profesional se sospecha, por lo que podrían reconocerse como enfermedades profesionales en un futuro.

A continuación, reproducimos un extracto del RD de enfermedades profesionales:

Grupo 2: enfermedades profesionales causadas por agentes físicos

Agente	Relación indicativa de síntomas y patologías relacionadas con el agente	Principales actividades capaces de producir enfermedades relacionadas con el agente
Enfermedades provocadas por el esfuerzo mantenido de la voz.	Nódulos vocales agudos o crónicos que originan fatiga vocal, con disfonía y dolor a la fonación y, posteriormente, disfonía crónica.	Actividades en las que se precise el uso mantenido y continuado de la voz, como profesores, cantantes, actores, teleoperadores y locutores.

Grupo 3: enfermedades profesionales causadas por agentes biológicos

Agente	Relación indicativa de síntomas y patologías relacionadas con el agente	Principales actividades capaces de producir enfermedades relacionadas con el agente
Virus de: ■ Hepatitis B ■ Hepatitis C ■ VIH Otras infecciones víricas por vía parenteral (debe haber sido constatado documentalmente con anterioridad).	■ Hepatitis B ■ Hepatitis C ■ Hepatopatías evolutivas (hepatitis crónica, cirrosis, hepatocarcioma) de etiología vírica. ■ Sida	■ Personal sanitario. ■ Personal no sanitario, trabajadores de centros asistenciales o de cuidados de enfermos. ■ Trabajadores de laboratorios de investigación o análisis clínicos. ■ Trabajos de toma, manipulación o empleo de sangre humana o sus derivados. ■ Odontólogos. ■ Personal de auxilio. ■ Trabajadores de centros penitenciarios.

2.2. El accidente de trabajo

Desde el punto de vista técnico:

Se entiende por **accidente de trabajo,** todo suceso anormal, no querido, ni deseado, que interrumpe la continuidad en el trabajo, de forma súbita e inesperada y produce daños contra las personas y/o las cosas.

Desde el punto de vista legal:

La Ley General de Seguridad Social define el **accidente de trabajo** como toda lesión corporal que sufre el trabajador por cuenta ajena, con ocasión o como consecuencia del trabajo.

Caso práctico inicial

Javier y Alberto han sufrido un accidente laboral, desde el punto de vista técnico y legal.

Analicemos cada uno de los **elementos** de esta definición:

- En principio, solo se reconocía a los trabajadores por cuenta ajena. Si bien, en la actualidad, ya se permite a los trabajadores por cuenta propia cotizar y, por lo tanto, disfrutar de esta cobertura social.
- Debe existir una relación de causalidad entre el trabajo y la lesión.
- Se ha de producir efectivamente una lesión corporal.

La Ley General de Seguridad Social amplía el concepto de *accidente de trabajo*, al incluir los siguientes casos:

- **Accidente de trabajo *in itinere*:** son los que sufre el trabajador, al ir o volver de casa al lugar de trabajo.

Requisitos

- Que la finalidad principal del viaje sea ir o volver del trabajo al domicilio habitual.
- Que se produzca dentro del tiempo prudencial que normalmente se invierte en el trayecto y no haya interrupciones temporales que rompan el nexo causal con la ida o vuelta al trabajo.
- Que suceda durante el recorrido habitual.

Estos requisitos son flexibles, habiéndose llegado a considerar como domicilio habitual el del fin de semana o como trayecto habitual, el camino no utilizado a diario por el trabajador porque ese día estaba cortado con motivo de una manifestación.

- También se considera accidente de trabajo el que sufra el trabajador al desplazarse con motivo del desempeño de un **cargo sindical**.
- El accidente de trabajo que sufre un trabajador por **realizar tareas no propias de su categoría profesional** (ya sea por orden del empresario o por iniciativa propia), pero que debe hacer para el buen funcionamiento de la empresa.
- Accidentes de trabajo **en misión:** son aquellos que sufre el trabajador en desplazamientos realizados para cumplir con el puesto de trabajo.

Ejemplo

Un agente comercial sufre un infarto mientras se desplaza a otra ciudad para entrevistarse con un cliente.

- **Actos de salvamento:** son los que realiza el trabajador para salvar a personas en situación de peligro, aunque no se encuentren en el centro de trabajo, pero exista una conexión con el mismo.

Ejemplo

La Sentencia del Tribunal Central del Trabajo de 12/12/1983 consideró un acto de salvamento el siguiente caso: un trabajador que prestaba sus servicios en un establecimiento situado en la playa acudió a salvar a una persona que se estaba ahogando en el mar. Después del esfuerzo realizado, falleció. El Tribunal entendió que las circunstancias de su trabajo determinaron que el trabajador fallecido decidiera intervenir, lo que conlleva la existencia de un nexo causal entre su profesión y el accidente sufrido, que lo llevó a la muerte.

- **Enfermedades no incluidas en la lista del Real Decreto 1299/2006** que contrajo el trabajador con motivo de su trabajo, siempre y cuando pruebe que la causa fue la ejecución del mismo.
- **Enfermedades o defectos padecidos** por el trabajador con anterioridad y que se agravan como consecuencia de una lesión producida por un accidente de trabajo.

Inicio del accidente de trabajo *in itinere*

Una sentencia del Tribunal Supremo estableció la siguiente consideración sobre los AT *in itinere*:

Si el trabajador que, como cada mañana, se dispone a ir al trabajo, sufre el accidente en su domicilio, no se considera accidente de trabajo, pero si sucede en la zona comunitaria del edificio, sí se califica como accidente de trabajo. (Sentencia del Tribunal Supremo de 26/02/2008)

Ampliación de los supuestos de accidente de trabajo *in itinere*

El Tribunal Supremo en sentencia de 26/12/2013 amplía los supuestos en que un accidente puede ser considerado ***in itinire.*** Hasta ahora solo contemplaba aquel que tenía lugar entre el lugar de trabajo y el domicilio del trabajador. En este caso el TS considera accidente de trabajo ***in itinire*** el caso de un trabajador que se desplazaba los fines de semana 350 kilómetros para volver a su domicilio familiar, y sufrió un accidente de tráfico en el trayecto de vuelta, en la madrugada de domingo al lunes, pues el lunes tenía que trabajar a las 8:00 de la mañana. Tras este fallo, incluye también lugares de residencia distintos de la residencia principal del trabajador. Más información en <http://bit.ly/1Ypzf3x>.

- **Enfermedades intercurrentes**: son las complicaciones derivadas del proceso patológico del AT o aquellas enfermedades que tienen su origen en el nuevo medio en el que se sitúa al paciente para su curación.

Ejemplo

Una persona sufre un accidente de trabajo que motiva su hospitalización e intervención quirúrgica. En el quirófano del hospital hay un virus que hace enfermar al trabajador.

Se presume, salvo prueba en contrario (presunción *iuris tantum*), que todas las lesiones sufridas en el tiempo y en el lugar de trabajo son AT.

Enfermedad profesional (ET)		Accidente de trabajo (AT)	
	La enfermedad profesional se contrae como consecuencia del trabajo ordinario.		El AT sucede por un acontecimiento anormal en el medio laboral.
	Se puede detectar la posible aparición de una EP estudiando el medio ambiente laboral.		No se puede prever en qué momento tendrá lugar un AT.
	No es fácil precisar cuándo el trabajador ha contraído la enfermedad (la fecha exacta).		El AT se produce en un momento concreto.
	La técnica para luchar contra las EP es la higiene.		La técnica para evitar los AT es la seguridad.

2.3. Otras patologías

Con motivo del trabajo se pueden sufrir, además de accidentes de trabajo y enfermedades profesionales, otro tipo de daños, como son los **daños psicosociales.**

2.3.1. Estrés

Se produce cuando una persona percibe de una manera agobiante que le piden más de lo que puede ofrecer. Esto provoca una tensión tan fuerte que puede ocasionar trastornos físicos y psicológicos.

El **estrés laboral**, según el Instituto Nacional de Seguridad, Salud y Bienestar en el Trabajo, se define como «la respuesta fisiológica, psicológica y de comportamiento de un individuo que intenta adaptarse y ajustarse a presiones internas y externas». El estrés laboral aparece cuando se presenta un desajuste entre la persona, el puesto de trabajo y la propia empresa.

Los **síntomas** físicos y psicológicos del estrés son:

Síntomas físicos

- Dolores musculares.
- Cansancio, fatiga.
- Boca seca, naúseas.
- Dolor de estómago.
- Taquicardias.

Síntomas psicológicos

- Angustia, preocupación, depresión e histeria.
- Pérdida del interés por la salud y la apariencia física.
- Accidentes en el trabajo.
- Agresividad e impaciencia.
- Incapacidad para terminar las tareas.

Caso práctico inicial

Si Javier continúa trabajando todos los días sin descansar y a un ritmo tan elevado, podría llegar a sufrir fatiga laboral.

2.3.2. Fatiga laboral

Es una disminución de la capacidad física y mental que aparece en una persona después de realizar un determinado trabajo en un tiempo relativamente breve y sin posibilidad de recuperación.

2.3.2. *Mobbing* o acoso laboral

Consiste en una exposición a conductas de violencia psicológica en el lugar de trabajo, dirigidas de forma reiterada y prolongada en el tiempo hacia una o más personas por parte de otra/s que actúa/n frente aquella/s desde una posición de poder (no necesariamente jerárquica).

El hostigamiento puede producirse de un superior a un subordinado, de un subordinado a un superior o entre iguales.

Las conductas agresivas pueden ser muy diversas: no asignar tareas o encomendar tareas inútiles, aislar al trabajador, burlarse de él, realizar críticas continuas, lanzar amenazas, gritos, insultos, etc.

2.3.3. *Burnout* o síndrome de estar quemado

Se trata de una respuesta al estrés laboral crónico, integrada por actitudes y sentimientos negativos hacia las personas con las que se trabaja y hacia el propio rol profesional, así como por la vivencia de encontrarse emocionalmente agotado.

Es característico de las profesiones que mantienen un contacto constante y directo con las personas, que requieren un elevado grado de compromiso y exigen un gran rendimiento. Es el caso de médicos, enfermeros, psicólogos, psiquiatras, profesores, policías, trabajadores sociales, guardias penales, fisioterapeutas, etc.

Depresión

Síndrome caracterizado por una tristeza profunda en la que suelen coincidir una inhibición mental (disminución de las capacidades de atención, memoria, conciencia, ideación...) y una inhibición motora (inexpresión, hipotonía muscular, insomnio...).

El *burnout* abarca tres dimensiones:

a) **Agotamiento emocional.** Hace referencia al cansancio emocional que producen las tareas propias del trabajo. Los trabajadores perciben que ya no pueden dar más de sí mismos a los demás, a nivel afectivo.

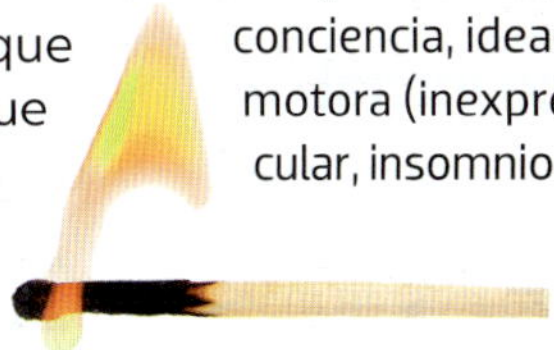

b) **Despersonalización.** Se refiere al tratamiento distanciador que se aplica a las personas que se atiende en el trabajo, como una forma de protegerse emocionalmente. Se desarrollan sentimientos, actitudes y respuestas negativas hacia las personas destinatarias del trabajo.

c) **Baja realización personal.** Está relacionado con la baja autoestima profesional. Los trabajadores tienden a evaluarse negativamente, especialmente en lo referente a su capacidad para realizar el trabajo y su habilidad para relacionarse con las personas que trata. Se caracteriza por un sentimiento de desilusión y fracaso, lo que lleva a sentimientos de insatisfacción con los resultados laborales y, en general, a no sentirse realizado con el trabajo.

Actividades

1. Señala, en cada situación, si se trata de una enfermedad profesional o de un accidente de trabajo y de qué tipo:
   - Asma producida por la fabricación y empleo de antibióticos.
   - Un delegado de personal es atropellado cuando se dirigía de su centro de trabajo a una papelería para fotocopiar unos folletos informativos sobre la próxima huelga general.
   - Asbestosis de un trabajador que manipula frenos y embragues.
   - Un trabajador que tenía escoliosis (desviación de la columna), nota que se agravan sus dolencias después de llevar varios años trabajando en un almacén, cargando y descargando material.
   - Lesión ocular por introducción de una esquirla, mientras se estaba soldando metal.
   - Saturnismo de una persona que ha trabajado en minas de plomo.
   - Esguince de tobillo por una caída en las escaleras del metro, al dirigirse al trabajo.
   - Un accidente de tráfico, que sufre un abogado de empresa, cuando acude desde el despacho a los Juzgados, para representar en juicio a la empresa.
   - Hipoacusia causada por trabajos de calderería.

3. Derechos y deberes en PRL

Para evitar, en la medida de lo posible, que los trabajadores sufran daños en el trabajo, todos los sujetos implicados en la relación laboral tienen una serie de derechos y obligaciones en materia de prevención.

Deberes de la empresa (pública o privada)

Deberes generales

- **Garantizar la seguridad y la salud** de sus trabajadores.
- **Integrar la actividad preventiva** en todas las fases de la actividad de la empresa.
- **Cumplir la normativa** de prevención de riesgos laborales.
- **Asumir el coste** de las medidas de seguridad y salud, sin cargarlas sobre el trabajador.

Deberes con respecto a los trabajadores

- Deber de **informar y formar** a los trabajadores sobre:
  - Los riesgos existentes en todo el centro de trabajo y, en concreto, en su puesto.
  - Las medidas de prevención y protección aplicadas en la empresa a dichos riesgos: cómo actuar en situaciones de emergencia, cómo utilizar los equipos de protección individual, etc.
  - El manejo adecuado de las máquinas y herramientas y los dispositivos de seguridad.

  Se proporcionará formación e información al trabajador cada vez que utilice equipos de trabajo nuevos, se introduzcan nuevas tecnologías o cambie de puesto o de funciones. La formación será teórica y práctica.
- **Consultar y permitir a los trabajadores su participación** en materia de prevención a través de sus representantes.
- **Facilitar** a los trabajadores los **equipos y medios de protección** adecuados.
- **Vigilar de forma periódica la salud de los trabajadores.**
- Proporcionar una **especial protección a determinados colectivos:** embarazadas, menores de edad, trabajadores temporales y de ETT.
- **Paralizar la actividad de la empresa en caso de riesgo grave e inminente:** el empresario tomará las medidas oportunas y suministrará las instrucciones precisas. Si no lo hiciera así, los representantes de los trabajadores podrán acordar, por mayoría, paralizar la actividad laboral.

Deberes con respecto al centro de trabajo

- Elaborar un plan de prevención propio que comprenda la identificación, evaluación y control de riesgos de la empresa y una estricta planificación de la actividad de prevención y protección.
- Organizar los recursos para la actividad preventiva.
- Adoptar medidas para situaciones de emergencia.
- Elaborar y conservar la documentación específica.
- Coordinarse en materia de prevención cuando existan varias empresas en un mismo centro o en caso de contratas y subcontratas. Esta obligación se extiende a los trabajadores autónomos.

Caso práctico inicial

En la empresa de Javier se incumple la norma que exige que todas las escaleras tengan una barandilla de 90 cm de altura como mínimo.

Caso práctico inicial

A Javier solo le han informado de las sustancias tóxicas que desprende la cabina de pintura, pero existen más riesgos de los que no ha sido informado. Tampoco ha recibido ningún tipo de formación.

En cambio, sí le han proporcionado gratuitamente una mascarilla protectora.

Caso práctico inicial

El accidente de trabajo de Javier y Alberto debe registrarse y conservarse.

Actividades

2. Hoy es el primer día de trabajo de Hugo; su jefe le informa de los riesgos que hay en su puesto de trabajo, pero no le dice nada del taller contiguo que, según él, no le interesa. ¿Tiene razón el jefe de Hugo? Razona la respuesta.

3. Mateo se ha comprado un casco de seguridad porque su jefe le advirtió que era obligatorio en ciertas zonas y que él mismo debía conseguirlo. ¿Es correcta la indicación del jefe? Razona la respuesta.

Derechos y deberes de los trabajadores

Todo derecho supone la existencia correlativa de un deber; por lo tanto, a los trabajadores les corresponden los siguientes derechos y deberes:

Quien tiene el DERECHO de...	Tiene la OBLIGACIÓN de...
Información	Respetar las normas de prevención, que debe conocer.
Formación	Utilizar correctamente las máquinas y herramientas de trabajo y los equipos de seguridad y protección.
Paralización de la actividad en caso de riesgo grave e inminente	Informar de inmediato al superior jerárquico de cualquier situación que, a su juicio, entrañe un riesgo para su salud.
Vigilancia periódica de la salud	Velar por la seguridad y salud propia, de los compañeros y de terceros que pudieran verse afectados.
Consulta y participa	Cooperar con el empresario para que pueda garantizar la prevención y protección adecuadas.

Ejemplo

El primer día de trabajo de Juan como peón albañil le ordenan cavar una zanja para llevar el agua a una casa. Allí se encuentra con unas conducciones eléctricas. Su jefe le dice que continúe trabajando. ¿Puede negarse Juan a seguir cavando?

En la zanja existe un riesgo laboral grave e inminente de contacto eléctrico. Si el empresario no adopta las medidas necesarias, el artículo 21 de la LPRL reconoce el derecho de los trabajadores a paralizar el trabajo. Este derecho puede ejercerse de tres formas:

- El propio trabajador/a interrumpe su actividad y abandona el lugar de trabajo porque considera que entraña un riesgo grave e inminente. Debe comunicarlo a su superior jerárquico.
- Los representantes de los trabajadores, por mayoría, deciden paralizar la actividad.
- Los delegados de prevención acuerdan la paralización por mayoría cuando, en el caso anterior, no dé tiempo a que se reúna el comité de empresa.

En estos dos últimos casos, el acuerdo de paralización debe ser comunicado inmediatamente a la empresa y a la Autoridad Laboral, que lo ratificará o anulará en 24 horas.

Actividades

4. Un auxiliar de enfermería se niega a que la empresa le haga unos análisis para comprobar que no ha contraído una enfermedad contagiosa. ¿Puede negarse el trabajador a este reconocimiento médico? Razona la respuesta.
5. Jacinto observa que se ha roto una de las carcasas de seguridad que impide que se accione por sí sola una de las máquinas de trabajo. Como tiene miedo de que le echen la culpa a él, decide no comentar nada, a pesar de que supone un peligro para él y sus compañeros. ¿Qué deberes está incumpliendo Jacinto?

4. Responsabilidades y sanciones

Todos los sujetos implicados en la relación laboral tienen una serie de responsabilidades en la acción preventiva.

Responsabilidades del empresario

Responsabilidades

Administrativa: por incumplir las normas (incluidos los convenios colectivos).
No es necesario que haya ocurrido un accidente de trabajo, basta con el incumplimiento de la normativa.

Civil: por causar daños y perjuicios a las personas. Tipos:
- Contractual: por incumplir las obligaciones en materia de PRL que derivan del contrato laboral.
- Extracontractual: por incumplir otras obligaciones en materia de PRL no derivadas de contrato.

Penal: por cometer una falta o un delito tipificado en el Código Penal.

Sanciones

- Económica.
- Suspensión temporal o cierre de la empresa.
- Paralización de trabajos.
- Recargo en las prestaciones económicas de la Seguridad Social.
- Aumento de las primas.
- Abono directo de las prestaciones económicas de la Seguridad Social.
- Inhabilitación.

Económica: indemnización por daños y perjuicios.

- Multas.
- Prisión.
- Indemnización por daños y perjuicios (responsabilidad civil derivada de la penal).

Normas

- Ley de Prevención de Riesgos Laborales.
- Ley de infracciones y sanciones en el orden social (LISOS).
- Ley General de Seguridad Social.

- Código Civil.
- Ley de Prevención de Riesgos Laborales.

Código Penal.

Órgano sancionador

La Autoridad Laboral. (La Inspección de Trabajo y Seguridad Social inicia el proceso y propone una sanción, pero no sanciona).

- Responsabilidad contractual: tribunales sociales.
- Responsabilidad extracontractual: tribunales civiles.

Tribunales penales.

Responsabilidades del trabajador

Responsabilidades

Administrativa (carácter disciplinario): incumplimiento de sus obligaciones en materia de prevención de riesgos laborales.

Civil (extracontractual): por causar daños a terceros.

Penal: por cometer un delito tipificado en el Código Penal.

Sanciones

Según lo establecido por norma o convenio colectivo:
- Amonestación.
- Suspensión de empleo y sueldo.
- Despido disciplinario, etc.

Económica: indemnización por daños y perjuicios.

- Multas.
- Prisión.

Normas

- Estatuto de los Trabajadores.
- Convenios colectivos.
- Ley de Prevención de Riesgos Laborales.
- LISOS.

Código Civil.

Código Penal.

Órgano sancionador

- El empresario: las sanciones que él imponga, serán revisables por la jurisdicción competente.
- La Autoridad Laboral

Tribunales civiles.

Tribunales penales.

Clasificación de las sanciones para la empresa (art. 42 LISOS)	Cuantía	Plazo de prescripción contado desde la fecha de comisión de la infracción
Leves	Desde 40 hasta 2 045 €	Al año
Graves	Desde 2 046 hasta 40 985 €	A los tres años
Muy graves	Desde 40 986 hasta 819 780 €	A los cinco años

5. Marco normativo básico

El desarrollo legislativo en materia de prevención parte del Derecho Comunitario y de la Constitución española de 1978.

Nuestra **Constitución** impone a los poderes públicos la obligación de velar por la seguridad e higiene en el trabajo.

La Unión Europea, por su parte, ha dictado diversas normas para conseguir armonizar las condiciones de seguridad y salud en los centros de trabajo de todos los Estados miembros; la principal es la **Directiva Marco 89/391/CEE**, cuya transposición al derecho interno dio lugar a nuestra **Ley 31/1995, de 8 de noviembre, de Prevención de Riesgos Laborales** (LPRL).

Esta ley sienta las bases normativas en España de la seguridad y salud de los trabajadores y ha sido desarrollada por diversos decretos, como se puede ver en el esquema que se recoge a continuación.

La LPRL establece un nuevo enfoque en materia de seguridad y salud en el trabajo, al introducir el concepto de **prevención**. Es una ley de carácter activo que persigue actuar sobre los riesgos laborales antes de que se materialicen.

El contenido de la Ley de Prevención de Riesgos Laborales tiene el carácter de **derecho necesario mínimo indisponible,** es decir, puede ser mejorado y desarrollado por convenios colectivos, pero nunca empeorado.

Protección de la salud en el trabajo a través del Derecho

Derecho Comunitario
Directiva Marco 89/391/CEE

Constitución española de 1978

Derecho Internacional
Convenios de la OIT en materia de PRL

Derecho nacional

- Ley 31/1995, de 8 de noviembre, de Prevención de Riesgos Laborales.
- Ley General de la Seguridad Social (RDL 8/2015, de 30 de octubre).
- Ley sobre Infracciones y Sanciones en el Orden Social (RDL 5/2000, de 4 de agosto).

Normativa nacional de desarrollo

- RD 39/1997, de 17 de enero. Reglamento de los servicios de prevención.
- RD 485/1997, de 14 de abril. Señalización de seguridad y salud en el trabajo.
- RD 486/1997, de 14 de abril. Seguridad y salud en los lugares de trabajo.
- RD 487/1997, de 14 de abril. Manipulación manual de cargas que entrañe riesgos, en particular dorsolumbares, para los trabajadores.
- RD 488/1997, de 14 de abril. Trabajo con equipos con pantallas de visualización.
- RD 664/1997, de 12 de mayo. Exposición a agentes biológicos durante el trabajo.
- RD 773/1997, de 30 de mayo. Equipos de protección individual.

6. Organismos públicos

Hay una serie de organismos públicos que velan por la seguridad y la salud laboral, tanto en el ámbito nacional, como en el internacional.

6.1. Ámbito internacional

6.1.1. La Organización Internacional del Trabajo (OIT)

Es un organismo de las Naciones Unidas al que pertenece España. Su finalidad es mejorar la seguridad y salud laboral, las condiciones de trabajo y de vida en todos los países, pobres y ricos.

Un aspecto central de su misión es elaborar programas de asistencia y asesoramiento y ayudar a los países a crear instituciones democráticas que, con su apoyo, puedan rendir cuentas.

La OIT tiene una composición tripartita: reúne representantes de gobiernos, empleadores y trabajadores para la elaboración conjunta de políticas y programas. De este modo, consiguen una visión más realista y completa sobre empleo y trabajo.

Este organismo ha dictado diversos convenios sobre prevención de riesgos laborales, que España ha ratificado, como el 155 sobre «Seguridad y Salud de los Trabajadores y Medioambiente de Trabajo» (1981).

6.1.2. La Agencia Europea para la Seguridad y la Salud en el Trabajo

Pertenece a la Unión Europea, se creó en 1996 y su sede se encuentra en Bilbao. Su finalidad es conseguir unos lugares de trabajo más seguros y productivos en Europa. Se coordina con una red de centros nacionales, que suelen ser los organismos nacionales competentes en materia de PRL de los Estados miembros.

La Agencia Europea es también una organización tripartita en la que cooperan gobiernos, empresarios y representantes de los trabajadores.

Sus principales tareas son informar y divulgar buenas prácticas laborales, recopilar y publicar investigaciones científicas sobre riesgos laborales y explicar la legislación comunitaria en materia de prevención.

El **Observatorio Europeo de Riesgos** pertenece a la Agencia Europea y su objetivo es identificar riesgos nuevos y emergentes.

6.2. Ámbito nacional

6.2.1. Instituto Nacional de Seguridad, Salud y Bienestar en el Trabajo (INSSBT)

Es el órgano científico-técnico especializado de la Administración General del Estado que tiene como misión el **análisis y estudio de las condiciones de seguridad y salud en el trabajo**, así como su promoción y mejora. Entre sus líneas de actuación, destacamos:

- Proporciona asistencia técnica: elabora unas guías técnicas muy útiles para implantar y desarrollar la actividad preventiva en las empresas.
- Asesora en la elaboración de normativa.
- Realiza actividades de formación, información y divulgación.
- Desarrolla labores de investigación.

Las comunidades autónomas, dentro de su ámbito de competencia, pueden desarrollar ciertas funciones dentro del ámbito de la prevención y crear sus propios institutos de seguridad e higiene, con los que cooperará el INSSBT.

6.2.2. La Inspección de Trabajo y Seguridad Social

Es el órgano técnico de la Administración Pública, cuyo objetivo básico es **vigilar y controlar que se cumpla la normativa** laboral y de prevención de riesgos laborales. Para cumplir con esta finalidad desarrolla las siguientes funciones:

- Realiza visitas a las empresas para comprobar que cumplen con la normativa vigente. Incluso, si aprecia la existencia de un riesgo grave e inminente para la seguridad y salud de los trabajadores, puede ordenar la paralización inmediata de la actividad laboral.
- Asesora e informa a las empresas y trabajadores en materia laboral y de prevención de riesgos laborales.
- Levanta acta de la infracción cometida y propone las sanciones correspondientes ante las autoridades laborales competentes.
- Elabora informes, informa a la Autoridad Laboral sobre los accidentes mortales, graves o muy graves, etc.

Caso práctico inicial

El Inspector de Trabajo acude al centro de Javier para analizar el accidente y ver si se han incumplido las normas de prevención.

6.2.3. La Comisión Nacional de Seguridad y Salud en el Trabajo (CNSST)

Es el **órgano asesor** de las Administraciones Públicas en la formulación de políticas de prevención.

6.2.4. La Fundación para la Prevención de Riesgos Laborales

Es una fundación adscrita a la Comisión Nacional de Seguridad y Salud en el Trabajo creada por imperativo de la Ley de Prevención de Riesgos Laborales para la promoción de actividades destinadas a la mejora de las condiciones de seguridad y salud en el trabajo, especialmente en las pequeñas y medianas empresas.

Actividades

6. Descubre estos organismos a través de su página web:
   - INSSBT (<www.insht.es> y sus portales temáticos: <www.insht.es/portal/site/Insht>).
   - Inspección de trabajo: En <www.empleo.gob.es/itss/web/index.html>, puedes ver un vídeo explicativo de sus funciones.

Tu sector profesional

7. Busca en el RD 1299/2006, de 10 de noviembre, las enfermedades profesionales que se pueden contraer en tu sector profesional. Puedes encontrar esta norma en la página web del INSSBT.
8. Busca en tu convenio colectivo las infracciones y sanciones que se contemplan en materia de prevención de riesgos laborales y haz una tabla en tu cuaderno como la que te proponemos a continuación:

Infracciones en materia de prevención	Sanciones
Leves:	
Graves:	
Muy graves:	

ACTIVIDADES FINALES

1. Vicente trabaja como mozo de almacén desde hace 7 años en una empresa farmacéutica, de 7:00 a 15:00 horas. Su labor consiste en distribuir y colocar el material en el almacén y transportar al camión lo que se va a enviar fuera. El 10 de febrero de este año, a las 12:30 horas, Vicente cogió una escalera de mano de madera, color azul y de 5,5 metros de longitud para colocar el material en las estanterías superiores del almacén. Al intentar alcanzar uno de los botes que le faltaba, las patas de la escalera se deslizaron y Vicente perdió el equilibrio, cayó al suelo y se fracturó la pierna y la muñeca izquierda. Dos días después del accidente, acude un Inspector de Trabajo al centro. Completa en tu cuaderno las notas que toma sobre el accidente.

- Lugar exacto del accidente:
- Fecha y hora en la que se produjo el accidente:
- Oficio y años de experiencia del accidentado:
- Lesiones sufridas, ¿es necesaria la baja?
- Para analizar las condiciones peligrosas o los actos inseguros que contribuyeron más directamente al accidente, lee el extracto que figura a continuación y descubre aquello que no era correcto en la escalera de mano en relación con:
  - Altura máxima de las escaleras de mano:
  - Color en las escaleras de mano de madera:
  - Sujeción:
- ¿Qué medidas deben tomarse para evitar que se repita el accidente?

EXTRACTO DEL REAL DECRETO 1215/1997, DE 18 DE JULIO, POR EL QUE SE ESTABLECEN LAS DISPOSICIONES MÍNIMAS DE SEGURIDAD Y SALUD PARA LA UTILIZACIÓN POR LOS TRABAJADORES DE LOS EQUIPOS DE TRABAJO, ANEXO 2, DISPOSICIÓN ESPECÍFICA 4.2, SOBRE LA UTILIZACIÓN DE ESCALERAS DE MANO:

4.2.1. Las escaleras de mano se colocarán de forma que su estabilidad durante su utilización esté asegurada. Los puntos de apoyo de las escaleras de mano deberán asentarse sólidamente sobre un soporte de dimensiones adecuadas y estable, resistente e inmóvil, de forma que los travesaños queden en posición horizontal. Las escaleras suspendidas se fijarán de forma segura y, excepto las de cuerda, de manera que no puedan desplazarse y se eviten los movimientos de balanceo.

4.2.2. Se impedirá el deslizamiento de los pies de las escaleras de mano durante su utilización, ya sea mediante la fijación de la parte superior o inferior de los largueros, ya sea mediante cualquier dispositivo antideslizante o cualquier otra solución de eficacia equivalente. Las escaleras de mano para fines de acceso deberán tener la longitud necesaria para sobresalir al menos un metro del plano de trabajo al que se accede. Las escaleras compuestas de varios elementos adaptables o extensibles deberán utilizarse de forma que la inmovilización recíproca de los distintos elementos esté asegurada. Las escaleras con ruedas deberán haberse inmovilizado antes de acceder a ellas. Las escaleras de mano simples se colocarán, en la medida de lo posible, formando un ángulo aproximado de 75 grados con la horizontal.

4.2.3. El ascenso, el descenso y los trabajos desde escaleras se efectuarán de frente a estas. Las escaleras de mano deberán utilizarse de forma que los trabajadores puedan tener en todo momento un punto de apoyo y de sujeción seguros. Los trabajos a más de 3,5 metros de altura, desde el punto de operación al suelo, que requieran movimientos o esfuerzos peligrosos para la estabilidad del trabajador, solo se efectuarán si se utiliza un equipo de protección individual anticaídas o se adoptan otras medidas de protección alternativas. El transporte a mano de una carga por una escalera de mano se hará de modo que ello no impida una sujeción segura. Se prohíbe el transporte y manipulación de cargas por o desde escaleras de mano cuando por su peso o dimensiones puedan comprometer la seguridad del trabajador. Las escaleras de mano no se utilizarán por dos o más personas simultáneamente.

4.2.4. No se emplearán escaleras de mano y, en particular, escaleras de más de cinco metros de longitud, sobre cuya resistencia no se tengan garantías. Queda prohibido el uso de escaleras de mano de construcción improvisada.

4.2.5. Las escaleras de mano se revisarán periódicamente. Se prohíbe la utilización de escaleras de madera pintadas, por la dificultad que ello supone para la detección de sus posibles defectos.

- **2.** Esta es la declaración de los compañeros de un camarero que murió en un accidente de tráfico al salir del trabajo, después de haber recibido una bronca de su jefe:

  «El jefe le perseguía constantemente, estaba obsesionado y tenía fijación con él. Le echaba broncas sin motivo y le lanzaba insultos tales como que era un desgraciado, un inútil, que no servía para nada y que más le valdría irse a su casa.»

  ¿Qué estaba ocurriendo? ¿Qué se debía de haber hecho antes de que ocurriera este trágico desenlace?

- **3.** Un administrativo baja un momento al almacén para comprobar que ha llegado un pedido que debe registrar y que nadie parece encontrar. Al entrar en el almacén se tuerce el pie en un desnivel y se rompe los ligamentos del tobillo.

  La empresa no lo considera accidente laboral porque el trabajador no estaba realizando labores propias de su puesto de trabajo y se encontraba en un lugar donde no tenía por qué estar. ¿Tiene razón la empresa? Razona la respuesta.

- **4.** El primer día de trabajo de Ana, su jefe le pide que se compre unas botas de seguridad antiperforación porque es obligatorio su uso. ¿Quién debe proporcionar el EPI a Ana y costearlo?

- **5.** Cuando Blanca está saliendo del trabajo observa cómo se desprende y se cae una señal de seguridad que avisa de un peligro de riesgo eléctrico, acelera el paso y sale rápido de la empresa, olvidándose del asunto. ¿Qué obligación de todo trabajador ha incumplido Blanca?

- **6.** Averigua si en tu comunidad autónoma existe un instituto propio de seguridad e higiene.

- **7.** La Sala de lo Social del Tribunal Supremo dictó sentencia con fecha 14 de marzo de 2012 (recurso n.º 4360/2010) para resolver sobre el siguiente caso:

  «Muerte producida por insuficiencia respiratoria aguda por embolia pulmonar (edema pulmonar) cuando el trabajador se dirigía a su casa desde el trabajo, donde ya se había sentido indispuesto, por lo que había consultado a los servicios médicos que le indicaron que se marchara a casa.»

  ¿Cómo crees que calificará el Tribunal Supremo esta contingencia? Justifica tu respuesta.

Entra en **internet**

- **8.** Estefanía trabaja como asesora de imagen personal en un salón de belleza que cuenta en sus instalaciones con un spa. La temperatura y la humedad es elevada a causa de los secadores, la sauna y el baño turco; a veces llegan a los 35 °C y a un nivel de humedad del 70 %. Un día, un representante de los trabajadores le informa de que la temperatura y la humedad en los lugares de trabajo debe encontrarse entre los márgenes que indican las normas.

  En la página web del Instituto Nacional de Seguridad, Salud y Bienestar en el Trabajo (<www.insht.es>), puedes encontrar el Real Decreto 486/1997, de 14 de abril, por el que se establecen las disposiciones mínimas de seguridad y salud en los lugares de trabajo donde se regula en el Anexo III, apartado 3, la temperatura y la humedad en los lugares de trabajo. ¿Son correctas ambas variables en el trabajo de Estefanía?

- **9.** En la página web del INSSBT encontrarás diversos boletines de la revista Erga, destinada a alumnos de Formación Profesional, como tú. Entra en el apartado de Documentación/Textos online/Publicaciones periódicas/Erga-Fp. Selecciona el Boletín del año 9, n.º 39, correspondiente al segundo bimestre del 2004, lee las noticias y presta especial atención al caso práctico. ¿Qué derechos de todo trabajador respecto a seguridad y salud no se han respetado con Hans?

- **10.** En la columna de la izquierda presentamos los enlaces de varias páginas web y en la columna de la derecha los organismos públicos que velan por la seguridad y salud en el trabajo. Intenta adivinar cuál es el enlace de cada institución y comprueba si estabas en lo cierto, entrando y navegando por estas páginas.

<http://osha.europa.eu/es>	**Instituto Nacional de Seguridad, Salud y Bienestar en el Trabajo**
<www.ilo.org>	**Agencia Europea para la Seguridad y Salud en el Trabajo**
<www.insht.es>	**Observatorio Estatal de Condiciones de Trabajo**
<www.oect.es>	**Organización Internacional del Trabajo**

PRÁCTICA PROFESIONAL

Los riesgos laborales

Actividades

1. Señala en la ilustración todas las acciones incorrectas que identifiques y explica cómo deberían rectificarse.
2. Hoy es el primer día de trabajo de uno de estos trabajadores. El jefe le pide que se compre un casco de seguridad porque su uso es obligatorio. ¿Quién debe proporcionar el equipo de protección y pagarlo?

EN RESUMEN

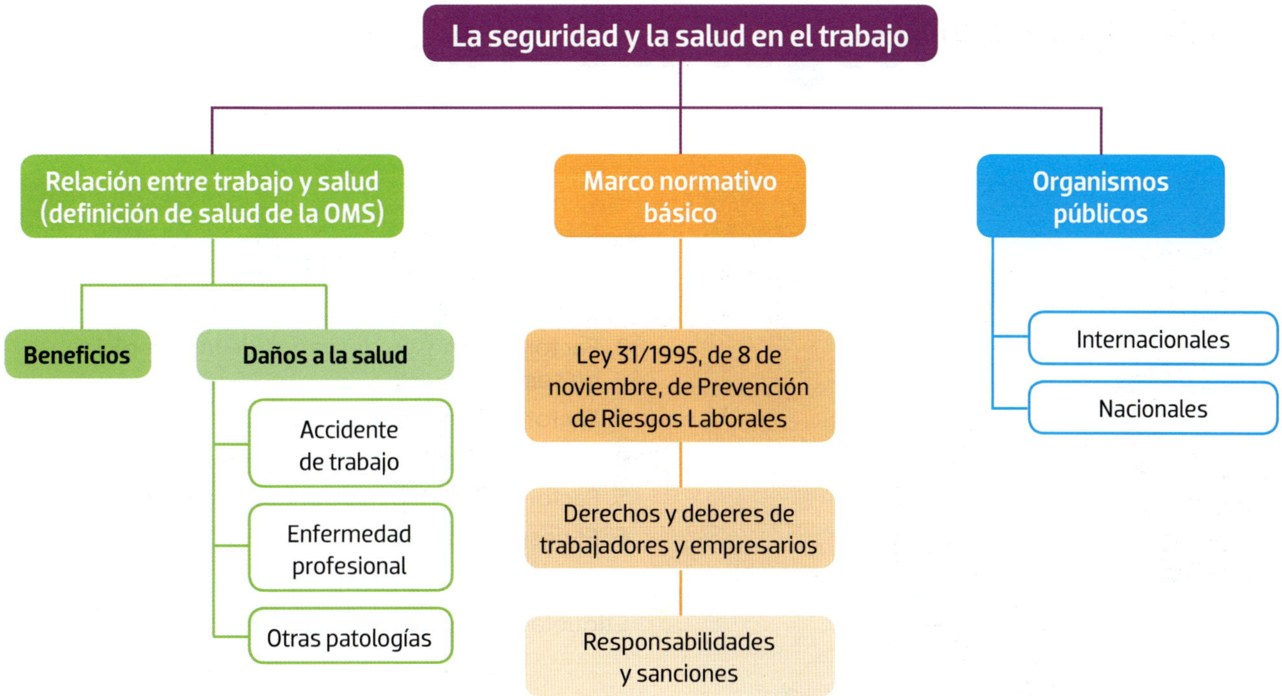

Evalúa tus **conocimientos**

RESUELVE EN TU CUADERNO O BLOC DE NOTAS

1. **Señala la respuesta correcta:**
   a) La enfermedad profesional se contrae como consecuencia del trabajo ordinario.
   b) La técnica para luchar contra los accidentes de trabajo es la higiene.
   c) El accidente de trabajo *in itinere* es el que sucede durante un desplazamiento con motivo del trabajo.
   d) La enfermedad profesional se contrae en un momento concreto.
2. **La Ley de Prevención de Riesgos Laborales:**
   a) Es una norma europea.
   b) Es una norma del año 1994.
   c) Sienta las bases para el desarrollo de la prevención en España.
   d) Se basa en los convenios firmados por España con la Organización Internacional del Trabajo.
3. **Se considera accidente de trabajo**:
   a) Una enfermedad que el trabajador padecía con anterioridad a la incorporación a un trabajo y que se agrava con motivo del mismo.
   b) Una caída del trabajador en el hogar familiar, cuando se disponía a salir de su casa para acudir al trabajo.
   c) La silicosis, contraída por inhalar polvo de sílice en el trabajo.
   d) Ninguna es correcta.
4. **La Organización Mundial de la Salud:**
   a) Es el órgano de la Administración General del Estado español, especializado en salud.
   b) Define la salud como el estado completo de *bienestar físico y social, y no solo la ausencia de afecciones y enfermedades*.
   c) Define la enfermedad profesional como el *deterioro lento y paulatino de la salud del trabajador, producido por una exposición crónica a situaciones adversas*.
   d) Ninguna es correcta.
5. **El *mobbing*:**
   a) Es una patología que sufren los trabajadores que atienden directamente al público beneficiario de su trabajo.
   b) Es una patología que sufren los trabajadores sometidos a un estrés continuo.
   c) Es una situación en la que una o varias personas ejercen una violencia psicológica extrema, de forma sistemática, durante un tiempo prolongado sobre otra persona en el lugar de trabajo.
   d) Consiste en el envejecimiento prematuro del trabajador por exposición a una situación de acoso prolongado.
   e) Todas son correctas.

9 Los riesgos laborales

Vamos a conocer...

1. Los riesgos laborales
2. Factores de riesgo derivados de las condiciones de seguridad
3. Factores de riesgo medioambientales
4. Factores de riesgo psicosociales
5. Factores de riesgo relacionados con la ergonomía
6. El riesgo eléctrico

PRÁCTICA PROFESIONAL

Etiquetado de productos químicos

Y al finalizar esta unidad...

- Comprenderás que el trabajo conlleva unos riesgos que pueden ocasionarte problemas de salud.
- Identificarás los tipos de riesgos laborales que pueden existir en tu puesto de trabajo.
- Conocerás los efectos de los diferentes riesgos.
- Aprenderás a actuar para evitar que los riesgos se conviertan en daños para tu salud.

Caso práctico inicial

Situación de partida

MEDICALIS es un centro médico dedicado a la realización de análisis clínicos y radiografías en el que trabajan, entre otros, Javier, Jorge, Carmen y Beatriz.

Javier trabaja en el almacén clasificando y colocando el material en cajas grandes que va apilando manualmente en altas estanterías. Trabaja en un cuarto solo, sin poder relacionarse con nadie, en el que no hay luz natural, ni calefacción y tiene muy poca humedad, por lo que se le reseca la garganta constantemente.

Frecuentemente, el jefe le pide que ayude a sus compañeros a colocar las muestras sanguíneas y de orina. En ocasiones, sin ninguna precaución, entra a dar recados a Carmen, técnico de rayos X, cuya consulta está separada del resto por una simple puerta de madera, sin ninguna señalización especial.

Jorge trabaja en la recepción. Su puesto de trabajo está muy cerca de la puerta y cada vez que se abre hay una fuerte corriente de aire. Tiene una mesa muy alta y la silla no es regulable en altura, por lo que le resulta muy incómodo trabajar con el ordenador, que produce muchos deslumbramientos porque se encuentra enfrente de una ventana. Además, apenas puede oír a los clientes porque Luis está taladrando la acera para arreglar la calle.

Beatriz analiza las muestras con un microscopio utilizando reactivos químicos que no están bien etiquetados. Su trabajo le gusta mucho y puede estar varias horas sin moverse, en la misma posición. En el verano siente hormigueos en las piernas y que se le pegan a la silla. Además, tiene molestias en la espalda. Es muy perfeccionista y eficaz y, por ello, su jefe le encarga cada vez más trabajo. Últimamente, se tiene que quedar todos los días hasta las ocho de la tarde para poder terminar todos los informes y le cuesta asumir tanta responsabilidad.

Estudio del caso

Estudia todos los puntos de la unidad de trabajo para responder a las siguientes cuestiones:

1. ¿Debe Javier obedecer al empresario?
2. ¿Qué tipo de riesgos corre Javier cuando ayuda a colocar las muestras de sangre y de orina? ¿Cómo podría evitarlos?
3. ¿Cómo se podrían mejorar las condiciones de trabajo de Jorge? ¿Qué riesgos tiene el trabajo de Luis?
4. ¿Te parece bien que no se proteja la zona de rayos X? ¿Es correcta la puerta de entrada a la consulta?
5. ¿Qué condiciones se podrían mejorar en el puesto de trabajo de Beatriz?
6. ¿Cuáles son los principales riesgos que asume Carmen en su trabajo? ¿Qué precauciones se deben tomar?

- **Real Decreto 486/1997, de 14 de abril, por el que se establecen las disposiciones mínimas de seguridad y salud en los lugares de trabajo**
- **Real Decreto 286/2006, de 10 de marzo, sobre la protección de la salud y la seguridad de los trabajadores contra los riesgos relacionados con la exposición al ruido**
- **Real Decreto 1311/2005, de 4 de noviembre, sobre la protección de la salud y la seguridad de los trabajadores frente a los riesgos derivados o que puedan derivarse de la exposición a vibraciones mecánicas**
- **Real Decreto 783/2001, de 6 de julio, por el que se aprueba el Reglamento sobre protección sanitaria contra radiaciones ionizantes**
- **Real Decreto 374/2001, de 6 de abril, sobre protección de la salud y seguridad de los trabajadores contra los riesgos relacionados con los agentes químicos durante el trabajo**
- **Real Decreto 664/1997, de 12 de mayo, sobre la protección de los trabajadores contra los riesgos relacionados con la exposición a agentes biológicos durante el trabajo**
- **Real Decreto 614/2001, de 8 de junio, sobre disposiciones mínimas para la protección de la salud y seguridad de los trabajadores frente al riesgo eléctrico**

1. Los riesgos laborales

Riesgo laboral grave e inminente

El riesgo laboral se considera **grave e inminente** cuando es muy probable que ocurra en un futuro inmediato y pueda suponer un daño grave para la salud.

El **riesgo laboral** es la posibilidad de que se produzca un **daño** en la salud del trabajador como consecuencia de las **condiciones** en que realiza su trabajo.

Condiciones laborales → Riesgos laborales → Daños → Medidas de prevención o de protección

Los **factores de riesgo** son todas las condiciones de trabajo que pueden resultar peligrosas para la salud de los trabajadores. Estudiamos los principales en los siguientes epígrafes.

Marcado CE

La maquinaria y las herramientas de trabajo ocasionan muchos accidentes, aunque no suelen ser muy graves: cortes y golpes, lesiones oculares y musculares, descargas eléctricas, etc.

Deben llevar la marca CE, distintivo que certifica el cumplimiento de las normas de seguridad y salud y otros requisitos esenciales.

Es el único marcado que indica que el producto cumple las Directivas de aplicación.

Debe colocarse al final de la fase de control de producción.

CE

2. Factores de riesgo derivados de las condiciones de seguridad: lugares y espacios de trabajo

Se consideran **lugares de trabajo** las áreas del centro de trabajo, edificadas o no, en las que los trabajadores deben permanecer o a las que puedan acceder por razón de su trabajo.

Se incluyen los locales, pasillos, escaleras, vías de circulación, aseos, vestuarios, comedores, zonas de descanso y locales de primeros auxilios.

Daños

- Caídas al mismo y a distinto nivel.
- Golpes contra objetos.
- Atrapamientos, enganches, arrastres...
- Cortes y proyecciones de partículas.
- Resbalones.

Medidas de prevención y protección

- Los locales deben tener 3 metros de altura como mínimo, salvo en las oficinas, en las que se permiten 2,5 m.
- Cada trabajador debe disponer de un espacio de trabajo de 2 m^2 de superficie y 10 m^3 de volumen.
- Los pasillos principales tendrán una anchura mínima de 1 m.
- Las zonas de paso y los lugares de trabajo se mantendrán limpios, ordenados y libres de obstáculos.
- Tendrán iluminación, natural o artificial, apropiada a las actividades que se realicen en ellos y estarán dotados de iluminación de emergencia.
- Las puertas y salidas deben estar debidamente señalizadas y se abrirán hacia el exterior. Su anchura mínima será de 80 cm.
- Las puertas de emergencia nunca permanecerán cerradas.
- Las escaleras tendrán una anchura de 1 m, excepto las de servicio, que pueden tener 55 cm. Se protegerán con barandillas de 90 cm de alto.
- Los suelos han de ser fijos, no resbaladizos, sin irregularidades, ni pendientes peligrosas.
- Las aberturas y desniveles que supongan un riesgo de caída de personas se protegerán con barandillas.

3. Factores de riesgo medioambientales

En el ambiente de los lugares de trabajo podemos encontrar **agentes físicos, químicos** o **biológicos** que pueden producir daños en la salud de los trabajadores, dependiendo de su **nivel de concentración** (cantidad de sustancia) y del **tiempo de exposición** a los mismos.

3.1. Agentes físicos

3.1.1. El ruido

El **ruido** se define como un sonido molesto y no deseado que puede provocar daños en la salud.

Viene caracterizado por tres elementos:

- La **intensidad** o volumen, que se mide en **decibelios** (dB):
  - **dBA** (decibelios A): calcula el nivel de exposición diario equivalente.
  - **dBC** (decibelios C): mide los picos producidos en un momento dado.
- La **frecuencia** determina que el tono sea agudo o grave. Se mide en **hercios** (Hz).
- La **duración**: el ruido puede ser continuo, discontinuo o de impacto (súbito inesperado).

Daños

- **Físicos:** disminución de la capacidad auditiva, que puede llegar incluso a producir sordera.
- **Alteraciones psicológicas:** estrés, cansancio, insomnio, irritabilidad y ansiedad.
- **Accidentes laborales** por falta de concentración y distracciones.

Medidas de prevención y protección

- Elegir equipos de trabajo que generen el menor ruido y mantenerlos adecuadamente.
- Aislar las máquinas.
- Insonorizar los locales.
- Disminuir el tiempo de exposición.
- Aislar a los trabajadores en cabinas insonorizadas.
- Proporcionar equipos de protección individual como tapones y orejeras.
- Realizar controles médicos periódicos.
- Dar información y formación a los trabajadores.

Valores de exposición al ruido y medidas de prevención y protección

Nivel de exposición diario o semanal	≥ 80 dBA ≥ 135 dBC	■ Información y formación. Recomendable señalización. ■ Entrega obligatoria de EPI, pero su uso es voluntario por parte del trabajador.
Nivel de exposición diario o semanal	≥ 85 dBA ≥ 137 dBC	■ Programa de medidas técnicas y organizativas. ■ Señalización, delimitación y limitación de acceso. ■ Entrega y uso obligatorio de EPI.
Valores límite de exposición	≥ 87 dBA ≥ 140 dBC	■ Adopción de medidas inmediatas para reducir de forma urgente el ruido. ■ Entrega y uso obligatorio de EPI. ■ Obligatorio señalizar.

Real Decreto 286/2006, de 10 de marzo, sobre la protección de la salud y la seguridad de los trabajadores contra los riesgos relacionados con la exposición al ruido.

Caso práctico inicial

Jorge y Luis están expuestos al ruido.

Normativa de PRL

El Real Decreto 286/2006, de 10 de marzo, regula la protección de la salud y la seguridad de los trabajadores contra los riesgos relacionados con la exposición al ruido.

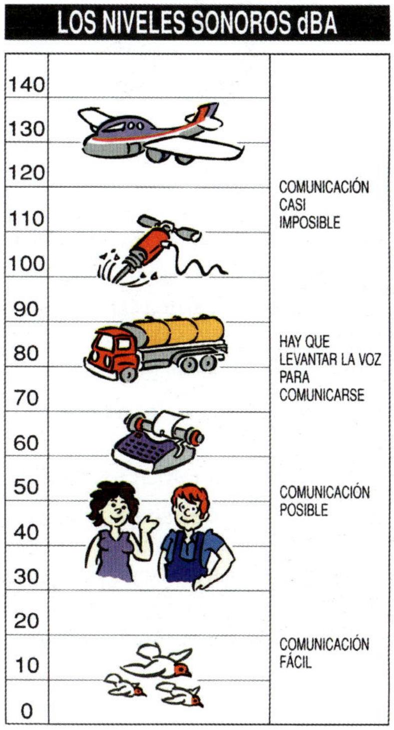

3.1.2. Las vibraciones

Las **vibraciones** son movimientos oscilatorios que efectúa una partícula alrededor de un punto fijo. El número de veces que se produce la oscilación por segundo se llama **frecuencia** y se mide en hercios (Hz).

Las vibraciones se pueden transmitir al cuerpo humano de diferentes formas:

- **Sistema mano-brazo.** Ocurre cuando los dedos o las manos entran en contacto con herramientas como los martillos neumáticos, los taladros y las pulidoras. Provocan hinchazones y dolores en los huesos y en las articulaciones de las manos y los brazos.
- **Vibraciones de cuerpo completo.** Son aquellas que se transmiten desde una fuente vibrante a todo el cuerpo. Afectan especialmente a la columna vertebral y ocasionan lumbalgias, trastornos músculoesqueléticos, pinzamientos discales, deformaciones óseas o artrosis.

Tipos de vibraciones

- **De muy baja frecuencia (inferiores a 1 Hz)**: Se producen en medios de transporte como el avión, el barco o el tren.
- **De baja frecuencia (de 1 a 20 Hz)**: Las producen los grandes vehículos, como tractores, retroexcavadoras, bulldozers, palas, camiones o autobuses.
- **De alta frecuencia (de 20 a 1 000 Hz)**: Provocadas por ciertas máquinas, como perforadoras, pulidoras, taladradoras, serruchos, hormigoneras o lijadoras.

Medidas de prevención y protección

- Aislar la máquina o herramienta para impedir la propagación de la onda vibratoria (se utilizan elementos elásticos que actúan a modo de filtro).
- Emplear materiales amortiguadores como el caucho.
- Limitar el tiempo de exposición a las vibraciones.
- Usar equipos de protección individual, tales como muñequeras, cinturones lumbares, ropa acolchada, calzado aislante o guantes antivibraciones.

Caso práctico inicial

Luis recibe las vibraciones de una taladradora (sistema mano-brazo).

Vocabulario

Trastornos musculoesqueléticos

Son un conjunto de lesiones inflamatorias o degenerativas de músculos, tendones, articulaciones, ligamentos, nervios, etc.

Los síntomas son dolor, inflamación y pérdida de fuerza.

Ejemplo

Los tenistas utilizan antivibradores en sus raquetas para intentar evitar lesiones en los codos.

Actividades

1. España es uno de los países europeos donde se producen más accidentes laborales. Para evitarlos se habla de la prevención de riesgos laborales. ¿Sabes qué significa? ¿Y la frase «más vale prevenir que curar»?
2. Pedro trabaja en una carpintería desde hace tres años utilizando una cepilladora que produce un ruido por encima de 87 dBA. Al lado, su compañero Pepe trabaja con una sierra de cinta que ocasionalmente eleva el ruido hasta los 120 dBC. El jefe no les proporciona protectores auditivos porque considera que no son necesarios. ¿Cuáles son los derechos de estos trabajadores?
3. Clasifica las siguientes máquinas según el tipo de vibraciones que producen: pulidora, camión, barco, taladro, motocicleta, retroexcavadora, avión, serrucho, lijadora, autobús.
4. En un puesto de trabajo se detecta que el nivel de dBA es de 75. Además, se producen ruidos de impacto que se valoran en 138 dBC. Un trabajador exige protectores auditivos o una acción protectora por parte de la empresa. Esta se niega y alega que el ruido no supera los 80 dBA y, por lo tanto, no hay obligación de usarlos. ¿Quién tiene razón?

3.1.3. Las radiaciones ionizantes y no ionizantes

Las **radiaciones** son una fuente de energía que se desplaza de un punto a otro sin necesidad de soporte material.

Pueden resultar peligrosas dependiendo del tipo de radiación y del tiempo que se esté expuesto a la misma. Se clasifican en dos tipos:

Radiaciones ionizantes

Son **muy potentes y peligrosas** para el cuerpo humano; entre ellas se encuentran los rayos X, los rayos gamma, las partículas α y β, y los neutrones.

Se **utilizan** para producir energía, esterilizar alimentos y realizar diagnósticos y tratamientos médicos.

Efectos nocivos:

- **Inmediatos:** náuseas, vómitos, diarreas y pérdida de cabello.
- **A largo plazo:** cáncer, leucemia, envejecimiento prematuro y malformaciones genéticas hereditarias.

Radiaciones no ionizantes

Son **menos peligrosas** que las ionizantes; entre ellas se encuentran los campos eléctricos, la radiofrecuencia, las microondas, los infrarrojos y los rayos láser.

Son **muy frecuentes** en la actualidad, debido al auge de productos electrónicos, como hornos microondas, secadores, sistemas de telecomunicaciones, salas de soldadura, lámparas de rayos UVA o aparatos láser.

Efectos nocivos: ocasionan quemaduras, lesiones oculares y de piel; afectan a los sistemas nervioso y circulatorio y al aparato digestivo. Pueden producir cáncer.

Medidas de prevención y protección

- Señalizar las zonas de riesgo.
- Vigilar y controlar las zonas de exposición, teniendo en cuenta el tiempo de exposición.
- Colocar barreras de protección entre las fuentes de radiación y las personas.
- Utilizar equipos de protección individual para proteger las diferentes partes del cuerpo, como gafas, pantallas con filtros especiales, calzado y ropa de trabajo adecuados.
- Informar y formar a los trabajadores sobre las radiaciones y cómo protegerse de ellas.
- Realizar revisiones médicas frecuentes.

Caso práctico inicial

Javier y Carmen trabajan en un entorno en el que están presentes las radiaciones X.

Resonancia magnética nuclear

La **resonancia magnética nuclear** permite diagnosticar numerosas enfermedades.

3.1.4. Temperatura y humedad

En los lugares de trabajo es obligatorio mantener los siguientes niveles:

Temperatura	■ Trabajos sedentarios: entre 17 y 27 °C. ■ Trabajos ligeros: entre 14 y 25 °C.
Humedad relativa	Entre el 30 y el 70 %, excepto en los locales donde existan riesgos por electricidad estática, en los que el límite inferior será del 50 %.
Corriente de aire	La velocidad de las corrientes de aire no deberán exceder de: ■ Trabajos en ambientes no calurosos: 0,25 m/s. ■ Trabajos sedentarios en ambientes calurosos: 0,5 m/s. ■ Trabajos no sedentarios en ambientes calurosos: 0,75 m/s. ■ Para las corrientes de aire acondicionado, el límite será de 0,25 m/s en el caso de trabajos sedentarios y 0,35 m/s en los demás casos.

Una temperatura inadecuada puede provocar desde simples resfriados o deshidrataciones, hasta hipotermias o golpes de calor, que conlleven pérdida de conciencia, lesiones cerebrales o incluso paradas cardiacas.

Confort térmico

Se puede decir que existe **confort térmico** cuando las personas no experimentan sensación de frío, ni de calor.

Su evaluación es una tarea compleja, ya que se valoran sensaciones, algo subjetivo. No obstante, existen unas variables que contribuyen a la sensación de confort, como la temperatura del aire, de las paredes y de los objetos que nos rodean, la humedad del aire, la actividad física, la clase de vestido y la velocidad del aire.

Caso práctico inicial

Jorge está expuesto a corrientes de aire excesivas.

3.1.5. Iluminación

Una buena iluminación es un factor fundamental para trabajar de manera segura y productiva. Por el contrario, una iluminación inadecuada provoca un incremento del número de **accidentes de trabajo** por fatiga ocular, escozor de ojos, dolores de cabeza o dificultades de atención.

Las unidades de medida que se utilizan para este factor son:

- El **lumen** (lm) mide la cantidad de luz que emite una fuente luminosa.
- El **lux** (lx) es la iluminación producida por 1 lumen en 1 m^2 de superficie. El instrumento de medida es el luxómetro.

Lugar de trabajo (RD 486/1997)	Iluminación mínima (lx)
■ Zonas donde se ejecuten tareas con exigencias visuales:	
– Muy altas (joyería, confección, electrónica, etc.).	1000
– Altas (oficinas, aulas, talleres mecánicos, etc.).	500
– Moderadas (almacenes, estampación, etc.).	200
– Bajas (garajes, depósitos, etc.).	100
■ Áreas o locales de uso habitual.	100
■ Áreas o locales de uso ocasional.	50
■ Vías de circulación de uso habitual (pasillos, entradas).	50
■ Vías de circulación de uso ocasional.	25

Estos niveles mínimos **deben duplicarse** cuando en la zona:

- Existan riesgos apreciables de caídas, choques u otros accidentes.
- Se efectúen tareas que puedan suponer un peligro para el trabajador o para terceros, por un error en la apreciación visual.

Condiciones adecuadas de iluminación

- Es preferible la **iluminación natural** frente a la artificial, ya que permite definir perfectamente los colores, facilita los cambios de acomodación visual (cerca-lejos), amplía el campo visual y produce menos fatiga. **La iluminación artificial se utiliza para complementar la natural.**
- La iluminación debe ser **uniforme y de adecuada intensidad,** que **no** produzca **brillos, reflejos, ni deslumbramientos,** con colores lo más parecidos a la luz natural, sin demasiados contrastes ni luces intermitentes.
- Dependiendo del tipo de trabajo, se aconseja luz general, localizada o ambas:
  - **General:** la luz se reparte uniformemente sobre toda la superficie de trabajo.
  - **Localizada:** la luz se dirige sobre una zona concreta.
- Todos los lugares de trabajo contarán con **luces de emergencia** que garanticen una iluminación de 1 lux durante 1 hora.

Actividades

5. Investiga los aparatos que producen radiaciones ionizantes en tu domicilio. ¿Qué medidas puedes tomar para evitarlas?
6. ¿Qué tipo de radiaciones son más peligrosas para el cuerpo humano?
7. Haz un listado de utilidades de las radiaciones que se utilizan en Medicina.
8. En una joyería se realizan dos actividades diferentes, una destinada a la venta y la otra a labores de creación y reparación de joyas, que exige una gran concentración y exactitud. ¿Qué nivel mínimo de iluminación requerirá cada una de ellas?

3.2. Agentes químicos

Los **agentes químicos peligrosos** son aquellos que pueden representar un riesgo para la seguridad y la salud de los trabajadores debido a sus propiedades y a la forma en que se utilizan o se hallan presentes en el lugar de trabajo.

Se consideran incluidos en esta definición:

- Los agentes químicos clasificados como **sustancias o preparados peligrosos** por la normativa específica.
- Los agentes químicos que dispongan de un **valor límite ambiental** (VLA), que son unos índices o referentes que indican los niveles máximos de concentración de un contaminante para que este no resulte dañino para la salud humana.

La exposición crónica y reiterada a productos químicos peligrosos puede alterar la salud. Sus efectos se miden por los valores límite ambiental y dependen:

- Del **nivel de concentración**, es decir, la cantidad de sustancia presente en el ambiente.
- Del **tiempo de exposición** al agente contaminante.

Agentes químicos

Los contaminantes químicos pueden presentarse en forma:

- Sólida: polvos y humos.
- Líquida: nieblas.
- Gaseosa: gases y vapores.

Agentes químicos clasificados como sustancias o preparados peligrosos			
 Explosivos	**Explosivos.** Aquellos que, incluso en ausencia de oxígeno, pueden detonar o deflagrar rápidamente y, bajo el efecto del calor, explosionan.	**Irritantes.** Sustancias y preparados no corrosivos que, en contacto breve, prolongado o repetido con la piel o las mucosas, pueden provocar una reacción inflamatoria.	 Toxicidad aguda
 Líquidos comburentes	**Comburentes.** Aquellos que, al entrar en contacto con otras sustancias (especialmente con las inflamables), producen una reacción fuertemente exotérmica (reacción química que desprende calor).	**Sensibilizantes.** Pueden ocasionar una reacción de hipersensibilidad, de forma que una exposición posterior a esa sustancia o preparado dé lugar a efectos negativos característicos.	 Irritación cutánea
	Inflamables. Sustancias y preparados que arden a una temperatura baja.	**Carcinogénicos.** Pueden producir cáncer o aumentar su frecuencia.	
 Líquidos inflamables	**Tóxicos.** Aquellos que, por inhalación, ingestión o penetración cutánea en pequeñas cantidades, pueden provocar efectos agudos o crónicos e incluso la muerte.	**Mutagénicos.** Pueden producir alteraciones genéticas hereditarias o aumentar su frecuencia.	 Corrosión cutánea
	Nocivos. Aquellos que, por inhalación, ingestión o penetración cutánea, pueden provocar efectos agudos o crónicos e incluso la muerte.	**Tóxicos para la reproducción.** Pueden producir efectos negativos no hereditarios en la descendencia, aumentar la frecuencia de estos trastornos o afectar de forma negativa a la capacidad reproductora.	 Peligroso para el medio ambiente acuático
 Peligro por aspiración	**Corrosivos.** Al entrar en contacto con tejidos vivos, pueden destruirlos.	**Peligrosos para el medio ambiente.** Pueden representar un peligro inmediato o a largo plazo.	

3.3. Agentes biológicos

Caso práctico inicial

Beatriz y Javier están expuestos a la acción de agentes biológicos, este último sin ninguna protección.

Son seres vivos (virus, bacterias, hongos, gusanos, parásitos...) existentes en los lugares de trabajo que pueden causar determinadas enfermedades o infecciones.

Afectan fundamentalmente a los trabajadores del sector sanitario, de laboratorios, alimentación, hostelería o limpieza, y a los que están en contacto con animales, como empleados de mataderos y granjas.

Se pueden transmitir a través del agua, el aire, el suelo, los animales, las materias primas, la sangre, la orina, la saliva y los conductos del aire acondicionado, entre otros medios.

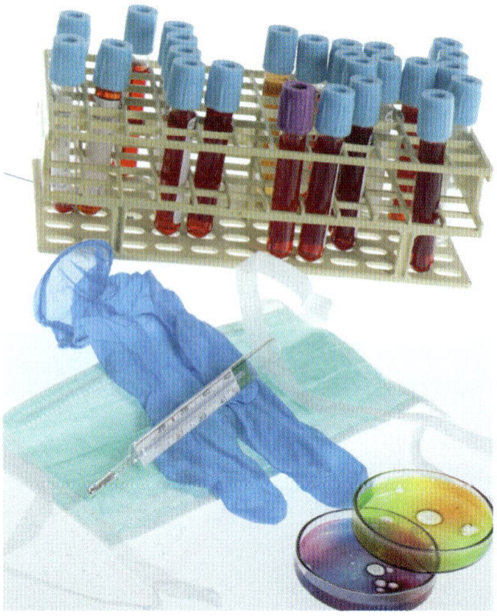

Daños

- Alergias.
- Hepatitis.
- Tuberculosis.
- Sida.
- Tétanos.
- Rabia.
- Fiebre de Malta.

Medidas de prevención y protección
frente a los riesgos químicos y biológicos

- Sustituir los agentes por otros menos contaminantes o aislarlos.
- Ventilación, extracción, sistemas de detección y alarma.
- Medidas higiénicas adecuadas: limpieza, no comer en el trabajo, aseo personal...
- Instalaciones para la higiene personal.
- Equipos de protección individual adecuados.
- Control médico.
- Vacunas.

Clasificación de agentes biológicos según su peligrosidad

Grupo 1	■ Daños leves. ■ Poco contagiosos.
Grupo 2	■ Enfermedades leves. ■ Poco contagiosos. ■ Tratamiento eficaz.
Grupo 3	■ Enfermedades graves. ■ Bastante contagiosos. ■ Tratamiento eficaz.
Grupo 4	■ Enfermedades muy graves. ■ Muy contagiosos. ■ Sin tratamiento eficaz.

Vías de entrada al organismo de los agentes químicos y biológicos

Vía respiratoria	Vía digestiva	Vía dérmica	Vía parenteral
Por la nariz, la boca, la laringe, los bronquios y los pulmones.	A través de la boca y el aparato digestivo llegan al estómago y a los intestinos.	A través de la piel llegan a la sangre.	Se da cuando existen heridas o llagas y el agente llega directamente a la sangre.

Actividades

9. Relaciona los conceptos de ambas columnas:

■ Hepatitis	■ Sistema inmunológico
■ Tuberculosis	■ Músculos
■ Sida	■ Hígado
■ Tétanos	■ Pulmones

4. Factores de riesgo psicosociales

Son un conjunto de factores relacionados con el tipo de trabajo, su organización y las características particulares del trabajador que pueden influir negativamente en la salud, en el rendimiento y en la satisfacción en el trabajo.

Factores psicosociales	Medidas de prevención
Aspectos relacionados con las características de la **tarea**: ■ Nivel de responsabilidad. ■ Nivel de atención. ■ Ritmo de trabajo. ■ Cantidad de información recibida. ■ Escaso o excesivo trabajo. ■ Grado de autonomía. ■ Monotonía.	■ Enriquecer y estructurar las tareas para dotar de mayor interés al trabajo. ■ Proporcionar al trabajador mayor autonomía, responsabilidad y control sobre su propio trabajo. ■ Asignar tareas nuevas, más especializadas, una vez que se haya adquirido experiencia y confianza en uno mismo. ■ Rotar por los puestos de trabajo.
La organización de los **tiempos de trabajo:** ■ Jornadas por turnos. ■ Horario nocturno. ■ Ciclos de trabajo breves. ■ Plazos ajustados de entrega. ■ Presión en el tiempo de ejecución.	■ Los turnos de tarde y noche serán más cortos que los de mañana. ■ Dar a conocer con antelación el calendario de turnos. ■ Organizar y distribuir el tiempo adecuadamente. ■ Disponer de medios y espacios para tomar comida caliente.
Relacionados con la **estructura y comunicación** empresarial (poner en negrita estructura y comunicación): ■ Estilos de liderazgo. ■ Ambigüedad en la definición de funciones. ■ Falta de apoyo en la resolución de problemas. ■ Ausencia de sistemas de comunicación y participación. ■ Inestabilidad en el empleo. ■ Escasas posibilidades de desarrollo profesional.	■ Permitir la participación de los trabajadores en la empresa. ■ Fomentar el trabajo en equipo. ■ Formar a los jefes y directivos sobre cómo ejercer el liderazgo. ■ Tener presente que el jefe es un asesor que informa y pide colaboración a los trabajadores. ■ Fomentar la estabilidad y promoción profesional en la empresa. ■ Establecer planes de actuación.

Efectos negativos sobre el trabajador

Psicológicos	Psicosomáticos	Psicosociales
Ansiedad, estrés, depresión, agresividad, alcoholismo, tabaquismo, drogadicción, *burn out* (síndrome de estar quemado), inseguridad, insatisfacción, desmotivación, baja autoestima.	Fatiga mental, dolores de cabeza, insomnio, alteración de los ciclos de sueño, trastornos circulatorios y respiratorios.	Absentismo, accidentes, conflictividad, defectos de calidad, aislamiento, repercusión en la vida social y familiar.

Caso práctico inicial

Javier, Jorge y Beatriz están expuestos a los factores de riesgo que se explican en este apartado.

Principales riesgos psicosociales

- Estrés.
- Violencia laboral.
- *Mobbing* o acoso laboral.
- Acoso sexual.
- Inseguridad contractual.
- *Burnout* o desgaste profesional.
- Conflicto familia-trabajo.

Vocabulario

Trastornos psicosomáticos

Son aquellos trastornos fisiológicos originados por factores psicológicos. Una persona, inconscientemente, puede convertir un conflicto psicológico en un síntoma físico.

Sin embargo, no existen trastornos físicos que estén originados exclusivamente por factores psicológicos.

5. Factores de riesgo relacionados con la ergonomía

En toda actividad laboral, el trabajo físico y el trabajo mental coexisten en proporción variable dependiendo de la tarea.

La **carga de trabajo** es el conjunto de requerimientos psicofísicos a los que se ve sometido el trabajador a lo largo de su jornada laboral. Puede ser **física o mental,** según que predominen las tareas manuales o intelectuales.

Un inadecuado diseño del puesto de trabajo o de las tareas que se han de realizar, como por ejemplo, la exigencia de movimientos repetitivos, posturas inadecuadas, fuerza excesiva o temperaturas extremas, puede aumentar la carga física y mental y provocar daños en la salud de los trabajadores.

La **ergonomía** es una técnica que pretende adaptar las condiciones de trabajo a las personas para conseguir mayor seguridad, confortabilidad y eficiencia.

Para un diseño ergonómico del puesto de trabajo hay que considerar los siguientes factores:

- La carga del trabajo en relación con las capacidades del individuo.
- La posición del cuerpo, los movimientos y esfuerzos.
- Los espacios de trabajo.
- El diseño y situación de los mandos y controles.
- El método y el ritmo de trabajo.
- La cantidad y calidad de la información recibida.
- Distribución de pausas.
- Confort ambiental.

Daños

- Alteraciones musculoesqueléticas.
- Lumbalgias.
- Hernias discales.
- Dolores de cabeza.
- Fatiga física o mental.
- Estrés.

Medidas de prevención y protección

- Sustituir la manipulación manual de cargas por máquinas.
- Realizar pausas en el trabajo.
- Rotación de tareas.
- Formación e información adecuadas.

Ergonomía

La ergonomía pretende adaptar las condiciones de trabajo a las personas para conseguir mayor seguridad, confortabilidad y eficiencia.

Manipulación manual de cargas

1. **Examinar** la carga y **planificar** su levantamiento.
2. Para **levantar** la carga:
   - Separar los pies y apoyarlos fuertemente.
   - Flexionar ligeramente las rodillas.
   - Acercar el objeto al cuerpo.
   - Levantar el peso gradualmente.
   - No girar el tronco.

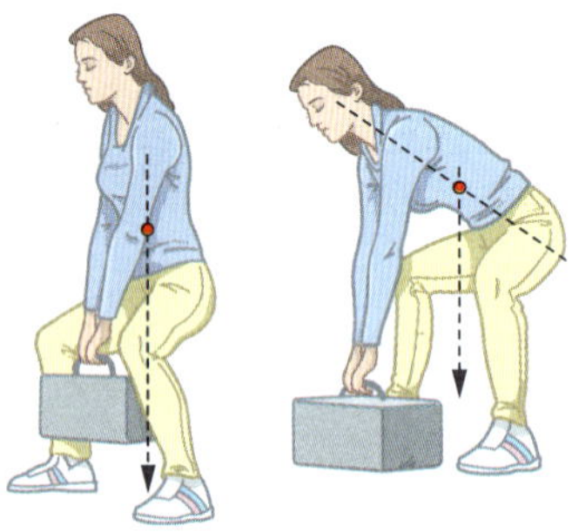

Postura correcta. Postura incorrecta.

3. **Transportarla** a la altura de la cadera y lo más cerca posible del cuerpo.

Postura de trabajo

Sentado:

- Mantener la espalda recta y apoyada contra el respaldo de la silla.
- Regular la altura de la mesa al nivel de apoyo de los codos.
- Colocar los pies en el suelo o sobre un reposapiés.

De pie:

- Alternar la postura con otras.
- Adaptar la altura del puesto de trabajo.
- Repartir el peso del cuerpo cambiando la posición de los pies.

De pie sentado:

- Utilizar una silla regulable y ajustarla por debajo de la superficie de trabajo.
- Usar un reposapiés adecuado.

6. El riesgo eléctrico

La electricidad es una forma de energía presente en todos los lugares de trabajo. El paso de la corriente eléctrica a través del cuerpo humano es un factor de riesgo que puede causar daños en la salud de los trabajadores.

Factores implicados en la gravedad de los accidentes

- La intensidad. Se mide en amperios (A).
- La tensión o voltaje. Se mide en voltios (V).
- La resistencia. Se mide en ohmios (Ω).
- El trayecto que recorre en el cuerpo humano.
- El tiempo de contacto.

Daños

- Quemaduras.
- Asfixia.
- Pérdida de conocimiento.
- Aumento de la presión sanguínea.
- Fibrilación ventricular.
- Tetanización.
- Paro cardiaco.

Medidas de prevención y protección

- Diseño seguro de las instalaciones.
- Conexiones a tierra correctas.
- Utilización de equipos de desconexión automática.
- Instalar interruptores diferenciales.
- Utilizar doble aislamiento de equipos y máquinas.
- Usar equipos de protección individual.
- Formación e información a los trabajadores.

Intensidad (mA)	Efectos sobre el cuerpo humano
1 – 3	Se percibe un cosquilleo.
3 – 10	Electrización que provoca movimientos reflejos.
10 – 25	Contracción de los músculos de las extremidades por la que la víctima queda «pegada» al conductor.
25 – 30	Tetanización con posibilidad de parálisis temporal cardiaca y respiratoria.
30 – 80	Peligro de fibrilación ventricular si la sacudida pasa por el corazón.
80 – 4 (A)	Parálisis cardiaca y respiratoria y quemaduras graves.

Ejemplo

Sara tiene un día de mucho trabajo. Está recibiendo llamadas telefónicas constantemente y tiene mucha tarea. Está tan agobiada que no piensa lo que hace y acciona una máquina eléctrica con las manos mojadas. Esto provoca que se quede «pegada» a ella.

Luis contempla horrorizado el accidente. ¿Cómo debe actuar? ¿Qué le ha ocurrido a Sara? ¿Por qué se ha quedado «pegada»?

Ante todo, Luis debe mantener la calma y proceder del siguiente modo:

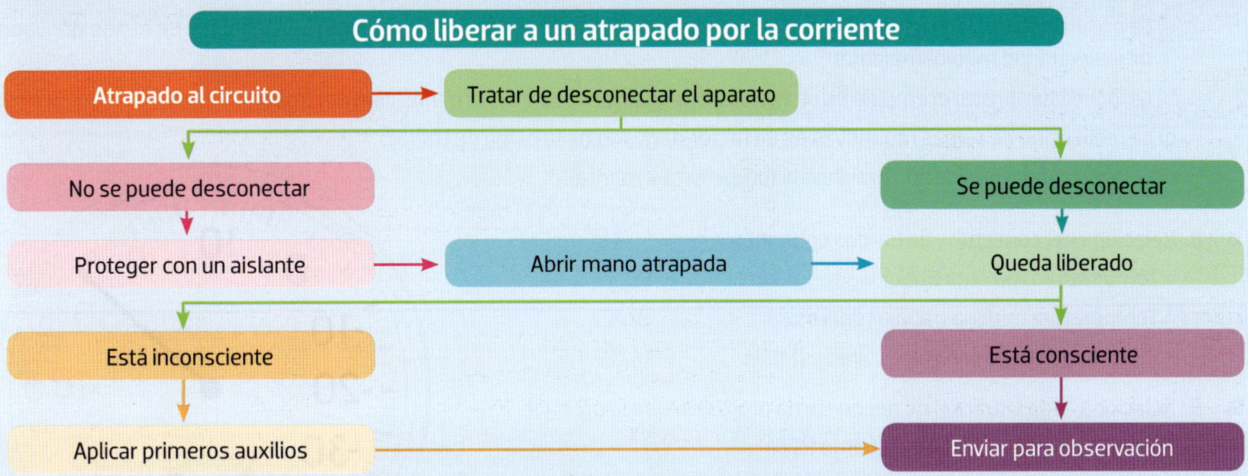

El paso de la corriente eléctrica por el cuerpo de Sara provoca el fenómeno de la *tetanización*: sus músculos se contraen de forma descontrolada y sucesiva, de forma que ella es incapaz físicamente de soltarse por sus propios medios. En esta situación, y dependiendo del tiempo de contacto, la corriente sigue actuando, por lo que pueden producirse daños en otros órganos, además de roturas musculares y de tendones. La tetanización también puede provocar una contracción mantenida de los músculos respiratorios y generar una situación de asfixia que puede dañar irreversiblemente el cerebro y producir la muerte.

ACTIVIDADES FINALES

1. Copia la siguiente tabla y anota los riesgos más frecuentes que existen en las siguientes profesiones:

Profesión	Principales riesgos	Forma de evitarlos
Carpintero		
Taxista		
Empleado de un banco		
Enfermera		

2. ¿Qué riesgos químicos o biológicos se presentan en los siguientes trabajos?
Trabajador de un matadero; pintor; técnico de laboratorio; oficial en una fábrica de tejidos; ayudante de imprenta; veterinario; oficial de limpieza.

3. Enumera los riesgos de los siguientes trabajos:
   - Roberto trabaja en un almacén de congelados de pescado donde hay mucha humedad.
   - Víctor trabaja en un horno de una panadería y el ambiente es muy seco.
   - María trabaja en la cocina de un restaurante.

4. Señala algún riesgo relacionado con las condiciones medioambientales de las siguientes tareas:
   - Instalar antenas parabólicas.
   - Preparar disolventes en una fábrica.
   - Limpiar un matadero.
   - Servir copas en una discoteca.

5. Clasifica los siguientes riesgos según el tipo al que pertenecen: vibraciones; limpieza; ruido; virus; espacio de trabajo; rayos X; parásitos; suelo deslizante; abertura en el suelo; anchura de un pasillo.

6. Observa una obra que estén realizando cerca de donde vives. Enumera los principales riesgos existentes y los equipos de protección individual que llevan los obreros.

7. Señala si las siguientes afirmaciones son verdaderas o falsas:
   a) La posibilidad de padecer una depresión a causa de las relaciones con los superiores es un factor de riesgo derivado de la seguridad medioambiental.
   b) La incertidumbre en el empleo es un factor de riesgo derivado de la organización del trabajo.
   c) La realización de tareas repetitivas es un factor derivado de la carga de trabajo.
   d) Una adecuada iluminación previene la fatiga física y mental.

8. Relaciona los conceptos de las dos columnas:
   - Temperatura máxima trabajos sedentarios. · 50 %
   - Temperatura mínima trabajos ligeros. · 27 °C
   - Humedad del aire con electricidad estática. · 14 °C

9. Relaciona cada situación de riesgo con la profesión que la produce:
   - Panadero · Carga física
   - Albañil · Carga mental
   - Directivo · Iluminación
   - Costurera · Trabajo nocturno

Termómetro e higrómetro.

10. Carmen trabaja en la limpieza de un matadero de cerdos. A la hora de almorzar se reúne con sus compañeras en uno de los almacenes y allí se comen el bocadillo. Un día, al abrir una lata de cerveza se hace una pequeña herida y sin darle importancia se limpia con su bata. ¿Es correcta su actitud? ¿Qué riesgos está corriendo? ¿Por qué vías pueden entrar los contaminantes? ¿Si el agente perteneciera al grupo 2 sería peligroso?

11. Marina, aunque no ha estudiado artes gráficas, ha abierto una imprenta recientemente. Para ahorrarse gastos ha alquilado un local demasiado pequeño en el que se amontonan desordenadamente los paquetes de papel. Además, ha comprado una máquina impresora de segunda mano sin ninguna garantía. Mañana debe entregar urgentemente unos calendarios y para ir más rápido ha desconectado el dispositivo de seguridad de la guillotina y ni siquiera se ha abrochado la bata, ni recogido el pelo. ¿Podrías señalar los riesgos que está asumiendo? ¿Cómo podría evitarlos?

12. Consulta el Real Decreto 486/1997, de 14 de abril y responde brevemente a las siguientes cuestiones: ¿cuál es la altura que deben tener los techos de un almacén de plásticos?; ¿qué anchura deben tener los pasillos de una fábrica de vidrio?; ¿hacia dónde deben abrirse las puertas de un garaje?; ¿es obligatorio que todas las escaleras tengan pasamanos?

13. Antonio trabaja con una máquina empaquetadora de ladrillos y después tiene que cargarlos en una cinta transportadora. ¿Cuáles son los principales riesgos que tiene en su trabajo?

14. ¿A qué factores de riesgo están expuestos cada uno de los protagonistas del caso práctico inicial? Para profundizar, puedes hacer en tu cuaderno una tabla como la siguiente:

	Factores de riesgo	Tipo de daño	Medidas preventivas
Javier			
Jorge			
Carmen			
Beatriz			
Luis			

CUADERNO

Entra en internet

15. En la comunidad de propietarios de Mario han decidido instalar una antena de telefonía móvil a cambio de una cantidad de dinero. Investiga en internet los efectos que pueden producir las antenas y los teléfonos móviles en la salud de las personas.

16. Entra en el sitio web <http://osha.europa.eu/es>. Encontrarás información sobre todos los temas relacionados con los riesgos psicosociales: noticias, publicaciones, estadísticas, investigaciones, etc.

17. Puedes ampliar los contenidos de esta unidad en <www.elergonomista.com> y <www.insht.es>.

18. Realiza los casos prácticos relacionados con diferentes agentes existentes en las publicaciones de la revista *Erga FP* que puedes consultar en la página del Instituto Nacional de Seguridad, Salud y Bienestar en el Trabajo (INSSBT): <www.insht.es/ergafp>.

19. En la web del Observatorio Estatal de Condiciones de Trabajo (<www.oect.es/portal/site/Observatorio>) podrás encontrar toda la información relacionada con las condiciones de trabajo y sus consecuencias para la salud de los trabajadores.

Etiquetado de productos químicos

Todo producto químico, sustancia o preparado clasificado como peligroso debe incluir en su envase una **etiqueta visible,** que los trabajadores deben saber leer e interpretar. Esta etiqueta, redactada en el idioma oficial del Estado contendrá:

- Identidad del proveedor: nombre, dirección y número de teléfono.
- Cantidad nominal de los productos contenida en el envase.
- Identificación del producto: el nombre químico de las sustancias y, en algunos casos, un número de identificación. Para mezclas, el nombre o el nombre comercial del producto y el nombre de determinadas sustancias químicas.
- Pictogramas de peligro del producto.
- **Palabras de advertencia.**
- Información suplementaria, cuando proceda.
- **Indicaciones de peligro H** (*Hazard*): son las conocidas anteriormente como frases R (*R*iesgo), que permitían identificar y complementar determinados riesgos mediante su descripción. La redacción de estas frases está normalizada, para evitar así confusiones y ambigüedades.

  Las indicaciones H se agrupan según peligros físicos, peligros para la salud humana y peligros para el medio ambiente.
- **Consejos de prudencia P** (antiguas frases S, seguridad). Se agrupan en generales, de prevención, de respuesta, de almacenamiento y de eliminación. En total existen más de cien consejos de prudencia.

En la etiqueta deben figurar todos los consejos de prudencia correspondientes, en principio con un máximo de seis, excepto aquellos que resulten claramente innecesarios.

EJEMPLO DE ETIQUETA SEGÚN EL CLP
Reglamento CE 1272/2008

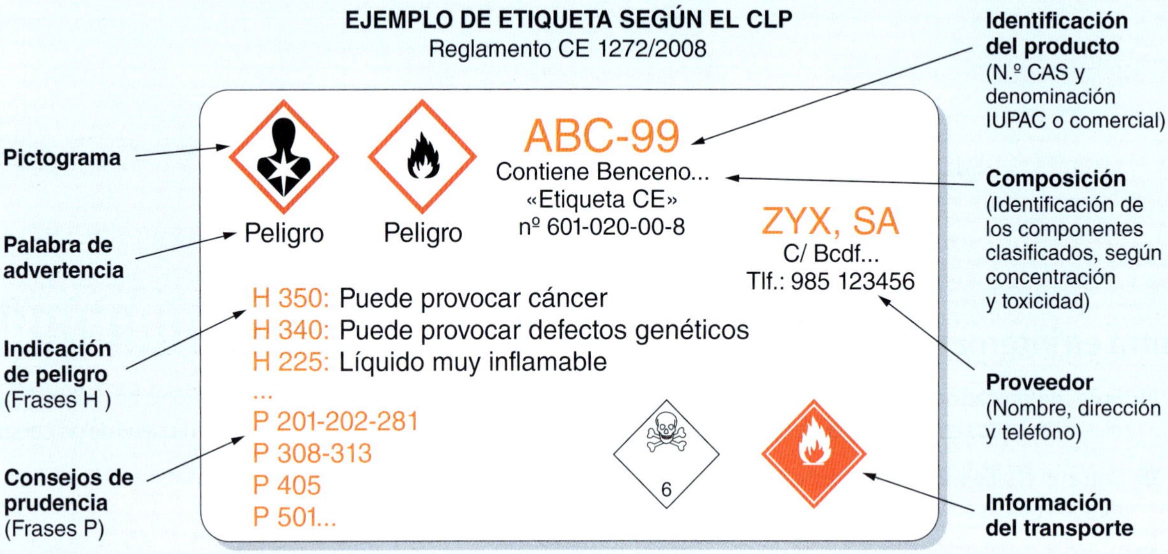

Actividades

1. Busca un bote de lejía e identifica en la etiqueta cada uno de los puntos que deben aparecer. ¿Qué frases H y P contiene? ¿Hay palabras de advertencia?

EN RESUMEN

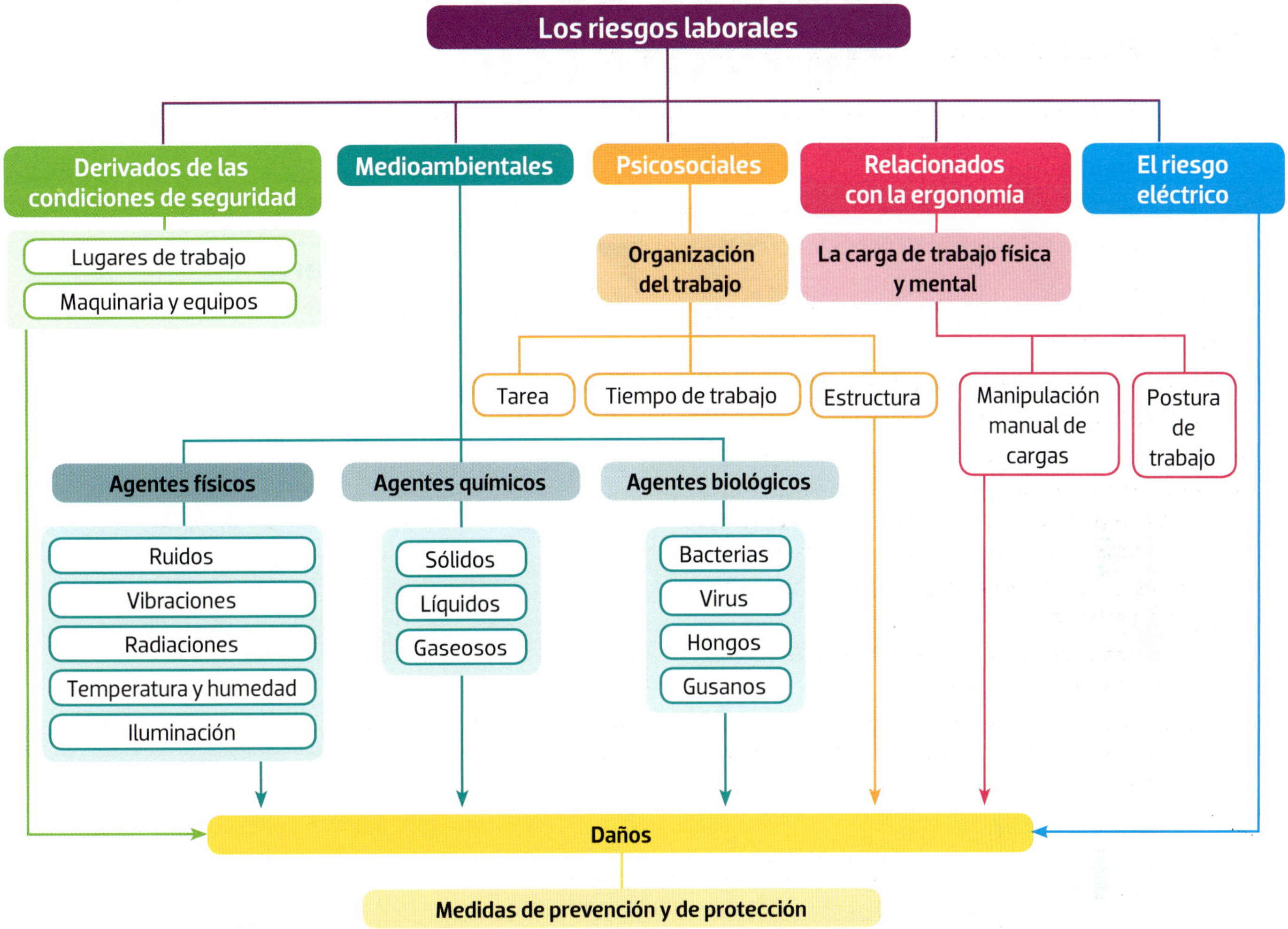

Evalúa tus conocimientos

RESUELVE EN TU CUADERNO O BLOC DE NOTAS

1. El riesgo laboral se define como:

a) El daño que sufre un trabajador como consecuencia de las condiciones en las que realiza su trabajo.

b) La posibilidad de que el trabajador sufra un determinado daño como consecuencia de las condiciones en que realiza su trabajo.

c) Existe un riesgo laboral cuando resulta probable racionalmente que se materialice un daño en un futuro inmediato.

d) Todas son correctas.

2. Las vibraciones de alta frecuencia:

a) Son las de más de 10 Hz.

b) Las provocan los autobuses en movimiento.

c) Producen problemas óseos.

d) Se transmiten a través del aire.

3. Respecto a la iluminación, señala la afirmación correcta:

a) La iluminación debe ser uniforme y de adecuada intensidad, que no produzca brillos, reflejos, ni deslumbramientos.

b) El lumen mide la cantidad de luz que emite una fuente luminosa.

c) Tiene que ser como mínimo de 500 lux para realizar tareas de exigencias visuales altas.

d) Todas son correctas.

4. Las condiciones térmicas ideales para un trabajo sedentario son:

a) La velocidad de la corriente del aire en ambientes calurosos debe ser mayor de 0,85 m/s.

b) Temperatura entre 17 y 27 °C y humedad entre 30 y 70 %.

c) La humedad debe ser como mínimo del 70 % si existe electricidad estática.

d) Todas son correctas.

10 Medidas de prevención y de protección

Vamos a conocer...

1. Medidas de prevención
2. Principios y técnicas de prevención
3. Medidas de protección
4. La señalización de seguridad

PRÁCTICA PROFESIONAL

Aplicación de medidas de prevención y de protección

Y al finalizar esta unidad...

- Aprenderás que la prevención de riesgos es una actividad integral e integrada en la organización empresarial y que debe planificarse y organizarse con suma atención.
- Conocerás los principios de prevención.
- Distinguirás entre técnicas y medidas de prevención.
- Identificarás las medidas de protección colectiva e individual.
- Descubrirás qué son los EPI y sus características.

Caso práctico inicial

Situación de partida

Sofía, una joven de 17 años, compagina sus estudios de Gestión Administrativa con un trabajo en una empresa dedicada a la elaboración de productos químicos. Su labor consiste en grabar los datos de los clientes en una base de datos informática.

Antes de empezar a trabajar, recibe un curso sobre los riesgos presentes en la empresa y, en concreto, en su puesto de trabajo. Sofía, joven e inexperta, realiza el curso sin prestar mucha atención; piensa que ella no va a estar expuesta a los riesgos que, en principio, parecen más peligrosos (en concreto, los derivados de los productos químicos) y cree que las medidas de prevención para su puesto de trabajo son exageradas.

Aún no ha colocado la pantalla del ordenador a la altura de la vista, no utiliza el reposapiés, le parece muy incómodo estar siempre atenta a la postura que debe adoptar frente a la pantalla del ordenador y frecuentemente se olvida de apoyar la espalda y mantenerla recta; además, como es un poco miope, poco a poco va inclinando la cabeza hacia la pantalla, para ver mejor y, casi siempre, fuerza el cuello.

Un día, le encargan ir a un departamento donde no había estado antes. Como aún no conoce bien la empresa, se confunde de planta, se desorienta, da varias vueltas y aparece en la zona de los laboratorios industriales. Sofía busca a alguien a quien preguntar, pero no ve a nadie. De pronto, oye un murmullo de voces detrás de una puerta, por lo que decide entrar, sin reparar en la señal de seguridad que hay sobre ella. Se trata de una indicación redonda, con el fondo azul y un dibujo, en color blanco, de una persona con una mascarilla puesta. Nada más entrar, nota un olor extraño y un fuerte mareo, que le hace perder el conocimiento. Al caer al suelo, se golpea con el pomo de la puerta y se hace una herida que requiere asistencia sanitaria.

Unos días después, le llaman del servicio de prevención de la empresa para hacerle unas preguntas sobre el accidente (cómo ocurrió, qué hacía ella en esa zona, por qué no vio o no supo interpretar la señal...) y sobre el cursillo inicial de prevención de riesgos laborales (si había sido claro, interesante, adecuado, etc.).

Sofía se ha llevado un buen susto y ahora se arrepiente de no haber prestado más atención al curso de prevención.

Estudio del caso

Antes de empezar a leer esta unidad de trabajo, puedes contestar a las dos primeras preguntas. Después, analiza cada punto de la unidad, con el objetivo de contestar al resto de las cuestiones de este caso práctico.

1. Las empresas tienen la obligación de informar a los trabajadores de todos los riesgos existentes en la empresa y, en concreto, en su puesto de trabajo, junto con las medidas de prevención y protección que se han adoptado. ¿Es prudente por parte de Sofía dar tan poca importancia al curso de riesgos laborales que recibe? ¿Por qué es obligatorio informar de todos los riesgos existentes en la empresa y no solo de los presentes en cada puesto de trabajo?
2. ¿Qué trastornos provoca el uso continuado del ordenador durante largas jornadas? ¿Cómo se pueden prevenir?
3. ¿Para qué sirve el reposapiés?
4. ¿Cómo se llama la ciencia que estudia el diseño del teclado y el ratón del ordenador para que se adapte a las condiciones fisiológicas del trabajador y, de este modo, conseguir que no perjudique a su salud?
5. ¿Sabes qué significa la señal que no vio Sofía?
6. Una mascarilla de seguridad, ¿previene o protege de un riesgo?
7. Sofía se desmayó por entrar en una zona en la que la concentración de vapores tóxicos era elevada. ¿Qué técnica estudia cómo actuar frente a los contaminantes presentes en el lugar de trabajo?
8. ¿Qué técnica estudia el accidente de Sofía y cómo evitar que se vuelva a producir? ¿Por qué hacen tantas preguntas a Sofía?

- **Ley 31/1995, de 8 de noviembre, de Prevención de Riesgos Laborales**
- **RD 485/1997, de 14 de abril, sobre señalización de seguridad y salud en el trabajo**
- **RD 773/1997, de 30 de mayo, sobre equipos de protección individual**

Puedes encontrar estas normas en la página web del INSSBT: <www.insht.es>.

1. Medidas de prevención

Prevención integral

A la hora de planificar la prevención en una empresa no deben pasarse por alto las tareas que se llevan a cabo fuera de las horas de trabajo, tales como la limpieza o la recogida de basuras.

Se entiende por **prevención** el conjunto de actividades o medidas adoptadas o previstas, en todas las fases de actividad de la empresa, con el fin de evitar o reducir los riesgos derivados del trabajo.

De esta definición podemos extraer las siguientes **conclusiones**:

- La prevención es **integral**, debe estar presente en **todas las fases de la actividad de la empresa**. Su implantación afecta a todos los departamentos de la empresa (talleres, almacenes, laboratorios, oficinas) y a todos los trabajadores (conserjes, administrativos, encargados de la limpieza).
- La **finalidad** de la prevención es evitar que se materialicen los riesgos.
  - En primer lugar, hay que **detectar** todos **los riesgos** que existen en la empresa, su gravedad y la probabilidad de que se produzcan.
  - En segundo lugar, se debe intentar **eliminar** todos los riesgos. Aquellos que no sea posible suprimir, se intentarán **reducir al máximo.** Estos riesgos residuales deberán evaluarse posteriormente y en ese momento se estudiará la posibilidad de eliminarlos o reducirlos todavía más, en función de los nuevos conocimientos de que se disponga.
- Para que sea eficaz, la prevención debe estar **planificada** y bien **organizada**. Por ello, se debe integrar en el sistema de gestión y en el proyecto de empresa, como un área más de decisiones a tomar.

La detección, evaluación y eliminación de riesgos forma parte de las **medidas de prevención**. Hay situaciones en las que no se puede eliminar el riesgo por completo, por lo que se asume su presencia y se toman **medidas de protección,** que si bien no eliminan el riesgo, tratan de reducir o eliminar sus consecuencias dañinas sobre el trabajador.

Caso práctico inicial

Diferencia entre medidas de prevención y medidas de protección.

La PREVENCIÓN evita o reduce el riesgo

Actúa sobre el causante

La PROTECCIÓN no evita el riesgo, trata de reducir sus consecuencias

Actúa sobre el trabajador

Según la LPRL:

Primero hay que **eliminar o reducir el riesgo** en su punto de origen. → Si no es posible, se adoptarán **medidas en la vía de transmisión del peligro.** → Y si tampoco es posible, **se actuará sobre el trabajador.**

Medidas de prevención (las dos primeras) — Medidas de protección (la última)

Ejemplo

Un trabajador maneja una máquina, sentado sobre ella, que produce un nivel de vibración superior al máximo permitido. Se pueden adoptar medidas de prevención técnicas y organizativas.

Técnicas:

- Sustituir la máquina por otra que no produzca ninguna vibración. Así se actúa sobre el agente causante de las vibraciones (la máquina), atacando el riesgo en su origen. Es una medida de prevención que consigue eliminar el riesgo por completo.
- Aislar la máquina, colocando un revestimiento con elementos elásticos que impidan la propagación de la onda vibratoria, a modo de filtro. Se considera una medida de prevención, que actúa sobre la vía de transmisión del riesgo.
- En cambio, adoptar una medida de protección consistiría en proporcionar a los trabajadores equipos de protección individual (EPI) como muñequeras, cinturones lumbares, ropa acolchada, calzado aislante o guantes antivibraciones. De este modo, no se elimina ni se reducen las vibraciones sino que se actúa sobre el trabajador y las consecuencias que pueden producir las vibraciones sobre él.

Organizativas: rotar el personal que usa la máquina, realizar controles médicos auditivos, formar e informar a los trabajadores sobre los riesgos a los que están expuestos y cómo prevenirlos.

2. Principios y técnicas de prevención

Los principios generales de la acción preventiva son los siguientes:

Principios de prevención de riesgos laborales

- **Evitar los riesgos:** hay que eliminar todos los riesgos que sea posible, sin importar el coste.
- **Evaluar los riesgos que no se puedan evitar:** aquellos riesgos que no se puedan eliminar serán evaluados para conocer su gravedad y la probabilidad de que se produzcan. Por ejemplo, se controlará la presencia de radiaciones dañinas para el organismo, su concentración y el tiempo mínimo de exposición que resulta perjudicial.
- **Combatir, preferiblemente, los riesgos en su origen y no en el lugar de transmisión o recepción:** si una máquina produce un nivel de ruido excesivo se combatirá insonorizándola (en el origen del riesgo), antes que repartiendo protectores auditivos a los trabajadores (una forma de combatir el riesgo donde se produce el daño).
- **Adaptar el puesto de trabajo a la persona, los equipos, los métodos de trabajo y de producción.** El objetivo es atenuar el trabajo monótono y repetitivo y reducir los daños a la salud.
- **Tener en cuenta la evolución de la técnica:** hay que estudiar los posibles riesgos que pueden traer consigo las innovaciones técnicas y, por otro lado, tener en cuenta que los avances tecnológicos también evitan riesgos que antes no se podían eliminar o reducir. Por ejemplo, gracias a la aparición del material ignífugo se puede retrasar (o incluso, detener) la propagación del fuego.
- **Sustituir lo peligroso por lo que entrañe poco o ningún peligro:** si en el proceso de producción se utiliza una sustancia tóxica y esta puede ser sustituida por otra inocua debe hacerse, aunque resulte más cara.
- **Planificar la prevención,** creando un conjunto coherente que integre la técnica, la organización del trabajo, las condiciones de trabajo, las relaciones sociales y la influencia de los factores ambientales en el trabajo.
- **Adoptar medidas que antepongan la protección colectiva a la individual:** será preferible insonorizar totalmente una máquina excesivamente ruidosa (y de este modo, proteger a todos los trabajadores presentes) antes que repartir protectores auditivos, que solo protegen a quienes los utilizan.
- **Dar las debidas instrucciones a los trabajadores** respecto a los peligros en el centro de trabajo y los riesgos en su puesto de trabajo y en el manejo de las máquinas, herramientas y equipos de protección.

Las técnicas de prevención de riesgos laborales que promueven la mejora de las condiciones de trabajo y la salud de los trabajadores son:

- **Seguridad en el Trabajo**: su principal finalidad es evitar que se produzcan accidentes de trabajo (AT), pero esto no se consigue siempre, por lo que también se encarga de atenuar sus consecuencias. Su misión es:
  - **Detectar** los AT que puedan llegar a producirse.
  - **Controlar** los accidentes que ya han tenido lugar.
  - **Corregir** todos los factores de riesgo de AT.
- **Higiene en el Trabajo**: es la técnica que actúa sobre los contaminantes ambientales presentes en el trabajo. Su finalidad es prevenir las enfermedades profesionales. Se encarga de:
  - **Detectar** los agentes contaminantes físicos, químicos y biológicos.
  - **Medir y valorar** los contaminantes, estudiando el nivel de concentración y el periodo de exposición dañino para la salud (horas al día o a la semana y durante toda una vida laboral).
  - Establecer las **medidas correctoras** adecuadas.

Caso práctico inicial

El interrogatorio a Sofía después del AT se realiza con el fin de controlar y corregir todos los factores de riesgo.

Caso práctico inicial

Los contaminantes químicos presentes en la empresa de Sofía habrán sido analizados para saber el nivel de concentración máximo permitido y el tiempo al que puede estar expuesto un trabajador para que no sea perjudicial para su salud. En el caso de Sofía bastaron unos segundos.

- **Ergonomía:** es la técnica que se encarga de adaptar el puesto de trabajo y su medio ambiente a las condiciones fisiológicas y psicológicas del trabajador para optimizar su seguridad, confort y eficacia. Se divide en las siguientes áreas:

Ergonomía geométrica	Estudia la relación del trabajador con las condiciones de tamaño del puesto de trabajo (posturas, movimientos, dimensiones y distancias óptimas, etc.).
Ergonomía ambiental	Relaciona al trabajador con los factores ambientales del puesto de trabajo (iluminación adecuada, temperatura, humedad, ruido, vibraciones, dimensiones y distancias óptimas, etc.).
Ergonomía temporal	Estudia la adaptación de los tiempos de trabajo (horarios, jornadas, descansos, turnos, etc.) para evitar la fatiga física y mental.
Ergonomía perceptiva	Adapta las máquinas, equipos y herramientas a las características de la persona (teclado con reposamunecas, tijeras con mangos adaptados, incorporación y diseño de dispositivos que eviten accidentes, fatiga, etc.).
Ergonomía de la comunicación	Interviene en el diseño de la comunicación entre los trabajadores y entre estos y las máquinas. Actúa a través del diseño y la utilización de dibujos, textos, tableros visuales, pantallas, señalización de seguridad...

Caso práctico inicial

La ergonomía perceptiva estudia el diseño del teclado y el ratón del ordenador para que se adapte a las condiciones fisiológicas del trabajador.

- **Psicosociología Aplicada:** es la técnica que trata de evitar que el trabajador sufra daños psicológicos como consecuencia del trabajo y de sus formas de organización. Estudia la monotonía de las tareas, el ritmo de trabajo, el estatus social del puesto, el grado de responsabilidad y autonomía, la duración de la jornada, los descansos, el clima laboral, la comunicación, los estilos de mando, etc.
- **Medicina Laboral:** es una especialidad médica cuya finalidad es mantener la salud del trabajador en estado óptimo. Sus principales líneas de actuación son: de forma preventiva (para evitar que aparezcan las enfermedades); de manera curativa (una vez que se han contraído); y en el ámbito reparador, a través de la rehabilitación.

  Desarrolla actividades preventivas, tales como la investigación epidemiológica, la educación sanitaria y la vigilancia de la salud de los trabajadores.

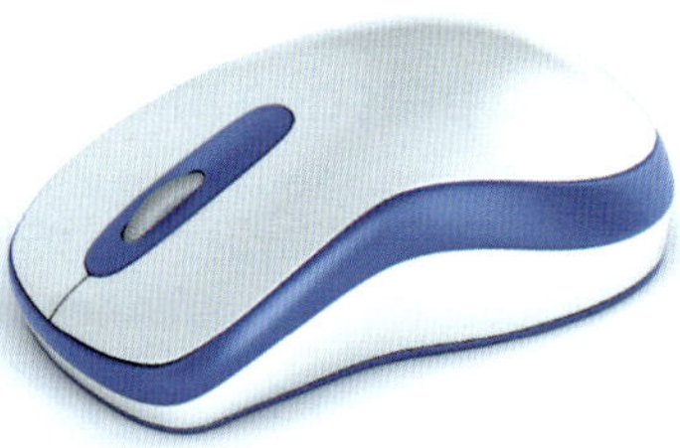

Actividades

1. Indica la técnica de prevención que estudia cada uno de los siguientes casos:
   - Pablo es administrativo. Desde hace algún tiempo sufre dolores de espalda, nuca y brazos y tiene fatiga visual.
   - Lorenzo ha contraído silicosis por haber trabajado muchos años inhalando polvo de sílice. ¿Qué técnica estudia la enfermedad profesional que ha contraído? ¿Qué otra técnica atenderá a Lorenzo una vez enfermo?
   - Julio es un auxiliar de enfermería que lleva diez años trabajando en la sección de oncología. Desde hace unos meses no tiene ilusión por nada y sueña repetidamente que pierde a su mujer y a sus hijos.

3. Medidas de protección

Las medidas de protección son aquellas que, si bien no eliminan el riesgo, evitan o reducen sus consecuencias, actuando sobre el trabajador. Pueden ser de dos tipos: colectivas e individuales.

3.1. Medidas de protección colectiva

Son aquellas que protegen, simultáneamente, a todas las personas expuestas a un determinado riesgo. Las medidas de protección colectiva tienen prioridad sobre las medidas de protección individual, que solo se utilizarán cuando las primeras sean ineficaces, no sea posible utilizarlas o como complemento de las mismas.

Ejemplos

Entre las medidas de protección colectiva, podemos citar:

- La insonorización, el aislamiento o el encapsulamiento, que actúan frente al ruido o las vibraciones.
- Las redes de seguridad o las cuerdas perimetrales, que protegen frente a caídas de altura.
- Las barandillas, utilizadas para proteger de aberturas en el suelo, zanjas, fosos de reparación de coches, huecos de escaleras o desniveles en general, que puedan suponer un riesgo de caída.
- Los ventiladores, extractores de humos, reguladores térmicos...

3.2. Medidas de protección individual

Las medidas de protección individual protegen exclusivamente al individuo que las porta y actúan como la última protección entre el trabajador y el riesgo. Solo se utilizarán cuando se hayan agotado las demás vías de prevención y protección o como complemento de las mismas.

La Ley de Prevención de Riesgos Laborales define el equipo de protección individual (EPI) como cualquier equipo que el trabajador lleva puesto o sujeta él mismo, para que lo proteja de uno o varios riesgos que puedan amenazar a su seguridad o su salud; también se considera como tal cualquier complemento o accesorio con la misma finalidad.

Tanto empresarios como trabajadores tienen una serie de obligaciones respecto a los equipos de protección individual:

Los empresarios

- Proporcionar gratis los EPI adecuados a los trabajadores.
- Velar por su uso efectivo.
- Informar a los trabajadores, previamente al uso de los equipos, de los riesgos frente a los que protegen y de las ocasiones en que deben utilizarse.
- Proporcionar instrucciones, preferentemente por escrito, sobre la forma correcta de utilizar y mantener los EPI. El manual de instrucciones facilitado por el fabricante estará a disposición del trabajador y será de fácil comprensión.
- Enseñar a los trabajadores a utilizar los EPI, incluso con sesiones de entrenamiento práctico, cuando se requiera la utilización simultánea de varios equipos o cuando, por su especial complejidad, se haga necesario.

Los trabajadores

Según su formación y siguiendo las instrucciones del empresario:

- Utilizarán y cuidarán correctamente los EPI.
- Colocarán el equipo, después de su utilización, en el lugar indicado.
- Informarán de inmediato a un superior de cualquier defecto o daño apreciado en el equipo utilizado que, a su juicio, pueda entrañar una pérdida de su eficacia protectora.

Características de los EPI

- Deben proporcionar una **protección eficaz** frente a los riesgos y no ocasionar, por sí mismos, riesgos adicionales ni molestias innecesarias.
- **Se revisarán** sus características y su elección cuando se produzcan cambios o cuando evolucione la técnica.
- Deben estar homologados con la **marca CE.**
- **Solo** podrán utilizarse para los **usos previstos** y durante el tiempo que indique el fabricante, salvo en casos excepcionales.
- Serán de **uso personal.** Si, excepcionalmente, hubieran de ser utilizados por varias personas, se adoptarán las medidas necesarias para que ello no origine ningún problema de salud o de higiene.
- La utilización, almacenamiento, mantenimiento, limpieza, desinfección y reparación de los EPI deberán efectuarse según las **instrucciones del fabricante.**
- En caso de riesgos múltiples que exijan la **utilización simultánea** de varios EPI, estos deberán ser compatibles entre sí y mantener su eficacia.

No se consideran EPI

- La ropa de trabajo corriente y los uniformes no destinados a la protección de la salud.
- Los equipos de los servicios de socorro y salvamento.
- Los EPI de los militares, policías y servicios de mantenimiento del orden.
- Los EPI de los medios de transporte por carretera.
- El material de deporte.
- El material de autodefensa o disuasión.
- Los aparatos portátiles para la detección y señalización de los riesgos.

Equipos de protección individual

Protectores de la cabeza

- Cascos de seguridad (obras públicas, construcción, minas).
- Cascos de protección contra choques e impactos.
- Gorros o sombreros para proteger la cabeza.
- Cascos de protección frente al fuego, productos químicos, etc.

Protectores del oído

- Protectores tipo «tapones».
- Protectores auditivos desechables.
- Protectores tipo «orejeras».
- Cascos antirruido.
- Protectores auditivos con aparatos de intercomunicación.

Protectores de los ojos y de la cara

- Gafas de montura «universal», «integral» o «cazoletas».
- Pantallas faciales.
- Pantallas para soldadura (de mano, de cabeza, acoplables al casco).

Protección de las vías respiratorias

- Equipos filtrantes.
- Equipos aislantes del aire libre, con suministro de aire.
- Equipos respiratorios.
- Equipos de submarinismo.

Protectores de la piel

- Cremas de protección y pomadas.

Protectores de manos y brazos

- Guantes de protección frente a perforaciones, cortes, vibraciones.
- Guantes para evitar las agresiones químicas, eléctricas o térmicas.
- Manoplas, manguitos y mangas.

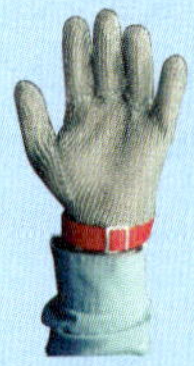

Protectores de pies y piernas

- Calzado de seguridad o de protección.
- Calzado y cubrecalzado de protección contra el calor, contra el frío o la electricidad.
- Protectores amovibles del empeine. Suelas amovibles (antitérmicas, antiperforación o antitranspiración).
- Rodilleras.

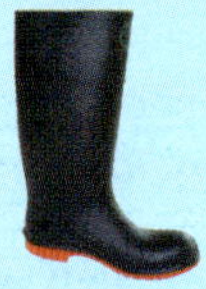

Protectores del tronco y del abdomen

- Chalecos, chaquetas y mandiles de protección contra las agresiones mecánicas (perforaciones, cortes, proyecciones de metales en fusión, etc.) y contra las agresiones químicas.
- Chalecos salvavidas. Mandiles contra los rayos X.
- Cinturones de sujeción del tronco.
- Fajas y cinturones antivibraciones.

Protección total del cuerpo

- Equipos de protección contra las caídas de altura.
- Arneses. Cinturones de sujeción.
- Ropa de protección contra las agresiones mecánicas, ropa contra las agresiones químicas, ropa de protección frente a proyecciones de metales en fusión, ropa protectora contra radiaciones infrarrojas y contaminación radiactiva, ropa térmica.
- Ropa antipolvo. Ropa antigás. Ropa y accesorios (brazaletes, guantes, etc.) de señalización (retrorreflectantes, fluorescentes...).

4. La señalización de seguridad

La señalización es una técnica de seguridad que proporciona una indicación o una obligación relativa a la seguridad o la salud en el trabajo. No elimina el riesgo por sí misma y su puesta en práctica no dispensa, en ningún caso, de la adopción de las medidas de prevención y protección que correspondan. Tampoco debe considerarse una medida sustitutoria de la obligación de formar e informar a los trabajadores en materia de seguridad y salud.

Podemos clasificar las señales de seguridad según el sentido humano por el que se perciben (oído, olfato, tacto o visión):

Caso práctico inicial

En la empresa de Sofía se informó a los trabajadores de los riesgos que había en la empresa, además de contar con señalización de seguridad.

- **Auditivas**
  - Acústicas: Señales sonoras codificadas, emitidas sin intervención de una voz humana o sintética. Por ejemplo, las sirenas o alarmas de evacuación, emergencia o incendio. La señal puede ser intermitente, pero en el caso de evacuación ha de ser siempre un sonido continuo.
  - De comunicación verbal: Mensaje verbal predeterminado, formado por frases cortas, simples y claras en el que se emplea la voz humana o sintética.
- **Olfativas**: A los gases tóxicos inodoros se añaden aditivos olorosos para detectar su escape. Así se hace con el gas butano.
- **Táctiles**: Rugosidades presentes en recipientes que alertan de la presencia de sustancias peligrosas.
- **Ópticas**
  - En forma de panel
  - Luminosas: Si son intermitentes indican mayor grado de peligro.
  - Gestuales

Señales gestuales

Significado	Descripción	Ilustración
■ Comienzo ■ Atención ■ Toma de mando	Los dos brazos extendidos en horizontal, las palmas de las manos hacia delante.	
■ Alto ■ Interrupción ■ Fin de movimiento	El brazo derecho extendido hacia arriba, la palma de la mano hacia delante.	
Fin de las operaciones	Las dos manos juntas a la altura del pecho.	

Señales gestuales

Significado	Descripción	Ilustración
Izar	Brazo derecho extendido hacia arriba, la palma de la mano derecha hacia delante, describiendo lentamente un círculo.	
Bajar	Brazo derecho extendido hacia abajo, palma de la mano derecha hacia el interior, describiendo lentamente un círculo.	
Distancia	Las manos indican la distancia vertical.	

4.1. Las señales en forma de panel

Combinan formas geométricas y colores, de modo que dicha combinación determina el tipo de señal y su significado. Estas señales han de ser visibles y fácilmente comprensibles. Normalmente, incluyen un pictograma o dibujo básico que ayuda a interpretar su significado y cuyo color dependerá de la señal en la que aparezca.

Color de la señal		Forma de la señal		
Color de seguridad	**Color de contraste**	**Circular**	**Triangular**	**Rectangular o cuadrada**
ROJO	Blanco	Señal de prohibición		Señal de lucha contra incendios. Peligro o alarma.
AMARILLO O ANARANJADO	Negro		Señal de advertencia	
AZUL	Blanco	Señal de obligación		
VERDE	Blanco			Señal de salvamento o auxilio. Situación de seguridad.

Tipo de señal	Superficie del color de seguridad	Pictograma
Señal de prohibición	■ Bordes rojos. ■ Bandas transversales en sentido descendente, de izquierda a derecha, de color rojo. ■ En conjunto, el 35 % de la superficie de la señal será de color rojo.	Negro
Señal de advertencia	El 50 % de la superficie será de color amarillo o anaranjado.	Negro
Señal de obligación	El 50 % de la superficie será azul.	Blanco
Lucha contra incendios Peligro o alarma	El color rojo debe cubrir el 50 % de la señal, como mínimo.	Blanco
Señal de salvamento Situación de seguridad	El verde debe cubrir el 50 % de la superficie, como mínimo.	Blanco
Señalización de desniveles u obstáculos. Riesgos de caída de personas, objetos, choques o golpes	La señal consistirá en franjas alternas amarillas y negras, con una inclinación de 45° y de dimensiones similares.	

Tu sector profesional

2. ¿Qué señales de seguridad son las que más se utilizan en tu sector profesional?

3. ¿Se toman medidas de protección colectiva? ¿Cuáles?

4. ¿Qué equipos de protección individual se utilizan?

Trabajo en equipo

5. Manuel es operario en una fábrica de papel. Le han nombrado encargado de una máquina nueva, con una tecnología muy avanzada.

Primera fase: se organizará una tormenta de ideas con el grupo-clase sobre las medidas de prevención que deben adoptarse en este caso y se anotarán en la pizarra. Recuerda que, según esta técnica, toda idea inicial es válida, nadie puede reírse de las aportaciones de los demás, al contrario, pueden generar ideas nuevas.

Segunda fase: en grupos de 4 o 5, seleccionad las medidas de la pizarra que os parezcan más adecuadas y pensad en otras nuevas. Os servirá de guía la tabla en la que se recogen los principios de prevención.

Tercera fase: puesta en común de las medidas decididas por cada grupo. Obtención de conclusiones.

Señales de prohibición

Prohibido fumar · Prohibido fumar y encender fuego · Prohibido pasar a los peatones · Prohibido apagar con agua · Entrada prohibida a personas no autorizadas · Agua no potable · Prohibido a los vehículos de manutención · No tocar

Señales de obligación

Protección obligatoria de la vista · Protección obligatoria de la cabeza · Protección obligatoria del oído · Protección obligatoria de las vías respiratorias · Protección obligatoria de los pies · Protección obligatoria de las manos · Protección obligatoria del cuerpo · Protección obligatoria de la cara · Protección individual obligatoria contra caídas · Vía obligatoria para peatones · Obligación general (acompañada, si procede, de una señal adicional)

Señales de advertencia

Materias radioactivas · Cargas suspendidas · Vehículos de manutención · Riesgo eléctrico · Peligro en general · Radiaciones láser · Radiaciones no ionizantes · Campo magnético intenso · Riesgo de tropezar · Caída a distinto nivel · Riesgo biológico · Baja temperatura

Señales de lucha contra incendios

Manguera contra incendios · Escalera de mano · Extintor · Teléfono para la lucha contra incendios · Dirección que debe seguirse (señal indicativa adicional)

Señales de salvamento o auxilio

Teléfono de salvamento y primeros auxilios · Primeros auxilios · Camilla · Ducha de seguridad · Lavado de los ojos · Subir escalera · Escalera de emergencia · Dirección que debe seguirse · Vía / salida de socorro

Empujar en caso de emergencia · Presionar en caso de emergencia · Salida habitual · Salida de socorro · Salida en caso de emergencia · Abrir con llave

Escalera de incendios

Salida de emergencia

ACTIVIDADES FINALES

■ **1.** Una empresa dedicada a la producción industrial de detergentes y esterilizantes toma las siguientes medidas, siguiendo una campaña de prevención de riesgos laborales:

- Introducir humedad ambiente para evitar la formación de aerosoles.
- Proporcionar a los trabajadores una mascarilla con filtro químico.
- Colocar una campana extractora de aire sobre el foco emisor de vapores tóxicos.
- Sustituir la producción de cloroformo, que es cancerígeno, por otro compuesto químico no dañino para la salud.

Respecto a cada medida, indica lo siguiente:

a) ¿Cuáles son medidas de prevención y cuáles de protección?

b) Si consiguen eliminar el riesgo o solo reducirlo.

c) Si actúan sobre el origen del riesgo, en la vía de transmisión del peligro o sobre el trabajador.

■ **2.** Copia las siguientes tablas en tu cuaderno y relaciona las filas de cada columna, en función de su significado:

Técnicas de prevención	Significado
Seguridad en el trabajo	Vigilancia permanente de la salud y educación sanitaria.
Higiene	Se dirige a la detección y corrección de los distintos factores que intervienen en los accidentes de trabajo y al control de sus consecuencias.
Ergonomía geométrica	Estudia la adaptación de los tiempos de trabajo para evitar la fatiga física y mental.
Ergonomía ambiental	Relaciona al trabajador con los factores ambientales del puesto de trabajo.
Ergonomía temporal	Su finalidad es prevenir las enfermedades profesionales.
Ergonomía perceptiva	Es la técnica que trata de evitar que el trabajador sufra daños psicológicos como consecuencia del trabajo y de sus formas de organización.
Medicina laboral	Estudia la relación del trabajador con las condiciones de tamaño del puesto de trabajo.
Psicosociología aplicada	Adapta las máquinas, equipos y herramientas a las características del hombre.

■ **3.** ¿Qué EPI utiliza una persona que trabaja en un laboratorio de análisis de sangre, analizando muestras? ¿Quién realiza la extracción de sangre? ¿De qué riesgos se protegen?

■ **4.** Hoy es el primer día de trabajo de Elisa en un taller de soldadura. Su jefe le indica el tipo de pantalla más adecuado para el trabajo que va a realizar y le explica que hoy le dejará la suya, pero que mañana ya debe traer una propia, y le informa de una tienda donde puede comprarla. ¿Se ha obrado correctamente?

■ **5.** ¿Qué técnica de prevención se ocupa de cada uno de los siguientes casos?

- Nivel de concentración máximo permitido de una sustancia tóxica en el medio ambiente laboral.
- Realizar una campaña de educación sanitaria en un laboratorio industrial.
- Julián es un administrativo que ha visto incrementado su trabajo desde la baja de su compañera hace tres meses. Al llegar el mes de junio, debe confeccionar él solo las declaraciones de la renta de sus clientes y las de su compañera, lo que le produce cansancio y fatiga. A finales de mes, se muestra irritable, falto de energía, tiene frecuentes dolores de cabeza y mareos, ha perdido el apetito y duerme muy mal.

- El ambiente visual y acústico adecuado para un puesto de trabajo.
- Las vías de comunicación entre los directivos, los mandos intermedios y los trabajadores en una empresa.
- Evaluar la carga mental.

6. Víctor sabe que debe utilizar guantes protectores en su trabajo, pero hoy es un día caluroso y le molestan mucho, por lo que decide quitárselos. Su jefe lo ve pero no le dice nada. ¿Quién está incumpliendo con sus obligaciones?

7. Indica, respecto a las siguientes señales:

- El tipo de señal.
- Su significado.
- El color de seguridad y la superficie mínima que debe ocupar, el color de contraste y su forma, cuando proceda.

Figura 1

Figura 2

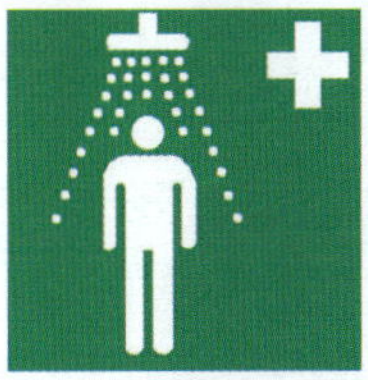
Figura 3

Figura 4

Figura 5

Figura 6

Figura 7

Figura 8

Figura 9

Figura 10

Si desconoces el significado de alguna señal puedes buscarlo en el RD 485/1997, de 14 de abril, sobre señalización de seguridad y salud.

Entra en internet

8. En 2010 se modificaron los pictogramas de señalización y etiquetado de productos químicos. Busca en internet (por ejemplo, en la página web del Instituto Nacional de Seguridad, Salud y Bienestar en el Trabajo) los nuevos símbolos y dibuja en tu cuaderno, con los colores adecuados, las indicaciones de: tóxico, fácilmente inflamable, nocivo e irritante.

9. En la página web del INSSBT encontrarás diversos boletines de la revista *Erga FP*, destinada a alumnos de FP. Entra en el apartado de Documentación/Publicaciones periódicas/Erga_Fp. Selecciona el boletín n.° 27 del año 2001 y lee el caso práctico que viene al final del mismo. Nos encontramos ante una situación en la que no se han proporcionado equipos de protección individual ni se han tomado medidas de protección colectiva. Indica qué EPI deberían haberse proporcionado y qué medidas de protección colectiva eran necesarias.

10. El INSSBT ha creado páginas web especializadas, como el portal de trastornos musculoesqueléticos (TME) <http://bit.ly/20gtGXK> o el portal de Ergonomía <http://bit.ly/1T85ftM>.

En el portal de TME puedes ver varios vídeos sobre esta dolencia y en el portal de Ergonomía encontrarás información sobre el trabajo con ordenador, la carga mental, etc. ¿Conoces gente que sufre TME?, ¿en qué zona?, ¿puedes ofrecerles algún consejo después de ver los vídeos del INSSBT?

PRÁCTICA PROFESIONAL

Aplicación de medidas de prevención y de protección

En el taller de una empresa han colocado el siguiente cartel:

Protectores pasivos o no pasivos

PROTECTORES PASIVOS:

Reducen el ruido por su diseño y por el tipo de material usado, por absorción y/o reflexión del sonido.

Orejeras

- Pueden ser con arnés de cabeza, de nuca, bajo la barbilla y con arnés universal, según modelo.
- Facilidad de uso, menos variabilidad de atenuación entre usuarios.
- Ideales para uso con ruidos intermitentes.
- Durabilidad, fácil cuidado y mantenimiento.
- Más higiénicas que los tapones. Posibilidad de uso de cubre-almohadillas conforme a las instrucciones del fabricante.
- No es fácil perderlas o extraviarlas.

- Comunicación oral difícil.
- Incómodas para largos periodos de uso en ambientes cálidos y húmedos.
- Voluminosas pudiendo incluso limitar los movimientos de la cabeza, especialmente en espacios reducidos.
- Dificultan su combinación con otros EPI e incluso con gafas graduadas.

Tapones

- Distintos modelos: desechables, reutilizables, moldeables, premoldeados, personalizados, con arnés.
- Fácil combinación con otro EPI.
- Confortables para largos periodos de uso en ambientes cálidos y húmedos.
- No generan problemas de sudoración.
- Pequeños y fáciles de transportar.
- Con arnés: fáciles de usar, ideales para ruidos intermitentes y de corta duración.

- Comunicación oral difícil.
- Requieren higiene rigurosa.
- Eficacia reducida en caso de mala inserción.
- Mayor dificultad para poner y quitar.
- Es fácil perderlos o extraviarlos.
- Más difícil de ver y monitorear su uso.

PROTECTORES NO PASIVOS:

Son protectores auditivos pasivos con otras funciones adicionales, pudiendo incluir componentes mecánicos o electrónicos.

Orejeras dependientes de nivel, con reducción activa del ruido y/o con entrada eléctrica de audio:

- **Las orejeras dependientes de nivel** varían su atenuación al cambiar el nivel de ruido presente en el puesto de trabajo.
- **Las orejeras con reducción activa de ruido** proporcionan en modo activo atenuación adicional a ruido de alto nivel a bajas frecuencias.
- **Las orejeras con entrada eléctrica de ruido** permiten una comunicación clara y fiable.
- Posibilidad de selección de modo activo o pasivo
- En modo activo permiten la comunicación oral.

- Autonomía limitada.
- Tolerancia limitada a la humedad.
- Especial atención al mantenimiento.

Fuente. Carteles del INSSBT:

- *Prevención frente al ruido*, 2000.
- *Protectores auditivos: selección y utilización*, 2017.

Actividades

1. ¿Qué técnica preventiva estudia los niveles de decibelios dañinos para el oído humano y el tiempo adecuado de exposición?
2. ¿Qué medidas de prevención y de protección aparecen en el cartel? ¿Cuáles actúan sobre el origen del riesgo, en la vía de transmisión del peligro o sobre el trabajador?
3. ¿Qué medidas son de protección colectiva y cuáles de protección individual?
4. ¿Qué medidas consiguen eliminar el riesgo y cuáles solo reducirlo?
5. ¿A qué principios de prevención se está atendiendo con este cartel?
6. ¿Aparece algún EPI?

EN RESUMEN

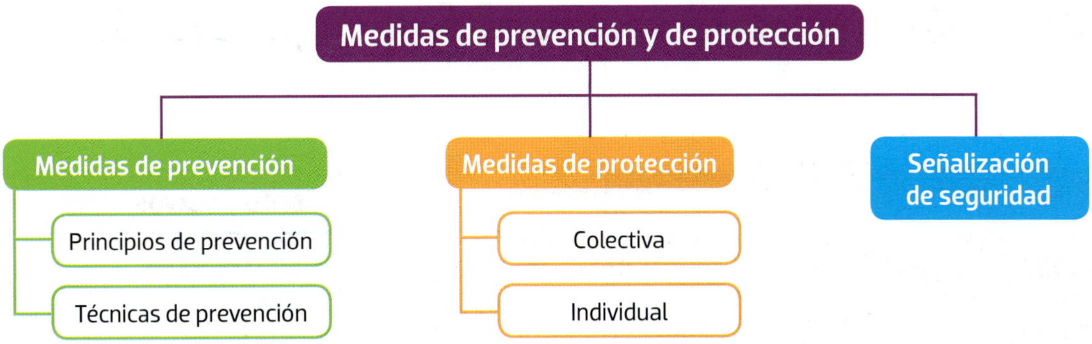

Evalúa tus conocimientos

RESUELVE EN TU CUADERNO O BLOC DE NOTAS

1. **Señala la respuesta correcta:**
   a) La seguridad en el trabajo es una técnica cuyo objetivo es estudiar y reducir los contaminantes físicos, químicos y biológicos presentes en el trabajo, que puedan producir una enfermedad profesional.
   b) La ergonomía es una técnica que trata de prevenir y corregir la insatisfacción laboral y el estrés.
   c) La seguridad es una técnica que trata de evitar los accidentes de trabajo.
   d) Prevalece la protección individual frente a la colectiva.

2. **Según los principios de prevención:**
   a) Hay que eliminar todos los riesgos que sea posible, incluso si supone un coste para el trabajador.
   b) Se deben adoptar medidas que antepongan la protección individual a la colectiva.
   c) Se deben combatir los riesgos preferiblemente en el lugar de transmisión.
   d) Se debe sustituir lo peligroso por lo que entrañe poco o ningún peligro.

3. **La ergonomía:**
   a) Geométrica: adapta las máquinas, equipos y herramientas a la persona.
   b) Perceptiva: estudia la relación del trabajador con las condiciones de tamaño de su puesto.
   c) Se deben combatir los riesgos preferiblemente en el lugar de transmisión.
   d) Se debe sustituir lo peligroso por lo que entrañe poco o ningún peligro.

4. **Los equipos de protección individual:**
   a) Deben utilizarse como primera medida de prevención de riesgos.
   b) Eliminan los riesgos.
   c) Una vez definido el EPI más adecuado para combatir el riesgo, se podrá optar por el modelo más económico.
   d) Ninguna es correcta.

5. **Los colores de seguridad:**
   a) Son el rojo, el blanco, el verde y el azul.
   b) Deben ocupar, como mínimo, el 50 % de la superficie de la señal, en todos los casos.
   c) Se combinan con colores de contraste, como el negro y el blanco.
   d) Todas son correctas.

6. **Las señales de seguridad:**
   a) Si son redondas, pueden indicar obligación o prohibición.
   b) Las redondas pueden tener el 35 % de su superficie roja o el 50 % azul, pero siempre tendrán una cierta cantidad de blanco.
   c) Las triangulares incluyen pictogramas negros.
   d) Todas son correctas.

7. **Los equipos de protección individual:**
   a) Suelen ser usados por distintas personas.
   b) Se anteponen a la protección colectiva.
   c) Son tan sencillos de utilizar que no hace falta manual de instrucciones.
   d) Ninguna es correcta.

8. **Señala la respuesta correcta:**
   a) Los riesgos se deben combatir en el lugar de transmisión.
   b) Las señales alertan, identifican y localizan el riesgo, pero no lo eliminan.
   c) Todas las señales deben incluir el marcado CE.
   d) Todas son correctas.

11 La gestión de la prevención

Vamos a conocer...

1. La gestión de la prevención
2. La evaluación de riesgos
3. La planificación de la actividad preventiva
4. La organización de la prevención
5. Las auditorías
6. Los expertos en prevención
7. La representación de los trabajadores en prevención de riesgos laborales

PRÁCTICA PROFESIONAL

La gestión de la prevención y la evaluación de riesgos

Y al finalizar esta unidad...

- Comprenderás que la prevención de riesgos laborales debe estar planificada y bien organizada para ser eficaz.
- Aprenderás en qué consisten la evaluación, el control y la gestión del riesgo.
- Identificarás los elementos que integran la gestión de la prevención.
- Distinguirás las distintas formas de organizar la prevención en la empresa e identificarás la más adecuada para cada situación.
- Analizarás la representación de los trabajadores en materia de prevención.

Caso práctico inicial

Situación de partida

La empresa Bregovisa tiene 228 trabajadores y se dedica a la producción y venta de mobiliario de cocina y baño. Uno de sus trabajadores, Francisco, ha sido elegido delegado de prevención y, en su función de velar por el cumplimiento de la normativa de seguridad y salud en la empresa, procede a realizar una revisión de los distintos talleres de la empresa, y va anotando minuciosamente todo lo que ve.

En el pasillo que conduce al taller 1, justo al lado de la puerta, descubre que dos empleados están apilando cajas a una altura demasiado elevada. Francisco les indica que no es una forma adecuada de proceder porque cualquiera puede tropezar con las cajas al entrar o salir por la puerta y, al ser una pila tan alta si caen las cajas, pueden aplastar a un trabajador. Ellos lo miran sorprendidos y alegan que nadie les ha dicho nunca nada. «Es más», dice el mayor, «yo llevo doce años en esta empresa y siempre hemos dejado aquí los pedidos del día».

En el taller 2, el encargado no le deja pasar porque dice que él no tiene acceso a los talleres donde no trabaja.

En el taller 3, descubre a dos trabajadores soldando sin mascarillas, ni gafas protectoras. Cuando les recrimina su actitud, le dicen que el modelo elegido por la empresa es muy incómodo y que ni su jefe ha conseguido que las utilicen. Mientras Francisco trata de convencerlos de la utilidad de estos equipos de protección individual, uno de ellos recibe en un ojo el impacto de una esquirla procedente de la pieza que estaban soldando. Es necesario trasladarlo al centro de salud más cercano.

Unos días después, Francisco pide la relación de accidentes de trabajo acaecidos en la empresa, documentos de obligada conservación. Al principio, le ponen muchas trabas, pero al final, se los proporcionan. Cuando los lee, descubre que no han registrado el accidente del taller 3, a pesar de haber estado el trabajador un par de días de baja.

Días más tarde, la empresa recibe la visita del inspector de trabajo, una persona a quien le gusta conversar con los trabajadores. En esta ocasión, pregunta por la modalidad de organización preventiva que ha escogido la empresa, a lo que contestan que un servicio de prevención ajeno. Francisco trata de acompañarlo en su visita, pero su jefe lo llama y lo entretiene toda la mañana con un encargo.

Estudio del caso

Antes de empezar a leer esta unidad de trabajo, puedes intentar contestar las cinco primeras preguntas. Después, analiza cada punto de la unidad, con el objetivo de contestar al resto de las cuestiones de este caso práctico.

1. Recuerda la definición de riesgo que estudiaste en la unidad sobre la seguridad y la salud en el trabajo de este libro. ¿Qué diferencia hay entre peligro, riesgo y daño?
2. ¿Qué peligros, riesgos y posibles daños están presentes en Bregovisa?
3. ¿Calificarías de graves dichos riesgos? ¿Qué aspectos tendrías en cuenta para clasificar un riesgo como grave? ¿Cómo estimarías la gravedad de un riesgo?
4. Recuerda la unidad sobre la representación de los trabajadores. ¿Cómo se articularía en Bregovisa la representación de los trabajadores que estudiaste en esa unidad?
5. ¿Existe una representación de los trabajadores específica en materia de prevención de riesgos laborales y diferente de la representación laboral de los trabajadores?
6. ¿Es procedente que el encargado del taller 2 no deje pasar a Francisco por esa zona?
7. ¿Tiene Francisco autoridad para recriminar su actitud a los trabajadores del taller 3? ¿Por qué?
8. ¿Es correcto que se encargue de la organización de la prevención un servicio de prevención ajeno? ¿Cuáles son las modalidades o posibilidades de organizar la prevención en una empresa?
9. ¿Puede Francisco, como delegado de prevención, acompañar al inspector de trabajo en su visita por el centro?

- **Ley 31/1995, de 8 de noviembre, de Prevención de Riesgos Laborales**
- **Real Decreto 39/1997, de 17 de enero, Reglamento de los Servicios de Prevención**

Puedes encontrar estas normas en internet, en la página web del INSSBT (<www.insht.es>) en el apartado de Normativa.

1. La gestión de la prevención

Las empresas deben diseñar e implantar un sistema de gestión de la prevención que ayude a integrar la prevención en la empresa y logre que todos sus miembros se impliquen en la prevención.

Los elementos fundamentales para la gestión de un sistema preventivo son:

1. **Una política de prevención,** que consiste en establecer unas directrices y unos objetivos generales en materia de prevención de riesgos laborales. Se trata de una declaración de principios que demuestre un compromiso con la prevención. Será asumida y desarrollada por todos los trabajadores e incluirá:
   - La mejora continua.
   - La integración de la actividad preventiva en el sistema general de gestión de la empresa y en todos los niveles jerárquicos, a través de la implantación y aplicación de un plan de prevención de riesgos laborales, que estudiaremos en la siguiente unidad.
2. **La organización de la prevención.** Para ello, la empresa...
   - Establecerá uno de los modelos de organización del sistema preventivo que permite la normativa de PRL y que analizaremos en el apartado cuarto de esta unidad.
   - Organizará la representación de los trabajadores (epígrafe 7 de esta unidad).
3. **Identificación y evaluación de los riesgos** que no hayan podido ser eliminados (en el siguiente epígrafe de esta unidad veremos en qué consiste).
4. **Planificación de la actividad preventiva.** A partir de la evaluación inicial de riesgos, se establecerán las medidas que se tomarán para eliminar y reducir riesgos, y se especificarán plazos y prioridades para llevarlas a cabo, tal y como veremos en el epígrafe 3 de esta unidad..
5. **Ejecución y coordinación** de todo lo planeado en las fases anteriores.
6. La **Auditoría** cierra el ciclo de mejora continua. Consiste en examinar de forma sistemática, documentada y objetiva todos los componentes del sistema de gestión de la prevención para evaluar su eficacia. La LPRL establece que el sistema de gestión de prevención de riesgos laborales (SG-PRL) ha de estar documentado y auditado, como veremos en el punto cinco de esta unidad.

Tipos de auditorías

Las **auditorías internas** son aquellas que la empresa ordena por iniciativa propia.

Las **auditorías externas obligatorias** son aquellas que realizan organismos ajenos a la empresa, por imposición de la LPRL.

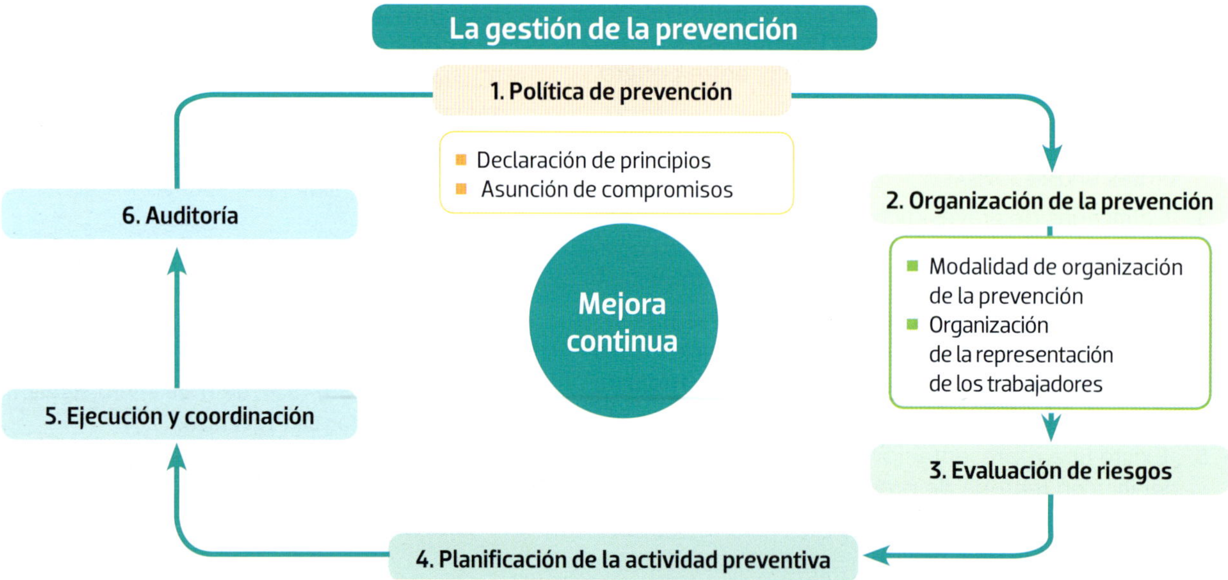

2. La evaluación de riesgos

La **evaluación de riesgos** es un proceso dirigido a detectar y estimar la magnitud de todos los riesgos presentes en la empresa, determinar los que se pueden eliminar y actuar sobre los que no han podido evitarse.

La evaluación permite obtener información para tomar una decisión apropiada, detectar la necesidad de adoptar medidas preventivas y seleccionar las más adecuadas para cada caso.

Para realizar la evaluación de riesgos, se hace un análisis sistemático de todos los aspectos de la actividad laboral, teniendo en cuenta:

- La naturaleza de la actividad de la empresa.
- Las características y el número de trabajadores expuestos.

La evaluación de riesgos comprende dos fases: el análisis y la valoración del riesgo.

2.1. Análisis de riesgos

El análisis de riesgos se compone de las siguientes fases:

- **Identificar el peligro.** Se entiende como peligro toda fuente de lesiones y daños a la propiedad y al medio ambiente, o una combinación de ambos.
- **Describir el riesgo,** especificando el daño resultante y los acontecimientos que han de suceder desde la situación inicial hasta que se materializa el accidente.
- **Estimar el riesgo** abarca el estudio de los siguientes aspectos:
  - La **probabilidad** de que se produzca el daño, que se estima del siguiente modo:

Probabilidad alta	Probabilidad media	Probabilidad baja
El daño ocurrirá siempre o casi siempre.	El daño ocurrirá en algunas ocasiones.	El daño ocurrirá raras veces.

  - La **severidad de sus consecuencias.** El INSSBT valora las consecuencias y las clasifica en tres niveles:

Ligeramente dañino	Dañino	Extremadamente dañino
Daños superficiales (cortes y magulladuras pequeñas, irritación de ojos, etc.), molestias (dolor de cabeza, disconfort, etc.).	Laceraciones, quemaduras, conmociones, torceduras importantes, fracturas menores; dermatitis, asma, trastornos músculo-esqueléticos, enfermedades que conducen a una incapacidad menor, etc.	Amputaciones, fracturas mayores, intoxicaciones, lesiones múltiples, lesiones fatales; enfermedades crónicas que acorten severamente la vida, etc.

  - El **número de trabajadores expuestos** al riesgo y el tiempo de exposición al mismo. También se tendrá en cuenta la posibilidad de que el trabajador sea especialmente sensible a él por sus características personales o por su estado biológico.

El coste de la prevención

La evaluación de riesgos, aunque supone un desembolso inicial, permite controlar los riesgos, evitar daños a la salud y, como balance final, ahorrar en costes sociales y económicos.

Caso práctico inicial

Esta es la definición de *peligro* que aparece en la Ley de Prevención de Riesgos Laborales.

Caso práctico inicial

Aspectos que tener en cuenta a la hora de calificar y estimar un riesgo.

2.2. Valoración de riesgos

La valoración de riesgos consiste en emitir un juicio sobre la tolerabilidad o no al riesgo, basándose en los estudios anteriores. Cuando se determine la existencia de un riesgo, se deberá examinar, antes de nada, si el riesgo puede ser eliminado, es decir, si es posible prescindir del peligro causante del riesgo.

Ejemplo

En primer lugar, determinar si un problema de tráfico interno puede resolverse desviando el tráfico a la periferia de la empresa, por donde no haya circulación peatonal. Si no es posible su eliminación, se estudiarán las medidas que se deben adoptar para garantizar la seguridad y la salud de los trabajadores.

El INSSBT propone las siguientes tablas para estimar y valorar el riesgo:

Estimación del riesgo		Severidad de las consecuencias		
		Ligeramente dañino	Dañino	Extremadamente dañino
Probabilidad	Baja (B)	Riesgo trivial (T)	Riesgo tolerable (TO)	Riesgo moderado (MO)
	Media (M)	Riesgo tolerable (TO)	Riesgo moderado (MO)	Riesgo importante (I)
	Alta (A)	Riesgo moderado (MO)	Riesgo importante (I)	Riesgo intolerable (IN)

Una vez estimado el riesgo, el INSSBT nos propone valorarlo y actuar conforme a la siguiente tabla:

Valoración del riesgo	Acción y temporalización
Trivial (T)	No se requiere acción específica.
Tolerable (TO)	No se necesita mejorar la acción preventiva. Sin embargo, se deben considerar soluciones más rentables o mejoras que no supongan una carga económica importante. Se requieren comprobaciones periódicas para asegurar que se mantiene la eficacia de las medidas de control.
Moderado (MO)	Se deben hacer esfuerzos para reducir el riesgo, determinando las inversiones precisas. Las medidas para reducir el riesgo deben implantarse en un periodo determinado. Cuando el riesgo moderado esté asociado a consecuencias extremadamente dañinas, se precisará una acción posterior para establecer, con más precisión, la probabilidad de daño; será la base para determinar la necesidad de mejorar las medidas de control.
Importante (I)	No debe comenzarse el trabajo hasta que se haya reducido el riesgo. Puede que se precisen recursos considerables para controlar el riesgo. Cuando se trate de un trabajo que se está realizando, debe remediarse el problema en un tiempo inferior al de los riesgos moderados.
Intolerable (IN)	No debe comenzar, ni continuar el trabajo hasta que se reduzca el riesgo. Si no es posible reducir el riesgo, ni siquiera con recursos ilimitados, debe prohibirse el trabajo.

2.3. Quién realiza la evaluación de riesgos

Debe ser realizada por personal especializado, y es conveniente que participen todas las personas presentes en el lugar de trabajo: los mandos y los trabajadores o sus representantes.

2.4. Cuándo se realiza la evaluación de riesgos

Se debe realizar antes del inicio de la actividad empresarial y se revisará y actualizará periódicamente. Además, se llevarán a cabo evaluaciones concretas en los siguientes casos:

- Con la incorporación de nuevas tecnologías, nuevas condiciones de trabajo, equipos, maquinaria o herramientas.
- Cuando se produzcan daños a la salud.
- Cuando se incorporen trabajadores nuevos o especialmente sensibles por sus características personales o estado biológico conocido, como menores de edad, embarazadas, trabajadores contratados a través de una ETT o con contratos temporales.

Caso práctico inicial

En BREGOVISA, después del accidente de trabajo acaecido en el taller 3, deberían efectuar una evaluación de riesgos.

Ejemplo

Un operario trabaja una media de seis horas al día, sentado y conduciendo una máquina que produce un nivel de vibraciones superior a los límites máximos permitidos.

A. Análisis de riesgos:

- Identificar el peligro: máquina que emite vibraciones dañinas para la salud.
- Describir el riesgo: hinchazón, dolores en los huesos y articulaciones de las manos y los brazos. Problemas en la columna vertebral, como lumbalgias, pinzamientos discales, deformaciones óseas o artrosis.
- Estimar el riesgo: la probabilidad es alta, el daño ocurrirá siempre que se ponga en marcha la máquina.

B. Valoración del riesgo: el riesgo es importante. No debe comenzarse el trabajo hasta que se haya reducido.

Actividades

1. Un operario trabaja en una fábrica de muebles de madera 8 horas al día, de lunes a viernes. Su trabajo consiste en coger, de una pila próxima, tableros de 1 m de ancho por 1 m de largo y 5 kg de peso, colocarlos en la sierra circular, cortarlos y apilarlos de nuevo al otro lado de la máquina. La sierra circular es eléctrica, posee el marcado CE y cuenta con un sistema de extracción de polvo. El encargado de realizar la evaluación de riesgos detecta lo siguiente:
   - La conducción de captación de polvo está parcialmente rota y deja escapar polvo en las proximidades del puesto de trabajo.
   - El enchufe al que se conecta la sierra circular está medio roto. Dicen que fue golpeado por una carretilla, hace algún tiempo, sin que haya sido sustituido. Las condiciones que presenta el enchufe no aseguran una correcta toma de tierra de la máquina.
   - El suelo está desgastado, por lo que es muy resbaladizo.

   Completa en tu cuaderno la siguiente tabla. Solo falta estimar el riesgo conforme a las tablas propuestas por el INSSBT:

Evaluación de riesgos											
Peligro	Probabilidad			Consecuencias			Valoración del riesgo				
	B	M	A	LD	D	ED	T	TO	M	I	IN
Proyección de partículas de madera		x		x			■■■■	■■■■	■■■■	■■■■	■■■■
Cantos vivos de tablero			x	x			■■■■	■■■■	■■■■	■■■■	■■■■
Suelo desgastado y resbaladizo			x		x		■■■■	■■■■	■■■■	■■■■	■■■■
Ruido de la sierra eléctrica*		x		x			■■■■	■■■■	■■■■	■■■■	■■■■
Toma de tierra del enchufe de la sierra			x			x	■■■■	■■■■	■■■■	■■■■	■■■■
Manejo manual de cargas	x				x		■■■■	■■■■	■■■■	■■■■	■■■■
Polvo de madera en suspensión*			x			x	■■■■	■■■■	■■■■	■■■■	■■■■

* Se encuentran entre los límites permitidos por los reglamentos específicos.

Evaluación de riesgos simplificada

La Ley 25/2009 permite a las empresas pequeñas, que no realicen actividades peligrosas, realizar una **evaluación de riesgos simplificada,** siempre y cuando no suponga una reducción del nivel de protección.

3. La planificación de la actividad preventiva

Si de la evaluación de riesgos se deduce que hay una situación de riesgo, el empresario deberá adoptar las acciones preventivas correspondientes, que aplicará de forma planificada conforme a un orden de prioridades.

La planificación de la actividad preventiva comprenderá la descripción de las **medidas preventivas** que se tomarán en la empresa, **en la que se indicará para cada una de ellas:**

- El plazo previsto para llevarla a cabo.
- Las personas responsables de su ejecución.
- Los recursos humanos y materiales necesarios.

La prioridad de las actuaciones a realizar estará relacionada con la magnitud de los riesgos:

- Riesgo importante: prioridad 1.
- Riesgo moderado: prioridad 2.
- Riesgo tolerable: prioridad 3.
- Riesgo trivial: prioridad 4.

Ejemplos

Primero se realiza la evaluación de riesgos, que comprende el análisis y la valoración del riesgo y una vez detectado el riesgo, se planifica la actividad preventiva:

Evaluación de riesgos y planificación de la actividad preventiva

Peligro	Riesgo	Probabilidad	Consecuencias	Valoración del riesgo	Medidas preventivas	Prioridad
Existencia de escalera manual rota y sin zapatas antideslizantes en el taller 3.	Caídas a distinto nivel.	Baja	Extremadamente dañino	**Moderado**	Comprar una escalera de mano nueva y retirar la antigua del taller 3.	**2**
El extintor de la sala 1 no se encuentra en un lugar visible y de fácil acceso.	Incendios.	Baja	Extremadamente dañino	**Moderado**	Cambiar de sitio el extintor de la sala 1, de modo que sea visible y de fácil acceso, y señalizarlo.	**2**
Hay cableado de los equipos de trabajo en zonas de paso del despacho 2.	Caídas de personas al mismo nivel.	Media	Dañino	**Moderado**	Canalizar o embridar adecuadamente el cableado que se encuentra en la zona de paso en el despacho 2.	**2**

4. La organización de la prevención

La empresa puede organizar la actividad preventiva de distintas formas:

1. **Asumiendo personalmente el empresario la actividad preventiva.** Para ello deben cumplirse los siguientes requisitos:

- Que la empresa tenga hasta diez trabajadores, como máximo, o hasta 25, si solo tienen un centro de trabajo.
- Que el empresario esté capacitado para ello, entre otras cosas, por haber seguido un curso de «Nivel Básico en Prevención de Riesgos Laborales», de 30 o 50 horas, según la actividad que realice.
- Que el empresario desarrolle su trabajo de forma habitual en la empresa.
- Que no desarrolle por sí mismo la medicina de la salud.
- Que no se trate de una empresa cuyas actividades se consideren especialmente peligrosas.

Actividades consideradas especialmente peligrosas

Se recogen en el Reglamento de los Servicios de Prevención (RD 39/1997, de 17 de enero):

- Trabajos con exposición a radiaciones ionizantes.
- Trabajos con exposición a agentes tóxicos, cancerígenos, mutagénicos o tóxicos para la reproducción.
- Actividades en que intervengan productos químicos de alto riesgo.
- Trabajos con exposición a agentes biológicos.
- Actividades de fabricación, manipulación y utilización de explosivos.
- Trabajos propios de minería y sondeos en superficie terrestre o en plataformas marinas.
- Actividades en inmersión bajo el agua.
- Actividades en obras de construcción, excavación, movimientos de tierras y túneles, con riesgo de caída de altura o sepultamiento.
- Actividades en la industria siderúrgica y en la construcción naval.
- Producción y utilización de gases comprimidos, licuados o disueltos.
- Trabajos que produzcan concentraciones elevadas de polvo silíceo.
- Trabajos con riesgos eléctricos en alta tensión.

2. **Designando a uno o varios trabajadores** para que se ocupen de la actividad preventiva. En este caso:

- El número de trabajadores ha de ser el adecuado.
- El empresario debe dotar a los trabajadores de los medios materiales necesarios.
- La empresa debe dejar a los trabajadores el tiempo necesario para que realicen la actividad preventiva.
- Los trabajadores han de tener la capacidad correspondiente a las funciones a desempeñar. Pueden ser prevencionistas de nivel básico, intermedio o superior.

Los trabajadores designados tienen unos derechos y unas obligaciones:

Derechos

- Acceso a toda la información y la documentación de la empresa necesarias para desempeñar la labor preventiva.
- Derecho a recibir formación de actualización y reciclaje.
- Garantía de no sufrir ningún perjuicio por realizar estas actividades.

Caso práctico inicial

En el supuesto analizado solo se pueden emplear algunas de estas modalidades.

MINISTERIO DE EMPLEO Y SEGURIDAD SOCIAL — INSTITUTO NACIONAL DE SEGURIDAD, SALUD Y BIENESTAR EN EL TRABAJO

Asesoramiento técnico

Las empresas recibirán un asesoramiento técnico específico en materia de PRL por parte del Ministerio de Empleo y Seguridad Social y el INSSBT en colaboración con las comunidades autónomas y los agentes sociales.

Servicio de Prevención Ajeno

Para actuar como un servicio de prevención ajeno es necesario contar con la acreditación de la Autoridad Laboral, que será única y con validez en todo el territorio español.

Obligaciones

- Colaborar los trabajadores entre sí y con un posible servicio de prevención que hubiera también en la empresa.
- Deber de sigilo profesional.
- Desempeñar fiel y diligentemente las actividades de prevención.

3. **Creando un servicio de prevención propio.**

Un servicio de prevención es el conjunto de medios humanos y materiales necesarios para realizar las actividades preventivas con el fin de garantizar una adecuada protección de la seguridad y la salud de los trabajadores. Es obligatoria su creación:

- Cuando la empresa tiene más de 500 trabajadores.
- Cuando la empresa tiene entre 250 y 500 trabajadores y realiza alguna de las actividades del Anexo I del Reglamento de los Servicios de Prevención.
- Cuando la Autoridad Laboral obligue a crearlo por:
  - La peligrosidad de la actividad que realiza (aunque no esté incluida en el Anexo I del citado Reglamento).
  - La frecuencia y la gravedad de la siniestralidad en la empresa.

4. **Contratando un servicio de prevención ajeno.**

Es el servicio de prevención prestado por una entidad especializada y distinta a la empresa, con la que concierta las actividades de prevención, asesoramiento y apoyo que precise. Se suele recurrir a esta modalidad cuando no es obligatorio constituir un servicio propio.

5. **Mediante un servicio de prevención mancomunado.**

El servicio es prestado por una misma entidad a distintas empresas, siempre que se garantice la misma operatividad y eficacia que con un servicio de prevención individual. Se podrá acordar un servicio mancomunado:

- Cuando varias empresas desarrollen simultáneamente actividades en un mismo centro de trabajo, edificio o centro comercial.
- Cuando se decida, por acuerdo entre los representantes de los trabajadores y empresarios, para empresas que pertenezcan al mismo sector productivo o grupo empresarial y se ubiquen en un mismo polígono industrial o área geográfica.

Los servicios de prevención tanto propios como ajenos o mancomunados se caracterizan por:

Características y funciones de los servicios de prevención

Sus **instalaciones, medios humanos y materiales** han de ser los necesarios para la correcta realización de las actividades preventivas de la empresa.

- Sus **miembros** se dedicarán, de forma exclusiva, a la prevención. El servicio de prevención habrá de contar, como mínimo, con dos de las especialidades o disciplinas preventivas: Seguridad en el Trabajo, Higiene Industrial, Ergonomía y Psicosociología Aplicada y Medicina del Trabajo.
- Deben constituir una **garantía** que cubra su eventual responsabilidad.
- Los servicios de prevención **asesoran y apoyan** a la hora de:
  - Diseñar y aplicar planes de actuación preventiva.
  - Evaluar los factores de riesgo.
  - Establecer prioridades entre las medidas preventivas.
  - Realizar labores de formación e información a los trabajadores.
  - Establecer planes de emergencia y primeros auxilios.
  - Ocuparse de la vigilancia de la salud de los trabajadores.

5. Las auditorías

Las empresas que no hubieran concertado el servicio de prevención con una entidad especializada deberán someter su sistema de prevención al control de una auditoría o evaluación externa, salvo las empresas de hasta 50 trabajadores, cuyas actividades no se consideren especialmente peligrosas por el Reglamento de los Servicios de Prevención y en las que la eficacia del sistema preventivo resulte evidente por el limitado número de trabajadores y la escasa complejidad de las actividades preventivas. En este caso, solo tienen que remitir a la Autoridad Laboral una notificación sobre la concurrencia de estas condiciones.

La **primera auditoría** se llevará a cabo dentro de los doce meses siguientes al momento en que se disponga de la planificación de la actividad preventiva. Se repetirá cada cuatro años, excepto cuando se trate de actividades especialmente peligrosas del RD 39/1997, que se realizará cada dos años o siempre que lo requiera la Autoridad Laboral.

6. Los expertos en prevención

A efectos de determinar las capacidades y aptitudes necesarias para la evaluación de riesgos y el desarrollo de la actividad preventiva, las funciones a realizar se clasifican en tres niveles: básico, intermedio y superior.

El prevencionista de nivel básico

La formación mínima requerida en materia de prevención de riesgos es de 30 horas, que se incrementa a 50 si actúa en empresas que desarrollan actividades del Anexo I del RSP.

Realiza las tareas más elementales en el sistema de gestión de la prevención en la empresa. Sus **funciones** son:

- Fomentar el interés y la cooperación de los trabajadores en la acción preventiva.
- Promover la correcta utilización de los equipos de trabajo y de protección, los comportamientos seguros y las actuaciones preventivas básicas, tales como el orden, la limpieza, la señalización y el mantenimiento general. Además, efectuará una labor de seguimiento y control de las acciones anteriores.
- Realizar evaluaciones elementales de riesgos y, cuando proceda, establecer medidas preventivas compatibles con su grado de formación.
- Colaborar en la evaluación y el control de los riesgos generales y específicos de la empresa efectuando visitas al efecto, atendiendo las quejas y sugerencias, registrando datos y cuantas funciones análogas sean necesarias.
- Actuar en caso de emergencia y primeros auxilios gestionando las primeras intervenciones.
- Cooperar con los servicios de prevención, en su caso.

El **módulo de FOL** capacita para asumir responsabilidades profesionales equivalentes al **nivel básico** en PRL.

Prevencionistas de nivel intermedio y superior

El prevencionista de nivel intermedio deberá tener una formación mínima de 300 horas.

El de nivel superior deberá tener una titulación universitaria y una formación mínima en materia de PRL de 600 horas acreditada por una universidad, que le proporcionará una de las especialidades preventivas: Medicina del Trabajo, Seguridad, Higiene Industrial, o Ergonomía y Psicosociología Aplicada.

Caso práctico inicial

Es lo que hace Francisco cuando visita los talleres 1 y 3.

Tu sector profesional

2. ¿Alguna de las actividades que desarrolla un técnico de tu profesión se encuentra catalogada como especialmente peligrosa por el Reglamento de los Servicios de Prevención?
3. ¿Qué forma de organizar la prevención se suele utilizar en las empresas de tu sector? ¿Se pueden utilizar todas las modalidades?

7. La representación de los trabajadores en prevención de riesgos laborales

Caso práctico inicial

Francisco es delegado de prevención en una empresa con 228 trabajadores.

Uno de los aspectos que incluye la gestión de la prevención en una empresa es permitir y favorecer la consulta y participación de los trabajadores en todo lo que afecta a su seguridad y salud en el trabajo. Esta participación se articula a través de unos representantes elegidos específicamente para ejercer labores de representación en esta materia: los delegados de prevención y el comité de seguridad y salud.

Los **delegados de prevención** son elegidos por y entre los representantes de los trabajadores conforme a la siguiente escala:

La representación de los trabajadores en materia preventiva

N.º de trabajadores en la empresa	Delegados de prevención	Comité de seguridad y salud
De 1 a 30	1 delegado de prevención, que será el delegado de personal	
De 31 a 49	1 delegado de prevención, elegido por y entre los delegados de personal*	
De 50 a 100		2 delegados de prevención
De 101 a 500		3 delegados de prevención
De 501 a 1000		4 delegados de prevención
De 1001 a 2000		5 delegados de prevención
De 2001 a 3000		6 delegados de prevención
De 3001 a 4000		7 delegados de prevención
De 4001 en adelante		8 delegados de prevención

* En los centros de trabajo que carezcan de representantes de los trabajadores, por no existir trabajadores con la antigüedad suficiente para ser electores o elegibles en las elecciones para representantes del personal, los trabajadores podrán elegir, por mayoría, a un trabajador que ejerza las competencias del delegado de prevención.

Caso práctico inicial

Francisco tiene autoridad para recriminar su actitud a los trabajadores del taller 3.

El **comité de seguridad y salud** se constituirá en todos los centros de trabajo que cuenten con 50 o más trabajadores. Es un órgano colegiado (es decir, sus miembros actúan conjuntamente) y está formado por los delegados de prevención, de una parte, y por el empresario y/o sus representantes, de otra. Se trata de un órgano paritario porque debe haber el mismo número de delegados de prevención que de empresarios.

Las **competencias** de los delegados de prevención son:

- Colaborar con la dirección de la empresa en la mejora de la acción preventiva.
- Promover y fomentar la cooperación de los trabajadores en la ejecución de la normativa sobre prevención de riesgos laborales.
- Ser consultados por el empresario.
- Vigilar y controlar que se cumpla con la normativa de prevención de riesgos laborales.

Caso práctico inicial

Francisco no pudo acompañar al inspector de trabajo.

Los delegados de prevención están **facultados** para:

- Acompañar a los técnicos en las evaluaciones de prevención que realicen, y a los inspectores de trabajo y seguridad social en sus visitas a los centros de trabajo.

- Recibir información, por parte de la empresa, sobre:
  - Los daños que se han producido en la salud de los trabajadores.
  - Aquellos que comuniquen las personas u órganos encargados de la actividad preventiva de la empresa.
  - Tener acceso a la información y la documentación relativas a las condiciones de trabajo.
- Realizar visitas a los lugares de trabajo para ejercer una labor de vigilancia y control de las condiciones de trabajo. Con este fin pueden acceder a cualquier zona y comunicarse durante la jornada con los trabajadores, siempre y cuando no alteren el normal desarrollo del proceso productivo.
- Formular propuestas al empresario sobre medidas de carácter preventivo y acciones para mejorar la seguridad y la salud de los trabajadores. Recabar de él la adopción de las medidas oportunas.
- Proponer al órgano de representación de los trabajadores que paralice la actividad de la empresa, en caso de riesgo grave e inminente.

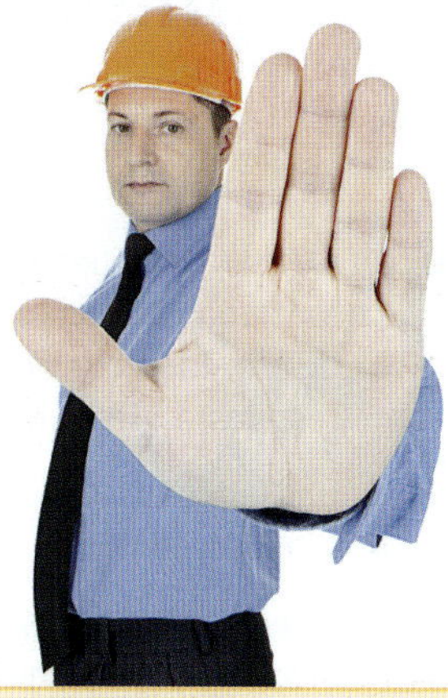

Caso práctico inicial

Francisco tuvo problemas.

No le permitieron la entrada al taller 2.

Ejemplo

Jaime Arias ha creado su propio salón de belleza, para lo que ha contratado a dos personas. ¿Qué debe hacer antes de iniciar la actividad? ¿Cómo puede organizar la prevención?

Todas las empresas deben realizar una evaluación de riesgos antes de iniciar la actividad. Dicha evaluación, junto con la organización y la planificación de las medidas de prevención y protección, se recoge en un plan de PRL exclusivo para cada empresa. Para organizar la prevención, Jaime puede optar entre: asumir personalmente la actividad preventiva si realiza un curso de nivel básico, ya que reúne los requisitos precisos; designar a uno o varios trabajadores, con la formación adecuada, para que se ocupen de la actividad preventiva; contratar un servicio de prevención ajeno; crear un servicio de prevención propio.

Actividades

4. ¿Cómo se organizará la representación de los trabajadores en materia de prevención en una empresa con 534 trabajadores? ¿Y en una empresa con 4 020 trabajadores?
5. Un delegado de personal de una empresa de productos químicos observa que se ha producido un incendio muy cerca de un bidón que contiene un componente que estalla con facilidad; en esos momentos no hay ningún superior en la empresa. ¿Qué debe hacer? ¿Tiene capacidad para paralizar la actividad de la empresa?
6. Lucía trabaja, junto a otras 320 personas, en un laboratorio médico donde experimentan con agentes biológicos dañinos para la salud. ¿Cómo se organizará la prevención de riesgos laborales en el centro de Lucía?
7. ¿Qué servicios de prevención pueden establecerse en un taller de confección de 300 trabajadores, en un supermercado con 550 trabajadores y en un laboratorio con 300 trabajadores en el que se realizan trabajos con exposición a agentes tóxicos?

Trabajo en equipo

8. **Primera fase:** se dividirá la clase en grupos de cinco o seis alumnos. Cada equipo:
   - Elaborará un listado de diez riesgos laborales que suelen estar presentes en los centros de trabajo de su sector profesional (fase de identificación del riesgo).
   - Describirá cada riesgo, especificando los daños que pueden causar (fase de descripción del riesgo).

   Segunda fase: puesta en común de los riesgos descritos. Se nombrará un coordinador del grupo-clase que actuará de moderador y anotará en la pizarra los riesgos de cada equipo (eliminando los repetidos).

   Tercera fase: el grupo-clase, conducido por el coordinador, elegirá tres de los riesgos anotados en la pizarra y valorará cada uno de ellos decidiendo, en común, si son triviales, tolerables, moderados, importantes o intolerables.

ACTIVIDADES FINALES

1. Fidel Jiménez tiene, desde hace cinco años, una tienda propia dedicada a la venta de ropa. Siempre ha trabajado allí de forma habitual, junto a su ayudante, aunque ahora solo va por las mañanas, porque por las tardes está cursando un máster de prevención de riesgos laborales de 600 horas. ¿Puede asumir personalmente las labores de prevención? Razona la respuesta. ¿Debe haber representación de los trabajadores, en materia de prevención, en esta empresa?

2. Una fábrica de material pirotécnico cuenta con 600 trabajadores. ¿Cómo se organizará la prevención de riesgos laborales y la representación de los trabajadores?

3. La empresa CHEMISTRY, dedicada a la elaboración de productos químicos, tiene dos sedes, una en Valencia, donde se utilizan productos químicos de alto riesgo y otra en Sevilla, donde está el equipo directivo, el departamento de financiación y control, el área de marketing y el departamento de recursos humanos.

   La sede de Valencia cuenta con 250 trabajadores, mientras que la sede de Sevilla, al ser la principal, cuenta con 502 empleados. ¿Cómo se debe organizar la prevención en cada sede? Justifica la respuesta.

   ¿Tienen la obligación de pasar una auditoría?, ¿por qué? ¿En qué consiste una auditoría?

4. Una empresa ha renovado la mayoría de los equipos y la maquinaria que utiliza, ¿tiene que actualizar las evaluaciones de riesgo? ¿Cuándo se deben actualizar las evaluaciones de riesgo?

5. Un técnico de prevención ha iniciado una evaluación de riesgos laborales en una carpintería. De momento, ha tomado las siguientes anotaciones. Copia la siguiente tabla en tu cuaderno y completa, las celdas que ha dejado en blanco:

Peligro	Riesgo	Prob.	Consecuencias	Valoración del riesgo	Medidas preventivas	Prioridad
Ignición de productos inflamables, polvo de madera u otros restos resultantes de la actividad.	Explosiones, incendio	Baja	Extremadamente dañino	■■■	■ Utilizar los sistemas de extracción general cuando se lleven a cabo tareas que produzcan polvo, así como las extracciones localizadas de que disponen algunas máquinas. ■ Al finalizar el trabajo deje la zona limpia de virutas, restos y productos químicos.	2
Posible presencia de clavos, puntillas, etc., en el suelo.	Pisadas sobre objetos	Media	Dañino	■■■	Uso obligatorio de calzado de seguridad con puntera reforzada, plantilla antiperforaciones y suela antideslizante	2
Existencia de material almacenado encima de los armarios.	Caídas de objetos por desplome o derrumbamiento	Baja	Dañino	■■■	Retirar el material almacenado encima de los armarios y colocar en un lugar adecuado.	3

Entra en internet

15. Pasar mucho tiempo sentado frente al ordenador puede provocar:

- Trastornos musculoesqueléticos en el cuello, las extremidades superiores y la zona dorsolumbar.
- Problemas circulatorios, especialmente en las piernas.
- Problemas oculares: sequedad, enrojecimiento, picores, fatiga visual, pérdida de visión.
- Fatiga mental.

Por ello, debemos aprender a sentarnos correctamente:

- Se debe mantener la espalda recta y totalmente apoyada sobre el respaldo de la silla, especialmente las lumbares.
- Es necesario regular la altura de la silla para que las piernas formen un ángulo de 90° al nivel de apoyo de los codos.
- Los hombros deben estar relajados, se puede usar reposabrazos si contribuye a ello, los codos han de formar un ángulo de 90°.
- Una vez conseguido el ángulo de 90° entre brazo y antebrazo, subimos o bajamos la pantalla del ordenador de forma que la parte superior de esta quede a la altura de los ojos del trabajador o un poco por debajo.
- Se pueden colocar los pies en el suelo o sobre un reposapiés. El reposapiés permite el ajuste de la silla a la mesa y favorece la circulación sanguínea.

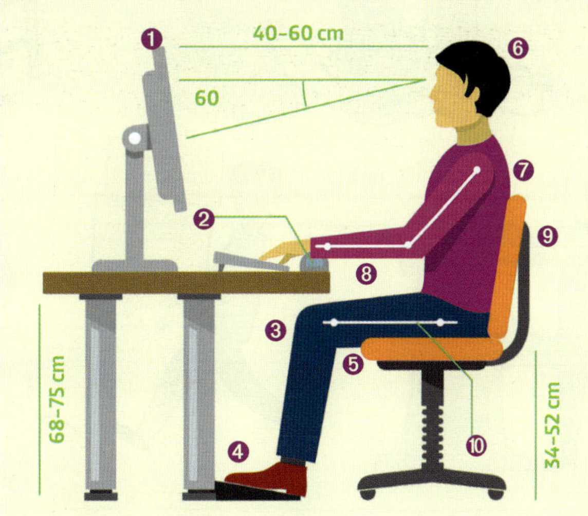

1 Borde superior del monitor al nivel de los ojos o ligeramente inferior.
2 Ratón/dispositivos de entrada próximos al teclado.
3 Piernas y muslos a 90°.
4 Pies pegados al suelo o sobre un reposapiés.
5 Holgura entre el borde del asiento y rodillas.
6 Cabeza/cuello en posición recta, hombros relajados.
7 Antebrazos y brazos a 90°.
8 Antebrazos, muñecas, manos en línea recta.
9 Codos pegados al cuerpo.
10 Muslos y espalda a 90° o ligeramente superior.

En internet, podrás encontrar vídeos sobre la postura más adecuada para trabajar frente al ordenador, por ejemplo: <http://bit.ly/2KFp5wR>.

El INSSBT ha creado varios portales temáticos, entre los que se encuentra uno dedicado a la Ergonomía, donde podrás encontrar un apartado dedicado al trabajo con ordenador. Si entras en <http://bit.ly/2rt8pjr>, encontrarás material divulgativo sobre este tema. Descubre los carteles y folletos del INSBBT, donde recibirás consejos muy interesantes.

La gestión de la prevención y la evaluación de riesgos

Esta es la situación de una de las naves de una empresa siderúrgica con 260 trabajadores:

Actividades

1. ¿Qué modalidad preventiva debe concertarse en esta empresa?
2. ¿Cómo se organizará la representación de los trabajadores?
3. Realiza las siguientes fases de la evaluación de riesgos de esta nave industrial:

   A. Análisis de riesgos:

   - Identifica los peligros que ves en el dibujo.
   - Describe los riesgos.
   - Estima el riesgo. Aventura si la probabilidad de cada riesgo es alta, media o baja y sus consecuencias ligeramente dañinas, dañinas o extremadamente dañinas. Da la valoración que tú estimes conveniente, ya que no eres un profesional.

   B. Valoración del riesgo conforme a las tablas proporcionadas por el INSSBT.
4. Indica las medidas de prevención y protección que deben adoptarse y haz una relación de los procesos o formas de actuar que deben cambiarse.

EN RESUMEN

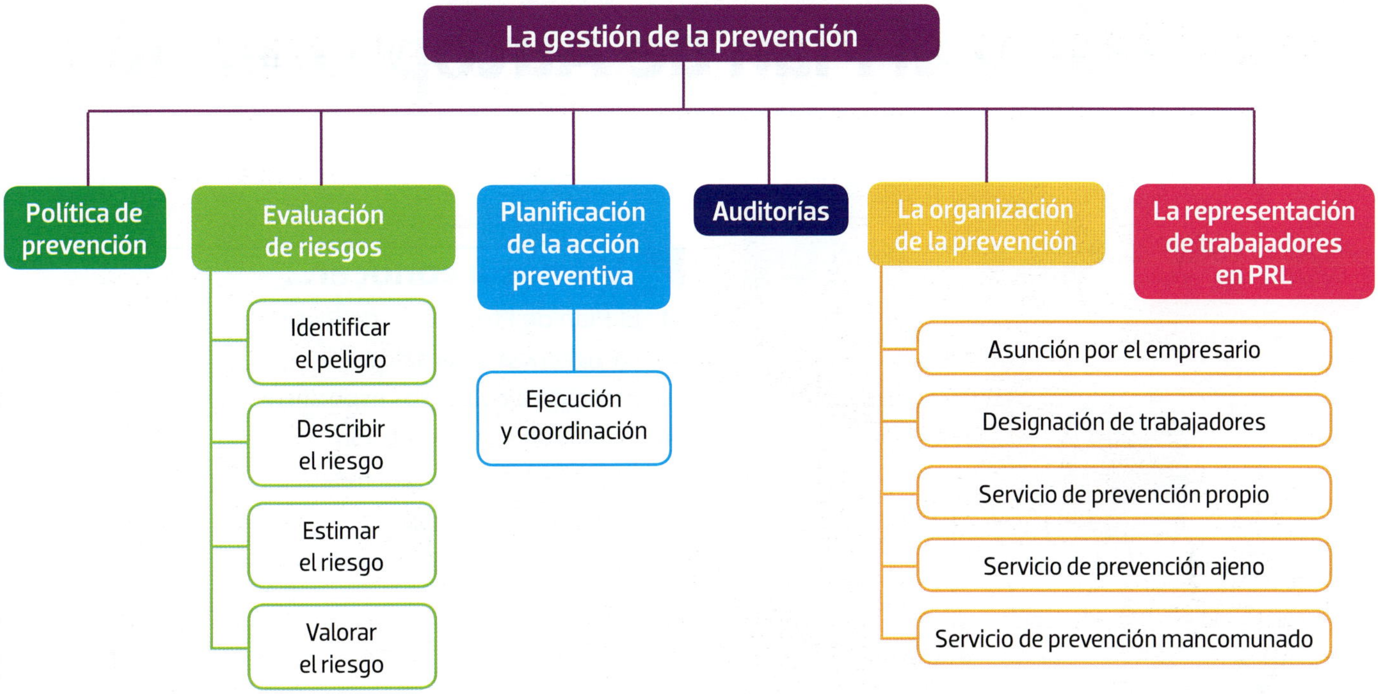

Evalúa tus conocimientos

RESUELVE EN TU CUADERNO O BLOC DE NOTAS

1. **Los delegados de prevención:**
   a) Fomentan la observancia de la normativa de prevención.
   b) Se integran en el comité de seguridad y salud, en las empresas con 50 o más trabajadores.
   c) Pueden proponer al órgano de representación de los trabajadores que paralice la actividad de la empresa, en caso de riesgo grave e inminente.
   d) Todas son correctas.
2. **Se puede organizar la prevención:**
   a) Contratando un servicio de prevención ajeno.
   b) Nombrando delegados de personal.
   c) Estableciendo un comité de seguridad y salud.
   d) Mediante un recurso preventivo.
3. **La gestión de riesgos incluye:**
   a) La evaluación de riesgos y el Plan de Prevención de Riesgos Laborales.
   b) La evaluación de riesgos y el control de riesgos.
   c) La planificación y la organización de la prevención.
   d) Todas son correctas.
4. **Señala la respuesta correcta:**
   a) La evaluación de riesgos incluye la identificación del riesgo y su estimación.
   b) El análisis de riesgos consiste en la identificación y valoración del riesgo.
   c) El análisis de riesgos consiste en identificar el peligro y describir y estimar el riesgo.
   d) La evaluación de riesgos implica identificar, describir y eliminar el riesgo.
5. **Los trabajadores encargados de la actividad preventiva tienen:**
   a) Derecho a acceder a toda la información y la documentación de la empresa necesarias para desempeñar la labor preventiva.
   b) Derecho a recibir formación.
   c) El deber del sigilo profesional.
   d) Todas son correctas.
6. **Señala la respuesta correcta:**
   a) Si la probabilidad de que se produzca el daño es alta y sus consecuencias son dañinas, el riesgo se considera importante.
   b) El Plan de Prevención debe incluir las fechas de sus futuras revisiones y actualizaciones.
   c) Si la probabilidad de que se produzca el daño es baja y sus consecuencias son ligeramente dañinas, el riesgo se considera trivial.
   d) Todas son correctas.

12 El Plan de Prevención y el Plan de Autoprotección

Vamos a conocer...

Y al finalizar esta unidad...

- Comprenderás que la prevención de riesgos laborales debe estar planificada y bien organizada para ser eficaz.
- Descubrirás qué es un Plan de Prevención de Riesgos Laborales.
- Reconocerás la importancia de vigilar la salud de los trabajadores.
- Aprenderás que se debe proteger de forma particular a los trabajadores especialmente sensibles.
- Entenderás lo importante que es el Manual de Autoprotección para la empresa y sus trabajadores.
- Sabrás cómo comportarte en una situación de emergencia en la empresa y tomar las decisiones oportunas.
- Colaborarás en la realización de simulacros en la empresa.

Caso práctico inicial

Situación de partida

Rodrigo García, de 17 años, trabaja desde hace seis meses para la empresa DECSA, que ha sido subcontratada por una refinería de hidrocarburos para realizar actividades de mantenimiento.

El primer día de trabajo, la empresa de refinería le comunica que están actualizando el Plan de Prevención de Riesgos Laborales, por lo que retrasarán a la semana siguiente su formación en prevención y la evaluación de su puesto de trabajo.

Mientras Rodrigo y otros tres compañeros se encontraban haciendo trabajos eléctricos en la zona de los tanques de gasolina, se produjo una explosión. Rodrigo resultó herido grave y sus compañeros murieron en el acto.

La explosión tuvo lugar en los tanques de vacío del área de refinería y conversión, y fue debida a una bolsa de gases producida por la evaporación de la parte más volátil de los hidrocarburos de gasolina. Además, se inició un incendio que se extendió a los demás tanques de gasolinas refinadas.

Los expertos, después de investigar el accidente, señalaron que su causa pudo ser un problema que había habido días antes con el suministro eléctrico en la planta.

Fueron momentos de tensión y angustia por la magnitud que alcanzaba el incendio y por la posibilidad de que el fuego se propagara a las zonas de almacenamiento de los contenedores de propano y butano.

La compañía activó inmediatamente el Plan de Emergencia Interior y de incendio.

Servicios internos de la planta y miembros de Protección Civil se unieron a los bomberos para extinguir el fuego. En total participaron unas 400 personas.

Los servicios de extinción intentaron controlar el fuego mediante la refrigeración con agua y espumógenos. Sin embargo, los técnicos llegaron a la conclusión de que la fórmula más adecuada para acabar con el incendio era dejar que el combustible se quemase.

No hubo necesidad de activar el Plan de Emergencia Exterior, pues el humo no era tóxico y los índices se mantuvieron en todo momento en niveles óptimos.

Estudio del caso

Antes de empezar a leer esta unidad de trabajo, puedes contestar las tres primeras preguntas. Después, analiza cada punto de la unidad con el objetivo de responder al resto de cuestiones de este caso práctico.

1. ¿Cuáles son los factores de riesgo que se describen en el caso práctico?
2. Señala las causas de estos factores de riesgo y las normas que habrían de seguirse para que el entorno de trabajo fuera más seguro.
3. Tras resolver las dos primeras cuestiones, el profesor escribirá en la pizarra las aportaciones de los alumnos y se tratará de llegar por consenso a unas conclusiones finales.
4. Los menores de edad, ¿podrían tener una serie de riesgos añadidos por esta condición? Si la respuesta es afirmativa, indica cuáles, relacionándolos con el caso práctico.
5. ¿En qué consiste un Plan de Prevención de Riesgos Laborales? ¿Deben tenerlo todas las empresas?
6. ¿Qué documentos debe elaborar una empresa química en relación con las posibles situaciones de emergencia?
7. En el accidente descrito en el caso práctico, ¿es correcta la actuación de la empresa? Justifica la respuesta.

- **RD 393/2007, de 23 de marzo, por el que se aprueba la Norma Básica de Autoprotección**
- **RD 486/1997, de 14 de abril, por el que se establecen las disposiciones mínimas de seguridad y salud en los lugares de trabajo**
- **RD 314/2006, de 17 de marzo, por el que se aprueba el Código Técnico de la Edificación**

Puedes encontrar estas normas en internet, en la siguiente página web <www.insht.es>, en el apartado de Normativa.

1. El Plan de Prevención de Riesgos Laborales

Caso práctico inicial

Todas las empresas deben tener un Plan de Prevención de Riesgos Laborales.

El Plan de Prevención de Riesgos Laborales es la **herramienta** a través de la cual se **integra la actividad preventiva** de la empresa en su sistema general de gestión y se establece una política de prevención de riesgos laborales específica para cada organización empresarial.

El Plan de Prevención es aprobado por la dirección de la empresa y debe ser asumido y conocido por todos los niveles jerárquicos (altos cargos, mandos intermedios y todos los trabajadores).

El documento se conservará a disposición de la Autoridad Laboral, de las autoridades sanitarias y de los representantes de los trabajadores, e incluirá los siguientes elementos:

Datos identificativos de la empresa	Su actividad productiva, el número y características de los centros de trabajo, el número de trabajadores y los datos de su perfil relevantes para la prevención de riesgos laborales (por ejemplo, «uso frecuente de trabajadores de ETT», «actividades habituales en instalaciones ajenas», etc.).
Proceso productivo	Descripción del proceso productivo de la empresa, indicando los procesos o prácticas durante los cuales se ejecutan las actividades potencialmente más peligrosas.
Estructura organizativa de la empresa	Su organigrama, las funciones y responsabilidades de cada uno de sus niveles jerárquicos y los cauces de comunicación entre ellos.
Política, objetivos y metas	Qué política sigue la empresa en materia preventiva y cuáles son sus objetivos.
Organización de la prevención en la empresa	La modalidad preventiva elegida y los órganos de representación existentes. Recursos humanos, técnicos, materiales y económicos, con los que cuenta la empresa en materia preventiva.
Prácticas y procedimientos de trabajo	Redacción de los procedimientos de trabajo en materia de prevención. Cada procedimiento describe los pasos necesarios para realizar una actividad preventiva.
Revisión y actualización del Plan de PRL	Las fechas de revisión periódica del Plan deberán estar previstas y constar por escrito. Además de las auditorías impuestas por ley, es bueno realizar una auditoría interna o evaluación de la eficacia del sistema preventivo.

Los **instrumentos** esenciales para la gestión y aplicación del Plan de Prevención de Riesgos Laborales son la **evaluación de riesgos** y la **planificación de la actividad preventiva,** que analizamos en la unidad anterior.

Las **empresas de hasta 50 trabajadores** que no desarrollen actividades del anexo I del RD 39/1997, por el que se aprueba Reglamento de los Servicios de Prevención, podrán reflejar en **un único documento** el plan de prevención de riesgos laborales, la evaluación de riesgos y la planificación de la actividad preventiva.

2. La vigilancia de la salud

Una de las obligaciones de la empresa es la vigilancia de la salud de los trabajadores.

Proceso de vigilancia de la salud

Para vigilar y controlar la salud de los trabajadores, se parte de la **evaluación de riesgos de cada puesto de trabajo** y de un **estudio de la exposición a contaminantes físicos, químicos y biológicos.**

Estas evaluaciones de riesgo, junto con los citados estudios, **se deben actualizar** cuando se detecten daños en la salud, después de ausencias prolongadas por motivos de salud y en el caso de trabajadores especialmente sensibles.

De este modo, la empresa puede establecer un **PLAN DE ACTUACIÓN,** que comprenderá la realización de **reconocimientos médicos periódicos, asistencias y campañas de prevención.** Estas actuaciones permitirán:

- Recoger información sobre la salud de cada trabajador y la posibilidad de que se halle en una situación de especial sensibilidad.
- Diseñar las pruebas médicas para examinar la salud de los trabajadores y su periodicidad, teniendo en cuenta el tipo de riesgo.
- Realizar estudios epidemiológicos y un análisis de las enfermedades profesionales desarrolladas durante y después de la relación laboral.

A través de los exámenes médicos se pretende detectar posibles lesiones con la antelación suficiente, para evitar el desarrollo de una enfermedad.

Intimidad y confidencialidad

Los resultados médicos son confidenciales, solo se entregan al trabajador; no se pueden facilitar a otras personas sin el consentimiento expreso del trabajador.

El empresario y los responsables en materia de prevención solo reciben un certificado médico en el que se indica si el trabajador es:

- Apto o no apto para el desempeño de su puesto de trabajo.
- Apto con limitaciones (no puede realizar todas las tareas de su puesto de trabajo).
- Apto con la necesidad de adaptar su puesto de trabajo a sus especiales condiciones.

Casos de obligatoriedad de los reconocimientos médicos

Solo es obligatorio pasar reconocimientos médicos en los siguientes casos y previo informe de los representantes de los trabajadores:

- Cuando sea imprescindible para evaluar los efectos de las condiciones de trabajo sobre la salud de los trabajadores.
- Para verificar si el estado de salud del trabajador puede constituir un peligro para sí mismo, para los demás trabajadores o para terceras personas.
- Cuando lo exija una disposición legal para la protección de riesgos específicos y actividades de especial peligrosidad.

La vigilancia de la salud solo puede ser realizada por profesionales sanitarios con la titulación adecuada (médicos y enfermeros especialistas en Medicina y Enfermería del Trabajo respectivamente).

También se contribuye a la vigilancia de la salud de los trabajadores realizando una **investigación de los accidentes de trabajo** para averiguar sus causas y evitar que se repitan. Asimismo, se debe dar una atención especializada a los colectivos específicos.

Las campañas preventivas

El objetivo de las campañas preventivas es informar sobre los riesgos existentes en los puestos de trabajo, las enfermedades que pueden ocasionar y explicar las pautas de actuación que se deben seguir.

Se imparten cursos de primeros auxilios, se organizan campañas de educación sanitaria para los trabajadores, etc.

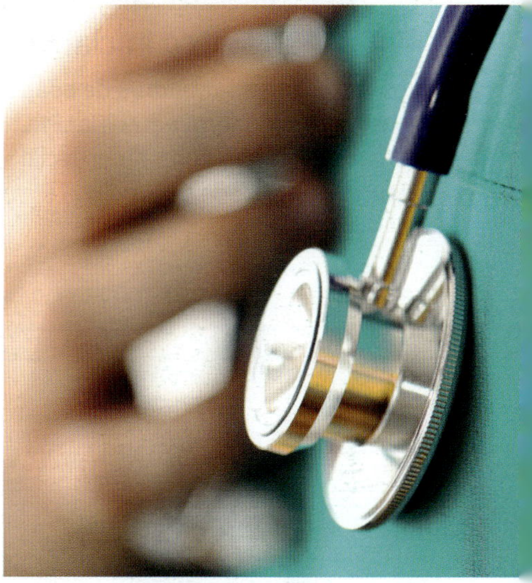

Prórroga de la vigilancia periódica de la salud de los trabajadores

En los supuestos en que la naturaleza de los riesgos inherentes al trabajo lo haga necesario, el derecho de los trabajadores a la vigilancia periódica de su estado de salud deberá ser prolongado más allá de la finalización de la relación laboral, en los términos que reglamentariamente se determinen.

3. Atención a colectivos específicos

El empresario debe garantizar de manera específica la protección de los trabajadores que, por sus propias características personales, estado biológico conocido o discapacidad física, psíquica o sensorial, sean especialmente sensibles a los riesgos laborales. Para ello:

- Tendrá en cuenta sus circunstancias personales en la evaluación de riesgos y, en función de ello, adoptará las medidas necesarias.
- Estos trabajadores no serán empleados en puestos de trabajo en los que puedan peligrar o suponer un peligro para los demás.

3.1. La maternidad

La empresa realizará una **evaluación de riesgos** que tenga en cuenta el estado de las trabajadoras embarazadas, de parto reciente o en periodo de lactancia. En concreto, la LPRL incluye:

- Una **lista no exhaustiva** de agentes físicos, químicos y biológicos, procedimientos y condiciones de trabajo **que pueden influir negativamente** en la salud de las trabajadoras embarazadas o en periodo de lactancia natural, en la salud del feto o del niño durante su lactancia.
- Una **lista no exhaustiva** de los agentes y condiciones de trabajo respecto de las cuales el **empresario debe impedir que se exponga** la mujer embarazada o en periodo de lactancia, cuando de la evaluación de riesgos se desprenda que pueda poner en peligro su seguridad o su salud, o la del feto.

Caso práctico inicial

Los trabajadores menores de edad constituyen un colectivo al que la LPRL señala que se debe prestar especial atención.

Si los resultados de la evaluación revelasen un **riesgo para** la seguridad y la salud de la **trabajadora embarazada o del feto,** el empresario procederá del siguiente modo:

1. En primer lugar, se intentará adaptar las condiciones de trabajo para que no afecten a la salud de la trabajadora o del feto. Dichas medidas incluirán, cuando resulte necesario, la no realización de trabajo nocturno o a turnos.
2. Cuando lo anterior no fuese posible o si, a pesar de tal adaptación, las condiciones del puesto de trabajo siguieran influyendo negativamente en la salud de la embarazada o del feto, **se cambiará a la trabajadora a otro puesto,** compatible con su estado y de su **misma categoría profesional.**

   Es necesaria una **certificación médica** de que las condiciones del puesto de trabajo pueden influir negativamente en la salud de la trabajadora o del feto, que será expedida por el INSS o la mutua de accidentes de trabajo y enfermedades profesionales, en función de la entidad con la que la empresa tenga concertada la cobertura de los riesgos profesionales.
3. Si no existiese un puesto de trabajo de la misma categoría profesional, será destinada a un **puesto no equivalente,** y conservará el salario del puesto de origen.
4. Si tampoco fuese posible que la trabajadora accediese a un puesto de trabajo de distinta categoría o grupo profesional, pasará a la situación de **suspensión del contrato por riesgo durante el embarazo,** durante el tiempo necesario para la protección de la salud y mientras persista la imposibilidad de reincorporarse a su puesto o a otro compatible con su estado. Durante la suspensión del contrato cobrará el 100 % de la base reguladora.

3.2. Los menores de edad

El empresario deberá efectuar una evaluación de riesgos de los puestos de trabajo que desempeñarán los menores de edad, teniendo en cuenta los riesgos específicos para su desarrollo, seguridad y salud, derivados especialmente de su falta de experiencia, de su inmadurez para valorar los riesgos y de su desarrollo todavía incompleto. Dicha evaluación se realizará antes de su incorporación al trabajo y previamente a cualquier modificación importante de sus condiciones de trabajo.

El empresario informará a los menores y a sus padres o tutores de los posibles riesgos y de todas las medidas preventivas y de protección adoptadas.

Caso práctico inicial

Como medida de protección (entre otras, para su salud), los menores de edad tienen prohibida la realización de horas extraordinarias y trabajos peligrosos.

La empresa de hidrocarburos no puede retrasar una semana la evaluación del puesto de trabajo de Rodrigo.

Rodrigo estaba realizando un trabajo considerado peligroso.

3.3. Los trabajadores con contratos temporales y contratados por empresas de trabajo temporal

Los trabajadores con contratos temporales o contratados por empresas de trabajo temporal deberán disfrutar del mismo nivel de protección, en materia de seguridad y salud, que los restantes trabajadores de la empresa en la que prestan sus servicios y tendrán sus mismos derechos y deberes.

Tanto la ETT como la empresa usuaria tienen responsabilidades en materia de prevención con respecto a sus trabajadores:

Obligaciones de la empresa usuaria

- Es **responsable de las condiciones de ejecución del trabajo** en todo lo relacionado con la protección de la seguridad y la salud de los trabajadores.
- Es responsable de las **medidas de protección** tomadas.
- Debe **informar al trabajador,** antes del inicio de la actividad, de:
  - Los riesgos existentes en la empresa y en su puesto de trabajo.
  - Las medidas de prevención y protección adoptadas.
  - Las cualificaciones o aptitudes profesionales necesarias en su puesto de trabajo.
  - La exigencia o no de controles médicos.
- **Informará a los representantes de los trabajadores** de su empresa y a los trabajadores encargados de la prevención o, en su caso, al servicio de prevención, de la incorporación de estos trabajadores, para que puedan desarrollar de forma adecuada sus funciones.
- **Informará a la ETT** (y esta a sus trabajadores) sobre las características de los puestos de trabajo que desempeñar y las cualificaciones que se requieren, antes de iniciar la actividad laboral.

Obligaciones de la ETT

- Proporcionará la **formación** teórico-práctica necesaria para el puesto de trabajo que se va a cubrir, teniendo en cuenta la cualificación y experiencia profesional del trabajador y los riesgos a los que estará expuesto.
- Es responsable de la **vigilancia de la salud** de los trabajadores.
- La ETT **organizará las actividades preventivas con recursos propios** debidamente auditados.
- Constituirá un **comité de seguridad y salud en el trabajo** con un mínimo de cuatro delegados de prevención.

Otros trabajadores especialmente sensibles

- Quienes, por su particular exposición a determinados agentes, pudieran ver afectada su función procreadora.
- Personal sin formación o inexperto (nuevos contratados, trabajadores estacionales y temporeros).
- Trabajadores con inmunodeficiencias.
- Trabajadores con mala salud, por ejemplo, que padezcan bronquitis.
- Trabajadores que estén recibiendo un tratamiento médico que podría aumentar su vulnerabilidad a estados transitorios, que no les permita responder a las exigencias psicofísicas del puesto de trabajo.

Actividades

1. Una empresa ha contratado a Federico García, a través de una ETT, para cubrir un puesto de chapista. Una vez iniciada la actividad laboral, la empresa usuaria realiza una evaluación de riesgos del puesto de Federico y le informa de los EPI que debe utilizar. Tres días después, Federico tiene un accidente, a causa del cual debe estar cinco días de baja. Sabiendo que el uso de los EPI ha sido la única información que ha recibido este trabajador, ¿qué infracciones ha cometido la empresa usuaria y qué responsabilidad tiene?

4. El Plan de Autoprotección

El Plan de Autoprotección es el documento que establece la organización, funciones y procedimientos preventivos en un lugar de trabajo para controlar los riesgos sobre las personas y los bienes en una situación de emergencia (incendio, inundación, explosión...).

El titular de la actividad es responsable del Plan de Autoprotección, que se actualizará y revisará, al menos, cada tres años.

4.1. Plan de Actuación en Emergencias

La LPRL recoge la **obligación del empresario** de analizar y prever las posibles situaciones de emergencias considerando el tamaño y actividad de la empresa y la posible presencia de personas ajenas.

En el Plan de Autoprotección se incluye el **Plan de Actuación en Emergencias,** que explica cómo se van a organizar la respuesta, las medidas de protección e intervención y los procedimientos y secuencia de actuación ante cualquier emergencia que se presente.

Se debe comprobar periódicamente su correcto funcionamiento.

Organización de la respuesta y medidas de protección e intervención

Es responsabilidad del empresario adoptar las **medidas necesarias ante una emergencia sobre primeros auxilios, lucha contra incendios y evacuación.**

La empresa tendrá una estructura organizativa y jerarquizada interna de emergencia con empleados especialmente formados y con material adecuado.

Las funciones y responsabilidades más habituales son:

Director del Plan de Emergencias	■ Activa el Plan de Emergencias. Dirige y coordina la actuación de quienes intervienen.
Jefe de intervención	■ Dirige los equipos de intervención e informa al Director del Plan de Emergencias.
Centro de control	■ Centraliza toda la información y se encarga de dar los avisos de alarma.
Equipos de Primera Intervención (EPI)	■ Intentan eliminar inmediatamente la emergencia.
Equipos de segunda intervención (ESI)	■ Intervienen si los equipos de primera intervención no controlan una emergencia concreta.
Equipos de alarma y evacuación (EAE)	■ Dirigen y supervisan la evacuación, asegurándose de que no queda nadie dentro.
Equipos de primeros auxilios (EPA)	■ Prestan los primeros auxilios antes de que llegue la asistencia médica.
Equipos de apoyo	■ Prestan ayuda especializada a otros equipos.

Caso práctico inicial

Las empresas químicas están obligadas por ley a tener un Plan de Autoprotección y a establecer procedimientos específicos para realizar, por ejemplo, las actividades de mantenimiento de Rodrigo.

Caso práctico inicial

Protección Civil se encargará de activar los Planes de Emergencia Externa y coordinará las actuaciones de todos los equipos de emergencias.

El teléfono de emergencias es el 112.

112

Caso práctico inicial

La refinería tiene que elaborar el Plan de Actuación en Emergencias e incluirlo en el Plan de Autoprotección. Para ello, tiene que tener en cuenta:

- Características del lugar de trabajo y de los sistemas de emergencia.
- Tipo de actividad y equipos de trabajo utilizados.
- Características de los trabajadores y de otras personas afectadas (visitantes, público...).

Procedimientos y secuencia de actuación

Los **procedimientos** y **la secuencia de actuación** tienen que garantizar la **detección** y **alerta,** la **alarma,** la **intervención coordinada,** el **refugio, evacuación y socorro,** la **información durante la emergencia** a quienes estuvieran expuestos al riesgo y la solicitud y recepción de **ayuda externa** de los servicios de emergencia.

Esquema general de actuación en emergencias

Se produce una **situación de emergencia.**

↓

Una vez localizada la emergencia, se da la **alarma,** que puede ser:

- **Alarma automática,** si lo detecta algún dispositivo (por ejemplo, detector de humos o gases).
- **Alarma directa,** si es activada por una persona.

↓

Confirmar la alarma, para comprobar que no es falsa.
Se tiene que saber quién y desde dónde informa y qué y dónde ocurre.

↓

Declaración del **tipo de emergencia,** que puede ser:

- **Conato de emergencia:** afecta a una zona concreta de la empresa y es perfectamente controlable por los EPI.
- **Emergencia parcial:** situación que no puede ser neutralizada por los EPI y necesita la intervención de los ESI. Puede requerir una evacuación parcial de los trabajadores.
- **Emergencia general:** es necesaria ayuda exterior porque los medios humanos y materiales de la empresa no son suficientes. Conlleva una evacuación total.

↓

Transmisión interna y/o externa de la emergencia, que podrá ser de palabra o utilizando sirenas, megafonía, el teléfono o la radio.
Los trabajadores deben conocer el sistema para identificar la emergencia.

↓

Evacuación parcial o total del edificio.	↔	**Intervención,** según los procedimientos diseñados.	↔	**Ayuda exterior,** si los recursos propios son insuficientes.

↓

El **fin de emergencia** ocurre si así lo declara el director del Plan de Emergencia.

Es importante que las actuaciones en la empresa garanticen la integración y coordinación con el sistema público de **protección civil,** que actuará como **unidad de mando externa** y que son los servicios y organizaciones ajenos a la empresa que socorren a las personas y bienes en situaciones de emergencia (policía, servicios sanitarios o bomberos).
Por este motivo hay que organizar las relaciones con servicios externos a la empresa, para garantizar su rapidez y eficacia en particular en materia de primeros auxilios, de asistencia médica de urgencia, de salvamento y de lucha contra incendios.

4.2. Plan de Evacuación

El Plan de Evacuación es un conjunto de actuaciones para desplazar a los ocupantes de una zona o edificio determinado hasta un espacio exterior seguro.

Las fases de la evacuación se producen con la siguiente secuencia:

Detección de la emergencia

Una vez detectada una emergencia, el Director del Plan de Actuación de Emergencia, junto al Jefe de intervención y el EPI, valoran la gravedad de la situación y deciden si se realiza la evacuación total o parcial del edificio.

Alerta y alarma

En el Centro de control, el responsable de comunicaciones informará a los equipos de emergencia, a los trabajadores y a las unidades externas de urgencias, si fuera necesario.

La orden de evacuación, a ser posible, se dará a través de señales luminosas, acústicas (sirenas o alarmas) o comunicaciones verbales a viva voz o por megafonía. Estas pueden darse por separado o simultáneamente.

Tiempo invertido en la evacuación

Hay que conocer el tiempo invertido, para reducirlo al mínimo posible.

Los **simulacros** ponen en práctica cómo se va a actuar y a evacuar un edificio para detectar posibles fallos y aspectos que mejorar y conseguir que el desalojo sea rápido. **Hay que realizar un simulacro al año.**

Desalojo y final de la evacuación

Al evacuar un edificio hay que **salir ordenadamente,** siguiendo el procedimiento establecido, sin correr ni volver hacia atrás. Los responsables de cada planta comprobarán que todas las personas han evacuado la zona.

Los principios que deben observarse en una evacuación son los siguientes:

- Rapidez en el desalojo, pero sin correr para no provocar pánico.
- Orden en la evacuación de las personas.
- Control por parte de los responsables de la evacuación para comprobar que esta se ha realizado según lo planificado y que no queda nadie por evacuar.
- Eficacia, principio que reúne los tres anteriores.
- Los evacuados deben dirigirse al **punto de reunión** en el exterior del edificio y obedecer las instrucciones que les den, por ejemplo:
  - No descolgar el teléfono y, si se está hablando, hay que colgarlo inmediatamente para poder recibir así llamadas.
  - No utilizar el ascensor.
  - Está terminantemente prohibido volver al puesto de trabajo o retirar los vehículos de la zona de aparcamiento.
  - Utilizar las vías, escaleras y salidas de emergencia, que estarán debidamente señalizadas. En cada zona tiene que haber un mínimo de dos vías de evacuación, una principal y otra alternativa.
- En el punto de reunión, los trabajadores deberán agruparse como se les haya indicado, para que el responsable haga un recuento y una lista con el nombre de las personas evacuadas. Si falta alguien hay que comunicarlo inmediatamente.

Trabajo en equipo

2. En el taller de producción de piezas metálicas La Tuerca se produjo un incendio hace un año. Roberto comienza a explicarle a David que Sonia, al salir del baño, vio que el panel eléctrico estaba ardiendo y avisó rápidamente a su encargado.

   — ¿Qué pasó entonces? —pregunta David.

   Roberto le explica que el encargado avisó inmediatamente por teléfono a Rocío, la directora del Plan de Actuación en Emergencias. A continuación, gritó: «¡Rápido! ¡Salid del taller e id al parque! ¡Allí nos vemos!». Pero con las prisas y el nerviosismo, se dejó el teléfono descolgado.

   — Todo el mundo quería ser el primero en salir. Cuando estábamos en el pasillo, la alarma comenzó a sonar. A partir de aquel momento, apareció gente por todas partes. Los empujones y tropiezos eran continuos. Sandra se cayó al pisar una caja que estaba en medio del corredor. Ricardo y Javier bajaron por el ascensor para... —continúa relatando.

   — ¡Eso es una barbaridad! Todo el mundo sabe que en un incendio, el ascensor ¡ni tocarlo! —dice David.

   — Ya, pero nadie nos había informado de lo que debíamos hacer en el caso de una emergencia. Y el asunto no termina aquí: Raúl estaba en el lavabo y no se enteró de nada. Cuando salió, solo quedaba Lucas en el taller, que como sabes es un pasota y creyó que la «cosa» no era para tanto.

   — Supongo que alguien avisó a los bomberos, ¿no?

   — Sí, sí; Rocío lo hizo, y además un grupo de trabajadores intentó controlar el fuego con los extintores que hay en la empresa.

   — Pero, al final, ¿alguien se hizo daño?

   — No, pero podía haber pasado alguna desgracia. Cuando nos encontramos en el parque solo estábamos la mitad de los empleados; resultó que un grupo se había ido al bar y otros se quedaron en la puerta de la empresa. ¡No veas el trabajo que costó saber si quedaba alguien dentro del edificio!

   — ¡Menuda desorganización! Está claro que el Plan de Emergencias en la empresa brillaba por su ausencia.

   — Pues no exactamente. Ya estaba hecho, pero nadie nos había explicado lo que había que hacer en estos casos. Desde entonces, en la empresa se organizan simulacros de emergencias y, periódicamente, los bomberos vienen a darnos cursillos sobre cómo actuar en estas situaciones.

   Después de leer este texto, contesta a las siguientes preguntas:

   a) Señala qué hicieron bien y mal las personas que estaban en La Tuerca, SL, el día del incendio.

   b) Elabora una lista con los puntos que han fallado del Plan de Emergencias y propón medidas correctoras para evitar lo sucedido.

Ejemplo

Los planos del edificio por plantas proporcionarán de manera rápida y gráfica información acerca de:

- La compartimentación de los locales.
- La resistencia de los materiales contra el fuego.
- Las vías de evacuación.
- La ubicación de los medios de extinción.
- Los pulsadores de alarma.
- El almacén de materias inflamables y otros locales peligrosos.
- El número de ocupantes.
- Los interruptores y equipos eléctricos.

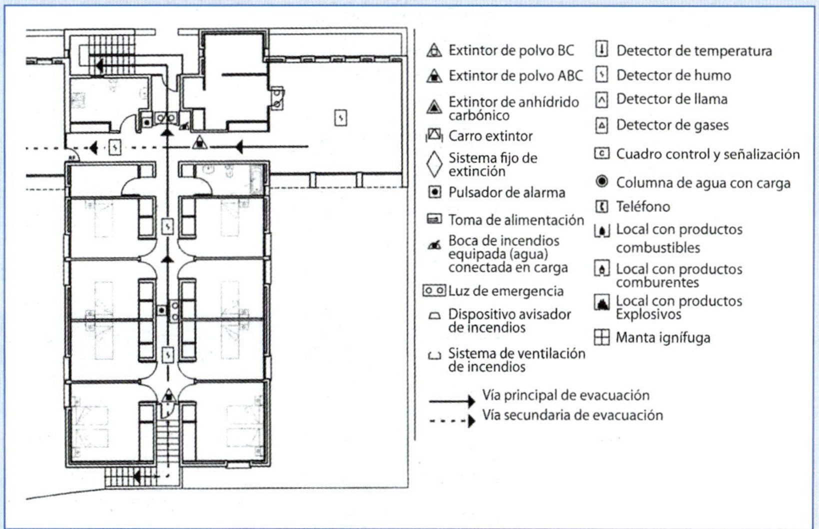

Al menos una copia se colocará en un lugar visible para todas las personas que se encuentran en el edificio y otra se guardará en una caja estanca, resistente al fuego, con la indicación «Uso exclusivo bomberos».

5. La protección frente al fuego

Caso práctico inicial

Los elementos que coincidieron en la refinería del caso práctico fueron:

- Calor: gases acumulados.
- Comburente: oxígeno.
- Combustible: gasolina.

El fuego es una reacción química que consiste en la rápida oxidación o combustión de un elemento que necesita que coincidan en tiempo y lugar tres factores: combustible, oxígeno y calor. Se conoce como **triángulo del fuego.**

Combustible
Materia sólida, líquida o gaseosa que pueda arder.

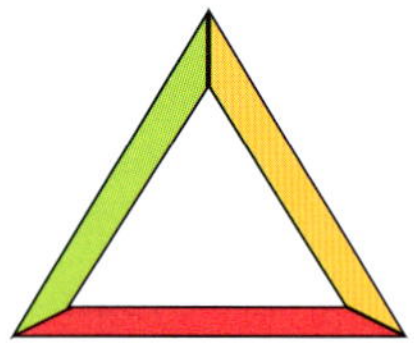

Comburente
Normalmente es el oxígeno del aire. El fuego requiere una atmósfera de por lo menos 16 % de oxígeno.

Calor
Energía que inicia el proceso de ignición de un material combustible.

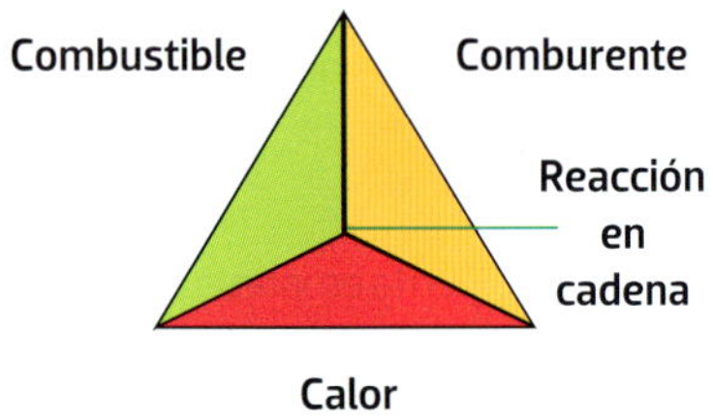

Los tres elementos producen una **reacción en cadena** que propaga el incendio.

Si se elimina cualquiera de ellos, el fuego no se produce o se apagará, si ya ha comenzado. Estas son algunas **medidas de prevención:**

Reducir o controlar el combustible

- Mantener el orden y la limpieza.
- Alejar los elementos combustibles del calor.
- Almacenar los combustibles en recipientes y lugares adecuados.
- Manipular los productos inflamables en sitios abiertos y ventilados.

Eliminar el oxígeno

Se crearán espacios inertes, para almacenar o utilizar sustancias especialmente peligrosas.

Suprimir el calor

- Actuar sobre la fuente de ignición es la medida más eficaz.
- No fumar.
- Apagar un aparato que produzca calor si no se utiliza.
- Mantener en buen estado la instalación eléctrica y usarla adecuadamente. No realizar reparaciones provisionales ni sobrecargar la red.

Principales riesgos de los incendios

- Generación de vapores tóxicos que asfixian a las personas.
- El humo dificulta la visión y, con ello, la huida. Primero, provoca dolor de cabeza, tos y mareos, y después náuseas, irritación de los ojos y dificultad para respirar. Si se continúa respirando puede causar la muerte.
- El pánico altera el comportamiento correcto ante un incendio; incluso pueden producirse comportamientos suicidas.

Clases de fuego (según norma UNE 23.010)	
A	De materias sólidas; la combustión forma brasas (madera, papel...).
B	De líquidos inflamables o de sólidos licuables (gasolina, aceite, pinturas...).
C	De gases inflamables (butano, propano, gas ciudad, acetileno, etc.).
D	De metales o productos químicos reactivos (magnesio, sodio...).

Fuego eléctrico

Un factor importante que considerar es que en todos los fuegos puede estar presente la tensión eléctrica. Algunos estudios técnicos hablan incluso de fuego eléctrico de clase E.

Cuando falla la prevención y se produce el fuego, es necesario adoptar las siguientes **medidas de protección:**

- Si el fuego es pequeño, se puede controlar mediante la utilización de medios de extinción, siempre que se sepan utilizar. No correr riesgos.
- En caso de no poder controlar el fuego, o en fuegos importantes, se debe activar el pulsador de alarma más cercano y avisar inmediatamente al responsable de zona y al centro de control. En este caso deben actuar los equipos de intervención.
- Abandonar la zona rápidamente, pero sin correr ni empujarse. Obedecer sin discutir si se ordena evacuar el edificio.
- Procurar mantener la calma. No gritar.
- No perder tiempo recogiendo objetos personales.
- Cerrar puertas y ventanas para no avivar el fuego y no propagar el humo a otras dependencias.
- Tocar las puertas, si hay que abrirlas. No abrirlas si están calientes.
- Si existen nubes de humo, salir a ras de suelo, gateando.
- Si la ropa arde, no correr, cubrirse la cara, tirarse al suelo y rodar.
- Si el fuego o el humo nos atrapan, encerrarse en un lugar lo más bajo posible, tapar cualquier entrada de humo con ropa, toallas o trapos mojados y colocar en la ventana una prenda de color vistoso, como señal. No se abrirán ni romperán las ventanas hasta que el rescate sea inminente.

Equipos de protección y lucha contra el fuego

- El **sistema de detección y alarma,** que descubre precozmente el incendio y permite la actuación rápida en sus fases iniciales.
- El **pulsador de alarma,** que es activado por una persona para avisar de la existencia de un fuego. Su funcionamiento es mediante rotura de cristal.
- El **alumbrado de emergencia** en los caminos de evacuación y salidas.
- En lugares visibles, de fácil acceso y debidamente señalizados, se colocarán **extintores** que indicarán, con un **número,** el tamaño del fuego capaz de apagar, y con una **letra,** dentro de distintas figuras geométricas, cada una de un color, el tipo de fuego:

- Las **bocas de incendio equipadas** (BIE) son tomas de agua provistas de una manguera que puede estar plegada o enrollada. Tienen una válvula de corte y un manómetro. Suelen estar dentro de un armario cerrado con un vidrio, con la inscripción: «**Rómpase en caso de incendio**».
- La **columna seca** es un trazado de tuberías sin agua, colocado generalmente en el hueco de la escalera, próximo a la entrada del edificio, y válvulas de seccionamiento con bocas de acoplamiento para mangueras en diferentes plantas. Su uso es exclusivo para los bomberos, que acoplan su camión para abastecer con el agua y la presión del propio vehículo.
- El **hidrante** es una toma de agua situada en el exterior del edificio para conectar las mangueras de los equipos de extinción.
- Los **rociadores** (*sprinklers*) son dispositivos para distribuir agua automáticamente sobre el fuego, en cantidad suficiente para controlarlo.
- Los **medios de protección pasiva** son barreras integradas en el diseño del edificio u otras estructuras que limitan la propagación del fuego (puertas cortafuegos, lana de roca...).

¡Es peligroso!

Tirar una colilla mal apagada

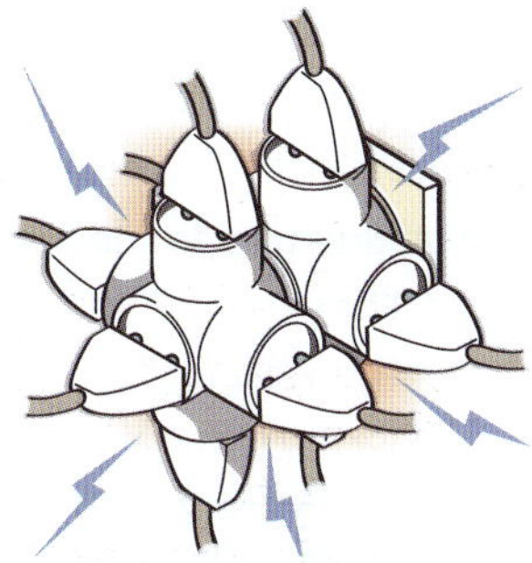

Sobrecargar la red eléctrica

Caso práctico inicial

Realizar una evacuación adecuada del lugar del accidente puede evitar más accidentes o muertes.

Las personas afectadas y las que trabajen en la extinción de un fuego de las dimensiones de la situación planteada deberán seguir las medidas de protección que se explican en este apartado.

Además, la refinería deberá investigar el accidente para adoptar cuantas medidas de prevención sean necesarias para que no se vuelva a repetir esta situación.

ACTIVIDADES FINALES

1. Un inspector de trabajo está realizando una visita a una empresa para comprobar que cumple con la normativa de prevención de riesgos laborales. Nada más entrar, descubre a Rubén, un joven de 17 años, que está limpiando los cristales de la ventana sin arneses, ni cinturones de sujeción, a pesar de estar en una cuarta planta. El inspector le pregunta por su equipo de protección individual y el joven le responde que la ETT que le contrató le dio un arnés que tenía mal la sujeción. Como hoy es su primer día de trabajo, no le ha dado tiempo a ir a por otro nuevo.
   - ¿Quién debía haber entregado a Rubén el equipo de protección individual?
   - ¿Quién debe informar a Rubén de los riesgos presentes en su puesto de trabajo y en la empresa, en general?
   - ¿Qué medidas extra debían haberse tomado con Rubén, al ser menor de edad?
   - ¿Debió Rubén decir que el equipo de protección individual no estaba en buenas condiciones? ¿A quién?
   - ¿Qué opinas del hecho de que Rubén llevara trabajando un día entero sin el equipo de protección individual y nadie se diera cuenta? ¿Quién es el responsable, la ETT o la empresa usuaria?
2. Andrea ha sido nombrada responsable de evacuación del departamento de administración de su empresa. Tiene dudas sobre cuáles son sus responsabilidades. Explica a Andrea cómo debe actuar ante una evacuación.
3. El miércoles por la tarde Antonio, de 17 años, aprendiz de mecánico en TALLERES CISO, se ha quedado solo para «echar unas horas» y terminar unos trabajos que quedaban pendientes. Como tiene ganas de fumar, enciende un cigarrillo, a pesar de saber que está prohibido. Justo en ese momento, su compañero Andrés entra en el recinto llamándolo en voz alta. Antonio se sorprende y lanza el cigarro al suelo, que cae sobre una mancha de gasolina derramada que sale de un bidón caído y abierto.

   Antonio y Andrés están muy nerviosos. Buscan los extintores y no los encuentran. Al fin, ven uno de ellos debajo de unas bolsas de plástico. Andrés lo coge, lee las indicaciones, tira de la anilla, presiona la palanca, pero..., ¡no funciona! Entonces deciden salir a dar aviso de la emergencia.

   De camino a la salida, Antonio ve otro extintor junto a la puerta. Lo descuelga y comprueba que sí funciona; esperanzado, vuelve corriendo al lugar del incendio. Se acerca a las llamas y lo utiliza. La presión del contenido contra la gasolina produce que unas partículas del líquido ardiente salten hacia otros lugares del taller prendiendo material desechable que se acumulaba en un montón de basura. Como el fuego se ha vuelto incontrolable, ambos deciden salir de allí corriendo.
   - Determina los factores de riesgo que se pueden observar en este caso práctico.
   - Explica qué tendrían que haber hecho Antonio y Andrés para manejar adecuadamente los extintores.
   - ¿Es correcta la actuación de Antonio? ¿Por qué?
4. ¿Cuáles son las actividades que deben disponer de un Plan de Autoprotección?
5. ¿Cuáles son los tres elementos necesarios para que se produzca un fuego? ¿Qué es el humo?
6. En la Norma Básica de Autoprotección se recoge un conjunto de obligaciones en relación con el Plan de Autoprotección. La siguiente tabla recoge algunas de ellas. Cópiala en tu cuaderno y señala el sujeto o sujetos responsables.

Obligaciones	Responsables
Elaborar, implantar, mantener y revisar el Plan de Autoprotección.	■■■■■■■■■■■
Proponer criterios técnicos para la correcta aplicación de las normas sobre autoprotección.	■■■■■■■■■■■
Sensibilizar a los ciudadanos, empresas e instituciones en materia de prevención y control de riesgos.	■■■■■■■■■■■
Asumir las funciones que le sean asignadas en el Plan de Autoprotección.	■■■■■■■■■■■
Facilitar la información necesaria para posibilitar la integración del Plan de Autoprotección en otros Planes de Autoprotección de nivel superior y en los planes de Protección Civil.	■■■■■■■■■■■
Ser el punto de contacto y la autoridad competente en todo lo relativo a autoprotección en relación con la Unión Europea y otros organismos internacionales.	■■■■■■■■■■■
Inspeccionar el cumplimiento de la Norma Básica de Autoprotección.	■■■■■■■■■■■

7. Para controlar pequeños fuegos en la empresa, es importante saber manipular un extintor correctamente. Las reglas y pasos que se deben seguir son los siguientes:
   - Mantener la calma y averiguar qué es lo que está ardiendo.
   - Avisar a otras personas para que estén alerta (si se puede). Si el fuego es intenso, ir acompañado y usar más de un extintor.
   - Descolgar el extintor, cogiéndolo por la maneta o asa fija, y dejarlo sobre el suelo en posición vertical.
   - Coger la boquilla del extintor y comprobar, en caso de que exista, que la válvula o disco de seguridad está en una posición sin riesgo para el usuario.
   - Sacar el pasador de seguridad tirando de su anilla.
   - Presionar la palanca de la cabeza del extintor y, en caso de que exista, apretar la palanca de la boquilla, realizando una pequeña descarga de comprobación.
   - Aproximarse lentamente al fuego hasta un máximo de 1 metro.
   - Descargar siempre en la dirección del viento, nunca en contra.
   - Dirigir el chorro a la base de las llamas (nunca sobre las llamas) con movimientos de barrido, de izquierda a derecha con la boquilla de la manguera y el cuerpo si es necesario.
   - Si arden líquidos debemos proyectar superficialmente el agente extintor efectuando un barrido, evitando que la propia presión de impulsión provoque el derrame del líquido incendiado.

   En grupos de cuatro, dibujad una viñeta sobre el uso de los extintores similar a la siguiente historieta, que explica la forma de utilizar correctamente las bocas de incendio equipadas:

   Una vez acabados, se colocarán en el aula u otro lugar del centro educativo que se considere más apropiado para informar a los alumnos sobre su uso en caso de incendio. También se decidirá de qué modo se distribuirá el material elaborado y cuál será el lugar idóneo para darlo a conocer (aulas, comedor, talleres, etc.).

Entra en internet

8. Entra en el siguiente enlace de la empresa VIRTWAY: <http://bit.ly/1RxGBD2>. Se pueden utilizar demos y vídeos de juegos que permiten simular situaciones reales de emergencias, como son:
   - Actuación de los equipos de emergencia en la extinción de un fuego.
   - Seguridad en los entornos industriales.
   - Emergencias en un puerto mercantil.

9. En el siguiente enlace encontrarás un artículo de la Agencia Europea para la Seguridad y Salud en el Trabajo, en el que se dan algunos consejos para los jóvenes trabajadores: <http://bit.ly/1WdJ44h>.

   Después de leerlo, contesta a las siguientes preguntas:
   - ¿Cuál es el índice de siniestralidad laboral entre los jóvenes de edades comprendidas entre los 18 y los 24 años en comparación con el de los trabajadores de cualquier otro grupo de edad?
   - ¿Por qué los trabajadores jóvenes sufren un 50 % más de accidentes laborales?
   - ¿Qué soluciones se proponen en el texto? ¿Se te ocurre alguna más?

PRÁCTICA PROFESIONAL

Atención a colectivos específicos

La empresa BRAGANZA se dedica a la producción industrial de azulejos de cerámica. Recientemente, ha incorporado a los siguientes trabajadores a través de una empresa de trabajo temporal:

- Rodrigo, destinado al departamento de producción, donde descubre que padece una alergia al esmalte con el que se recubren los azulejos. La reacción es tan fuerte que, cuando lleva una hora trabajando, sufre una congestión de las vías respiratorias tan intensa que apenas puede respirar y, en ocasiones, se le nubla la vista. Rodrigo no quiere comunicar su dolencia porque tiene miedo de que no le renueven el contrato. Cree que la alergia desaparecerá en cuanto se acostumbre al esmalte.
- Lucía, destinada al almacén, realiza labores de carga y descarga. Durante su segundo mes de gestación, el médico le indica que tiene riesgo de desprendimiento del óvulo fecundado, por lo que no puede coger nada de peso, ni realizar movimientos bruscos. Su jefe le propone llevar las fichas de almacén, donde se registra la entrada y salida de mercancías; de este modo, estará toda la jornada laboral sentada y en reposo.
- Jorge, un joven de 17 años que trabaja junto a Lucía en el almacén, empieza un día a trasladar unas cajas, cuando su jefe le grita que vaya rápido a ayudarle. Inmediatamente deja lo que transportaba en el suelo, sin darse cuenta de que las cajas quedan al pie de las escaleras. «Ya las recogeré después», piensa. Acude junto a su jefe, que le pide que transporte más cajas, por lo que Jorge le pregunta si puede coger el «toro» que hay en el almacén para transportar todo de una sola vez, con el palé. Su jefe lo mira con ciertas dudas, pero Jorge insiste y le asegura que irá con mucho cuidado. El chico no tiene edad para conducir aquel vehículo, pero no lo menciona y el jefe, finalmente, accede. Jorge consigue conducir la carretilla hasta su destino, no sin antes tener un pequeño susto con Rodrigo, a quien le acababa de dar un ataque de alergia con un lacrimeo tan intenso que no ve a Jorge y este casi le atropella.

Actividades

1. ¿Debe comunicar Rodrigo su alergia? Razona la respuesta.
2. ¿Qué medidas preventivas han faltado en el caso de Rodrigo?
3. ¿Qué empresa es responsable de las condiciones de seguridad y salud de Rodrigo?
4. ¿Qué empresa es responsable de la vigilancia de la salud de Rodrigo?
5. ¿Cómo debe actuar la empresa, dado el estado biológico de Lucía y su repercusión en su salud y la del feto? ¿Es correcta la propuesta de su jefe?
6. Imagina que Lucía ya ha dado a luz y se encuentra en el periodo de lactancia. Su trabajo sigue suponiendo un riesgo para la salud del bebé, porque interfiere en la calidad de la leche materna. ¿Podría disfrutar del derecho a la suspensión por riesgo durante el embarazo y la lactancia natural? ¿Cómo debería actuar la empresa en este caso?
7. ¿Qué obligaciones empresariales se han incumplido con respecto a Jorge?

EN RESUMEN

Evalúa tus conocimientos

RESUELVE EN TU CUADERNO O BLOC DE NOTAS

1. **El Plan de Prevención debe incluir:**
   a) El número de trabajadores que hay en cada centro de trabajo y la modalidad contractual que les une a la empresa.
   b) El número y características de los centros de trabajo, el número de trabajadores y el organigrama de la empresa.
   c) El número de delegados de personal.
   d) Todas son correctas.
2. **Alejandro, un joven de 17 años, está trabajando en una empresa que fabrica y manipula material pirotécnico:**
   a) Si no es trabajador temporal, puede realizar trabajos considerados peligrosos.
   b) Es posible, siempre y cuando utilice las medidas de prevención y protección adecuadas.
   c) Un menor no puede realizar trabajos peligrosos.
   d) Ninguna es correcta.
3. **Las ETT son responsables de:**
   a) Las medidas de protección adoptadas.
   b) La vigilancia de la salud de los trabajadores.
   c) Realizar la evaluación de riesgos del puesto de trabajo.
   d) Las condiciones de ejecución del trabajo en todo lo relacionado con la protección de la seguridad y la salud de su trabajador en la empresa usuaria.
4. **Indica con qué periodicidad se tiene que revisar el Plan de Autoprotección:**
   a) No superior a tres años.
   b) No superior a cinco años.
   c) No superior a dos años.
   d) No superior a diez años.
5. **¿Quién realiza las funciones de Jefe de Emergencias dentro de la empresa?**
   a) Jefe de intervención.
   b) Director de la empresa, en todos los casos.
   c) Director del Plan de Actuación en Emergencias.
   d) Jefe de bomberos.
6. **¿Qué tipo de emergencias controlan los Equipos de Segunda Intervención?**
   a) El conato de emergencia.
   b) La emergencia parcial.
   c) La emergencia total.
   d) Todas son correctas.

13 Primeros auxilios

Vamos a conocer...

1. El protocolo de actuación ante una situación de emergencia
2. La urgencia médica y los primeros auxilios
3. La clasificación de los heridos por su gravedad
4. Las técnicas de primeros auxilios en función de las lesiones

PRÁCTICA PROFESIONAL

Primeros auxilios por hemorragias

Y al finalizar esta unidad...

- Comprenderás las responsabilidades de los empresarios y los trabajadores ante cualquier urgencia en la empresa.
- Aplicarás de una manera eficaz el soporte vital básico.
- Describirás la secuencia de acciones que se sigue en la valoración de los heridos en una situación de emergencia.
- Actuarás adecuadamente cuando haya que clasificar a los heridos en un accidente.
- Distinguirás los grados de gravedad de una víctima de un accidente de trabajo.
- Conocerás los primeros auxilios que se deben aplicar ante heridas, hemorragias, fracturas y quemaduras.

Caso práctico inicial

Situación de partida

Andrés Pérez es el encargado de conducir la carretilla elevadora en el almacén de Laboratorios Promosalud.

Una tarde, Andrés transportaba un palé con un aparato muy pesado de rayos X. Para ahorrar tiempo y poder salir antes del trabajo, solo lo colocó encima de la carretilla, sin sujetarlo.

Raquel, una compañera de Andrés, se encontraba en ese momento haciendo inventario, algo que a ella no le gustaba y que le resultaba aburrido. Para hacerlo más ameno, solía escuchar música a todo volumen con los cascos puestos.

Cuando Andrés iba por el pasillo del almacén, vio unas cajas que alguien había dejado tiradas e intentó esquivarlas. La mercancía que transportaba se desplazó y cayó. Raquel no oyó que Andrés le advertía que se apartara y el aparato de rayos X le dio en la cabeza. El golpe fue tan fuerte que Raquel se desplomó y quedó tendida en el suelo. Tenía una herida encima de la ceja y sangraba abundantemente. En un primer momento, nadie sabía qué hacer. Los compañeros de Raquel estaban muy nerviosos y actuaban de manera descontrolada.

Después de 15 minutos, al encargado del almacén se le ocurrió llamar al teléfono 112 de Emergencias.

Para curar la herida, Andrés buscó en el botiquín y encontró alcohol. Corrió hacia Raquel y le echó un buen chorro sobre la herida, que tapó después con algodón y un esparadrapo.

Sofía, que trabaja en Administración, se enteró del accidente y acudió al almacén a ayudar, pues hacía unos meses había recibido un curso de primeros auxilios y creyó que podía ser útil.

Después de comprobar la consciencia y el pulso, Sofía decidió aplicar a Raquel la reanimación respiratoria.

Cuando llegó la ambulancia, trasladaron a Raquel al hospital, que había recuperado la consciencia gracias a la actuación de Sofía.

Estudio del caso

Antes de empezar a leer esta unidad de trabajo, puedes contestar las dos primeras preguntas. Después, analiza cada punto de la unidad, con el objetivo de contestar al resto de las cuestiones de este caso práctico.

1. Según lo que has estudiado en unidades anteriores, explica qué factores de riesgo han provocado el accidente en Laboratorios Promosalud.
2. Indica qué situaciones consideras irregulares en la ayuda que proporcionan a Raquel sus compañeros. ¿Qué medidas adoptarías para corregirlas?
3. ¿Cómo habrías reaccionado si fueses compañero de trabajo de Raquel?
4. ¿Tiene la empresa obligación de tener algún trabajador formado en materia de emergencias y de primeros auxilios?
5. ¿Qué pasos ha tenido que seguir Sofía a la hora de aplicar la reanimación respiratoria?

ERC 2015: Recomendaciones en Resucitación Cardiopulmonar del European Resuscitation Council

Puedes encontrarlas en internet, por ejemplo en la página web del ERC: <www.erc.edu>.

1. Protocolo de actuación ante una situación de emergencia

La empresa, considerando su actividad, número de empleados, tipos de tareas, factores de riesgo o siniestralidad, etc., debe analizar las posibles situaciones de emergencia y determinar los recursos humanos y materiales necesarios para actuar ante ellas, en coordinación con el sistema público de protección civil.

1.1. ¿Qué hacer ante una emergencia?

Primero	Estar tranquilo, pero actuar rápidamente.
Segundo	Examinar rápidamente el lugar del accidente, comprobar que no existen otros peligros y eliminarlos si los hay. Atender primero a los heridos más graves.
Tercero	No mover a un herido, salvo que sea necesario. Al trasladarlo hay que hacerlo con cuidado, después de comprobar su estado y proporcionarle los primeros cuidados.
Cuarto	Examinar bien al herido, con objeto de comprobar si ha perdido el conocimiento, respira, tiene pulso, sangra o presenta alguna fractura.
Quinto	Ante una víctima que no responde se debe pedir ayuda; a continuación se le abrirán las vías áreas y, si no respira normalmente, se debe avisar a Emergencias mediante el teléfono 112.
Sexto	Hacer solo lo imprescindible, con curas simples, hasta que llegue un médico.
Séptimo	Abrigar al accidentado, tapándolo con una manta o abrigo.
Octavo	No dar de beber a una persona inconsciente, pues puede ahogarse.
Noveno	Tranquilizar y animar a la víctima, diciéndole que no está sola y que pronto llegarán los servicios médicos.
Décimo	No dejar nunca solo al accidentado.

El empresario tiene que adoptar medidas en materia de primeros auxilios, formar e informar a los trabajadores y designar un socorrista laboral voluntario.

Caso práctico inicial

En Laboratorios Promosalud se debería haber organizado la actuación como una emergencia.

Tendrían que haber formado e informado a los trabajadores sobre esta materia y debería designarse un socorrista laboral.

Los trabajadores de Laboratorios Promosalud no actuaron de manera adecuada, deberían haber actuado con tranquilidad.

1.2. Botiquín

Todo centro de trabajo con más de 50 trabajadores o más de 25 que realicen trabajos peligrosos, o en el que existan dificultades para llegar al centro de asistencia, debe disponer de locales de primeros auxilios con un botiquín, una camilla y una fuente de agua potable.

Además, en todos los centros de trabajo debe haber, como mínimo, un botiquín portátil que contenga desinfectantes y antisépticos autorizados, gasas estériles, algodón hidrófilo, vendas, esparadrapos, apósitos adhesivos, tijeras, pinzas y guantes desechables.

El contenido del botiquín estará ordenado y etiquetado y debe ser revisado periódicamente para reponer el material caducado o utilizado. Es aconsejable incluir una lista de los teléfonos de urgencias de la zona.

Actividades

1. Adrián acaba de abrir una casa rural en un pueblo de montaña de difícil acceso por carretera. De momento, no piensa contratar a nadie. ¿Debe tener un local de primeros auxilios y un botiquín?

2. Urgencia médica y primeros auxilios

Los **primeros auxilios** son un conjunto de técnicas para atender a un herido hasta que llegue la asistencia sanitaria profesional. Se aplicarán los siguientes **principios básicos**:

Método PAS

- **Proteger**: Velar por la seguridad de las personas: señalizar el lugar del accidente, eliminar posibles amenazas y desplazar al herido, solo si fuera necesario, manteniendo recto el eje cabeza-cuello-tronco.
- **Avisar**: Contactar con los servicios de emergencia y proporcionar detalles precisos sobre el siniestro (número y estado de los heridos, peligros presentes y lugar exacto).
- **Socorrer**: Atender al herido, valorando sus constantes vitales.

El **European Resuscitation Council** (ERC 2015) recomienda realizar un conjunto de actuaciones y auxilios básicos para mantener una mínima oxigenación de los órganos vitales. Es el **soporte vital básico** (SVB).

La actuación ante una urgencia médica se secuencia en tres pasos:

PASO 1. Evaluación del entorno y primer contacto con la víctima

Al llegar al lugar del siniestro, se **evalúa el entorno** con una inspección visual para cerciorarse de que socorrista, víctima y resto de personas están a salvo de otros riesgos (líquidos inflamables, gases tóxicos, corrientes eléctricas, explosiones, derrumbamientos...). Seguidamente se tiene el primer **contacto con la víctima,** zarandeándola con suavidad por los hombros y preguntándole: «¿Estás bien?».

Se debe pedir ayuda especializada: llamar al 112 para que envíen servicios de salvamento y rescate (ambulancia, bomberos y policía).

PASO 2. Valoración primaria

Verificar las constantes vitales del herido hablándole para comprobar si está consciente, observar si respira o sangra y tomar el pulso palpando la carótida.

Valoración primaria

- **Si la víctima responde (está consciente)**
  - Mantenerla en la misma posición, si no hay otros peligros.
  - Averiguar qué le pasa con una valoración secundaria.
- **Si la víctima no responde (está inconsciente)**
  - Respira y tiene pulso: Colocar en posición lateral de seguridad.
  - No respira y tiene pulso: Aplicar la reanimación respiratoria.
  - Ni respira ni tiene pulso: Iniciar la reanimación cardiopulmonar.

PASO 3. Valoración secundaria

Exploración rápida, ordenada y concienzuda del herido en busca de lesiones. Se intenta localizar sangre, deformidades (bultos o huecos), secreciones (sudor, heces, orina o vómitos), anormalidades en el color... Se sigue este orden: cabeza, cuello y hombros, tórax, vientre, piernas y extremidades superiores.

Se le pregunta por su estado para detectar problemas de orientación o memoria.

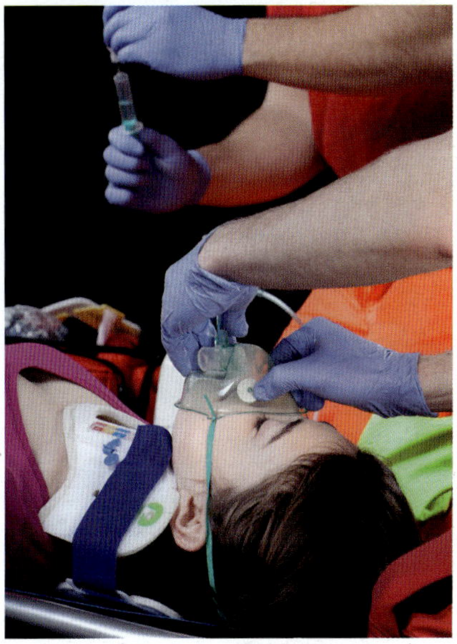

Protocolo de actuación según el soporte vital básico

No responde
▼
Gritar pidiendo ayuda
▼
No respira normalmente
▼
Llamar al 112
▼
30 compresiones torácicas
▼
2 respiraciones de rescate | 30 compresiones torácicas

El SVB se realiza sin usar ningún tipo de equipamiento y debería ser conocido por toda la población.

Fig. 1

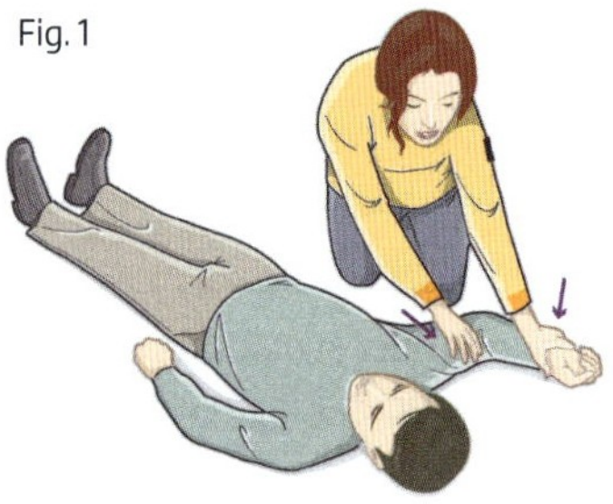

Fig. 2

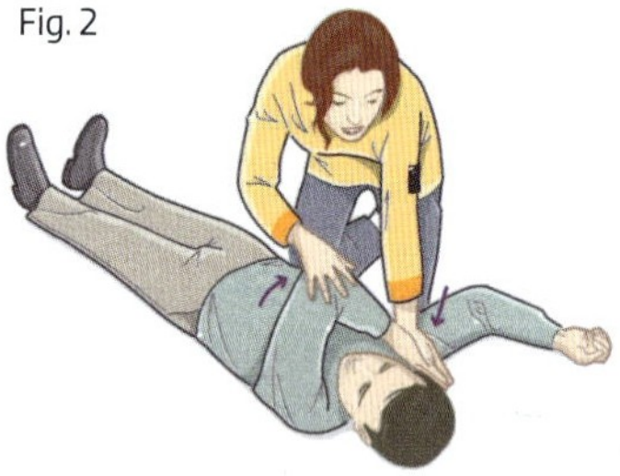

Fig. 3

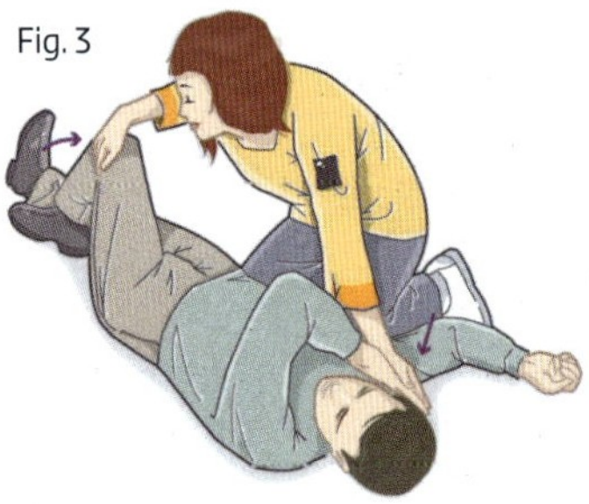

Fig. 4

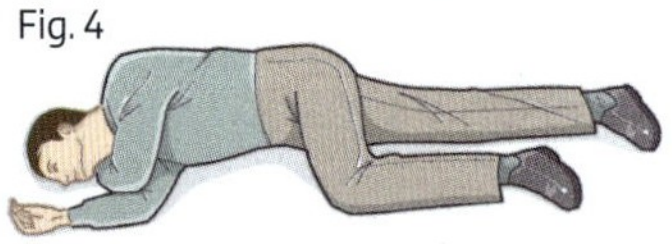

Posición lateral de seguridad.

Posición lateral de seguridad (PLS)

Una víctima inconsciente, con pulso y que respira se coloca, **si no existen lesiones en la columna vertebral,** en **posición lateral de seguridad** para prevenir el atragantamiento y la aspiración de vómitos.

Pasos que se deben seguir:

1. Poner el brazo más próximo al socorrista en ángulo recto con el cuerpo, el codo doblado con la palma de la mano hacia arriba (Fig. 1).
2. Traer el brazo alejado del socorrista cruzando el tórax y apoyar el dorso de la mano contra la mejilla del lado contrario de la víctima (Fig. 2).
3. Con la otra mano, agarrar la pierna más alejada justo por encima de la rodilla y levantarla, manteniendo el pie apoyado en el suelo, y girar el cuerpo hasta que quede de lado (Fig. 3).
4. Colocar el dorso de la mano del lado externo bajo la mejilla (Fig. 4).

Reanimación respiratoria

La reanimación respiratoria se aplica en heridos inconscientes, que no respiran, pero tienen pulso.

Paso 1. Preparación para la respiración:

- Tumbar a la víctima en decúbito supino (boca arriba) sobre un plano duro y sin almohada con los brazos a lo largo del cuerpo.
- Quitar, aflojar o rasgar la ropa que oprima la garganta, el tórax o el abdomen y retirar las cadenas y collares.
- Sacar de la boca cuerpos extraños liberando las vías respiratorias, incluidas la lengua u otros objetos (chicles, flemas, vómitos...).

Paso 2. Apertura de las vías aéreas con maniobras de reanimación:

- La **maniobra frente-mentón:** colocar la mano sobre la frente y, con cuidado, inclinar la cabeza hacia atrás. Con las yemas de los dedos bajo el reborde del mentón, elevar este para abrir la vía aérea.
- La **maniobra de tracción mandibular:** agarrar la mandíbula metiendo el dedo pulgar en los dientes y los demás dedos debajo de la barbilla, tirando de ella hacia arriba para elevar la mandíbula y abrir la boca. Se utiliza si hay lesiones cervicales.

Paso 3. Comprobar la respiración durante no más de 10 segundos:

- Mirar si hay movimiento torácico.
- Escuchar en la boca de la víctima si hay sonidos respiratorios.
- Sentir el aire espirado en la mejilla.

Paso 4. Respiraciones de rescate con el **método boca a boca** insuflando aire por la boca tras abrir las vías respiratorias y pinzar con los dedos la nariz, o el **método boca-nariz,** tapando la boca con la mano e insuflando aire por la nariz.

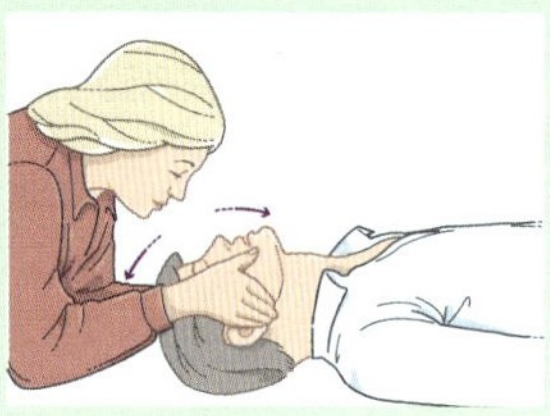

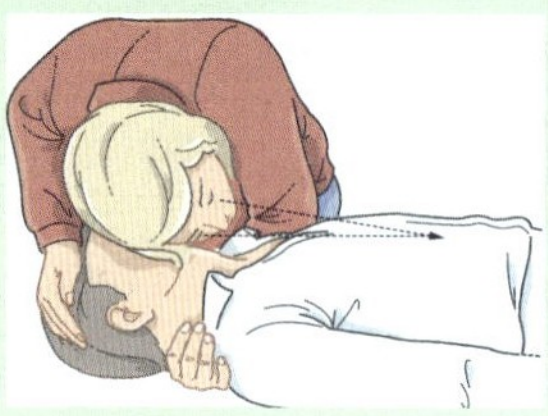

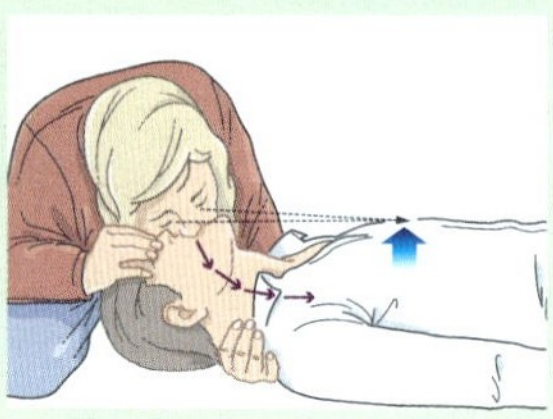

Caso práctico inicial

Es importante atender a Raquel con rapidez, pues las lesiones cerebrales aparecen después del tercer minuto, y las posibilidades de supervivencia son casi nulas después de 8 minutos de parada cardiaca.

Por tanto, puede que la reanimación respiratoria que le ha practicado Sofía le haya salvado la vida.

Actividades

2. Ordena las siguientes actuaciones según su prioridad: llamar a los servicios de emergencia; comprobar la consciencia del herido; recopilar toda la información posible acerca de la emergencia; señalar el lugar del accidente; eliminar un escape de gas; palpar la carótida del herido.

Reanimación cardiopulmonar básica (según el ERC 2015)

Se aplica a una persona inconsciente que no respira o no lo hace normalmente. Antes de su aplicación, es importante estar seguro de la ausencia de pulso, pues **es peligroso hacer compresiones cuando la víctima aún tiene circulación.** Solo se pueden realizar prácticas con muñecos, nunca con personas.

Los pasos para realizar una reanimación cardiopulmonar (RCP), según el **ERC 2015,** son los siguientes:

1. Comprobar que la víctima está en decúbito supino (tumbada boca arriba) sobre una superficie lisa y firme.
2. Arrodillarse al lado de la víctima.
3. Poner el talón de una mano en el centro del tórax de la víctima.
4. Poner el talón de la otra mano encima de la primera.
5. Entrelazar los dedos de las manos y asegurarse de que la presión no se aplica sobre las costillas de la víctima. No aplicar presión sobre la parte superior del abdomen o el extremo inferior del esternón.
6. Colocarse verticalmente encima del tórax de la víctima y, con los brazos rectos, presionar sobre el esternón, hundiéndolo 4-5 cm. Se deben realizar las compresiones con fuerza, aprovechando el peso del socorrista para realizar la presión.
7. Tras cada compresión, dejar de hacer presión sobre el tórax sin perder el contacto entre las manos y el esternón; repetir con una frecuencia de 100 por minuto (un poco menos de 2 compresiones por segundo).
8. La compresión y la descompresión deben tener la misma duración.

Combinar las compresiones torácicas con respiraciones de rescate:

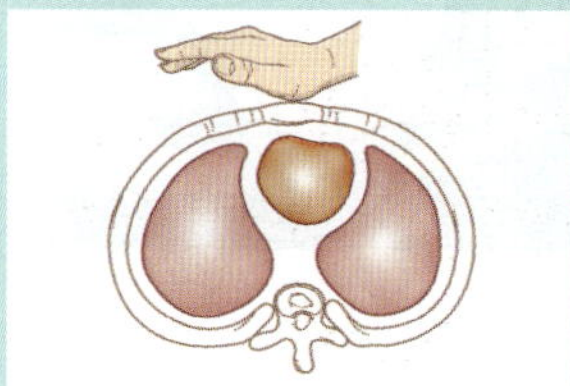

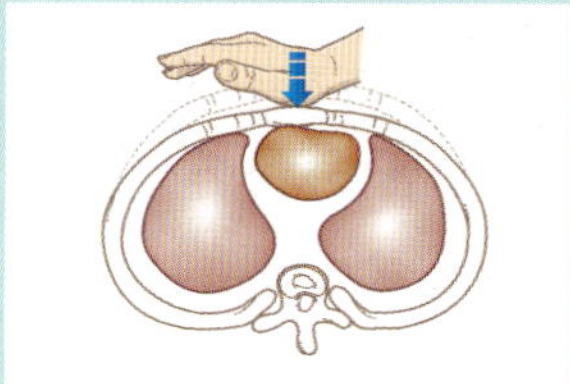

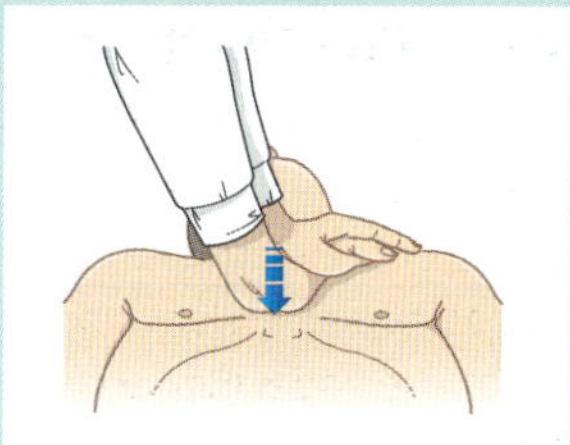

9. Tras 30 compresiones, abrir la vía aérea nuevamente mediante la extensión de la cabeza y elevación del mentón (maniobra frente-mentón).
10. Pinzar la parte blanda de la nariz cerrándola con los dedos pulgar e índice de la mano que está sobre la frente.
11. Permitir que se abra la boca, pero manteniendo la elevación del mentón.
12. Hacer una respiración normal y poner los labios alrededor de la boca de la víctima, asegurando realizar un buen sellado.
13. Soplar de manera constante dentro de la boca mientras se observa la elevación del tórax durante aproximadamente 1 segundo, como en una respiración normal; esta es una respiración de rescate efectiva.
14. Manteniendo la cabeza extendida y la elevación del mentón, retirar la boca de la víctima y observar el descenso del tórax mientras va saliendo el aire.
15. Hacer otra respiración normal y soplar dentro de la boca de la víctima otra vez, para alcanzar un total de dos respiraciones de rescate efectivas. Volver a poner las manos sin dilación en la posición correcta sobre el esternón y hacer 30 compresiones torácicas más.
16. Continuar con compresiones torácicas y respiraciones de rescate con una relación de 30 compresiones por cada 2 respiraciones.
17. Solo si la víctima comienza a respirar normalmente se debe parar para revalorarla; de otro modo, no se debe interrumpir la reanimación.

Si la respiración de rescate inicial no hace que el tórax se eleve como en una respiración normal, entonces, antes del próximo intento:

- Revisar la boca de la víctima y eliminar cualquier obstrucción.
- Comprobar que son adecuadas la extensión de la cabeza y la elevación del mentón.
- No intentar más de dos respiraciones seguidas antes de volver a las compresiones torácicas.

Si está presente más de un rescatador, uno debe realizar las compresiones torácicas y el segundo las respiraciones de rescate, intercambiando las funciones cada 1-2 minutos para prevenir la fatiga. Es importante asegurarse de que se produce el retraso mínimo durante el intercambio de rescatadores.

Continuar la reanimación hasta que:

- Llegue ayuda cualificada y se haga cargo.
- La víctima empiece a respirar normalmente.
- El socorrista esté agotado.

3. Clasificación de los heridos según su gravedad

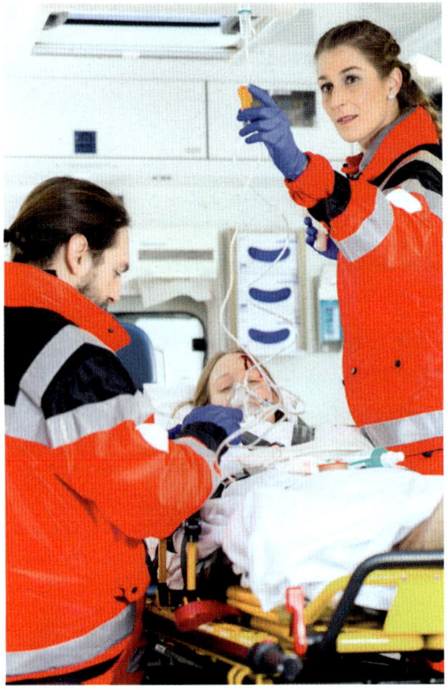

Los servicios sanitarios inician las primeras maniobras de socorro en el lugar de la catástrofe, que recibe el nombre de **zona de rescate**, y lo harán siempre que los servicios de salvamento y rescate lo permitan porque la zona es segura.

Si fuera necesario, se evacúa a las víctimas a la **zona de selección**, que es un área segura para trabajar cerca del siniestro, de fácil acceso para las ambulancias y lo más cercana posible a una vía de comunicación.

Al atender a los accidentados, se utilizará el triaje para clasificar a las víctimas en función de su gravedad y poder atender, en el menor tiempo posible, al mayor número de personas. Esta técnica se guía por los siguientes principios:

- Salvar la vida tiene prioridad sobre la salvación de algún miembro; y la conservación de la función sobre la corrección del defecto anatómico.
- La asfixia, las hemorragias y el *shock* requieren una actuación inmediata.

En el triaje se utilizan unas cartulinas con un código internacional de colores que agrupa a las víctimas en categorías por el siguiente orden de prioridad:

Heridos con posibilidad de sobrevivir, que requieren atención médica inmediata y su evacuación es prioritaria con control médico.

▼

Lesionados que precisan atención médica con maniobras sencillas de estabilización. Son evacuados sin control especial.

▼

Pacientes ilesos o leves que no tienen comprometida ninguna función vital y se valen por sí mismos. Tras el tratamiento médico, pueden ir a su domicilio sin necesidad de ingreso hospitalario.

▼

Cadáveres o heridos con posibilidades de recuperación nulas.

Ejemplo

Un taxista recibe un golpe por detrás de su taxi cuando estaba parado en un semáforo. Está malherido y atrapado entre el asiento y el volante del vehículo. No se observa peligro de explosión o incendio. ¿Cómo se debe de actuar para auxiliar a este herido?

Al encontrarse prisionero en el interior del vehículo, el taxista debe ser liberado por personal adecuadamente adiestrado, pues actuar sin medios materiales ni conocimientos y experiencia podría suponer daños en la víctima que agravarían más su estado. La forma correcta de actuar sería la siguiente:

- Mantener en todo momento la calma, pero actuar con rapidez.
- Comprobar que no existe ningún otro riesgo que ponga en peligro a las personas.
- Preguntar a la víctima por su estado, consultándole si está bien.
- Llamar al 112 para que envíen servicios de salvamento y rescate (ambulancia, bomberos y policía).
- Trasladar al herido solo si existe peligro y después de comprobar que no presenta una lesión medular.
- Intentar acceder al lesionado para conocer su grado de consciencia, estado respiratorio y circulatorio.
- Tranquilizar al herido y permanecer junto a él, explicándole que la ayuda viene de camino.
- Realizar aquellas maniobras de primeros auxilios que sean factibles.

4. Técnicas de primeros auxilios en función de las lesiones

4.1. Heridas

Una **herida** es una rotura de la piel producida por un traumatismo que puede o no afectar a otras estructuras subyacentes, como huesos, vasos sanguíneos, etc.

Para ofrecer una asistencia adecuada al accidentado hay que valorar la importancia de las heridas teniendo en cuenta su extensión, profundidad, localización y el grado de suciedad que presentan.

Como regla general, antes de tocar la herida hay que lavarse las manos con agua y jabón, emplear guantes desechables o, al menos, que estén limpios y material estéril.

4.1.1. Heridas leves

Las heridas leves solo afectan a la capa más externa de la piel y no presentan otro factor específico de gravedad.

Lo primero que hay que hacer es desinfectarla. Para ello, se limpia con agua y jabón (siempre de dentro hacia fuera) y, por último, se aplica un antiséptico no colorante que permita distinguir una posible infección.

La herida se deja al descubierto si el entorno está limpio y no hay riesgo de infección, para favorecer la cicatrización. En ambientes contaminados, se tapa con una gasa sujeta con esparadrapo.

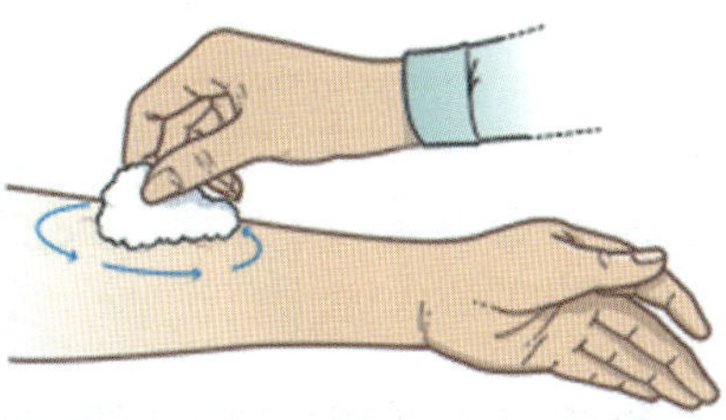

Lavar la zona alrededor de la herida.

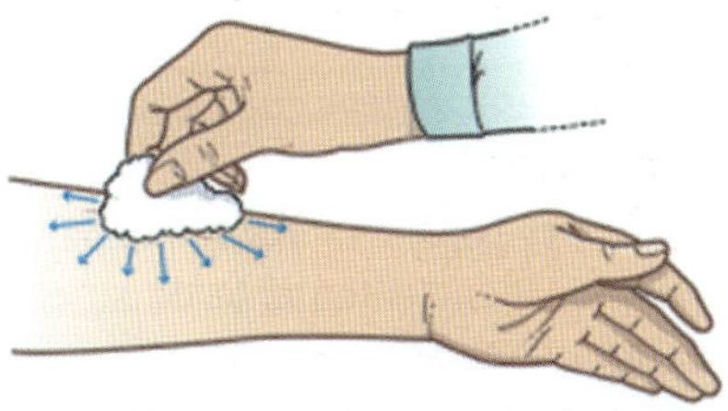

Desinfectar la zona de alrededor de la herida desde dentro hacia fuera.

4.1.2. Heridas graves

Las heridas graves afectan extensamente las manos, ojos, boca, nariz y genitales o son incisiones en tórax, abdomen o articulaciones.

Se controlarán el estado general del herido y sus signos vitales. Se buscan en los puntos dolorosos de la herida síntomas de contusiones, fracturas o hemorragias, actuando de acuerdo con lo establecido para cada situación concreta. Se tiene que cubrir la herida con un apósito o una gasa húmeda más grande que la propia herida.

También se puede realizar un vendaje con un pañuelo o un trozo de tela que estén limpios. Finalmente, hay que trasladar urgentemente al herido a un centro sanitario.

Las heridas penetrantes en el tórax hay que taparlas rápidamente con material no transpirable y mantener al accidentado en posición de semisentado. Si la herida penetrante es en el abdomen se debe tapar con un trozo grande de tela limpia humedecida. No extraer nunca el objeto por riesgo de hemorragia o de provocar daños en otras estructuras. En ambos casos, debido a su gravedad, hay que trasladar al herido urgentemente a un centro hospitalario.

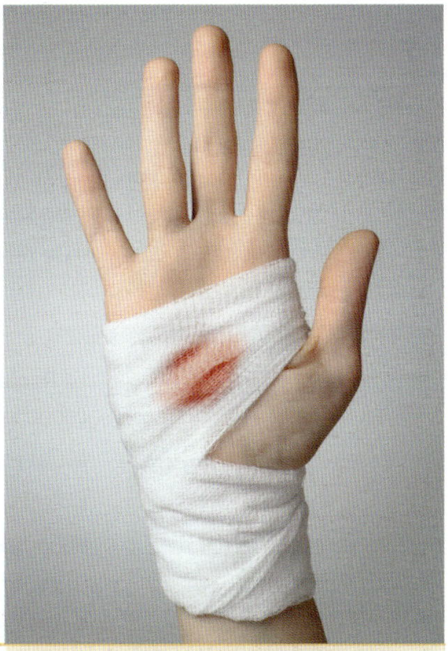

Caso práctico inicial

Antonio no auxilia correctamente a Raquel, pues no es conveniente utilizar algodón para limpiar la herida porque pueden quedar filamentos en su interior. Tampoco es recomendable utilizar alcohol o agua oxigenada.

Nunca hay que quitar ningún elemento clavado en la herida para evitar cualquier tipo de desgarro.

Vacuna antitetánica

Tras sufrir determinadas heridas se debe recomendar la aplicación de la vacuna antitetánica.

4.2. Quemaduras

Las **quemaduras** son lesiones producidas, generalmente, por la acción del calor sobre los tejidos del cuerpo.

Clasificación de las quemaduras

Según su profundidad

- **De primer grado:** destruye la capa superficial de la piel, produciendo enrojecimiento. Es el denominado **eritema.**
- **De segundo grado:** abombamiento de la epidermis; lesión conocida como **ampolla** o **flictena.**
- **De tercer grado:** necrosis de los tejidos; aparece una costra (escara) y se ennegrece.

Según su extensión

La **Regla de los 9** de Wallace calcula la extensión quemada aplicando los siguientes porcentajes:

- Cabeza y cuello: 9 %.
- Cada extremidad superior: 9 % (7 % el brazo y 2 % la mano).
- Cada extremidad inferior: 18 % (9 % el muslo, 7 % la pantorrilla y 2 % el pie).
- Cara anterior de tórax y abdomen: 18 %.
- Espalda y nalgas: 18 %.
- Genitales: 1 %.

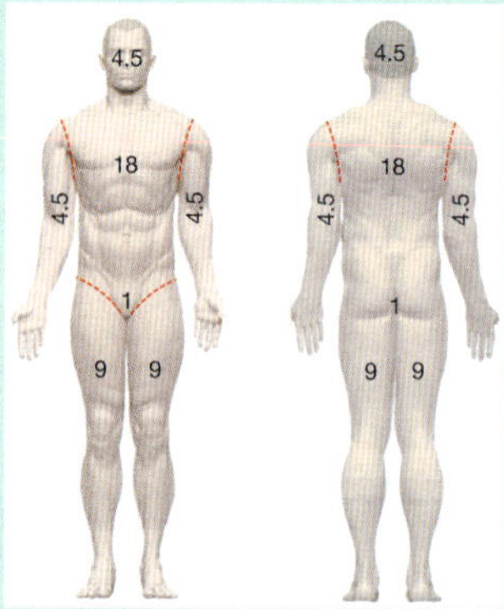

Según su gravedad

- Una quemadura es de carácter **leve** cuando la superficie quemada es inferior al 10 % y su profundidad no rebasa el 2.° grado.
- Entre el 10 % y el 30 % se considera **grave,** independientemente de que sea de 2.° o 3.er grado. Se consideran graves, independientemente de su extensión o profundidad, las quemaduras que afectan a manos, pies, cara, ojos y genitales.
- Entre el 30 % y 50 % es **muy grave,** y prácticamente mortal cuando supera el 50 %.

Lo primero que se debe hacer es alejar al quemado de la fuente de calor y colocarlo en posición horizontal, boca arriba y envuelto en una manta salvo que la espalda esté quemada, en cuyo caso se le coloca en posición lateral de seguridad. Si también tiene los costados quemados hay que tenderlo boca abajo.

Evitar que el quemado corra si su ropa está ardiendo para no avivar las llamas. Hay que cubrirlo con una manta y hacerlo rodar por el suelo. Nunca se quitará la ropa, salvo que esté impregnada de líquido inflamable o de productos químicos.

Según la gravedad de la quemadura, se debe actuar así:

Quemaduras leves: lavar la zona quemada con agua fresca y limpia durante aproximadamente 10 minutos y cubrirla con gasas estériles o un pañuelo limpio empapados en suero fisiológico, si es posible. Tener cuidado de no romper las ampollas y no usar agua oxigenada, alcohol ni algodón.

Quemaduras graves o muy graves: evacuar urgentemente a un centro médico.

4.3. Hemorragias

La **hemorragia** es una salida de sangre fuera del sistema circulatorio.

Tipos de hemorragias

Según el destino de la sangre	■ **Externa:** salida de la sangre al exterior del organismo. ■ **Interna:** salida de la sangre del aparato circulatorio para alojarse en una cavidad que puede tener salida al exterior (tubo digestivo, vejiga, etc.) o no tenerla (cráneo, pleura...).
Según el origen de la sangre	■ **Arterial:** sangre procedente de una arteria. ■ **Venosa:** sangre procedente de una vena.

Solo se puede **intervenir activamente en hemorragias externas**. En las **hemorragias internas** lo único que se debe hacer es mantener la temperatura del accidentado, tranquilizarlo, mantenerlo en reposo con las piernas elevadas y evitar actuaciones perjudiciales hasta que llegue la asistencia especializada.

Para detener una hemorragia externa se usarán estos métodos, siguiendo el orden indicado:

1. **Presión directa**: descubrir la herida para cubrirla inmediatamente con un apósito, gasas, pañuelo, etc., y comprimir de forma mantenida durante 5-10 minutos la zona lesionada. Si la gasa se empapa de sangre no se debe quitar, sino superponer encima más apósitos para no levantar el coágulo.
2. **Compresión arterial**: si la hemorragia no se corta o se produce sobre una fractura abierta se presionará la arteria principal que nutre la zona lesionada.

Zonas de compresión arterial	■ El cuello, sobre la vena carótida. ■ Por detrás y hacia el centro de la clavícula discurre la arteria subclavia. ■ En la cara interna del brazo es posible comprimir la arteria humeral. ■ En el muslo se localiza el triángulo de Scarpa o triángulo torero, por donde discurre la arteria femoral.

3. **Torniquete**: consiste en un vendaje ancho que presiona por encima de la herida y en el extremo del miembro afectado para detener la hemorragia. **Solo se utiliza si los métodos anteriores no funcionan y hay riesgo de muerte,** debido a sus efectos secundarios. Hay que anotar la hora de colocación y nunca se aflojará.

Una **hemorragia de oído** puede ser un síntoma de traumatismo craneal, por lo que no se debe mover al lesionado y hay que facilitar en todo momento la salida de la sangre y controlar sus signos vitales. Hay que evacuar al herido urgentemente a un centro sanitario con servicio de Neurología.

La compresión se tiene que realizar de la siguiente manera:

- Presionar directamente en el punto de sangrado durante 10 minutos.

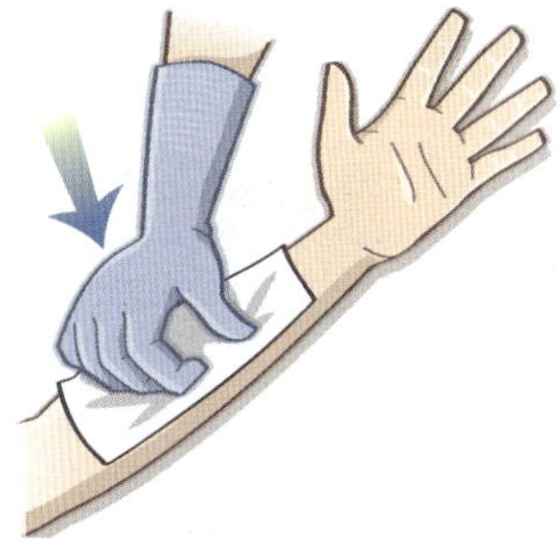

- Elevar la extremidad.

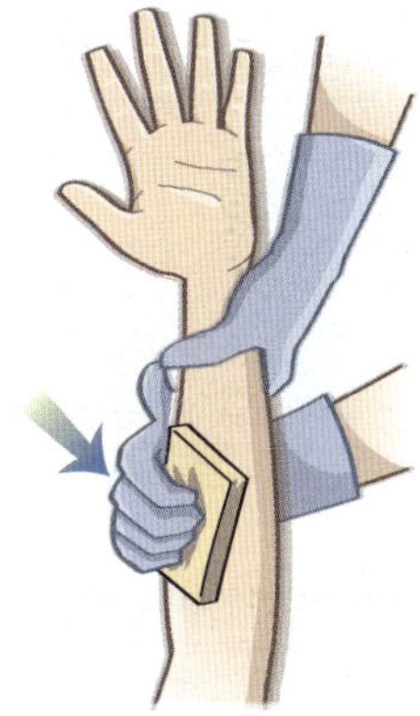

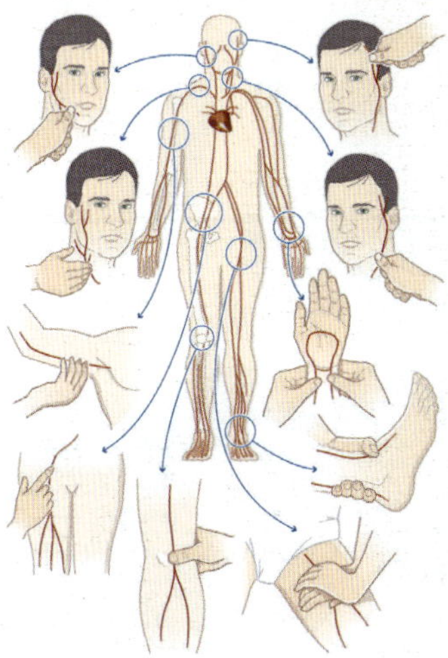

Zonas de compresión arterial.

4.4. Fracturas

La **fractura** es una rotura completa o incompleta de un hueso.

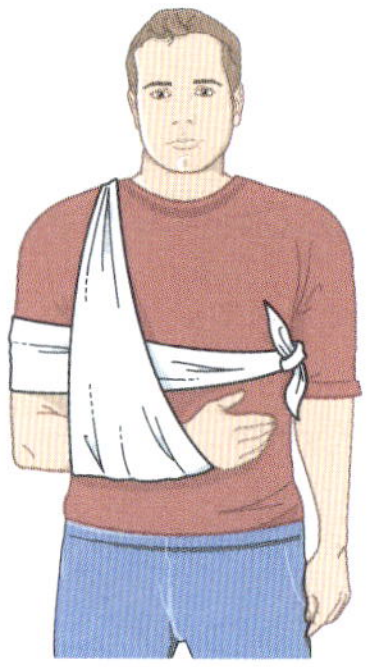

Fractura de húmero.

Clases de fracturas

- **Abiertas:** hay herida y puede existir peligro de infección.
- **Cerradas:** la piel que la cubre está intacta. Hay que tener precaución al mover al herido porque los fragmentos del hueso roto son puntiagudos y cortantes, pueden atravesar un músculo y rasgar un vaso sanguíneo.

El miembro fracturado debe ser **inmovilizado** para bloquear las articulaciones que se encuentren por encima y por debajo del mismo. Según la fractura, se utilizarán diferentes **técnicas de inmovilización:**

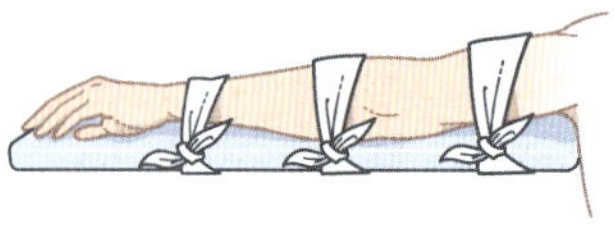

Fractura de codo.

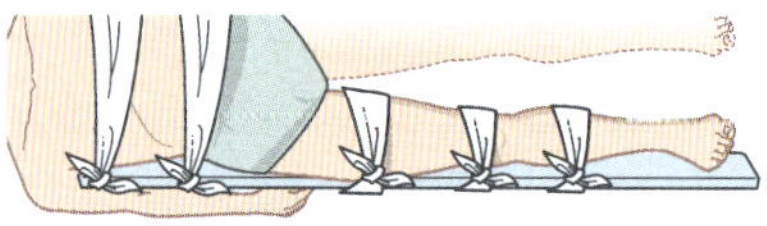

Fractura de fémur.

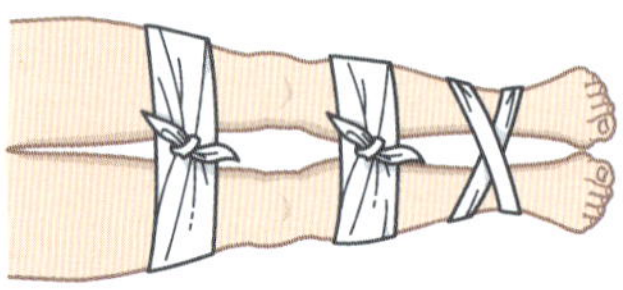

Fractura de tibia y peroné.

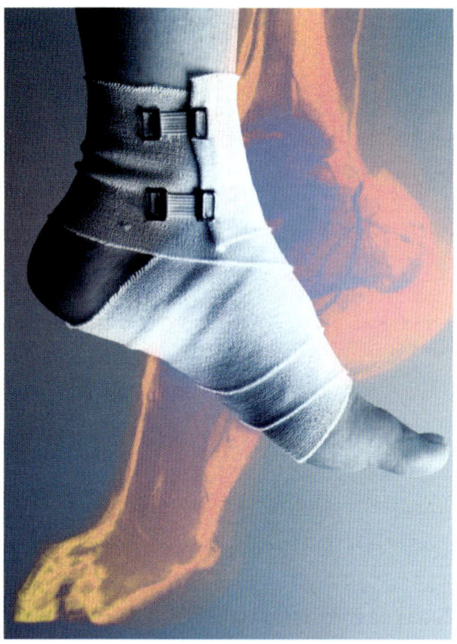

- **Fractura de hombro:** sujetar con cabestrillo el brazo contra el tórax.
- **Fractura de brazo:** inmovilizar con cabestrillo el hombro y el codo. El tórax almohadillado cumple la función de férula.
- **Fractura de codo:** utilizar un cabestrillo si el codo estaba flexionado y una férula si estaba extendido. Mantener en la misma posición en que se encuentra después de la fractura.
- **Fractura de mano:** colocar la mano sobre una tablilla que rebase la muñeca, poniendo el antebrazo en cabestrillo.
- **Fractura de pierna y de rodilla:** bloquear con férulas y ligaduras la rodilla y el tobillo para evitar que se muevan.
- **Fractura de vértebras:** dejar a la persona lesionada tumbada sobre su espalda, mantenerla caliente y esperar a que los servicios especializados la trasladen a un centro médico. Nunca mover, incorporar ni sentar, pues se puede romper algún nervio, lo que provocaría una parálisis desde la altura en que la médula está lesionada hacia abajo.
- **Fractura de cráneo:** instalar al herido en posición lateral de seguridad (PLS) si está inconsciente, abrigarlo y mantenerlo bajo vigilancia. Procurar su evacuación inmediata a un centro sanitario.

Actividades

3. Determina la gravedad de la quemadura según su intensidad y la extensión en los siguientes casos:

- Escaras en brazo y mano izquierdos.
- Ampolla en la mano derecha.
- Ampolla en la pierna derecha.
- Inflamación de la piel por quemadura en el abdomen.
- Eritema en la cara.
- Enrojecimiento de la piel de la espalda.

4. Indica qué extensión tiene quemada un trabajador, aplicando la Regla de los 9, si tiene lesionados el cuello, el brazo izquierdo, la mano derecha y los genitales.

Actividades

5. En la columna de la izquierda figuran varios tipos de fractura y en la columna de la derecha el tipo de inmovilización que se tendría que realizar. Relaciona los conceptos de ambas columnas en tu cuaderno de trabajo.

Fracturas	Inmovilización
Fractura de hombro.	Inmovilizar con un cabestrillo el hombro y el codo.
Fractura de codo.	Poner en PLS y procurar la evacuación inmediata.
Fractura de vértebras.	Poner el brazo en cabestrillo contra el tórax.
Fractura de brazo.	Nunca mover, incorporar ni sentar.
Fractura de fémur.	Utilizar una férula para bloquearlo.
Fractura de cráneo.	Utilizar una férula con el brazo extendido.

6. Al subir por las escaleras metálicas del almacén Sofía se ha tropezado y se ha caído, empujando a Álvaro que iba detrás de ella. Los dos han resultado heridos. Cuando el socorrista llega al lugar del accidente comprueba que ambos están inconscientes, respiran y tienen pulso. Sin embargo, sospecha que Sofía tiene lesionada la columna y Álvaro tiene fracturado el cráneo. ¿Qué actuaciones se deben seguir en ambos casos?

7. Señala el color de la tarjeta en un triaje en estas situaciones:

- Quemadura inferior al 10 %.
- Parada cardiorrespiratoria.
- Pequeña herida en el brazo.
- Hemorragias internas.
- Fractura en la columna vertebral con lesión medular.
- Quemado del 85 % del cuerpo.
- Intoxicaciones con manifestación cutánea.
- Arañazo en la mejilla.
- Traumatismo cerrado de extremidades.
- Contusión en la pierna derecha.
- Fractura en la base del cráneo.
- Ileso.
- Intoxicación con coma.
- Grandes amputaciones traumáticas.

8. Indica cómo se debe actuar en cada una de las siguientes situaciones de emergencia:

- David ha sufrido una caída y se ha roto una pierna.
- En una explosión, Sonia ha quedado inconsciente, respira, tiene pulso y sangra mucho por el brazo.
- Juan se ha quemado toda la mano con hidrógeno líquido. Le han salido ampollas.
- Nacho se ha caído desde un andamio mientras limpiaba los cristales de un edificio. Se ha roto dos vértebras.

Trabajo en equipo

9. En grupos de tres, realizad «tarjetones» con los nombres y teléfonos de urgencias, ambulancias, bomberos y policía; toda la información que se debe ofrecer cuando se da aviso de un accidente (tipo, lugar, síntomas, etc.). Estas tarjetas tienen que ser prácticas y de un tamaño adecuado para ser colocadas cerca de los teléfonos.

ACTIVIDADES FINALES

- **1.** Mónica lleva trabajando dos años como dependienta en ALMACENES PRINSO. Durante los fines de semana es voluntaria de la CRUZ ROJA; de esta manera pone en práctica todo lo que ha aprendido en el ciclo formativo de Cuidados Auxiliares de Enfermería y puede trabajar en algo que realmente le gusta mucho.

  La semana pasada asistió a un curso sobre los riesgos que hay en la empresa y en su puesto de trabajo, y las medidas de prevención que debe adoptar. También les han explicado en qué consiste el Plan de Autoprotección y el Plan de Emergencias y Evacuación. A Mónica le ha parecido muy interesante, sobre todo porque ha visto la oportunidad de colaborar en ALMACENES PRINSO y de ayudar a sus compañeros. Mónica ha ido al jefe de personal a preguntar quién puede ser socorrista laboral. Contesta a esta pregunta, ¿cumpliría Mónica los requisitos que se piden para asumir esta responsabilidad?

- **2.** Indica cuáles de las siguientes actuaciones ante una emergencia son correctas y cuáles no lo son.

  - Atender primero a los heridos que más lo reclamen.
  - Actuar de forma tranquila, pero rápido.
  - Mover al herido para que se sienta cómodo.
  - Examinar bien al herido, con objeto de comprobar si ha perdido el conocimiento, respira, tiene pulso, sangra o presenta alguna fractura.
  - Dar de beber al herido.
  - Hacer solo lo imprescindible y esperar a que venga el médico.

- **3.** En la actividad de «Trabajo en equipo» se había propuesto dividir la clase para realizar «tarjetones» informativos. Ahora la clase tiene que realizar unos carteles sensibilizadores sobre el método PAS, que se colocarán en el centro escolar o en el aula para informar sobre los principios de actuación ante un accidente.

  Se formarán tres grupos. Uno de ellos trabajará el apartado de proteger, otro lo hará con el paso de avisar y el último realizará el cartel de socorrer. Aunque se realicen de forma independiente, los carteles se deben plantear pensando que han de colocarse siempre juntos. Para el diseño de estos carteles, y para conseguir mayor impacto, se pueden utilizar noticias relacionadas con el tema: fotografías, dibujos, frases conocidas, etc. En la imagen te proponemos un modelo de cartel del INSSBT.

- **4.** Rodrigo es el técnico intermedio en prevención de riesgos laborales en una empresa siderometalúrgica con 350 empleados. Acaban de recibir dos botiquines de primeros auxilios. ¿Dónde debería Rodrigo colocarlos?

- **5.** Define qué se entiende por soporte vital básico. Señala los pasos que se deben seguir para realizar el SVB y, a título de ejemplo, indica algunas de las actuaciones que se incluyen dentro de estos pasos.

- **6.** ¿En qué consiste la evaluación inicial de un accidentado?

- **7.** ¿Qué es la valoración secundaria? ¿Cuándo se debe realizar?
- **8.** Explica cuándo se tiene que aplicar el método boca a boca, indicando si hay alguna circunstancia en la que no es recomendable su utilización. ¿Qué técnicas se pueden emplear para sustituir el boca a boca?
- **9.** Realiza un esquema que recoja cómo se tiene que actuar ante un herido inconsciente y que respira. Recuerda que tienes que valorar el estado del mismo y decidir qué hacer.
- **10.** Explica qué es la posición lateral de seguridad y cuándo se debe utilizar.

  Después, pondrás en práctica esta técnica. Para ello se extenderá una manta en el suelo y, por parejas, uno de vosotros se tumbará boca arriba simulando estar herido y el otro le colocará en posición lateral de seguridad, siguiendo los pasos que se han explicado en la unidad.
- **11.** Después de estudiar qué es el método de reanimación cardiorrespiratoria, ¿podrías señalar en qué situaciones aplicarías dicha técnica? Añade algunos ejemplos.
- **12.** ¿Qué es una fractura cerrada?
- **13.** Resuelve la siguiente sopa de letras:

F	E	R	I	T	E	M	A	S	R	O	S	A	I
H	R	V	F	S	V	Ñ	E	X	C	G	I	U	E
J	S	C	D	P	A	S	G	O	P	E	M	T	A
O	F	W	S	B	C	Q	U	I	A	C	U	C	K
B	O	T	I	Q	U	I	N	V	E	E	L	A	N
F	E	R	U	L	A	P	I	J	O	H	A	R	E
K	R	F	R	O	C	L	U	E	N	J	C	O	S
G	E	G	H	E	I	W	A	B	I	E	R	T	A
J	E	M	O	D	O	J	C	O	J	E	O	I	G
K	U	Z	C	K	N	F	U	N	O	D	A	D	L
A	P	L	S	L	A	P	I	Z	C	F	L	A	A
G	U	T	O	P	R	U	T	E	R	C	I	O	N

1. Principios de actuación ante una emergencia.
2. Es obligatorio tenerlo en todas la empresas y contiene lo necesario para curar heridas.
3. Técnica de reanimación aplicada a una persona inconsciente que no respira y no tiene pulso.
4. Resultado de las quemaduras de primer grado.
5. Se utiliza para inmovilizar un miembro fracturado.
6. Tiene relación con la evacuación y se realiza una vez al año.
7. Posición recomendada para un herido con la espalda quemada.
8. Tipo de fractura.
9. Arteria del cuello donde se presiona para detener una hemorragia.

Entra en internet

- **14.** Entra en la página de internet de la Cruz Roja Española <www.cruzroja.es> y del servicio de Emergencias 112 de tu provincia o comunidad autónoma, para contestar a las siguientes preguntas:
  - ¿Qué tipo de servicios ofrecen?
  - La formación en primeros auxilios es necesaria para conocer cómo actuar adecuadamente ante un siniestro. ¿Ofrece la Cruz Roja cursos formativos que puedan recibir los trabajadores para poder auxiliar a un herido en el lugar de trabajo?
  - Imagínate que en la empresa en la que estás trabajando tiene lugar un siniestro con heridos graves y leves. ¿Cuáles serían las responsabilidades de los miembros de la Cruz Roja ante esta situación?

PRÁCTICA PROFESIONAL

Primeros auxilios por hemorragias

En el taller de decoración de muebles La Antigua trabaja Patricia, que es restauradora de muebles. Una tarde de trabajo, Patricia se acerca a buscar barniz al almacén, que se encuentra al otro lado de la empresa.

Como Patricia es muy bajita, tiene dificultades para alcanzar el material que se sitúa en lo alto de las estanterías del almacén. Habitualmente se sube a una escalera pero, como no la encuentra y tiene prisa, decide coger un palo de escoba para tirar de él hacia fuera y así cogerlo.

Sin embargo, el bote de barniz se cae, ella no lo puede coger y le golpea la nariz y la frente. Al recibir el impacto, Patricia se lleva las manos a la cara, nota cómo sangra y, asustada, empieza a gritar pidiendo ayuda al resto de sus compañeros.

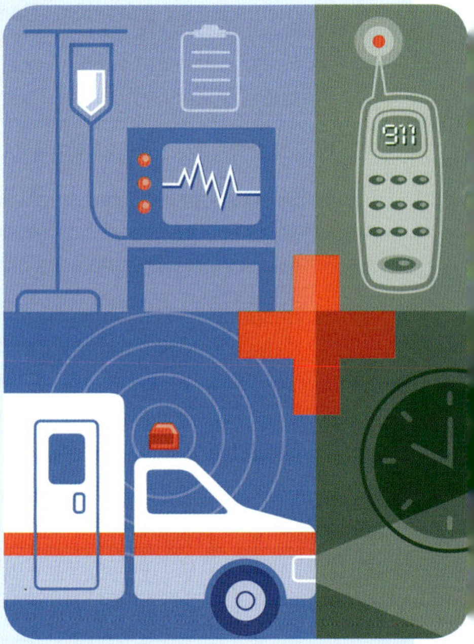

Javier es el primero en reaccionar. Nervioso, se dirige a toda prisa al almacén. Al intentar abrir la puerta de cristal lo hace en dirección contraria a la de apertura, dándole un empujón tan fuerte que el cristal no aguanta la sacudida y se parte en pedazos. Uno de ellos alcanza el brazo de Javier y le produce un gran corte.

Sus otros compañeros se quedan atónitos: el espectáculo es terrible. Patricia tiene la cara ensangrentada y Javier está tendido en el suelo, rodeado de cristales y sangrando también por el brazo. Tardan unos segundos en movilizarse, pero enseguida se dirigen hacia ellos para prestarles ayuda. Nadie sabe cómo actuar exactamente, hasta que Alberto comenta que ha hecho un curso de primeros auxilios y se hace cargo del asunto.

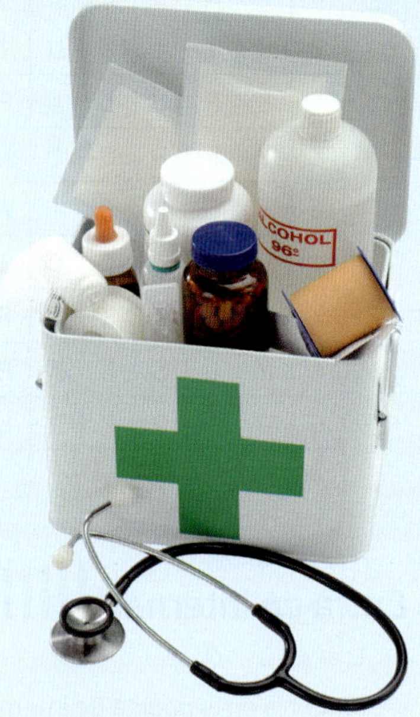

Mientras uno de ellos va a pedir ayuda por teléfono, sus otros compañeros instalan a Patricia en una silla y, con un trapo mojado, le limpian la cara. Pero no para de sangrar por la nariz. Alberto, que está atendiendo a Javier, les dice que presionen la nariz con los dedos contra el tabique nasal y que la chica eche la cabeza hacia atrás. Él, mientras tanto, intenta detener la sangre que mana de la herida del brazo de Javier con un trapo manchado de pintura (es el primero que ha encontrado). Al cabo de unos minutos, creyendo que se ha detenido la hemorragia, retira el trapo, pero inmediatamente la sangre vuelve a brotar. Alberto, asustado, decide hacer un torniquete y, arrancando un trozo de camisa, le hace un vendaje muy fuerte por encima de la herida.

Esto parece solucionar el problema, pero Javier se queja de fuertes dolores y hormigueo en la mano del brazo afectado. Están así hasta que por fin llega el servicio de urgencias.

El médico que atiende a Javier le pregunta a Alberto cuánto tiempo hace que le han hecho el torniquete al accidentado y Alberto no sabe qué responder.

Actividades

1. ¿Qué actuaciones incorrectas detectas en este caso práctico?
2. En vez de como lo han hecho, ¿cómo deberían haber actuado en esta situación?
3. Una vez estudiado el caso práctico, los alumnos, en pequeños grupos, destacarán en un listado todas aquellas actuaciones empleadas en la historia que consideren incorrectas para poder controlar las hemorragias sufridas por Patricia y Javier, apoyando sus conclusiones en las posibles consecuencias negativas que podrían tener para su salud.

EN RESUMEN

- **PRIMEROS AUXILIOS**
  - **Protocolo de actuación ante una situación de emergencias**
    - Responsabilidades de la empresa
    - Personal encargado de los primeros auxilios
    - Cómo actuar ante una emergencia
    - Botiquín de empresa
  - **Urgencia médica y primeros auxilios**
    - Primeros auxilios
    - Secuencia de actuaciones en el soporte vital básico
    - Reanimación respiratoria
    - Reanimación cardiopulmonar
  - **Clasificación de los heridos por su gravedad**
    - Actuaciones en la zona de salvamento y de selección
    - Definición y principios del triaje
    - Código de colores de la clasificación
  - **Técnicas de primeros auxilios en función de las lesiones**
    - Heridas
    - Quemaduras
    - Hemorragias
    - Fracturas

Evalúa tus conocimientos

RESUELVE EN TU CUADERNO O BLOC DE NOTAS

1. Es responsabilidad de la empresa:

a) Organizar la actuación ante una emergencia.

b) Encargar la gestión de las emergencias a cualquier trabajador.

c) No comunicar su sistema de emergencia a quien no pertenezca a la empresa.

d) No tiene ninguna responsabilidad si se produce una emergencia.

2. ¿Qué se debe hacer ante una urgencia médica?

a) Dejar sola a la víctima para que no se ponga nerviosa.

b) Solo lo imprescindible.

c) Mover de inmediato al herido.

d) El estrés y la tensión son lo mejor para actuar eficazmente.

3. Cuando un accidentado está inconsciente, no respira y carece de pulso, se le aplica:

a) No se puede hacer ya nada y hay que dejarlo morir.

b) El método boca a boca.

c) La reanimación cardiorrespiratoria.

d) La posición lateral de seguridad.

4. La reanimación respiratoria se practica a:

a) La persona que respira y está consciente.

b) Una persona que no respira, inconsciente y con pulso.

c) No existe esta técnica.

d) Exclusivamente con muñecos.

5. ¿Qué hacer ante un herido con la ropa ardiendo?

a) No tocarlo para no quemarse.

b) Evitar que el quemado corra, cubrirlo con una manta y hacerlo rodar por el suelo.

c) Evitar que el quemado corra y mojarlo inmediatamente con agua.

d) Evitar que el quemado corra, mojarlo inmediatamente con agua y quitarle la ropa.

6. El socorrista debe intervenir activamente ante:

a) Una hemorragia externa.

b) Una hemorragia interna.

c) Una fractura de vértebras.

d) Una fractura de cráneo.

14 Trabajo en equipo

Vamos a conocer...

1. Equipos de trabajo
2. La comunicación en los equipos de trabajo
3. La inteligencia emocional
4. La participación en el equipo de trabajo: los roles grupales
5. Dinámicas de trabajo en equipo

PRÁCTICA PROFESIONAL

Cómo formar equipos de trabajo eficaces

Y al finalizar esta unidad...

- Identificarás qué es un equipo de trabajo, sus características y etapas.
- Conocerás qué es la inteligencia emocional y podrás desarrollarla.
- Distinguirás los equipos que realizan un trabajo eficaz de los ineficaces.
- Aprenderás las ventajas y desventajas que tienen los equipos de trabajo.
- Aplicarás distintas dinámicas que ayuden a los equipos a trabajar con éxito.

Caso práctico inicial

Situación de partida

A Samuel, que trabaja como mozo de almacén en Farmacéutica Vap, SA, le han convocado por escrito para una reunión el próximo miércoles por la mañana. Según le comunican, va a formar parte de un equipo para mejorar la atención a los clientes. Samuel piensa: «¡Menuda pérdida de tiempo!». «¡Si mi trabajo consiste únicamente en cargar y descargar cajas!».

El día de la reunión, Samuel ve con sorpresa que junto a él también están convocados Antonio, que trabaja como administrativo en el Departamento de Contabilidad; Sara, que es comercial; Andrea, la recepcionista de la empresa; Carmen, directora de Recursos Humanos, y Santiago, que ocupa el cargo de director comercial. No conoce bien a ninguno de ellos.

Al comenzar la reunión, Santiago toma la palabra, se presenta y hace lo mismo con el resto del grupo. Seguidamente, explica que la dirección de la empresa les ha nombrado miembros de un equipo de trabajo creado con la intención de mejorar la calidad de los servicios que ofrece Farmacéutica Vap a sus clientes. Tienen dos meses para trabajar juntos y Santiago es el responsable.

Entonces, Andrea grita muy enfadada: «¡Pero, qué se han creído los jefes! No podemos perder tanto tiempo para hacer esta tontería. Nosotros no trabajamos con clientes. ¿Por qué no lo hacen los comerciales?»

Samuel no dice nada y baja la mirada. Pero está contento, porque Andrea ha dicho ¡claro y muy, muy, muy alto! lo que él piensa.

Entonces Santiago, con una sonrisa en la boca y sin ponerse nervioso, describe la situación, explicándoles el descenso que se ha producido en las ventas debido a la insatisfacción de los clientes. Si el problema continúa durante mucho tiempo se tendrá que despedir a algunos trabajadores.

Santiago expresa su comprensión frente a lo duro que es el trabajo de Andrea y pide su colaboración, pues su aportación es importante debido a su experiencia en el trato con el público. Finalmente, señala las consecuencias positivas que para todos tiene que la empresa aumente las ventas.

Andrea y Samuel se convencen de la importante labor que van a realizar y, junto con el resto del equipo elaboran un plan de trabajo, reparten tareas y determinan objetivos.

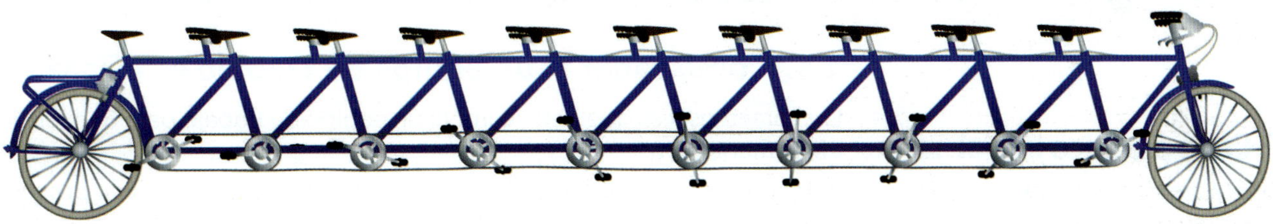

Estudio del caso

Lee el caso práctico y, una vez que trabajes cada uno de los puntos de la unidad de trabajo, contesta a las preguntas que se plantean a continuación.

1. ¿Qué espíritu de equipo tiene Samuel? Desde tu punto de vista, ¿quién es el responsable de la situación?
2. ¿El inicio de la reunión se ha realizado de forma correcta? Propón alguna otra alternativa.
3. Samuel, que realiza funciones de mozo de almacén, ¿puede aportar ideas creativas para mejorar la atención al cliente?
4. En los equipos de trabajo eficaces, ¿no te parece que es peligroso mezclar personas tan diferentes? Argumenta la respuesta.
5. ¿Algún miembro del equipo ha utilizado técnicas de asertividad? Si la respuesta es afirmativa, di cuál y por qué.
6. ¿Qué rol desempeña Santiago dentro del equipo? Los demás miembros del equipo, ¿qué otros roles pueden desempeñar?

ENTP 667: La conducta asertiva como habilidad social, incluye un cuestionario para valorar nuestro grado de asertividad

Este texto se puede encontrar en la página de internet del Instituto Nacional de Seguridad e Higiene en el Trabajo <www.insht.es>.

1. Equipos de trabajo

equipo de trabajo
≠
trabajo en equipo
≠
grupo de trabajo

Actualmente, las organizaciones empresariales más avanzadas se basan en el **trabajo en equipo**, un modelo de gestión que fomenta la participación de los empleados para que compartan y alcancen un objetivo común. En ellas se crean equipos de trabajo para desarrollar tareas concretas en la empresa.

Las diferencias entre un *grupo de trabajo* y un *equipo de trabajo* son claras.

Grupo de trabajo

- Conjunto de personas que realizan el mismo tipo de tareas, de forma autónoma y personal, sin depender de sus compañeros y respondiendo individualmente de su ejecución. Solo se considera *grupo* para fines administrativos.
- Existe mala comunicación, aunque sus miembros estén próximos físicamente.
- Su estructura jerárquica es muy rígida. El liderazgo es ejercido por el director.
- El logro del trabajo final es fruto de las aportaciones individuales.
- Se inhibe frente al conflicto, que es solucionado por la dirección.

Equipo de trabajo

- Grupo creado específicamente por la dirección de la empresa en el que un número reducido de personas trabaja de forma coordinada para ejecutar un proyecto concreto y alcanzar unos objetivos comunes.
- Su éxito reside en la **sinergia,** que es el esfuerzo coordinado de sus miembros con mejores resultados que los de la suma de contribuciones individuales.
- La estructura jerárquica es flexible. El coordinador trabaja con sus colaboradores, que desempeñan un rol concreto según sus conocimientos y habilidades.
- Los conflictos son asumidos y solucionados por el equipo de forma constructiva.

1.1. Cómo saber si un equipo de trabajo es eficaz

Caso práctico inicial

Estas características se ven en el equipo de FARMACÉUTICA VAP.

Las características que debe cumplir un equipo de trabajo para que funcione eficazmente son:

- Ha de ser creado expresamente por la empresa para gestionar proyectos, resolver problemas, realizar tareas concretas o asesorar a la dirección.
- Sus objetivos deben ser posibles de alcanzar, conocidos y compartidos por todos los integrantes del equipo, además de suponer un desafío para ellos.
- Dispone de medios humanos y técnicos suficientes. Tiene un número reducido de integrantes, no más de veinte, con personalidades, capacidades, experiencias y formas de pensar distintas, pero complementarias entre sí.
- Cada miembro desempeña un rol concreto, con tareas definidas y complementarias, y aporta lo mejor de sí mismo para alcanzar con éxito los objetivos. No se busca el lucimiento personal.
- Trabaja de manera coordinada para sacar el proyecto adelante. Se establecen unas normas de funcionamiento perfectamente definidas y aceptadas por todos y la comunicación es abierta para expresar ideas, opiniones, desacuerdos y sentimientos, y así entender mejor los diferentes puntos de vista, fomentar las buenas relaciones interpersonales y un clima de respeto y confianza mutua en los componentes y su buen hacer.
- El líder tiene la capacidad para resolver conflictos, definir metas y motivar. El estilo de liderazgo se adapta al grado de madurez del equipo.

1.2. Fases del trabajo en equipo

Bruce W. Tuckman definió cinco fases en el desarrollo de los equipos. Son:

Etapa 1. Formación

Ante la formación de un equipo de trabajo, la empresa debe decidir acerca de:

- Su posición dentro de la organización y su relación con el resto de las áreas.
- De quién va a depender y quién será el responsable o jefe del equipo.
- Quién formará parte del equipo y los conocimientos y habilidades necesarias.

Antes de comenzar a trabajar, el jefe de equipo deberá reunir a sus integrantes para que se conozcan y deberá, en todo momento, fomentar un buen clima. Les informará claramente sobre el proyecto que se va a desarrollar, el plazo previsto de ejecución, los objetivos que hay que alcanzar, las responsabilidades de cada uno, el grado de autonomía en sus actuaciones y sobre todas aquellas normas y cuestiones de interés para el buen funcionamiento del equipo.

Las expectativas de cada miembro al incorporarse al equipo son diferentes. Generalmente, en un primer momento, los participantes se muestran ilusionados y optimistas por el nuevo proyecto, las relaciones tienden a ser cordiales y se evitan los conflictos.

Etapa 2. Enfrentamientos o tormenta

En esta fase el trabajo se complica y surgen las primeras dificultades y conflictos. Las relaciones establecidas al principio pueden verse rotas o reorganizadas y los temas que hay que discutir se presentan de manera más abierta.

Aparecen diferencias de carácter y personalidad, y cada persona intenta establecer su propio lugar dentro del grupo e influir en su funcionamiento. Las discrepancias entre los objetivos y los intereses personales de cada miembro se hacen evidentes.

Para superar conflictos y promover el sentimiento de pertenencia al equipo se pueden organizar cursos, eventos deportivos, de ocio, sociales o culturales.

Etapa 3. Normalización

Los miembros del equipo son conscientes de que tienen que superar sus diferencias si quieren sacar el proyecto adelante.

Por ello, se establecen reglas de trabajo comunes a partir de normas de comportamiento que consideran aceptables y no aceptables. A cada miembro se le atribuyen diferentes roles para dar respuesta a las preguntas de **quién** hará **qué** y **cómo** lo hará.

Al avanzar el proyecto se recupera cierto optimismo y se percibe un sentido de identidad, de ser únicos y diferentes con respecto a otros equipos.

Etapa 4. Rendimiento o madurez

El equipo entra en una etapa muy productiva, funciona de manera autónoma y se concentra en el rendimiento y en alcanzar los objetivos propuestos. Sus miembros tienen clara su posición y su papel en el equipo y se centran en su tarea.

Etapa 5. Disolución

Llega el momento de cerrar el proyecto y disolver el equipo, porque se ha finalizado el trabajo encomendado y se han alcanzado los objetivos.

Antes de la disolución, algunos grupos bien formados pueden hacer una reflexión sobre la experiencia vivida.

En algunas situaciones pueden reorganizarse para alcanzar nuevas metas y no producirse la disolución.

Caso práctico inicial

El equipo de Farmacéutica Vap todavía se encuentra en la primera etapa. Santiago, como director del equipo, ha facilitado una información muy completa a todos sus miembros. Además, es importante que en esta primera fase intente crear espíritu de equipo.

Cambios en equipos

Con los cambios en el entorno, en las tareas que hay que realizar o de los miembros clave, la dinámica del equipo se modifica, pero si funciona eficazmente cualquier cambio le fortalece.

1.3. Trabajo en equipo

Cuatrillizos en un tándem de cuatro plazas. Audourard (1905).

Ventajas

- Estructura jerárquica horizontal, donde el jefe del equipo coordina las tareas y coopera con el resto.
- Incrementa la productividad individual y grupal.
- Exige directrices, objetivos y resultados claros.
- Facilita realizar tareas complicadas con éxito.
- Mejora el clima laboral y las relaciones interpersonales.
- Integra diferentes formas de pensar y de hacer, lo que contribuye a enriquecer el trabajo y a fomentar la creatividad.
- Incrementa la responsabilidad y la confianza mutua, siempre que esté liderado adecuadamente y sus miembros se comprometan para lograr los objetivos comunes.
- Permite a sus miembros resolver problemas colectivamente.
- Fomenta la comunicación activa y la retroalimentación.

Inconvenientes

- El trabajo es más lento y requiere más tiempo de reunión y decisión.
- Trabajar de una manera coordinada es más complicado que hacerlo individualmente.
- Aparecen individualidades, diferencias y roces personales que enturbian las relaciones. No resolver estos conflictos puede provocar que parte del equipo se inhiba y no participe.
- Pueden surgir problemas de comunicación, rumores, malentendidos, falta de información...
- Las tareas o procesos pueden ser poco operativos y eficaces si no están claros.
- El trabajo de cada persona depende, en la mayoría de los casos, de lo que hagan otros miembros del equipo. Esta situación provoca fallos en algunas ocasiones, por la falta de compromiso de algunas personas que eluden sus responsabilidades.
- Se corre el riesgo de sobrecargar de trabajo a algunas personas.

Actividades

1. Indica en qué fase de vida se encuentra el equipo en función de la situación descrita:
   - Se considera la fase más productiva.
   - Se facilita información de lo que cada persona tiene que hacer.
   - Cada persona tiene distintas expectativas.
   - Época de conflictos y diferencias entre los miembros del equipo.
   - Se diseñan reglas para que el equipo funcione eficazmente.
   - El equipo funciona de una manera autónoma.
   - Reflexión sobre los resultados obtenidos.
   - Atribución de roles a los miembros del equipo.
   - Es conveniente organizar eventos deportivos, culturales o de ocio.
2. Roberto trabaja en TALLERES PÉREZ. Ha pensado que sería bueno crear un equipo de trabajo para diseñar nuevos productos.

   ¿Qué argumentos puede utilizar ante su jefe para explicar las ventajas de trabajar en equipo? ¿Qué puede hacer para que este sea eficiente?

2. La comunicación en los equipos de trabajo

La comunicación en la empresa es un proceso de intercambio de información dentro de la empresa y entre esta y su entorno.

La comunicación es esencial en el buen funcionamiento de los equipos de trabajo, en concreto para aclarar procedimientos, realizar las tareas asignadas, mejorar las relaciones interpersonales y manejar los conflictos.

Para conseguir equipos de trabajo efectivos es importante que sus integrantes desarrollen y utilicen las siguientes habilidades:

Habilidades comunicativas

- Tener un buen concepto de uno mismo.
- Promover la escucha activa, la empatía y el *feedback*.
- Realizar preguntas para coordinar y facilitar el trabajo.
- Ser flexibles ante los cambios, opiniones diferentes y conflictos.
- Desarrollar proactividad o actitud positiva ante los retos.
- Fomentar el comportamiento asertivo.
- Aprender a hacer críticas y a aceptarlas.

La comunicación es un proceso de dos direcciones, donde el emisor y el receptor deben actuar de forma activa mediante la escucha, el *feedback* y las actitudes asertivas.

Una comunicación eficaz contribuye a...

- Alcanzar los fines empresariales.
- Delimitar funciones y responsabilidades.
- Coordinar tareas y actividades.
- Fomentar la cooperación entre sus componentes.
- Mejorar el trabajo.
- Aumentar la motivación laboral.

2.1. Escucha activa

En muchas conversaciones no se escucha, solo se oye a los otros buscando la oportunidad de hablar de sí mismos. Por ello, se debe aprender a escuchar y a hacerlo activamente, pues es manifestación de respeto, tolerancia, responsabilidad y valoración del otro como persona.

¿Qué es saber escuchar?

- **Escuchar con empatía.** Capacidad para sintonizar y comprender los sentimientos del emisor, sin juzgarlos.
- **Escuchar con conocimiento.** Situar el mensaje recibido en un contexto determinado para interpretarlo bien.
- **Escuchar con apertura mental.** Aceptar y respetar a quien percibe, siente y piensa de forma diferente a la nuestra.
- **Escuchar activamente.** Comprender el significado total que el mensaje tiene para el emisor.

Normas para saber escuchar

- Conocer e interpretar el lenguaje verbal y corporal de las personas.
- Generar un clima emocional acogedor.
- Evitar comparaciones entre lo que nos cuentan y nuestra experiencia.
- Dar señales de estar escuchando a la otra persona con expresiones como «ajá...», «hum...», «ah...», «claro...», asintiendo con la cabeza y con expresiones corporales adecuadas.
- No aconsejar, diagnosticar, criticar, ni rechazar los sentimientos ajenos.
- Pedir que se aclare todo aquello que no se ha comprendido.
- Proponer síntesis parciales que ayuden a centrar el asunto.
- Evitar opinar sobre todo sin tener información suficiente (síndrome del experto).
- Respetar los silencios que se produzcan de forma natural en la conversación. Ser paciente y respetar el tiempo del otro.

2.2. *Feedback*

El ***feedback***, también conocido como *retroalimentación*, es la capacidad del emisor para recoger las reacciones de los receptores y modificar el mensaje, si fuera necesario. El *feedback* puede ser explícito o implícito.

- El ***feedback* explícito** es toda información clara y concisa sobre el efecto del mensaje emitido. Se obtiene generalmente mediante la comunicación verbal, por ejemplo, conversaciones, sondeos, encuestas, buzones de sugerencias o efectuando preguntas como: «¿qué significa pronto?», «¿qué quieres decir con incompleto?».
- El ***feedback* implícito** se produce a través de señales no verbales (gestos, tono de voz, expresiones...) o, en una conversación, animando al emisor a seguir hablando con frases como: «ya veo», «esto es interesante, coméntame algo más».

En el ámbito laboral el *feedback* permite informar al receptor de la calidad de su trabajo, de manera que se mantengan los comportamientos considerados como positivos y se intente mejorar aquellos que no se están realizando correctamente.

Efectos positivos del *feedback*

- Alienta la comunicación entre las personas que trabajan juntas.
- Reduce el tiempo de formación y fomenta la productividad y la creatividad.
- Contribuye a superar conflictos.
- Mejora las relaciones entre los miembros del equipo.
- Fomenta los comportamientos positivos y corrige los negativos.

2.3. Asertividad

En la forma de comportarse y en la comunicación, las personas pueden presentar distintas actitudes: pasiva, asertiva y agresiva.

Actitud de los interlocutores

Pasividad	Asertividad	Agresividad
Estilo propio de personas incapaces de expresar abiertamente sus sentimientos, pensamientos y opiniones o que los expresan de una manera derrotista por temor a ser rechazados, incomprendidos o a ofender a otras personas. Infravaloran las opiniones y necesidades propias y dan un valor superior a las de los demás.	Habilidad de expresar de forma directa, abierta y honesta los pensamientos, sentimientos y creencias propios, asumiendo las consecuencias y respetando, a la vez, a las otras personas. Es una actitud intermedia entre la pasividad y la agresividad, que parte del respeto hacia los demás y hacia uno mismo.	Estilo opuesto a la pasividad, que se caracteriza por la defensa de los derechos personales de una manera inapropiada e impositiva, transgrediendo los derechos de otras personas y obviando, o incluso despreciando, la opinión de los demás. Provoca cólera y resentimiento en los otros.

Caso práctico inicial

La actitud de los protagonistas es:

Santiago: asertivo.

Samuel: pasivo.

Andrea: agresiva.

Los componentes de los equipos deben actuar asertivamente, evitando la pasividad y la agresividad, pues con ello se contribuye a disminuir la ansiedad social y laboral. Una persona asertiva suele ser tolerante, acepta los errores, propone soluciones factibles sin ira, se siente segura de sí misma y frena pacíficamente a las personas que le atacan. Así, se consigue una participación activa, se evita la manipulación, se incrementa la autoestima, se es capaz de expresar y recibir valoraciones y se impulsa la creatividad.

Un sistema general para expresar deseos u opiniones es el **DESC,** donde:

- **D: describir,** sin descalificar y de una manera clara, la situación que nos desagrada o que deseamos cambiar.
- **E: expresar,** siempre en primera persona, los sentimientos personales, las dificultades y las consecuencias negativas, evitando acusar al otro.
- **S: sugerir** o pedir un cambio de conducta.
- **C: consecuencias** positivas de la solución propuesta.

También se pueden utilizar otras técnicas de asertividad.

Caso práctico inicial

Santiago utiliza la técnica **DESC** para contestar a la protesta de Andrea.

Técnicas de asertividad

Técnica	¿Cómo funciona?	Ejemplos
Disco rayado	Repetir una y otra vez lo que se quiere, sin enojarse, sin irritarse ni levantar la voz y sin dar explicaciones o excusas. De esta forma, se defiende la postura propia. Generalmente no es necesario repetir la frase más de tres o cuatro veces.	Ante un vendedor que insiste en la venta de un producto que no nos interesa podemos contestar: «Gracias, pero no me interesa». Si insiste volveremos a decir: «Gracias, pero no me interesa», hasta que desista.
Banco de niebla o técnica del desarme	Se utiliza al recibir críticas injustas. Primero se reconocen aquellos aspectos que pudieran ser reales de la crítica sin ser defensivo ni contraatacar al otro, para continuar exponiendo lo que se piensa sin aceptar por ello los aspectos exagerados o deformados. Se puede expresar nuestra opinión tras decir *pero*. Puede parecer que se cede, pero esta técnica intenta sorprender al interlocutor, al no reaccionar como se espera.	—Es posible que sea egoísta, pero... —Tienes razón, pero lo haré cuando tenga tiempo. —Es cierto que me visto de una forma extraña, pero... —Puede que lleves razón, pero...
Aserción negativa	Se utiliza ante una crítica justa, sin dar sin embargo demasiadas excusas o justificaciones. Consiste en expresar nuestro acuerdo con la crítica recibida y reconocer el error que se haya cometido realizando incluso una autocrítica para hacer ver así la propia voluntad de corregirnos. Con ello reducimos la agresividad de nuestros críticos y fortalecemos nuestra autoestima, aceptando nuestras cualidades negativas.	—Sí, me olvidé de la cita que teníamos para comer. Por lo general, suelo ser más responsable. Cuando alguien te dice con razón: «has hecho la tarea demasiado lento», puedes contestar: «la verdad es que podía haberla hecho más rápido, es cierto, lo siento».
Interrogación negativa	Técnica dirigida a conocer algo de los sentimientos o ideas de los demás, que facilita la comunicación cuando la otra persona nos critica y pide aclaraciones. Consiste en solicitar que nos expliquen mejor una crítica que nos hayan realizado para saber si se trata de una crítica constructiva o manipulativa.	Si alguien critica tu ropa puedes preguntar: «¿Qué es lo que no te gusta de mi forma de vestir?». Has quedado con un grupo de amigos para salir a cenar. Uno de ellos se mete contigo, puedes contestar: «¿Qué te molesta de mí para no caerte bien?» .
Aserción positiva	Son conductas positivas tales como: ■ Dar y recibir halagos, elogios, felicitaciones..., intentando no desviarnos del asunto que nos ocupa. ■ Reforzar el comportamiento de los demás. ■ Expresar afecto positivo.	—Ese vestido te queda muy bien. —Te felicito por lo bien que lo has hecho. —Hace falta mucho valor para hacer esto. —Me caes muy bien.

3. La inteligencia emocional

¿Es importante la inteligencia emocional?

Sí, pues tiene más relación con el éxito profesional, social y familiar y con el bienestar de la persona que el propio cociente intelectual.

La inteligencia se puede desarrollar, mucho más que el cociente intelectual.

Se llama **inteligencia emocional** (IE) a la capacidad para relacionarse con uno mismo y con los demás, y comprender nuestros sentimientos y los sentimientos ajenos.

Para la empresa y los equipos de trabajo es importante que sus miembros sepan y controlen sus emociones y que además que sean capaces de reconocer los sentimientos de otras personas, pues ello influye de una manera decisiva en las relaciones interpersonales.

Según Daniel Goleman, los principales componentes de la inteligencia emocional son:

- **Autoconocimiento emocional:** Es el conocimiento de las propias emociones, virtudes y debilidades y de cómo afectan al comportamiento personal.
- **Autocontrol emocional:** Permite controlar los impulsos para no actuar de una manera irresponsable, de la que luego nos arrepintamos y por la que tengamos que pedir perdón.
- **Automotivación:** Las emociones y la atención de las personas se centran en las metas en lugar de en los obstáculos, y se mantiene siempre cierta dosis de optimismo e iniciativa. Se actúa positivamente ante los contratiempos.
- **Empatía:** Es el reconocimiento de emociones ajenas para entenderlas e identificarse con ellas, es decir, saber interpretar las señales verbales y no verbales que los demás emiten de forma inconsciente. tar las señales verbales y no verbales que los demás emiten de forma inconsciente.
- **Habilidades sociales:** Conseguir una buena relación con los demás es muy importante para tener éxito en la vida personal y laboral.

Actividades

3. Copia la siguiente tabla en tu cuaderno y clasifica como agresivos, asertivos o pasivos los siguientes comportamientos:

Comportamientos	Tipos
Tono de voz arrogante, sarcástico, condescendiente.	
Manos nerviosas, hombros caídos y movimientos crispados.	
Cabeza alta y contacto visual.	
Hombros encogidos.	
Tono de voz modulado.	
Manos relajadas.	
Utilizar el dedo acusador.	
Mirar hacia abajo.	
Hablar muy alto.	
A muy corto plazo, consigue cuanto quiere, pero a largo plazo puede sentir soledad.	
Utilizar expresiones como: «Por tu culpa...», «Más te vale...», «Siempre igual...».	
Preguntar: «¿Qué piensas?», «¿Qué te parece?», «¿Tú qué opinas?».	

4. La participación en el equipo de trabajo: los roles grupales

En un equipo de trabajo equilibrado, cada persona contribuye de distinta manera, todas ellas complementarias; es preferible que haya personalidades y habilidades diferentes, pues eso enriquece al equipo.

Entre los miembros se nombrará un jefe del equipo que tenga experiencia, una visión más completa del trabajo asignado y capacidad para conducir grupos.

El trabajo en equipos de alto rendimiento es una metodología desarrollada por Meredith Belbin, que define el **rol** como nuestro modo individual, personal, de comportarnos, de contribuir a la tarea y de relacionarnos con otras personas en el trabajo.

Conocer nuestros propios roles nos ayuda, entre otras cosas, a:

- Comprender nuestra propia identidad.
- Gestionar nuestros puntos fuertes y débiles.
- Proyectar nuestra imagen personal lo mejor posible.
- Trabajar de manera más eficaz en equipo.

A su vez, Belbin diferencia entre el rol funcional y de equipo. Así:

- **Rol funcional**: es la habilidad, experiencia y conocimientos del individuo que son necesarios para desempeñar una función concreta en el equipo y contribuir eficazmente al logro de los fines del mismo (rol de contable, rol de formador...).
- **Rol de equipo**: son las características de la personalidad que definen el comportamiento en un equipo de trabajo.

  Belbin identifica, dentro de los roles de equipo, nueve patrones de comportamiento que clasifica, a su vez, en tres categorías distintas:

Roles de acción	Orientación de las personas hacia el desempeño de tareas	Impulsor **(IS)** Implementador **(ID)** Finalizador **(FI)**
Roles sociales	Orientación de las personas hacia las relaciones con otros.	Coordinador **(CO)** Investigador de recursos **(IR)** Cohesionador **(CH)**
Roles mentales	Orientación de las personas hacia el mundo de las ideas	Cerebro **(CE)** Monitor evaluador **(ME)** Especialista **(ES)**

Caso práctico inicial

Santiago actúa de coordinador, pues, entre otras actividades, organiza el equipo y aclara las metas.

A cada rol se le asigna una sigla, como puedes ver en la tabla de arriba y en el gráfico del margen.

Los **roles extremos** son el **cerebro** (ideas), el **finalizador** (tareas) y el **cohesionador** (personas), y los otros roles se sitúan en posiciones intermedias.

El rol más importante es el coordinador, que garantiza la cohesión y buen funcionamiento del equipo. Se sitúa en una posición central.

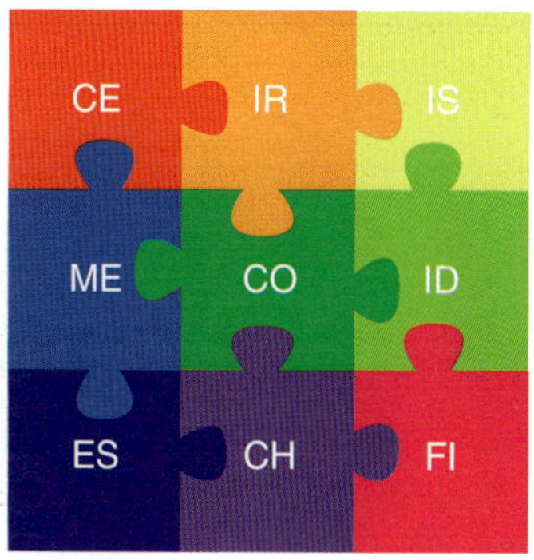

Rol de equipo	Contribución	Debilidad permitida	Debilidad no permitida
Cerebro o creativo (CE)	■ Principal fuente de ideas e innovación para el equipo. ■ Creativo, imaginativo y poco ortodoxo. ■ Resuelve problemas difíciles.	■ Ignora los detalles. ■ Tiene dificultades para comunicarse bien.	■ Fuerte sentido de propiedad de las ideas. ■ Dificultad para cooperar.
Coordinador (CO)	■ Maduro, seguro de sí mismo, organiza, motiva y controla las actividades del equipo, para aclarar y lograr las metas comunes en función de un trabajo compartido, solidario e interdependiente. ■ Promueve la toma de decisiones. Sabe delegar.	■ Se le puede percibir como manipulador. ■ Delega el trabajo personal.	■ Asumir todo el crédito por el esfuerzo del equipo.
Monitor evaluador (ME)	■ Serio, perspicaz y estratega. Percibe todas las opciones. ■ Juzga con exactitud.	■ Carece de iniciativa y de habilidad para inspirar a otros.	■ Cinismo sin lógica.
Implementador (ID)	■ Disciplinado, leal, conservador y eficiente. ■ Transforma las ideas en acciones.	■ Inflexible en cierta medida. ■ Lento en responder a nuevas posibilidades.	■ Obstruye el cambio.
Finalizador (FI)	■ Esmerado, concienzudo y ansioso. ■ Busca los errores y las omisiones. ■ Realiza las tareas en el plazo establecido.	■ Tiende a preocuparse excesivamente. ■ Reacio a delegar.	■ Comportamiento obsesivo.
Investigador de recursos (IR)	■ Extrovertido, entusiasta, comunicativo. ■ Busca nuevas oportunidades. ■ Desarrolla contactos en el exterior útiles para el equipo.	■ Demasiado optimista. ■ Pierde el interés una vez que el entusiasmo inicial ha desaparecido.	■ Defrauda la confianza de los clientes por descuidar el seguimiento de los acuerdos.
Impulsor (IM)	■ Retador, dinámico, trabaja bien bajo presión. Tiene iniciativa y coraje para superar obstáculos.	■ Propenso a provocar. ■ Puede ofender los sentimientos de la gente.	■ Incapacidad para recuperar la situación con buen humor o disculpándose.
Cohesionador (CH)	■ Cooperador, apacible, perceptivo y diplomático. Escucha e impide los enfrentamientos.	■ Indeciso en situaciones cruciales.	■ Evita las situaciones que puedan someterle a cierta presión.
Especialista (ES)	■ Solo le interesa una cosa a un tiempo. ■ Aporta cualidades y conocimientos específicos.	■ Contribuye solo en temas que conoce bien. Utiliza muchos tecnicismos.	■ Ignora los factores fuera de su propia área de competencia.

Frente a estos roles positivos se pueden encontrar otros **roles individuales** o **«destructores»** que se centran netamente en el individuo, lo que dificulta la dinámica del equipo y provoca conflictos.

Son numerosos, pero quizás los más significativos son: el **agresor** (actúa con prepotencia), el **chivo expiatorio** (se echa la culpa de todo lo malo del grupo), el **bloqueador** (pesimista, nunca está de acuerdo con nada), el **callado** (siempre en silencio, no aporta ideas), el **manipulador** (intenta influir en las ideas de los más débiles, como el callado) y el **indeciso** (persona insegura, que no es capaz de tomar decisiones por sí mismo).

5. Dinámicas de trabajo en equipo

Las dinámicas de trabajo en equipo son herramientas para trabajar distintos aspectos de su funcionamiento. A continuación se explican las más utilizadas.

Caso práctico inicial

En el caso inicial se pueden utilizar cualquiera de estas dinámicas.

Dinámica	Descripción
Phillips 6/6	El coordinador divide el gran grupo en subgrupos de seis personas que no se conocen. Cada subgrupo se reúne en salas diferentes y dedican unos minutos a conocerse y designar un secretario-portavoz que anota las aportaciones, controla el tiempo y fomenta la participación. En cada subgrupo se discute el tema propuesto por el coordinador durante 6 minutos, un minuto por persona. Después, los portavoces ponen en común todas las soluciones y se inicia un debate. Las aportaciones son comparadas y sintetizadas por el moderador, que obtiene una lista reducida con todas ellas. Se repite el proceso tantas veces como sea necesario.
Tormenta de ideas o *brainstorming*	El director, con suficiente antelación, convocará por escrito a los miembros del equipo, indicándoles el tema que se va a tratar para que puedan informarse acerca del mismo. El número de personas oscila entre 8 y 12. Los participantes, sentados en semicírculo, aportan todas las ideas que se les ocurran sobre el asunto que se va a tratar y alguien del grupo, que actúa de secretario, las va anotando en una pizarra o papelógrafo situado en un lugar visible. Ninguna idea será valorada ni criticada hasta el final. Al día siguiente el grupo vuelve a reunirse para incorporar a la lista nuevas ideas que hayan surgido. A continuación, el secretario elaborará la lista definitiva que se entrega al director, quien procede a clasificarlas. La valoración y selección de las ideas será realizada por personas distintas a las que las aportaron.
Estudio de casos	El moderador lee el caso o problema concreto para el cual han de aportarse soluciones. Seguidamente, todos los miembros del grupo realizan un análisis de la situación que se plantea y tratan de sintetizar los hechos, con el fin de facilitar la elaboración de propuestas. Al final se analizan todas las sugerencias y cada participante da su opinión sobre cómo resolver el problema.
Técnica del grupo nominal (TGN)	Una vez planteado el problema por el director, cada participante, de manera individual y por espacio de 6 a 8 minutos, escribe las ideas y soluciones posibles. Las aportaciones se exponen una a una y se discuten en grupo. A continuación se vuelve a trabajar individualmente y cada sujeto elige y clasifica cinco ideas del 1 al 5 por orden de importancia. La idea seleccionada será la que sume mayor puntuación.
Seis sombreros para pensar	Se reparten sombreros de diferentes colores entre los integrantes del equipo, que representan distintos tipos de pensamiento, para que se pongan en la situación que les ha tocado. ▪ **Sombrero blanco.** Trabaja con datos, hechos o informaciones concretas. ▪ **Sombrero rojo.** Trabaja con impresiones, emociones, intuiciones y valoraciones. ▪ **Sombrero negro o crítico.** Trabaja con desventajas y errores. ▪ **Sombrero amarillo o positivo e intuitivo.** Trabaja con ventajas. ▪ **Sombrero verde o desarrollador y creativo.** Pone en práctica las ideas. ▪ **Sombrero azul o gestor.** Como moderador, organiza, coordina, sintetiza y ordena todas las ideas.
Role-playing	El moderador explica la situación o conflicto que se va a dramatizar, los datos necesarios para la representación y los personajes que intervienen. Los participantes asumen el papel de un personaje concreto y preparan un argumento y un diálogo que reflejen la situación. A continuación se representa ante el resto del grupo, que actuará como observador. Los observadores analizan y valoran los diferentes momentos de la situación planteada y se formulan las preguntas sobre el problema dramatizado. Los actores explican qué han sentido al asumir el rol que les ha tocado interpretar.

Trabajo en equipo

4. Tras ver la presentación de imágenes con diferentes gestos y posturas, representad en grupos situaciones como una entrevista de trabajo, una fiesta (*role-playing*)... El resto del grupo tiene que analizar la relación entre el lenguaje verbal y no verbal.

ACTIVIDADES FINALES

1. Enumera las diferencias y similitudes entre los términos *trabajo en equipo*, *grupo* y *equipo de trabajo*.
2. ¿Cuáles son y en qué consisten las fases del equipo de trabajo?
3. Andrea tiene fama en su empresa de que escucha a todo el mundo, pero ¿qué implica exactamente el «saber escuchar»?
4. Explica cuáles son los principales componentes de la inteligencia emocional.
5. En el apartado de las dinámicas de trabajo en equipo se explicó la técnica «Seis sombreros para pensar», utilizada dentro del pensamiento lateral. ¿Qué es el pensamiento lateral? Busca información sobre el mismo. ¿Quién es el autor de la teoría?
6. ¿Qué es el *feedback*? ¿Cómo se denomina el *feedback* que hace preguntas para obtener más información sobre un tema concreto? Relaciona la comunicación no verbal con el *feedback*.
7. Raquel trabaja como encargada en SUPERMERCADOS ALGOR. Debe controlar que todo funcione bien.

   Iván lleva un mes contratado como cajero en la misma empresa. Ha llegado tarde prácticamente todos los días y varios clientes se han quejado de errores a la hora de devolverles el cambio.

   Raquel está muy preocupada porque esta situación está creando mal ambiente entre el resto de sus compañeros. Decide entonces utilizar la técnica DESC.

   Explica cómo se puede utilizar esta técnica ante este problema concreto. Debes poner ejemplos sobre lo que Raquel puede hacer o decir a Iván. ¿Hay alguna otra técnica que Raquel pueda emplear? En caso de respuesta afirmativa, indica cuál.
8. Explica qué son el rol funcional y el rol de equipo.
9. El profesor divide el grupo de alumnos en equipos de trabajo de seis personas cada uno, a los que se va a encargar un conjunto de tareas que tienen que realizar en un plazo determinado. Lo primero que tiene que hacer cada uno de ellos es ponerse de acuerdo en buscar un nombre de equipo y crear su propia canción o eslogan. Seguidamente, tiene que buscar los siguientes objetos:

   – Una foto y un artículo de prensa de un equipo.
   – Alguna prenda del uniforme del personal del centro.
   – Una pajita para beber.
   – Un trozo de algodón.
   – Un bloc de post-it.
   – Un CD.
   – Un libro de un autor fallecido.
   – Un tubo de ensayo.
   – Un paquete de chicles.
   – Un folleto del centro educativo.

   · Cada grupo tiene que organizarse para conseguir todos los objetos. Disponen de 45 minutos. Al equipo que haya conseguido un mayor número de objetos se le declara campeón.

   · Cada equipo debe realizar una autoevaluación y reflexionar sobre su funcionamiento, comparándose con otros equipos de la clase. Para ello, dentro de uno de ellos, se tiene que contestar a las siguientes preguntas:

   – ¿Cuál fue la estrategia del equipo?
   – ¿Qué roles desempeñaron los miembros dentro de cada equipo?
   – ¿Se han conseguido los objetivos y se ha organizado el equipo eficazmente?
   – ¿Qué podría haber organizado mejor el equipo?

   · Una vez hecha la reflexión interna en los equipos, se tiene que realizar un debate entre todos los alumnos para llegar a una conclusión final.

   – ¿Cuáles fueron las diferencias entre los equipos más eficaces y los menos eficaces?
   – ¿Qué has aprendido de esta experiencia a la hora de crear equipos de trabajo eficaces?

Entra en internet

10. Philip G. Zimbardo, psicólogo social y profesor de psicología en la Universidad de Stanford, ha estudiado la influencia coercitiva y el control de la conducta en distintos tipos de grupos.

En 1971, Philip G. Zimbardo, junto con un grupo de investigadores de la Universidad de Stanford, crearon una prisión simulada en el subsuelo del campus del edificio de Psicología. Al azar designaron a 24 estudiantes para que fueran o los guardias de la prisión o los prisioneros durante dos semanas. A los pocos días, los «guardias» se habían vuelto sádicos hasta el punto de colocar bolsas en las cabezas de los prisioneros, forzarlos a desvestirse y alentarlos a realizar actos sexuales. Zimbardo dio por finalizado el experimento antes de lo planeado.

Philip G. Zimbardo afirmó: «Las prisiones, donde el equilibrio del poder es tan desigual, tienden a ser lugares brutales y abusivos a menos que se haga un gran esfuerzo para controlar los impulsos básicos de los guardias. No es que uno ponga manzanas podridas en un buen barril. Ponemos manzanas buenas en un barril podrido. El barril corrompe todo lo que toca».

¿Cuál es la distancia entre lo normal y lo monstruoso? ¿Puede alguien convertirse en un torturador? El experimento de Stanford y otros estudios similares intentaron dar una respuesta a estas preguntas.

Entra en la siguiente página web <http://bit.ly/1POm4VD>, en la que se explica paso a paso el experimento y se incluyen vídeos reales del mismo. En esta misma página se plantean debates para realizar sobre las siguientes cuestiones:

- Considerad los procedimientos policiacos que hacen que los detenidos se sientan confusos, asustados y deshumanizados. Observad que este policía lleva gafas de sol como las que hicieron poner a los «guardas».
- ¿Cuáles son los efectos de vivir en un entorno sin relojes, sin ver el mundo exterior y con una estimulación sensorial mínima?
- Pensad en las consecuencias psicológicas de desnudar, espulgar y afeitar las cabezas de los reclusos o miembros de un ejército. ¿Qué transformaciones sufren las personas que viven una experiencia de este tipo?
- Al principio, las flexiones no eran una forma de castigo muy repulsiva, pero lo fue siendo más a medida que avanzaba el estudio. ¿Por qué se produjo este cambio?
- ¿Cómo creéis que os habríais comportado si hubierais sido reclusos en esta situación? ¿Habríais rechazado estos privilegios para mantener la solidaridad entre reclusos?
- Comparad las reacciones de estos visitantes con las de los ciudadanos en encuentros con la policía u otras autoridades. ¿Hasta qué punto fue típico su comportamiento?
- En un estudio experimental como este, uno de los problemas es definir cuáles son los «datos», la información que se debe recoger. Asimismo, ¿qué hubiéramos debido hacer para minimizar los efectos de la parcialidad del experimentador en el resultado del estudio? ¿Cuáles fueron los riesgos de que el investigador principal asumiera el papel de superintendente de la prisión?
- La mayoría de los reclusos pensaron que se seleccionó a los guardas porque eran más corpulentos que los individuos elegidos para ser reclusos, pero en realidad no había diferencia en la estatura media de los dos grupos. ¿Qué creéis que causó esta percepción equivocada?
- Todos los reclusos mostraron su alegría por que el experimento hubiese terminado, pero a la mayoría de los guardas les preocupaba que el estudio hubiese acabado prematuramente. ¿Por qué creéis que los guardas reaccionaron de esta manera?

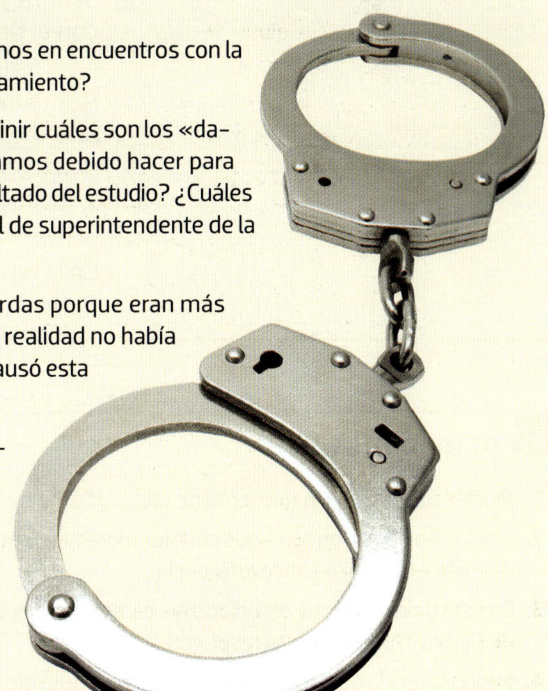

PRÁCTICA PROFESIONAL

Cómo formar equipos de trabajo eficaces

GELMO, SLU, se dedica al diseño de ropa y accesorios, que luego comercializan en sus cincuenta tiendas.

Para la temporada de otoño-invierno, quiere lanzar una nueva línea de ropa con un diseño diferente a lo que venía haciendo hasta ese momento, dirigido a un mercado distinto.

Moisés, director creativo de GELMO, busca un equipo de diseñadores en la empresa que realicen este proyecto y piensa que los más adecuados serían Marta, Sandra y Joaquín, por su experiencia profesional y características personales.

Cuando Moisés reúne a sus tres colaboradores, les explica qué tienen que hacer y para cuándo. Empieza a organizar el trabajo, reparte responsabilidades y les explica que cuentan con absoluta libertad para trabajar siempre que alcancen los objetivos.

Todos están encantados. Marta tiene muchísimas ideas, pero es muy impulsiva y poco organizada en su trabajo. Por ello, Moisés decide realizar una «tormenta de ideas». Entre todas las ideas recogidas, hay varias que resultan muy interesantes. Una de ellas es crear una línea de ropa infantil, mercado nuevo para GELMO. Se decide entonces trabajar en esta dirección.

Joaquín es muy extrovertido y se encarga de recabar información sobre la opinión de los clientes de GELMO y sobre los productos de la competencia para analizar la posibilidad de éxito de la idea. Mientras tanto, Sandra y María desarrollan posibles diseños. Están tan entusiasmados con el proyecto que, durante meses, dedican noches y fines de semanas a convertir la idea en realidad.

Normalmente, en este tipo de colecciones se invierte como mínimo un año, pero ellos la tenían terminada y lista para su lanzamiento en un plazo récord. Antes de presentar la nueva colección al director creativo y al director comercial, habían elaborado muestras de todas las prendas diseñadas, de manera que pudieran ver la prenda terminada.

En la temporada de otoño-invierno, la colección infantil fue un éxito, sus ventas superaron las de otros productos más tradicionales en la empresa y se consiguieron mejores resultados de los esperados.

Actividades

1. Moisés ha utilizado la tormenta de ideas. ¿Cómo se debe utilizar esta dinámica?
2. Moisés ha seleccionado a sus colaboradores en función de su experiencia profesional y características personales. Indica el tipo de roles a los que se hace referencia.
3. En esta unidad hemos estudiado las características de los equipos eficaces e ineficaces. ¿Cómo clasificarías el equipo de trabajo de GELMO? Argumenta tu respuesta.
4. Según la teoría de Belbin, explica cuáles son los roles de equipo que desempeñan Moisés, Marta, Sandra y Joaquín.

EN RESUMEN

Trabajo en equipo

- **¿Qué es un equipo de trabajo?**
  - Concepto
  - Características
  - Fases
- **La comunicación en los equipos de trabajo**
  - Escucha activa
  - *Feedback*
  - Asertividad
- **La inteligencia emocional y sus componentes**
  - Autoconocimiento
  - Autocontrol
  - Automotivación
  - Empatía
  - Habilidades sociales
- **¿Por qué trabajar en equipo?**
  - Ventajas
  - Desventajas
- **Roles grupales**
  - Concepto
  - Roles en los equipos
  - Roles individuales
- **Claves para que los equipos sean eficaces y qué les hace ser ineficaces**
- **Dinámicas de trabajo en equipo**
  - Phillips 6/6
  - Tormenta de ideas
  - Técnica del grupo nominal
  - Estudio de casos
  - Seis sombreros para pensar
  - *Role-playing*

Evalúa tus conocimientos

RESUELVE EN TU CUADERNO O BLOC DE NOTAS

1. **Cuando se dice que el trabajo final se obtiene como fruto de las aportaciones individuales estamos ante:**
   a) Un equipo de trabajo.
   b) Un grupo de trabajo.
   c) Trabajo en equipo.
   d) Todas las respuestas anteriores son correctas, pues son términos sinónimos entre sí.
2. **De las siguientes características, ¿cuáles se pueden atribuir a los equipos de trabajo?**
   a) Todos tienen las mismas habilidades.
   b) Objetivo común.
   c) Muchos integrantes.
   d) Todas son correctas.
3. **La etapa en la que se producen conflictos entre los componentes del equipo es la:**
   a) Tercera etapa.
   b) Cuarta etapa.
   c) Segunda etapa.
   d) Quinta etapa.
4. **¿Cómo se denomina el tipo de escucha que sitúa el mensaje recibido en un contexto determinado?**
   a) Escuchar con empatía.
   b) Escuchar activamente.
   c) Escuchar con apertura mental.
   d) Escuchar con conocimiento.
5. **Ruth realiza las funciones de organizar, motivar y controlar las actividades del equipo, ¿qué rol desempeña?**
   a) Coordinador.
   b) Especialista.
   c) Finalizador.
   d) Cerebro.
6. **Ana ha sido nombrada jefa del equipo que va a diseñar la campaña de publicidad del nuevo modelo de iPhone. ¿Qué dinámica de grupo es la más conveniente utilizar para recopilar ideas creativas?**
   a) *Role-playing*.
   b) Grupo nominal.
   c) Tormenta de ideas.
   d) Seis sombreros para pensar.

15 Conflicto y negociación

Vamos a conocer...

1. El conflicto
2. Tipos de conflictos
3. Métodos para la resolución o supresión del conflicto
4. La negociación como medio de superación del conflicto

PRÁCTICA PROFESIONAL

El juego de la NASA

Y al finalizar esta unidad...

- Reconocerás qué se entiende por conflicto y comprenderás sus tipos y características.
- Diferenciarás en qué etapa se encuentra cualquier conflicto.
- Aplicarás los métodos de resolución o manejo del conflicto más apropiados en cada caso.
- Conocerás las distintas etapas por las que pasa un proceso de negociación, para actuar de una manera adecuada.
- Serás capaz de diseñar estrategias y métodos eficaces que pueden ser utilizadas por los negociadores.

Caso práctico inicial

Situación de partida

Paula está contratada desde hace siete años como limpiadora en Servicios Generales Roler, SA, empresa dedicada a la limpieza y mantenimiento de oficinas, viviendas, naves industriales, etc. Disfruta de una jornada reducida para cuidar a su hijo de un año y solo trabaja cuatro horas al día. David, su marido, está contratado a jornada completa en la misma firma como limpiador. Los dos son considerados buenos trabajadores y nunca han tenido problemas.

En el mes de junio, David sufre una caída en su lugar de trabajo, se rompe el menisco y tiene que ser operado. En Servicios Generales Roler, SA, le dan de baja como si se tratara de una enfermedad común. Al no estar de acuerdo con esta decisión, David y Paula acuden a la asesoría jurídica de un sindicato para solicitar información y ayuda. Gracias a esto, consiguen que esta situación sea reconocida como un accidente de trabajo.

Empieza entonces un calvario para Paula. Sus jefes le exigen que trabaje más horas para compensar la ausencia de su marido durante su baja, a lo que ella se niega. A partir de ahí, cada día mandan a Paula a realizar su trabajo a un cliente diferente, encargándole siempre las tareas más duras y en empresas situadas en lugares con difícil acceso y sin buenos medios de transporte públicos.

Comienza a recibir insultos por parte de sus jefes directos. «¡Eres una vaga!» o «¡Inútil!», es lo más suave que escucha. También la desacreditan y extienden infamias sobre ella. ¡Que falta al trabajo sin justificación!, ¡que no realiza bien su trabajo! o ¡que se han producido robos en los lugares donde está ella!, son algunas de las cosas que dicen de Paula por toda la empresa.

Lo último ha sido que han dejado de pagar la nómina a Paula y a su marido.

Desde Servicios Generales Roler les dicen que a ella no le pagarán hasta que firme una carta de despido, donde se asegura que ha faltado cuatro días sin justificación al trabajo y que normalmente llega tarde. Además, cuando reclama el pago de la nómina de su marido, le contestan que no lo harán hasta que él no se dé de alta, momento en que lo van a despedir.

Estudio del caso

Antes de empezar a leer esta unidad de trabajo, intenta contestar a estas preguntas acerca del caso práctico. Después, analiza cada punto de la unidad y compara tus respuestas con lo que has estudiado.

1. Explica en qué consiste el conflicto que se recoge en el caso práctico. ¿Quiénes son los afectados?
2. ¿Qué tipo de consecuencias personales y laborales puede tener para Paula y David?
3. ¿Qué método de resolución de conflictos pueden utilizar?
4. En el mundo del trabajo, ¿qué nombre recibe este conflicto?
5. ¿Se dan todas las condiciones para que se produzca una negociación?
6. ¿Este conflicto podría ser considerado como positivo o negativo? Argumenta la respuesta.
7. Señala la estrategia negociadora que está utilizando Servicios Generales Roler con Paula y David.
8. ¿Qué tácticas pueden utilizar David y Paula para defenderse de los ataques de la empresa?

Acuerdo sobre Solución Extrajudicial de Conflictos Laborales

Se puede conseguir un ejemplar de este acuerdo, por ejemplo, en la página de internet del Ministerio de Empleo y Seguridad Social <www.empleo.gob.es>.

1. El conflicto

El **conflicto** es una situación en la que dos o más personas o grupos se enfrentan por tener intereses, necesidades, deseos o valores diferentes e incompatibles.

El conflicto es inherente a la vida de toda organización e individuo, porque las relaciones humanas se caracterizan por el desacuerdo y los intereses diferentes.

Las **causas** de los conflictos en la empresa son:

- Cambios organizativos.
- Falta de coordinación, comunicación y liderazgo.
- Diferentes objetivos y valores de la empresa y de sus empleados.
- Escasez de los recursos utilizados.
- Problemas entre los miembros o departamentos por percepciones y puntos de vista diferentes.

Todo conflicto es detectable y evitable. Si se maneja adecuadamente, este puede minimizarse, reconducirse y resolverse para conseguir unos resultados positivos. De no ser así, las secuelas serán negativas.

Caso práctico inicial

El conflicto entre Servicios Generales Roler y David y Paula está causado por un choque entre los objetivos e intereses de los trabajadores y los de la empresa y por la incapacidad de llegar a un acuerdo.

Consecuencias positivas de un conflicto bien gestionado

- Estimula la creatividad y las ideas nuevas.
- Promueve los cambios, el crecimiento y el aprendizaje en la organización.
- Fortalece la pertenencia al grupo si el conflicto es intergrupal.
- Si está bien gestionado involucra al personal en la solución de conflictos.
- Ayuda a liberar emociones, estrés y ansiedad.
- Contribuye a que las personas se conozcan mejor y ayuda a aumentar la unión y la cooperación entre ellas.
- Conduce a una comunicación más auténtica.

Consecuencias negativas de un conflicto mal gestionado

- En conflictos largos o muy intensos se deterioran la cooperación, la comunicación y el trabajo en equipo.
- Disminuyen la motivación laboral y la productividad.
- Empeoran las relaciones entre las personas, pudiendo aparecer comportamientos violentos, insultos o difamaciones (por ejemplo, *mobbing*).
- Polariza a la gente o a los grupos, lo que incrementa la desconfianza mutua.
- Deteriora la salud física y mental de los trabajadores.
- Genera problemas de sabotaje, robo, daños materiales y desperdicio de recursos.
- Ocasiona gastos jurídicos.

Caso práctico inicial

Las consecuencias del conflicto en Servicios Generales Roler son negativas, dado que aparecen tensiones, amenazas y se ejerce *mobbing* contra Paula.

Actividades

1. Indica si las siguientes consecuencias de un conflicto son positivas o negativas:
   - Derroche de recursos.
   - Falta de motivación laboral.
   - Mejora el conocimiento de otras personas.
   - Fortalece el sentimiento de pertenencia al grupo.
   - Polariza a la gente.
   - Afloran los problemas ocultos.
   - Riesgos psicosociales.
   - Aparecen fenómenos como el *mobbing*.
   - Libera emociones.

1.1. Fases del conflicto

El contexto del conflicto determinará las fases por las que pasará. Un ejemplo es el siguiente:

Fase inicial	Existe una situación conflictiva latente que provoca incomodidad, pero todavía no se ha manifestado. En caso de negar que existe este conflicto se puede producir una grave crisis.
Fase de toma de conciencia del conflicto	El conflicto se manifiesta y los afectados toman conciencia de su existencia. Normalmente el conflicto se vuelve agresivo y se producen situaciones como: ■ Síntomas de tensión y hostilidades mutuas. ■ Toma de posiciones de las partes enfrentadas. ■ Surgen roles típicos en el conflicto, como el agresor o la víctima. ■ Deterioro de la comunicación. ■ Comprensión inadecuada de los hechos; distorsión de situaciones. ■ Se subestiman las coincidencias y se sobrevaloran las diferencias. ■ Conductas que dificultan las relaciones personales como el autoritarismo, la descalificación, la discriminación y los sentimientos de superioridad/inferioridad.
Fase de manejo del conflicto	Es el momento de actuar y elaborar estrategias de intervención. Esto supone analizar la situación conflictiva, formular los objetivos y proponer distintas alternativas y soluciones que pueden parar el conflicto. En esta etapa el conflicto puede tomar dos vías, una positiva y otra negativa: ■ La **resolución positiva** del conflicto utiliza métodos adecuados como la negociación, la conciliación, la mediación o el arbitraje, entre otros, que llevan a su fin. ■ La otra vía da lugar a un **conflicto negativo** que degenera en violencia y confrontación debido a la ausencia o a fallos en los métodos elegidos para solucionar el conflicto.
Fase final	Entre todas las alternativas propuestas, se tiene que poner en práctica aquella que se considere más oportuna. Estas medidas deben ser evaluadas. Si el conflicto entra en vías de solución, la decisión tomada es la correcta. Si el conflicto continúa, se impone su análisis y se volverá a repetir el proceso.

Estas fases se muestran en el siguiente gráfico:

Fases del conflicto

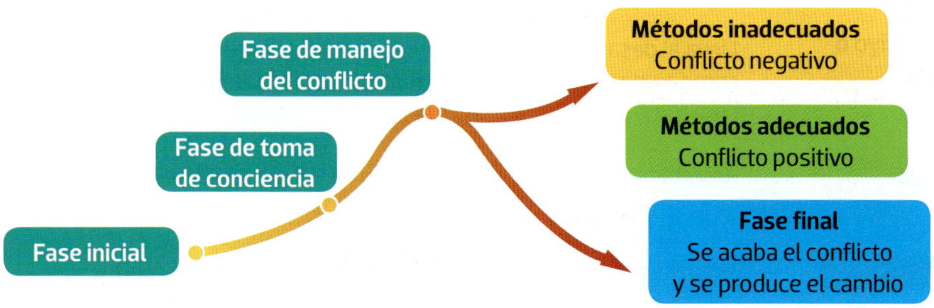

El conflicto en los equipos de trabajo

Un equipo sin conflictos no existe como tal, más aún, un equipo sin preparación para gestionar positivamente sus conflictos es un equipo condenado a morir.

Caso práctico inicial

El conflicto entre SERVICIOS GENERALES ROLER y sus trabajadores no ha sido manejado correctamente y se ha convertido en un conflicto negativo, por ello ha derivado en confrontación. Si la empresa hubiera querido llegar a una resolución positiva con Paula y David, debería haber utilizado la negociación.

2. Tipos de conflictos

Los conflictos organizativos pueden ser de diferentes tipos, aunque suelen ser simultáneos y están relacionados.

Por su grado de percepción

- **Conflicto latente**: Existe, pero se mantiene oculto. Se nota que algo va mal.
- **Conflicto manifiesto**: Se percibe y se reconoce perfectamente.

Por su origen

- **Conflicto intrapersonal**
  Sucede en el fuero interno de la persona porque las necesidades del individuo chocan con las de la organización. Se puede reflejar en la frustración, en el conflicto de intereses y en el conflicto de roles o papeles.
  - **Frustración** por no alcanzar una meta tras hacer un esfuerzo.
  - **Conflictos de intereses**
    - **Conflicto enfoque-enfoque:** hay que optar entre dos o más alternativas positivas.
    - **Conflicto evasión-evasión:** hay que optar entre dos o más alternativas, todas negativas.
    - **Conflicto enfoque-evasión:** decidir si llevar a cabo algo con resultados tanto positivos como negativos.
  - **Conflicto de roles:** aparece al chocar los distintos papeles que realizamos en nuestra vida (por ejemplo, rol de madre y de trabajadora).
- **Conflicto interpersonal**
  Ocurre entre dos o más personas cuando perciben en el comportamiento de los demás un obstáculo que se interpone para el logro de sus propios objetivos.
  - Problemas laborales debidos a la forma de trabajar o a la asignación de recursos o funciones, entre otros.
  - Desacuerdos sobre metas, objetivos o valores.
  - La subjetividad al interpretar una situación.
  - Emitir juicios con una información incompleta de los hechos.
  - Fallos en la comunicación atribuidos al emisor, al código utilizado o al receptor cuando descifra el mensaje.
  - Diferencias de caracteres.
  - La pretensión de igualar a los demás con uno mismo.
- **Conflicto intragrupal**: Choques entre los integrantes del grupo, que afectan a su dinámica y efectividad.
- **Conflicto intergrupal**: Sucede dentro de la misma organización debido a la colisión entre los objetivos que persiguen los distintos grupos y departamentos.
- **Conflicto intraorganizativo**: Se ocasiona por las debilidades en la estructura organizativa.
- **Conflicto interorganizativo o de competencia**: Lleva al desarrollo de nuevos productos, tecnologías y servicios, así como a una utilización más eficiente de los recursos de las empresas.

Por sus consecuencias

- **Conflicto positivo**: Resulta favorable para el rendimiento de la organización.
- **Conflicto negativo**: Perjudica a la organización e impide que esta alcance sus metas.

3. Métodos para la resolución o supresión del conflicto

El manejo del conflicto consiste en utilizar distintos procesos de diagnóstico, estrategias de negociación y otras intervenciones diseñadas para reducir o resolver los conflictos.

Caso práctico inicial

Los trabajadores pueden solicitar la resolución judicial de su contrato.

Tipo	Método	Descripción
Métodos de resolución de conflictos entre las partes	Confrontación	Forma primaria de resolver un conflicto, donde gana la parte más fuerte, que genera un ganador y un perdedor.
	Negociación	Proceso en el que las partes dialogan para llegar a un acuerdo mutuamente aceptado.
Métodos de resolución de conflictos en los que intervienen personas neutrales	Conciliación	Pretende conseguir un acuerdo entre las partes, donde el **conciliador** ni resuelve ni propone una solución, sino que invita a las partes a hacerlo. Solo sirve de testigo.
	Mediación	Interviene un tercero imparcial, el **mediador,** que no resuelve el conflicto sino que presenta informaciones y propuestas de solución, lo que facilita que las partes puedan alcanzar un acuerdo.
	Arbitraje	Las partes en conflicto acuerdan someter sus controversias a la decisión de un tercero neutral, llamado **árbitro,** que representa a alguna institución que tiene autoridad para exigir el cumplimiento del acuerdo alcanzado.

Trabajo en equipo

2. Se plantea el siguiente problema:

Hace años, un comerciante londinense debía una gran cantidad de dinero a una persona que le había hecho un préstamo. Este último se enamoró de la joven y bella hija del comerciante y le propuso un acuerdo: le cancelaría la deuda si llegaba a casarse con su hija. Tanto el comerciante como su hija quedaron espantados con el trato que les ofrecía.

El prestamista propuso que dejaran la solución en manos de la providencia. Sugirió que pusieran una piedra blanca y otra negra dentro de una bolsa de dinero vacía; la joven debería sacar una de las dos piedras de la bolsa. Si sacaba la piedra negra se convertía sin más en su esposa y quedaba cancelada la deuda del padre. Si sacaba la blanca, se quedaba con su padre y también quedaba cancelada la deuda. Si no aceptaba este juego providencial, el padre iría a la cárcel y la hija moriría de hambre.

Aunque obligados por la situación, el comerciante y su hija aceptaron. Salieron a un camino del jardín que estaba lleno de piedras. El prestamista se agachó para coger las dos piedras y, con habilidad, logró meter dos piedras negras en la bolsa. La joven cayó en la cuenta de la estratagema. Entonces, el prestamista pidió a la joven que sacara la piedra que iba a decidir tanto su suerte como la de su padre.

En grupos de cuatro, buscad por consenso una solución creativa para que la joven pueda quedarse con su padre y se cancele la deuda. Cada grupo expondrá al resto la solución que proponen y explicará cómo se ha tomado la decisión dentro del grupo.

Tu sector profesional

3. Realiza un trabajo de investigación sobre el proceso de negociación y solución de conflictos que se incluye en el convenio colectivo aplicable a tu ámbito profesional. Para ello, estudia los siguientes aspectos:
   - ¿Cuáles son las partes que han participado en su negociación?
   - ¿Se prevé, dentro del convenio colectivo, la creación de una comisión paritaria? Si la respuesta es afirmativa, explica sus funciones.
   - ¿Se establecen cláusulas de paz laboral? Si la respuesta es afirmativa, indica cuáles.

4. La negociación como medio de superación del conflicto

Caso práctico inicial

En la situación planteada estamos ante un conflicto:

- **Manifiesto,** al percibir las partes que existe un enfrentamiento por tener diferentes intereses.
- **Interpersonal,** provocado entre la empresa y David y Paula por problemas laborales y desacuerdos.
- **Negativo,** por perjudicar las relaciones entre los trabajadores y SERVICIOS GENERALES ROLER, SA.
- **Individual,** por no estar de acuerdo al aplicar una norma que afecta a la relación laboral de Paula y David.

La **negociación** es una sucesión de acciones que se desarrollan en un espacio de tiempo durante el cual las partes van modificando sus demandas hasta llegar a un compromiso aceptable para todos.

Las condiciones para que haya una negociación son que:

- Exista un conflicto entre dos o más partes.
- Haya intención de los implicados de llegar a un acuerdo.
- Se den pasos por parte de los negociadores para acercar sus posiciones.
- Exista un equilibrio de fuerzas, nunca un poder absoluto de una parte.

4.1. Pautas

En una negociación eficaz se considerarán un conjunto de pautas o reglas:

- Preparar la negociación.
- Separar las personas del problema y utilizar criterios objetivos, centrándose en los intereses y necesidades y no en las posiciones.
- Ceder ante las razones, no ante las presiones.
- Alcanzar el mejor acuerdo de todas las opciones posibles.
- Fomentar las buenas relaciones entre las partes ayuda a aumentar su compromiso para llegar a un acuerdo satisfactorio para todos.
- Realizar más concesiones, si se negocia frecuentemente.
- No mostrar impaciencia, pues los acuerdos rápidos suelen ser extremos y benefician a los negociadores expertos.

Todo buen negociador se define por cuatro cualidades básicas:

- Es flexible y sabe escuchar.
- Busca información para resolver un conflicto o cerrar un acuerdo.
- No confía y chequea permanentemente los datos que se manejan.
- Sabe seducir, establecer límites claros y es un buen comunicador.

4.2. Tipos de negociación

La mayoría de los especialistas distinguen tres tipos básicos de negociación:

Negociación competitiva, distributiva o de suma cero	Los participantes tienen una posición dominante frente al contrario, y solo aceptan las propuestas de acuerdos que supongan una ganancia.
Negociación de colaboración	Aquella en donde todos ganan, tratando de alcanzar un acuerdo positivo para todos y manteniendo para ello una actitud de colaboración.
Negociación de subordinación	Se cede ante los intereses de los adversarios, sacrificando los propios, para evitar conflictos.

Los acuerdos en las negociaciones de subordinación y en las competitivas dejan insatisfecha, al menos, a una de las partes, lo que puede crear futuros conflictos.

Caso práctico inicial

En el conflicto planteado entre David, Paula y SERVICIOS GENERALES ROLER no se dan las condiciones para que exista una negociación. No se producen avances porque los afectados no tienen intención de llegar a un acuerdo.

4.3. Fases en un proceso de negociación

Fase 1. Planificación

Durante la **planificación,** las partes deben **preparar la negociación** antes de las primeras conversaciones. Ello supone que los negociadores deben concretar sus necesidades, objetivos, límites y peticiones iniciales. También se harán previsiones de estos aspectos para la parte contraria, teniendo en cuenta que pueden no cumplirse, por lo que hay que estar preparado para adaptarse a los cambios. Durante esta fase hay que intentar:

- Definir de una forma concisa el conflicto, motivo de la negociación.
- Obtener la máxima información sobre los otros negociadores y la empresa a la que representan.
- Descubrir los puntos fuertes y débiles tanto propios como de la parte contraria.
- Elegir la estrategia, las tácticas y los argumentos que van a ser utilizados.
- Determinar las concesiones que se van a realizar. Buscar todas las alternativas posibles para alcanzar el objetivo. Preparar un plan B por si falla el plan A.

Es conveniente preparar el escenario de la negociación cuidando aspectos como el lugar de celebración, la disposición de las mesas y los asientos, las condiciones ambientales, el orden del día y la organización del tiempo. La elección del lugar de la negociación puede influir negativa o positivamente en los intereses de las partes. Así, en terrero propio se pueden controlar ciertos aspectos a nuestro favor, el campo ajeno sirve para conocer al oponente y un lugar neutral es conveniente en negociaciones duras.

Fase 2. Toma de contacto

En esta fase se produce el **primer contacto cara a cara de los negociadores.** Son momentos de **tanteo** y **búsqueda de información** para:

- **Conocer en profundidad las posiciones de la otra parte.** Es importante escuchar de una manera activa, prestar atención al lenguaje verbal y no verbal, hablar lo justo y plantear las preguntas para obtener aclaraciones y puntualizaciones. Es decir, hay que obtener la máxima información posible dando a la otra parte solo la necesaria para nuestros intereses.
- **Matizar el contenido y alcance de nuestras posiciones o planteamientos iniciales,** reorientándolos o corrigiéndolos levementeen función de la exposición que la otra parte ha hecho de las suyas y de la estrategia que se tenía diseñada en la fase anterior.

Fase 3. Discusión

La discusión es la parte central y, probablemente, la más difícil del proceso de negociación. En ella se intenta **acercar lo más posible el acuerdo final a nuestra posición.** Para ello se utilizan argumentos que refuercen y apoyen nuestras tesis y que debiliten la fuerza de las contrarias. Es también la fase más compleja del proceso negociador, pues en ella se utiliza casi todo el arsenal disponible: sugestión, persuasión o disuasión.

La discusión permite conocer a los negociadores, saber si es recomendable seguir negociando y llegar a un acuerdo o si es mejor romperla porque hay más pérdidas que beneficios. Se pueden producir también bloqueos o puntos muertos, donde la negociación ni avanza, ni se rompe. Entonces se pueden utilizar tácticas como:

- Buscar nuevos enfoques y alternativas creativos. Se pueden volver a plantear los objetivos.
- Realizar una pausa para replantear la situación o aplazar el encuentro para otra ocasión.
- Mantener sobre la mesa la mejor oferta, resaltando las ventajas del acuerdo.
- Recurrir a un intermediario.
- Cambiar de aires y continuar la negociación en un lugar más distendido.

Fase 4. Acercamiento de las posturas y cierre

El proceso entra en su recta final, se produce un intercambio de concesiones, se acercan las posturas y se materializan propuestas. Es la etapa más intensa de la negociación. Se intenta llegar a un acuerdo en el que las partes hayan alcanzado una solución aceptable para todos con máximos beneficios.

Para evitar futuros conflictos, conviene establecer algunas fórmulas de control en el acuerdo final para que se cumpla, como por ejemplo, cláusulas de protección, procedimientos para resolver conflictos en caso de incumplimiento, pliego de condiciones o hacerlo público.

4.4. Estrategia y tácticas

Caso práctico inicial

La estrategia elegida por la empresa es la imposición. Además se rebasa el límite de ruptura de Paula, al proponerle un despido voluntario. Por ello la negociación se rompe.

La estrategia es el conjunto de acciones que se van a llevar a cabo durante la negociación para alcanzar los objetivos fijados.

- La **estrategia** es el **qué** se hará, es decir, es un plan de acción.
- Las **tácticas** responden al **cómo** se realizará, es decir, son acciones concretas dentro de la estrategia enfocadas al corto plazo para alcanzar las metas.

Al definir la estrategia hay que establecer unos límites en la negociación y no modificarlos durante el proceso negociador.

Zona de objetivos
Márgenes dentro de los que se espera cerrar el acuerdo. Se sitúa entre el objetivo mínimo y el máximo. En ella se encuentra el objetivo real, que es lo que razonablemente se puede conseguir.

Límite de salida
Es el máximo objetivo que se busca en la negociación. No conviene que se sitúe cerca del objetivo real, para poder realizar concesiones.

Límite de ruptura
Objetivo mínimo que se tiene que conseguir, porque de no alcanzarlo sería muy perjudicial para los intereses propios. Si se sobrepasa es mejor romper la negociación.

El acuerdo se alcanza si hay **una zona que coincida entre el límite de salida y el límite de ruptura** de los negociadores. Si no, se rompe la negociación.

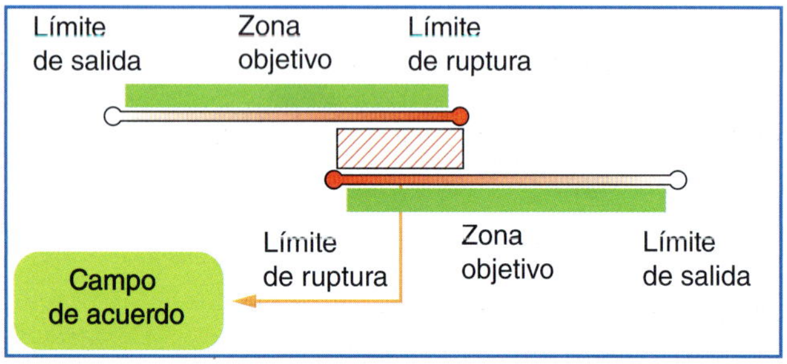

Hay posibilidad de acuerdo, que coincide con la zona rayada en rojo, situada dentro de las zonas objetivo de ambos negociadores.

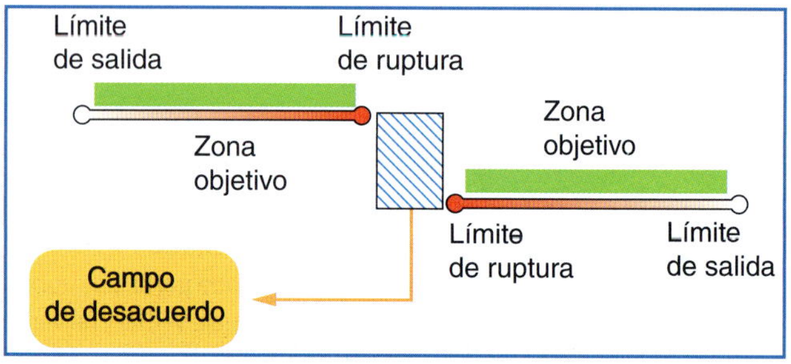

No hay posibilidad de acuerdo, porque la zona rayada en azul está fuera de las zonas objetivo de ambos negociadores.

Estrategias habituales en la negociación

Imposición (gano yo-pierde él)
Posición de ganar a toda costa. Solo se persiguen los intereses propios a expensas de los de la otra parte. Daña la relación futura entre las partes.

Colaboración (gano yo-gana él)
Se busca el acuerdo basado en el diálogo y los intereses comunes. Garantiza unas buenas relaciones en el futuro y ayuda a buscar soluciones creativas.

Compromiso o transacción (pierdo yo-pierde él)
Todos ceden a partes iguales en sus expectativas para llegar a un punto intermedio. Se usa para resolver conflictos simples, por ejemplo, en un regateo de precios.

Evasión
Puede ser una salida airosa para dejar de lado un aspecto de la negociación que no interesa cerrar o abordar en ese momento.

Acomodación (pierdo yo-gana él)
Postura opuesta a la imposición, que supone dar prioridad a los intereses de la otra parte buscando así una ventaja en el futuro.

Podemos agrupar las tácticas en tres grandes categorías:

Tácticas para preparar la información y los argumentos

La carta secreta	Tener argumentos de reserva para situaciones no previstas.
La puesta a remojo	Hacer dudar al oponente acerca de nuestras intenciones reales.
El explorador	Persona que obtiene concesiones parciales y recaba información.
La falsa pista	Decir que es imposible negociar sobre un asunto para ceder al final, sin ser real. Se utilizan frases como: «me es imposible...», «muy difícil...», etc.
Guerra psicológica	Pretende poner nerviosa a la otra parte para que ceda. Por ejemplo, se puede preparar un espacio estresante (ruido, oscuro, temperatura muy alta o baja...), hablar con otras personas o simular no escuchar.
El anclaje	Lanzar la primera oferta servirá de base para influir en las peticiones iniciales de la otra parte.
Asalto directo	Utilizar argumentos poderosos y contrastados para intimidar al otro.

Tácticas para argumentar

El salami	Lograr poco a poco un objetivo, como si fuera rodajas de embutido, hasta lograr cortarlas todas.
Concertación	Buscar una solución justa que convenga a todas las partes negociadoras y favorezca futuras negociaciones.
El compromiso	Hacer concesiones que sean importantes para el oponente, para así obtener del otro lo que realmente queremos para nosotros.
Nada sin nada	Se trata de negociar a cambio de algo. Se cede si la otra parte cede.
El regateo	Tomar la iniciativa de la discusión, pujando progresivamente con una oferta, hasta llegar al límite de la ruptura y detenerse ahí.
El bueno y el malo	El negociador «malo» comienza con propuestas muy desfavorables, expuestas de forma autoritaria e inflexible. Con alguna excusa abandona la negociación, que es retomada por un negociador «bueno», con una actitud conciliadora y acuerdos más razonables.
El parto sin dolor	Se «empuja» a las partes a un acuerdo haciendo que vean sus ventajas.

Tácticas para situaciones difíciles

Cambio de tema	Cuando la otra parte rechaza una propuesta con energía es mejor no insistir y cambiar de forma sutil a otro tema más cómodo.
Evitación	Negarse a responder o hacerse el sordo para no negociar.
El señuelo falaz	Despistar al oponente con argumentos falsos para que ceda.
El edredón	Para protegerse, se muestra indiferencia diciendo: «es usted quien lo dice», «tal vez sea posible», etc.
La esfinge	Mantener una actitud silenciosa e impenetrable que desconcierte.
El disco rayado	Exponer incansable un mismo argumento, sin agresividad ni ironía, con calma y resolución.
El judo	Empujar al interlocutor hasta las consecuencias más extremas de su postura para que equilibre su posición.
El bulldog	Insistir incansablemente sobre un asunto concreto para conseguir toda la información exacta y real.
El receso	Pedir un aplazamiento (entre 15 y 30 minutos) para reconsiderar aquellos aspectos que nos están perjudicando.
Escasez de recursos	Se fuerza al adversario con limitaciones no reales.

ACTIVIDADES FINALES

CASO DE LEVI STRAUSS EN BANGLADESH

Un gerente de LEVI STRAUSS se dio cuenta de que dos contratistas de la compañía en Bangladesh empleaban a niños menores de 14 años de edad, situación que es legal en Bangladesh pero que viola las normas de la Organización Internacional de Trabajo. Además, LEVI STRAUSS tiene un código ético bien definido que prohíbe expresamente que sus contratistas violen la legislación sobre mano de obra infantil. Ante un incumplimiento, la política de la empresa exige que los contratistas despidan a los niños menores de 14 años, so pena de cancelar sus contratos. Sin embargo, después de estudiar el asunto, el gerente descubrió que, con frecuencia, los niños menores de edad eran el único sostén de sus familias.

En Bangladesh, las normas locales toleran el trabajo infantil y la sociedad local parece dar mayor valor a las necesidades económicas básicas de las familias que a la protección de los niños. Existía por tanto una interpretación moral diferente de este tema y los gerentes de LEVI STRAUSS y sus proveedores de Bangladesh no estaban de acuerdo sobre cuál de los valores era más importante.

LEVI STRAUSS es una gran corporación multinacional que opera en un país en desarrollo. Se encontraba en una posición relativamente poderosa y podía exigir que los proveedores acabaran con esta situación lo antes posible. Además, los medios de comunicación se interesaban cada vez más por las prácticas laborales no éticas de las multinacionales. De salir esta noticia a la luz pública, el prestigio de la empresa en los países occidentales, donde comercializa la mayor parte de sus productos, se vería afectado muy negativamente. No se podía demorar más acabar con esta situación.

El enfoque distributivo (compulsivo) simplemente significaría exigir que los proveedores despidieran a todos los niños menores de 14 años o cancelar sus contratos. Pero LEVI STRAUSS negoció otra solución con ellos. Los niños renunciaron al trabajo y regresaron a la escuela. Mientras tanto, los proveedores siguieron pagando sus salarios y les ofrecerían a cada uno un empleo cuando cumplieran los 14 años. A su vez, LEVI STRAUSS estableció un fondo para la educación de los niños que incluye libros, uniformes y escolarización. Los contratistas no dieron empleo a otros niños menores de 14 años.

Realiza las siguientes actividades:

- **1.** Explica en qué consiste el conflicto planteado. Se debe clasificar el conflicto en función de lo que se ha estudiado y explicar cuáles son los efectos del mismo.
- **2.** ¿Cuáles son las principales características de los conflictos?
- **3.** ¿Qué alternativas tienen las partes para resolver un conflicto?
- **4.** Señala el tipo de conflicto al que se enfrenta la empresa. Justifica la respuesta.
- **5.** ¿Qué tipos básicos de negociación se emplearon en este caso?
- **6.** ¿Qué es una estrategia?
- **7.** Señala el tipo de estrategia de negociación que se utilizó justificando la respuesta. ¿Qué otras estrategias podrían haber utilizado?
- **8.** ¿Cuáles son los límites de una estrategia? Identifícalos en el caso práctico anterior.
- **9.** Analiza algunas de las tácticas que se podrían haber utilizado.
- **10.** En clase, simulad una negociación para tratar ciertos aspectos del convenio colectivo (jornada, vacaciones, subida salarial, otras condiciones laborales....) en una empresa del sector productivo del ciclo formativo que estás estudiando. Para ello, la clase se dividirá en dos grupos, trabajadores y empresarios.

  Se seguirán las fases de negociación y se considerarán los aspectos relacionados con las pautas, estrategias y tácticas que se han estudiado.

Entra en internet

11. A lo largo de toda la unidad se ha ido analizando en qué consisten los conflictos en el mundo del trabajo. Estos se pueden producir por diversos motivos, entre ellos los derivados de las relaciones interpersonales.

El *mobbing* es uno de los problemas que más interés está despertando en el mundo de la empresa. Por ello se propone esta actividad para buscar información acerca del mismo en internet.

En el caso práctico inicial ya se describían algunas de las manifestaciones típicas del *mobbing*, pero es un fenómeno mucho más complejo. Busca en la red información acerca del *mobbing*, para contestar a las preguntas que se plantean. Entre otros, se proponen los siguientes enlaces:

- <http://bit.ly/1Q4SvCY> donde la Red Universia explica detalladamente en qué consiste el *mobbing*.
- ANAMIB (Asociación de Ayuda por Acoso Moral en el Trabajo): <www.anamib.com>.

Una vez consultadas estas páginas web, contesta a las siguientes preguntas:

a) ¿Qué es el *mobbing*?

b) Para estudiar este problema laboral se han elaborado diferentes instrumentos. Entre ellos, se puede destacar el «inventario de acoso moral» (LIPT). ¿Cuántas actividades típicas del *mobbing* se señalan en el mismo? ¿Quién es su autor? Explica su importancia en el estudio de este fenómeno.

c) La mayoría de estudiosos del *mobbing* definen tres tipos. ¿Cuáles son y en qué consiste cada uno de ellos?

d) ¿Cuántas son las fases del *mobbing*? Explica de forma resumida cada una de ellas.

e) Las consecuencias del *mobbing* para la persona que lo sufre son importantes y además afectan a diferentes áreas de su vida. Señala cuáles son los principales efectos del acoso moral en el trabajo:

- Sobre la sociedad.
- Sobre la organización.
- Sobre la víctima.

f) Es importante que se adopten medidas preventivas que eviten en la empresa la aparición del *mobbing*. Propón al menos cinco actuaciones que se puedan desarrollar en el mundo del trabajo para eliminar y prevenir el acoso moral.

g) ¿Cómo se llama el fenómeno del acoso moral en el ámbito escolar?

12. Para descubrir si en un trabajo se padece *mobbing* se puede realizar el cuestionario CISNEROS (Cuestionario Individual sobre Psicoterror, Negación, Estigmatización y Rechazo en Organizaciones Sociales) que encontrarás en la siguiente página de internet:

<http://bit.ly/1SVLo2n>

Comenta los resultados en clase.

El juego de la NASA

Tu módulo lunar ha realizado un aterrizaje catastrófico y tienes que volver a la nave espacial que está a 200 kilómetros de distancia, en el lado iluminado de la Luna. Solo se han salvado los 15 artículos del equipo que aparecen en la siguiente tabla:

Artículos	Clasificación individual	Clasificación del grupo	Clasificación del experto	Influencia individual	Aciertos individuales	Aciertos del grupo
	Columna 1	Columna 2	Columna 3	Columna 4	Columna 5	Columna 6
1 caja de cerillas						
1 lata de alimentos concentrados						
20 metros de cuerda de nailon						
30 m^2 de seda de paracaídas						
1 hornillo portátil						
2 pistolas calibre 45						
1 lata de leche en polvo						
2 bombonas de oxígeno de 50 litros						
1 mapa estelar constelaciones lunares						
1 bote neumático con botellas de CO_2						
1 brújula magnética						
20 litros de agua						
cartuchos de señales (arden en el vacío)						
1 maletín de primeros auxilios con jeringas para inyectar						
1 aparato receptor-transmisor en FM accionado por energía solar						
				Total	Total	Total

Actividades

Paso 1. Copia en tu cuaderno la tabla anterior y clasifica los artículos del 1 al 15, siendo 1 el objeto más importante para salvar la vida y llegar a la nave y 15 el menos importante. Las clasificaciones se ponen en la columna 1 de la tabla.

Paso 2. Formar grupos de entre cuatro y siete personas, que clasificarán los 15 artículos por consenso, tras discutir los puntos, nunca mediante el promedio de las clasificaciones individuales. Es importante tratar las diferencias de opinión como medio para reunir más información, aclarar puntos y buscar mejores alternativas. La clasificación del grupo se anotará en la columna 2.

Paso 3. El coordinador dirá cuáles son las clasificaciones de los expertos (columna 3).

Paso 4. Cada participante calculará las diferencias absolutas entre la clasificación individual y la del grupo (columna 4), entre la clasificación individual y la de los expertos (columna 5), y entre la clasificación del grupo y la de los expertos (columna 6). Después sumará los totales de las columnas 4, 5 y 6.

EN RESUMEN

Conflicto y negociación

- **¿Qué es el conflicto?**
  - Definición
  - Características
  - Causas
  - Consecuencias
  - Fases
- **Métodos para la resolución del conflicto**
  - **Entre las partes afectadas**
    - Confrontación
    - Negociación
  - **Interviene un tercero**
    - Conciliación
    - Mediación
    - Arbitraje
- **La negociación como medio de superación del conflicto**
  - Definición
  - Pautas
  - Cualidades del negociador
  - Fases
  - Tipos de negociación
  - Estrategia y tácticas
- **Tipos de conflicto**
  - **Por su grado de percepción**
    - Manifiesto
    - Latente
  - **Por su origen**
    - Intrapersonal
    - Interpersonal
    - Intragrupal
    - Intergrupal
    - Intraorganizativo
    - Interorganizativo
  - **Por sus consecuencias**
    - Positivo
    - Negativo
  - **Desde una perspectiva juríca**
    - Individual
    - Colectivo

Evalúa tus conocimientos

RESUELVE EN TU CUADERNO O BLOC DE NOTAS

1. De las siguientes características, señala cuál no es del conflicto:

a) Es inherente a los grupos.

b) Siempre se puede considerar como un obstáculo que impide alcanzar los objetivos.

c) Si se maneja adecuadamente pueden obtenerse consecuencias positivas de él.

d) Es inevitable.

2. El conflicto enfoque-enfoque es aquel que se refiere a:

a) Elegir entre dos o más alternativas positivas.

b) Elegir entre dos o más alternativas negativas.

c) Choque entre distintos roles de nuestra vida.

d) Decidir si se hace algo que es positivo y a la vez negativo.

3. ¿Cómo se llama el procedimiento de resolución de conflictos donde un tercero neutral, que hace de testigo, ni resuelve ni propone una solución, sino que invita a la partes a hacerlo?

a) Mediación. c) Negociación.

b) Arbitraje. d) Conciliación.

4. Para que exista una negociación debe haber:

a) Un equilibrio de fuerzas entre las partes.

b) Un conflicto.

c) Posibilidad de acuerdo.

d) Todas son correctas.

5. La etapa de la negociación en la que se tantea a la otra parte se conoce como:

a) Planificación.

b) Discusión.

c) Toma de contacto.

d) Acercamiento de posturas y cierre.

6. El límite de ruptura en la negociación es:

a) Una zona donde se pueden alcanzar los acuerdos.

b) Un objetivo real.

c) Objetivo máximo que se puede alcanzar.

d) Objetivo mínimo que se puede conseguir.

16 Itinerarios profesionales

Vamos a conocer...

1. La formación profesional en el sistema educativo
2. El Catálogo Nacional de Cualificaciones Profesionales (CNCP)
3. La formación profesional para el empleo
4. Opciones profesionales

PRÁCTICA PROFESIONAL

Trabajar para la Administración Pública

Y al finalizar esta unidad...

- Analizarás las correspondencias y equivalencias de los subsistemas de la FP.
- Distinguirás las diferentes opciones académico-profesionales que existen después de terminar un ciclo formativo.
- Descubrirás lo importante que es para un trabajador seguir formándose a lo largo de su vida laboral.
- Conocerás el Catálogo Nacional de las Cualificaciones Profesionales.

Caso práctico inicial

Situación de partida

Claudia ha terminado el Ciclo Formativo de Grado Medio de Gestión Administrativa y no tiene claro qué hacer a partir de ahora; por un lado, la empresa en la que ha realizado la formación en centros de trabajo le ha ofrecido un contrato temporal de seis meses de duración; por otro lado, sus padres le animan a seguir estudiando y a ella le parece una buena idea.

Claudia está dudando entre:

- estudiar Bachillerato, a cuyos estudios puede acceder directamente, o
- realizar una prueba de acceso y cursar un ciclo formativo de grado superior.

Ella está considerando esta última posibilidad porque le gustaría estudiar el Ciclo Formativo de Grado Superior de Administración y Finanzas, de la misma familia profesional que el ciclo de grado medio que acaba de terminar.

Cuando se lo comenta a su amiga Ana, esta le dice que la prueba de acceso es muy difícil porque tiene que demostrar conocimientos de Bachillerato: «Vas a perder un año entero preparándote y nadie te asegura que vayas a aprobar. Mejor prepara oposiciones, así tendrás un empleo para toda la vida».

Claudia se decepciona mucho. Se había hecho la ilusión de estudiar un ciclo formativo de grado superior y, ¿quién sabe?, quizás, algún día, ir a la universidad.

Estudio del caso

Antes de empezar a leer esta unidad de trabajo, intenta contestar las cuestiones que se plantean a continuación sobre el caso práctico. Después, una vez estudiada la unidad, compara tus respuestas con lo que hayas aprendido.

1. ¿Qué itinerarios formativos puede seguir Claudia después de estudiar un ciclo formativo de grado medio?
2. ¿Qué es una familia profesional? ¿A qué familia pertenece el ciclo que estás estudiando?
3. ¿Es verdad lo que dice su amiga? ¿En qué basa su razonamiento? ¿Qué tendría que valorar Claudia a la hora de decidir si presentarse o no a la prueba de acceso?
4. ¿Qué requisitos se exigen para poder presentarse a las pruebas de acceso de grado medio a grado superior?
5. ¿Cuál es el contenido de dichas pruebas?
6. ¿Cuándo se convocan y con qué periodicidad?
7. ¿Cómo se pueden preparar?
8. ¿Podría Claudia, algún día, acceder a la universidad estudiando ciclos formativos de Formación Profesional? ¿Tendría la oportunidad de solicitar convalidaciones a lo largo de su trayectoria formativa?
9. ¿Puede un técnico de Formación Profesional presentarse a unas oposiciones? ¿De qué cuerpo o escala?

Marco legislativo de referencia en la Formación Profesional

- Ley Orgánica 5/2002, de 19 de junio, de las Cualificaciones y de la Formación Profesional.
- Ley Orgánica 2/2006, de 3 de mayo, de Educación (LOE). Asegúrate de consultar una versión consolidada que incluya las modificaciones efectuadas por la LOMCE.
- Ley Orgánica 8/2013, de 9 de diciembre, para la mejora de la calidad educativa (LOMCE).
- Real Decreto 1147/2011, de 29 de julio, por el que se establece la ordenación general de la formación profesional del sistema educativo. Todas las disposiciones, a excepción de la disposición adicional séptima, serán de aplicación en el curso 2014-2015. Las Administraciones educativas podrán anticipar la implantación de las medidas que consideren necesarias en los cursos anteriores (Real Decreto-ley 14/2012, de 20 de abril, de medidas urgentes de racionalización del gasto público en el ámbito educativo).
- Real Decreto 395/2007, de 23 de marzo, por el que se regula el subsistema de formación profesional para el empleo.
- Real Decreto 1892/2008, de 14 de noviembre, por el que se regulan las condiciones para el acceso a las enseñanzas universitarias oficiales de grado y los procedimientos de admisión a las universidades públicas españolas.

1. La formación profesional en el sistema educativo

Caso práctico inicial

Los títulos de FP se ordenan en familias profesionales y las enseñanzas conducentes a su obtención se organizan en ciclos formativos.

Ciclo formativo ≠ módulo

Un ciclo formativo proporciona un título de Formación Profesional.

Un módulo es cada una de las «asignaturas» del ciclo formativo.

La Formación Profesional (FP) del sistema educativo capacita a los alumnos para el desempeño cualificado de una profesión, el acceso al empleo y la participación activa en la vida social, cultural y económica. Su finalidad no es solo preparar para la actividad en un campo profesional, sino también facilitar a los estudiantes su adaptación a las modificaciones laborales que puedan producirse a lo largo de su vida, así como contribuir a su desarrollo personal, al ejercicio de una ciudadanía democrática y al aprendizaje a lo largo de toda la vida.

Las enseñanzas de FP se estructuran en ciclos formativos (CF) agrupados en 26 familias profesionales, según el ámbito laboral al que pertenecen. La Formación Profesional comprende los ciclos de Formación Profesional Básica, los de grado medio y los de grado superior.

Los CF se organizan en **módulos** o «asignaturas» teórico-prácticas. Hay módulos comunes a todos los CF, como **Formación y Orientación Laboral (FOL), o Formación en Centros de Trabajo (FCT),** que consiste en un periodo de formación práctica en una empresa. Se puede determinar la exención total o parcial del módulo de FCT, siempre que se acredite un año de experiencia laboral, a tiempo completo, relacionada con los estudios respectivos.

La **formación profesional dual** es una nueva modalidad de formación profesional, cuya implantación depende de cada comunidad autónoma. Se realiza alternando la estancia en el instituto y la empresa, y el número de horas o días de estancia en cada uno es variable.

Estudiar y realizar la FCT en Europa

- En **PLOTEUS** podrás descubrir las oportunidades para estudiar en Europa: <http://ec.europa.eu/ploteus>.
- **Euroguidance** ofrece información sobre programas para estudiar en otro país de la Unión Europea: <http://euroguidance.eu>.
- **NARIC** informa sobre el reconocimiento, convalidación y homologación de títulos en otros países: <www.enic-naric.net>.
- **Programa Erasmus+:** permite realizar la FCT en otro país europeo. ¡Infórmate en tu instituto!

Cómo obtener un título de FP

Acudiendo a **clases presenciales.**

Estudiando a distancia. El alumno no asiste diariamente a clase, el centro educativo le proporciona material de estudio *on-line* y pone a su disposición un profesor-tutor. Estas enseñanzas podrán ofertarse de forma completa o parcial y desarrollarse en régimen de enseñanza presencial, a distancia o combinando ambas. Puedes obtener toda la información que precises en el portal de FP *on-line*: <http://todofp.es>.

Mediante la **superación de unas pruebas** (conocidas como «pruebas libres»). El candidato no asiste a clase y se prepara por su cuenta. Las pruebas suelen convocarse una vez al año y su convocatoria depende de cada comunidad autónoma.
Para poder presentarse a estas pruebas libres se precisa:

- Para las pruebas de Técnico, tener 18 años y reunir alguna de las condiciones de acceso a un CF de grado medio.
- Para las pruebas de Técnico Superior, tener 20 años y reunir alguna de las condiciones de acceso a un CF de grado superior.

Novedades introducidas por la LOMCE

- **Quienes no superen en su totalidad las enseñanzas de los CF** de FP Básica, grado medio o superior, recibirán un certificado académico de los módulos superados, que tendrá efectos académicos y de acreditación parcial acumulable de las competencias profesionales adquiridas en relación con el Sistema Nacional de Cualificaciones y Formación Profesional.
- **Quienes tengan un título de Técnico o de Técnico Superior podrán obtener el título de Bachiller** por la superación de la evaluación final (reválida) de Bachillerato en relación con las materias del bloque de asignaturas troncales que como mínimo se deban cursar en la modalidad y opción que escoja el alumno. En el título de Bachiller debe especificarse esta fórmula de obtención, así como la nota obtenida.

Título de Bachiller

Quien haya obtenido un título de Técnico de FP podrá obtener el título de Bachiller si supera las materias comunes del Bachillerato.

1.1. Los itinerarios formativos

Una vez aprobado el ciclo formativo de grado medio, se puede:

- Acceder al **mundo laboral.**
- **Acceder directamente a los estudios de Bachillerato** (cualquier modalidad). Se prevé la convalidación de módulos de los CF de grado medio con materias de Bachillerato.
- Estudiar **otro ciclo de FP de grado medio** con la posibilidad de establecer convalidaciones entre algunos módulos.
- Estudiar un **curso de especialización profesional** para titulados en FP.
- Estudiar un **ciclo de FP de grado superior.**

Vías de acceso a un CF de grado superior

a) Poseer el **título de Técnico** que proporciona los estudios de un ciclo de FP de grado medio. Si la demanda de plazas en ciclos de grado superior supera la oferta, las Administraciones educativas podrán establecer procedimientos de admisión.

b) Estar en posesión del **título de Bachiller** o de un título universitario, o de un certificado acreditativo de haber superado todas las materias de Bachillerato.

c) Haber superado la **prueba de acceso** a los CF de grado superior o la prueba de acceso a la universidad para mayores de 25 años.
Para acceder a la **prueba de acceso a los CF de grado superior** se requiere tener 19 años cumplidos en el año de realización de la prueba, o 18 años si se acredita estar en posesión de un título de **Técnico** relacionado con el CF al que se desea acceder. En un mismo curso escolar, un participante no podrá presentarse a las pruebas de acceso en más de una comunidad autónoma. La superación de la prueba completa de acceso a ciclos de grado superior tendrá validez en todo el territorio nacional.

Una vez aprobado el CF de grado superior, se puede:

- **Acceder a la universidad y solicitar las convalidaciones correspondientes.** Para los estudiantes en posesión de los títulos de Técnico Superior de Formación Profesional, de Técnico Superior de Artes Plásticas y Diseño o de Técnico Deportivo Superior:
  - **Las universidades fijarán procedimientos de admisión** a las enseñanzas universitarias de Grado, que podrán ser alguno o algunos de los siguientes:
    a) Calificación final obtenida en las enseñanzas cursadas y/o en módulos o materias concretas.
    b) Relación entre los currículos de las titulaciones de FP y los títulos universitarios solicitados (además, en los títulos oficiales de Técnico Superior en Formación Profesional en Artes Plásticas y Diseño y de Técnico Deportivo Superior se tendrá en cuenta su adscripción a las ramas del conocimiento establecidas en el Real Decreto 1618/2011, de 14 de noviembre, así como las relaciones directas que se establezcan entre los estudios anteriormente citados y los Grados universitarios).
    c) Formación académica o profesional complementaria.
    d) Estudios superiores cursados con anterioridad.

    Además, de forma excepcional podrán establecer evaluaciones específicas de conocimientos y/o de competencias.
  - Asimismo, **las universidades podrán utilizar, como criterio de valoración en los procedimientos de admisión, la superación** de las materias de la evaluación de acceso a la universidad **EvAU** y la **calificación** obtenida en las mismas, si bien la presentación a la EvAU es voluntaria, para subir nota.
- **Estudiar otro ciclo de FP de grado superior** con la posibilidad de establecer **convalidaciones** entre algunos módulos.
- Incorporarse al **mundo laboral.**
- Estudiar un **curso de especialización profesional.**

Caso práctico inicial

Estas son las opciones que tiene Claudia.

Si Claudia estudia un ciclo formativo de grado superior, podrá acceder a la universidad.

Cursos de preparación

Quienes no obtengan el título de técnico, que proporcionan los estudios de un CF de grado medio, podrán acceder a un CF de grado superior a través de la prueba de acceso. Existen cursos de preparación para las pruebas de acceso. Infórmate en la Consejería de Educación de tu comunidad autónoma.

Prueba de acceso a un CFGS

Se convocarán, al menos, una vez al año. En un mismo curso escolar el aspirante no se podrá presentar a las pruebas de acceso en más de una comunidad autónoma.

Convalidaciones

También se prevé la regulación de convalidaciones y equivalencias entre los CF de grado medio y superior de FP y el resto de enseñanzas y estudios oficiales.

Caso práctico inicial

Este es el contenido de la prueba de acceso a la que podría enfrentarse Claudia. Normalmente, se convocan una vez al año, en primavera.

Sistema educativo español

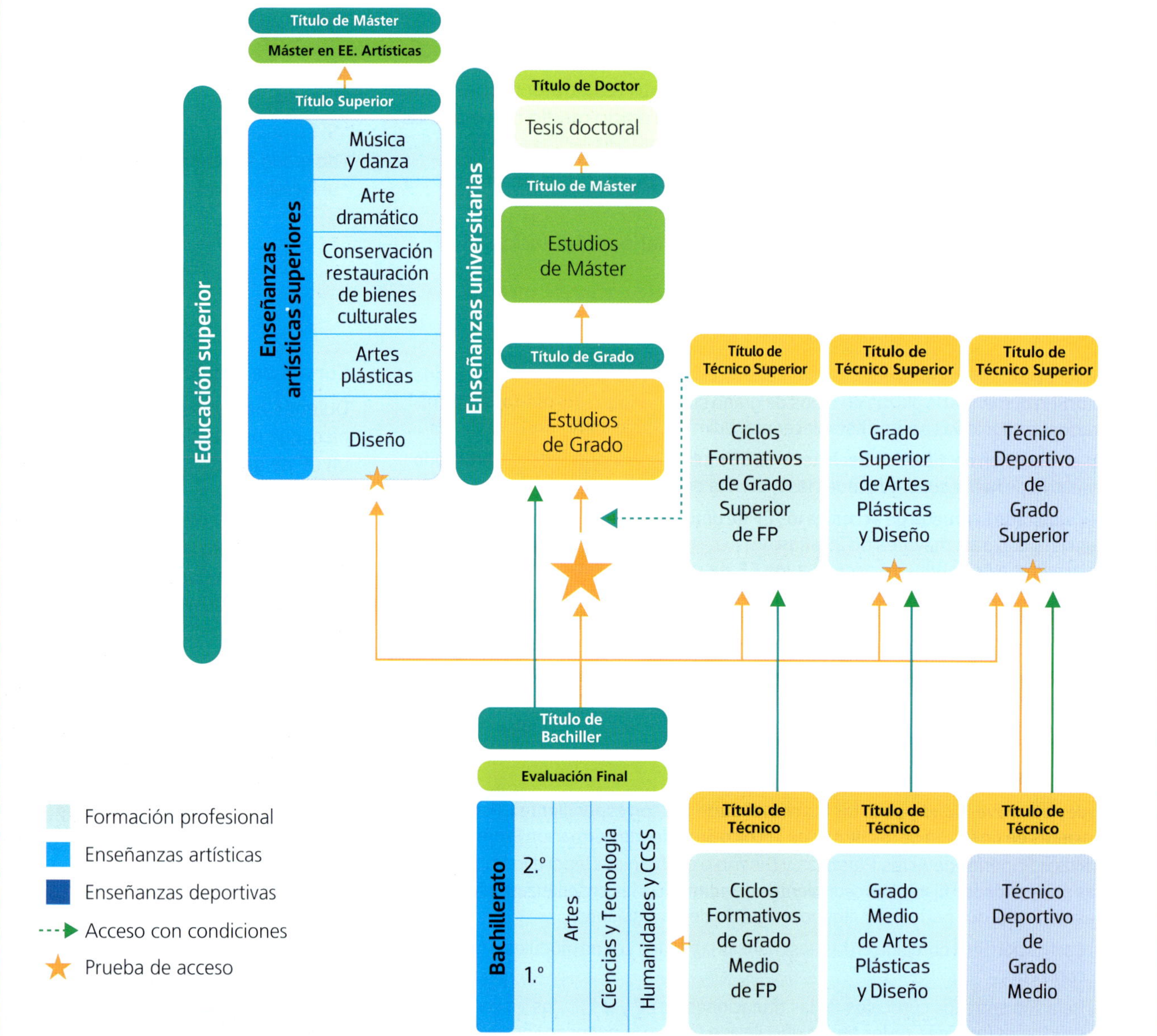

La prueba de acceso a un CF de grado superior

La prueba de acceso constará de dos partes, una común y otra específica:

- La **parte común** desarrollará como mínimo los objetivos de la lengua castellana e idioma extranjero del Bachillerato.
- La **parte específica** se organizará, al menos, en dos opciones: ciencia y tecnología, y humanidades y ciencias sociales. Dentro de cada opción las Administraciones educativas desarrollarán como mínimo dos materias.

Cada una de las partes de la prueba de acceso se califica entre cero y diez puntos, con dos decimales. La **nota** final se calcula, siempre que se obtenga un mínimo de cuatro puntos en cada parte, hallando la media aritmética de estas, expresada con dos decimales; solo se aprueba si se obtiene una media de cinco puntos o superior.

Podrá haber **exenciones de partes** de las pruebas o del curso de acceso a los CF, en función de la formación previa acreditada por el alumno.

Acceso a la universidad

El Técnico Superior de Formación Profesional, de Enseñanzas Artísticas o de Enseñanzas Deportivas **realizará, en todo caso, un procedimiento de admisión.**

2. El Catálogo Nacional de Cualificaciones Profesionales (CNCP)

Con el fin de evitar que los estudios de formación profesional queden obsoletos y dejen de responder a las necesidades cambiantes del mercado laboral, en España se crea el Catálogo Nacional de Cualificaciones Profesionales (CNCP).

Cualificación profesional

Unidad de competencia ← Tiene asociadas una o varias → **Unidad de competencia**

Módulos | Módulos | Módulos

El CNCP está constituido por las cualificaciones profesionales que demanda el mercado laboral; estas cualificaciones tienen asociadas varias unidades de competencia, que se organizan en módulos formativos.

En primer lugar, definiremos los conceptos clave:

- **Cualificación profesional**: el conjunto de competencias profesionales que se requieren para ejercer un empleo. Pueden ser adquiridas mediante el estudio y a través de la experiencia laboral.
- **Competencia profesional**: el conjunto de conocimientos y capacidades que permiten el ejercicio de una actividad profesional. A través del aprendizaje se pueden adquirir conocimientos teóricos (el saber) y habilidades prácticas (el hacer); la competencia profesional es la suma de ambos (el saber hacer):

Conocimientos (el saber) + **Habilidades** (el hacer) = **Competencia profesional** (el saber hacer)

- **Unidad de competencia**: es la parte mínima en la que se puede dividir una competencia profesional y ser susceptible de reconocimiento y acreditación parcial.

Las cualificaciones profesionales que integran el CNCP se ordenan en 26 familias profesionales, igual que los ciclos formativos.

Las cualificaciones profesionales que integran el CNCP se ordenan por **niveles de cualificación**, en función del grado de conocimientos, iniciativa, autonomía, responsabilidad y complejidad que requiera la actividad que se va a desarrollar:

	Enseñanzas con las que se corresponden
Nivel 1	Se acredita por haber superado un PCPI o una FP Básica
Nivel 2	Título de Técnico (CF de grado medio)
Nivel 3	Título de Técnico Superior (CF de grado superior)
Nivel 4	Grado universitario
Nivel 5	Posgrado universitario

En el ámbito de la Unión Europea se ha creado el **Marco Europeo de Cualificaciones para el Aprendizaje** (*European Qualification Framework*), que permitirá una mayor transparencia y facilidad para comparar los Catálogos Nacionales de Cualificación de los Estados miembros y sus sistemas de educación. Este marco establece ocho niveles de cualificación, basados en resultados de aprendizaje.

El Observatorio Nacional de las Cualificaciones Profesionales

Para conseguir que las cualificaciones profesionales se mantengan actualizadas se creó el Observatorio Nacional de las Cualificaciones Profesionales, que se ocupa de estudiar la evolución y las tendencias del mercado laboral.

Cualificación profesional

- Datos de identificación
- Denominación
- Nivel
- Competencia general
- Entorno profesional

Unidades de competencia		Formación asociada
Unidad de competencia 1	↔	Módulo formativo 1
Unidad de competencia 2	↔	Módulo formativo 2
Unidad de competencia n	↔	Módulo formativo n

Unidad de competencia

No todos los módulos que integran un CF están asociados a una unidad de competencia (por ejemplo, el módulo de FOL no está asociado a ninguna unidad de competencia).

2.1. El CNCP y la Formación Profesional del sistema educativo

Por otra parte, los ciclos formativos de grado medio y superior se corresponden, al menos, con una cualificación profesional completa del Catálogo Nacional de Cualificaciones Profesionales. Cada título de Técnico y Técnico Superior recoge las correspondencias entre las unidades de competencia y los módulos del ciclo formativo de FP.

Ejemplo

Vamos a analizar la correspondencia entre las cualificaciones del Catálogo Nacional de Cualificaciones Profesionales (CNCP) y los títulos del Ministerio de Educación.

El CNCP establece la cualificación profesional de Farmacia y le asigna las siguientes competencias profesionales y módulos formativos:

Cualificación profesional de Farmacia (nivel 2)

Unidades de competencia	Módulos formativos
Controlar los productos y materiales, la facturación y la documentación en establecimientos y servicios de farmacia.	Oficina de farmacia.
Asistir en la dispensación de productos farmacéuticos, informar a los usuarios sobre su utilización, y determinarparámetros somatométricos sencillos, bajo la supervisión del facultativo.	Productos farmacéuticos, dispensación y utilización.
Asistir en la dispensación de productos sanitarios y parafarmacéuticos e informar a los usuarios sobre su utilización, bajo la supervisión del facultativo.	Productos sanitarios y parafarmacéuticos, dispensación y utilización.
Asistir en la elaboración de fórmulas magistrales, preparados oficinales, dietéticos y cosméticos, bajo la supervisión del facultativo.	Elaboración de fórmulas magistrales, preparados oficinales, dietéticos y cosméticos.
Asistir en la realización de análisis clínicos elementales y normalizados, bajo la supervisión del facultativo.	Análisis clínicos elementales.
Colaborar en la promoción, protección de la salud, prevención de enfermedades y educación sanitaria, bajo la supervisión del facultativo.	Promoción y educación para la salud.

Nota: en este caso solo se asocia un módulo a cada unidad de competencia, pero podría haber más de uno.

Por su parte, el Ministerio de Educación establece el título de Técnico en Farmacia y Parafarmacia asociado a esta misma cualificación profesional y las unidades de competencia de la tabla anterior, pero divide algunos de los módulos que propone el CNCP en dos y añade otros nuevos:

- Disposición y venta de productos.
- Dispensación de productos farmacéuticos.
- Dispensación de productos parafarmacéuticos.
- Operaciones básicas de laboratorio.
- Anatomofisiología y patología básicas.
- Formulación magistral.
- Promoción de la salud.
- Primeros auxilios.
- Oficina de farmacia.
- Formación y orientación laboral.
- Empresa e iniciativa emprendedora.
- Formación en centros de trabajo.

3. La formación profesional para el empleo

El dinamismo de los mercados y la rápida evolución de la tecnología hacen que el mundo laboral cambie constantemente; esto obliga a los trabajadores a formarse y reciclarse a lo largo de su vida laboral, para mantener su puesto de trabajo o promocionarse profesionalmente.

El objetivo de la **formación profesional para el empleo** es impulsar y extender entre las empresas y los trabajadores (ocupados y desempleados) una formación que responda a sus necesidades reales y contribuya al desarrollo de una economía basada en el conocimiento.

El CNCP permite establecer una conexión entre la FP del sistema educativo y la FP para el empleo. Las acciones formativas de ambos subsistemas de FP se basan en las cualificaciones profesionales y competencias profesionales de dicho catálogo, de modo que podrán establecerse correspondencias, convalidaciones y exenciones entre una y otra formación profesional.

Las enseñanzas de FP para el empleo **vinculadas** al CNCP se acreditarán mediante los **certificados de profesionalidad**.

También se prevé la posibilidad de evaluar y acreditar las competencias profesionales adquiridas a través de la **experiencia laboral** o de **vías no formales de formación** que tomen como referencia el CNCP. Se podrán comparar y valorar las competencias adquiridas por un trabajador en su vida profesional con las competencias profesionales que conforman cada una de las cualificaciones del CNCP. De este modo, se certificará si un trabajador ha adquirido una o varias competencias profesionales y, si quiere reincorporarse al sistema educativo, puede hacer valer estas acreditaciones, que podrían llegar a suponer la exención parcial de algún módulo formativo.

¡Cuidado!

No todas las enseñanzas de formación profesional para el empleo se acreditan con un certificado de profesionalidad.

Aprendizaje formal e informal

El aprendizaje formal es el aquirido por una vía oficial, por ejemplo, los títulos de FP.

El aprendizaje informal es el que se obtiene a través de la experiencia laboral, actividades de ocio o de la vida cotidiana relacionadas con el trabajo. No está estructurado en objetivos o resultados de aprendizaje, contenidos y criterios de evaluación como el aprendizaje formal, pero genera competencias que se podrán certificar.

4. Opciones profesionales

Una vez terminado el ciclo formativo que estás estudiando, tienes la opción de seguir formándote o empezar a trabajar.

En el mundo laboral encontrarás varias posibilidades: trabajar por cuenta ajena, trabajar por cuenta propia o trabajar para la Administración Pública.

4.1. Trabajar por cuenta ajena

Consiste en trabajar de forma voluntaria, personal y directa, bajo el poder de organización y dirección de otra persona, a cambio de un salario.

Esta relación laboral se regula en el Estatuto de los Trabajadores y se estudia en profundidad en este módulo de FOL.

4.2. Trabajar por cuenta propia

Cuando una persona decide trabajar por cuenta propia, puede hacerlo adoptando distintas formas jurídicas:

- Constituyendo una sociedad con personalidad jurídica propia (sociedad anónima, limitada, comanditaria, cooperativa, etc.).
- Como trabajador autónomo, en cuyo caso existen dos figuras diferenciadas, que se rigen por la Ley 20/2007, de 11 de julio, del Estatuto del Trabajo Autónomo:
  - **Los autónomos**: son las personas físicas que realizan una actividad económica o profesional a título lucrativo, de forma habitual, directa, por cuenta propia y fuera del ámbito de dirección y organización de otra persona. Pueden contratar trabajadores por cuenta ajena.
  - **Los autónomos económicamente dependientes**: son aquellos que trabajan de forma habitual, personal, directa y predominante para un cliente, del que dependen económicamente por percibir de él, al menos, el 75% de sus ingresos.

    La contraprestación económica se percibe por resultados, según lo pactado con el cliente; desarrollan su actividad siguiendo criterios organizativos propios (sin perjuicio de las indicaciones técnicas que le den sus clientes), con infraestructura y material propios y asumiendo el riesgo y ventura de la operación.

    No pueden tener a su cargo trabajadores por cuenta ajena ni contratar, o subcontratar total o parcialmente, la actividad con terceros.

Todo lo referente a la constitución de una empresa se analiza con detalle en el módulo de **Empresa** e **Iniciativa Emprendedora.**

4.3. Trabajar en la Administración Pública

Los funcionarios se rigen por el **Estatuto Básico del Empleado Público (EBEP)**, aprobado por la Ley 7/2007, de 12 de abril.

La **Constitución** española señala que el ingreso en la función pública debe regirse por los principios de mérito y capacidad.

Para cumplir con este precepto, el proceso de selección se realiza mediante una convocatoria pública, donde figuran los requisitos de los candidatos, bases, plazos, procesos, exámenes, etc.

Recuerda

Persona jurídica

Es una asociación de persona/s física/s a quienes la ley concede una personalidad propia, distinta e independiente de la de cada uno de sus miembros.

La acción protectora del régimen especial para autónomos de la Seguridad Social

Los autónomos disfrutan de las siguientes prestaciones:

- Permisos remunerados para la conciliación de la vida familiar y laboral (maternidad, paternidad, adopción o acogimiento, riesgo durante el embarazo o lactancia).
- Incapacidad temporal (con sus peculiaridades).
- Jubilación (con sus peculiaridades).
- Muerte y supervivencia.
- Prestaciones por hijo a cargo.

4.3.1. Cuerpos y escalas

En España contamos con la Administración estatal, autonómica y local, junto con los organismos autónomos. Todos ellos pueden publicar ofertas de empleo en el Boletín Oficial del Estado o en el de la comunidad autónoma correspondiente, en función del ámbito territorial en el que actúen.

El Estatuto Básico del Empleado Público establece que los cuerpos y escalas se clasifican, de acuerdo con la titulación exigida para el acceso a los mismos, en los siguientes grupos:

Título exigido para el acceso

Grupo	Subgrupo	Título exigido para el acceso
Grupo A	A1	Título universitario de Grado, salvo que la ley exija otro título universitario
	A2	
Grupo B		Título de Técnico Superior (CF de Grado Superior)
Grupo C	C1	Título de Bachiller o de Técnico (CF de Grado Medio)
	C2	Graduado en ESO
Grupo D		Agrupaciones profesionales (D.A. 7.ª EBEP). No se exige estar en posesión de ninguna de las titulaciones previstas en el sistema educativo

La clasificación en subgrupos (A1/A2, C1/C2) está en función del nivel de responsabilidad del puesto de trabajo y de las características de las pruebas de acceso.

4.3.2. Sistemas de acceso a la función pública

Los sistemas selectivos para acceder a la función pública son:

- La **oposición**, que consiste en la celebración de una o más pruebas o exámenes para determinar la capacidad y aptitud de los aspirantes y fijar su orden de clasificación.
- El **concurso**, mediante el que se comprueban y califican los méritos de los aspirantes, dando una puntuación a cada opositor; de este modo, se establece una escala valorativa entre ellos. Los méritos suelen ser años de experiencia, cursos, certificados oficiales de idiomas, etc.
- El **concurso-oposición** es la celebración sucesiva de los dos sistemas anteriores.

  Todo opositor debe prepararse concienzudamente, aprovechando al máximo sus posibilidades y organizando su trabajo, modificando y mejorando sus técnicas y hábitos de estudio y, si es necesario, acudiendo a alguna academia o preparador.

4.3.3. El personal al servicio de la Administración Pública

- **Funcionarios de carrera:** son quienes superan todo el proceso selectivo e ingresan en la función pública.
- **Los funcionarios interinos:** ocupan transitoriamente puestos de trabajo en la Administración, por razones expresamente justificadas de necesidad y urgencia. Normalmente se abren bolsas de trabajo para interinos, a las que se puede acceder mediante inscripción (siempre que se reúnan los requisitos de titulación y demás condiciones exigidas) o después de haberse presentado a una oposición y no haber obtenido plaza como funcionario de carrera.
- **Personal laboral fijo o temporal:** las Administraciones Públicas determinan el proceso de selección, según lo previsto en la oferta de empleo público correspondiente. Se rigen por el Derecho Laboral.

Caso práctico inicial

Claudia podría presentarse a oposiciones para el Grupo C1.

Pruebas o exámenes de acceso

- Pruebas tipo test.
- Desarrollo de un tema.
- Exámenes prácticos o resolución y análisis de casos prácticos.
- Exámenes orales.
- Exámenes de idiomas.
- Resolución de una batería de preguntas cortas, etc.

Unidad 16

ACTIVIDADES FINALES

Entra en internet

1. Busca cursos de formación para el empleo relacionados con tu sector profesional en los siguientes enlaces:
   - Del Servicio Público de Empleo Estatal <www.sepe.es> o entrando directamente a la sección de formación para el empleo: <http://bit.ly/2rxyjTM>
   - De los Servicios Regionales de Empleo de las distintas comunidades autónomas (tienen web propia, aunque también se puede acceder a ellos desde la página web del Servicio Público de Empleo Estatal: <http://bit.ly/1QHVa1G> o en páginas autonómicas específicas sobre formación, por ejemplo:

     <www.madrid.org/cafo> Cursos de formación continua en la Comunidad de Madrid.

     <http://bit.ly/18LiYMR> Empleo, el portal de empleo de la Comunidad de Madrid, apartado Formación.

     <www.aemadrid.es> Es la página web de la Agencia para el Empleo del Ayuntamiento de Madrid. Puedes entrar en Formación y empleo y en la sección de Anuncios.

     <www.camaramadrid.es> En la barra de la izquierda, en el apartado de Formación, obtendrás un listado de distintos tipos de cursos y podrás utilizar el buscador.

     <http://bit.ly/1jQ3283> De la Junta de Andalucía.

     <https://e-empleo.jccm.es/OVI/> Del Servicio Público de Empleo de Castilla-La Mancha.

     <http://traballo.xunta.es> Pincha en Formación y Cualificaciones.
   - Algunas universidades ofrecen cursos de formación para el empleo para Técnicos Superiores de Formación Profesional. A título de ejemplo, recogemos el enlace de una de ellas; puedes buscar cursos en otras universidades.

     Servicio de Formación Continua de la Universidad Politécnica de Madrid:

     <http://bit.ly/1Lt7SQb>
   - La mayoría de los sindicatos ofrecen cursos de formación para el empleo. Puedes encontrarlos en sus páginas web: <www.ccoo.es> <www.ugt.es>

2. Entra en la siguiente página del Observatorio del SEPE y responde a las preguntas que se proponen a continuación:

   <http://bit.ly/2KREA4Y>
   - ¿Qué es el Observatorio?
   - ¿Cuál es la situación del mercado laboral para los titulados de tu familia profesional?

3. Entra en la página web <www.mentor.mec.es> y responde a las preguntas que se proponen a continuación:
   - ¿Qué es Aula Mentor y qué servicios ofrece?
   - ¿Cómo es la formación, presencial o a distancia?
   - ¿A quién van destinados sus cursos?
   - ¿Quién certifica los cursos?

4. Busca los ciclos formativos de tu familia profesional, tanto de grado medio como de grado superior. Piensa si te interesa estudiar alguno de ellos en un futuro e infórmate sobre las posibles convalidaciones.

5. Todos los años se publican las notas de corte de los estudios universitarios.

   Puedes encontrar esta información en la página web de cada universidad o en los portales educativos de las comunidades autónomas. A continuación, te mostramos algunos enlaces. Entra y busca la nota de corte de los estudios universitarios que pudieran interesarte:
   - <www.emes.es> (Espacio Madrileño de Enseñanza Superior).
   - <http://bit.ly/1Kpaqnq> (Portal de Educación de Castilla y León).

6. Busca información sobre las pruebas de acceso a los ciclos formativos de grado superior. Generalmente, puedes consultar en los portales educativos de cada comunidad autónoma. Por ejemplo:

   - En la web de la Comunidad de Madrid dedicada exclusivamente a FP, <www.madrid.org/fp>, podrás encontrar información sobre su convocatoria, contenido, calendario, inscripción (enlace directo: <http://bit.ly/lZkjJb>.
   - En la web de la Junta de Andalucía sobre formación profesional, <www.juntadeandalucia.es/educacion/formacion profesional>, hay un apartado dedicado a las pruebas de acceso.

   Estas pruebas de acceso se pueden preparar en centros públicos y privados, puedes encontrarlos en internet.

7. Entra y conoce las siguientes páginas web sobre formación:

   - <www.educaweb.com> En esta página web también se puede encontrar información sobre oposiciones.
   - <www.emagister.com> Esta página contiene un buscador en el que puedes escribir el área temática del curso buscado y, automáticamente, el sistema genera un listado de cursos.
   - <www.educateca.com> EDUCATECA es una iniciativa privada que ofrece servicios de información acerca de los sectores de la educación y la formación. Los servicios prestados a través de educateca.com son:
     - Servicios para aprender: buscador de recursos e información educativa (cursos presenciales, por internet, por correo, formación a medida, clases...).
     - Servicios para enseñar: difusión de la oferta educativa.
     - Servicios de comunicación empresarial: patrocinio de páginas.
     - Servicios ligados a la información sobre los sectores educativos: bases de datos para *marketing*; provisión de contenidos.
     - Servicios basados en el conocimiento de la realidad y las necesidades educativas: acciones de *marketing* social; investigación de mercados.
   - <www.aulafacil.com> Ofrece gran variedad de cursos de idiomas, informática y de diversas áreas profesionales.

8. Busca información sobre la FP dual en el portal de FP del Ministerio de Educación. Tendrás que consultar la comunidad autónoma que te interesa. El enlace directo es <http://bit.ly/11HzEaO>.

9. Busca información sobre el Marco Europeo de Cualificaciones en la página web del Ministerio de Educación, <http://bit.ly/1Q0T9Bj> y contesta a las siguientes preguntas:

   - ¿Qué es el MECU?
   - ¿Cuándo entra en vigor el MECU?
   - ¿Qué es una cualificación?
   - ¿Cómo se puede conseguir un título de Formación Profesional a partir de la experiencia laboral?

10. Con el fin de facilitar la reincorporación al sistema educativo de todas las personas interesadas en ampliar su formación, se prevén posibilidades de reconocer la formación adquirida por vías formales bajo planes de estudio, de un antiguo o del vigente sistema educativo, y las competencias profesionales adquiridas a través de la experiencia laboral o de vías de formación no formales. Estos procedimientos quedan establecidos mediante las equivalencias, convalidaciones y acreditaciones correspondientes.

    Busca en el portal de FP del Ministerio de Educación, <www.todofp.es>, el significado de *equivalencias*, *convalidaciones* y *acreditaciones*, y en qué se diferencian.

11. Entra en la página web del portal PLOTEUS, <https://ec.europa.eu/ploteus/> y en el portal NARIC <www.enic-naric.net>. ¿Qué información puedes encontrar en cada uno? ¿Cuál es su objetivo?

PRÁCTICA PROFESIONAL

Trabajar para la Administración Pública

Pedro acaba de terminar un Ciclo Formativo de Cuidados Auxiliares de Enfermería. Una amiga le comenta que la comunidad autónoma en la que reside acaba de convocar oposiciones para cubrir 150 plazas de auxiliares de enfermería. Parece una oportunidad bastante buena: el número de plazas es considerable y a Pedro le gustaría trabajar en un hospital público. Además, se rumorea que, aunque no apruebe las oposiciones, puede apuntarse a una bolsa de empleo, donde le ordenarán en función de los méritos y la nota obtenida en el examen. De esta manera, cuando necesitan auxiliares de enfermería llaman a la gente de esa lista y puede colocarse.

Pedro es precavido; no le gusta guiarse por lo que la gente le dice, sino que prefiere leer directamente las bases en la convocatoria, pues sabe que pueden cambiar de una vez para otra. Como no sabe cómo encontrar la convocatoria ni cómo preparar la oposición, decide preguntar a su vecino Jaime, que es funcionario.

Jaime facilita a Pedro las direcciones web que él recopiló cuando estuvo preparando sus oposiciones:

- Página web del BOE: <www.boe.es>. Las convocatorias de empleo de las distintas Administraciones se publican en el Boletín Oficial del Estado (BOE) o en el de cada comunidad autónoma. La mayoría de estos boletines cuentan con un apartado dedicado a las ofertas de empleo público.
- Información oficial del Gobierno de España: <http://administracion.gob.es>.
- La Red IRIS, a través de OFER-TRABEC, ofrece un servicio de suscripciones para recibir en el buzón de correo electrónico los boletines informativos de empleo público y de ayudas, becas y subvenciones: <www.rediris.es/list/info/ofer-trabec.html>.
- CSIC, Consejo Superior de Investigaciones Científicas: <www.csic.es>.
- Portales de las comunidades autónomas: Portal de Salud de la Consejería de Sanidad de la Comunidad de Madrid (<www.madrid.org/sanidad>, hay que introducir en el buscador la palabra *empleo*); Servicio Andaluz de Salud: <www.juntadeandalucia.es/servicioandaluzdesalud>, etc.
- Sindicatos especializados, como el Sindicato de Auxiliares de Enfermería: <www.sindicatosae.com>.
- Buscadores privados: <www.oposicionesybecas.com>; <www.oposiciones.net>; <www.opositor.com>; <www.buscaoposiciones.com>, etc.

Actividades

1. Busca ofertas de empleo público relacionadas con tu sector profesional en las páginas web que le indica Jaime a Pedro.
   - ¿Qué requisitos piden? ¿Los cumples? ¿Qué debes mejorar?
   - ¿Cuál es el temario? ¿Podrías elaborar tú solo los temas o te convendría la ayuda de alguien? ¿Venden libros con el temario o los ejercicios habituales de esas convocatorias? Investiga sobre ello.
   - ¿Con qué frecuencia se convocan estas oposiciones?

EN RESUMEN

Itinerarios profesionales

- **Itinerarios formativos**
  - **La FP del sistema educativo**
    - Formación Profesional Básica
    - CF de Grado Medio
    - CF de Grado Superior

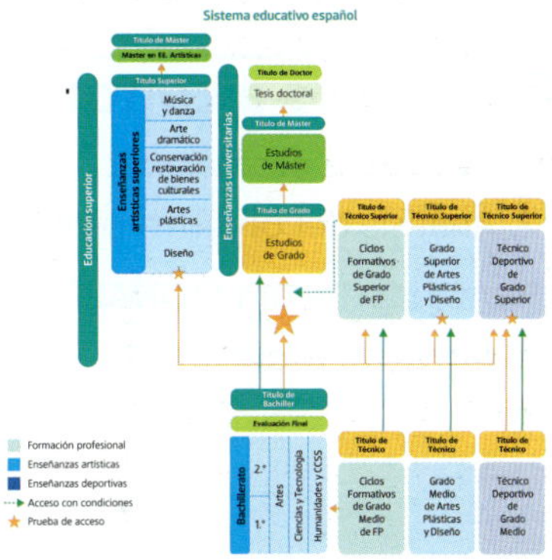

  - **La FP para el empleo**
    - De demanda
    - De oferta
    - En alternancia
- **Itinerarios laborales**
  - Trabajar por cuenta ajena
  - Trabajar por cuenta propia
  - Trabajar para la Administración Pública

El Catálogo Nacional de Cualificaciones Profesionales

Permite correspondencias, convalidaciones y exenciones

Evalúa tus conocimientos

RESUELVE EN TU CUADERNO O BLOC DE NOTAS

1. Señala la respuesta correcta:

a) Quienes tengan un título de Técnico podrán obtener el título de Bachiller por la superación de la evaluación final (reválida) de Bachillerato en relación con las materias del bloque de asignaturas troncales que como mínimo se deban cursar en la modalidad y opción que escoja el alumno.

b) Quienes tengan un titulo de Técnico Superior podrán obtener el título de Bachiller por la superación de la evaluación final (reválida) de Bachillerato en relación con las materias del bloque de asignaturas troncales que como mínimo se deban cursar en la modalidad y opción que escoja el alumno.

c) En el título de Bachiller debe especificarse que se ha obtenido el título por la superación de la evaluación final (reválida), así como la nota obtenida.

d) Todas son correctas.

2. Un alumno que ha finalizado un CF de grado medio puede:

a) Acceder directamente a Bachillerato, con la posibilidad de convalidar algún módulo del ciclo formativo cursado con materias de Bachillerato.

b) Estudiar otro ciclo de FP de grado medio con la posibilidad de establecer convalidaciones entre algunos módulos.

c) Estudiar un curso de especialización profesional para titulados en FP.

d) Todas son correctas.

3. Respecto a la FP para el empleo:

a) El objetivo de la Formación Profesional para el empleo es impulsar y extender entre las empresas y los trabajadores (ocupados y desempleados) una formación que responda a sus necesidades reales y contribuya al desarrollo de una economía basada en el conocimiento.

b) El Catálogo Nacional de Cualificaciones Profesionales permite establecer una conexión entre la FP del sistema educativo y la FP para el empleo.

c) Incluye la FP Básica.

d) Son correctas a) y b).

4. Señala la respuesta correcta:

a) Un Técnico Superior en FP puede acceder a un puesto de trabajo en la Administración del Grupo A.

b) Un Técnico de FP puede acceder a un puesto de trabajo en la Administración del Grupo C2.

c) Un Técnico Superior en FP puede acceder a un puesto de trabajo en la Administración del Grupo B.

d) Un Técnico de FP puede acceder a un puesto de trabajo en la Administración del Grupo B.

17 El proyecto y la carrera profesional

Vamos a conocer...

1. La carrera profesional
2. Análisis del objetivo profesional y plan de acción

PRÁCTICA PROFESIONAL

El proyecto profesional

Y al finalizar esta unidad...

- Conocerás mejor tus capacidades, intereses y aptitudes.
- Analizarás tu potencial profesional y establecerás un plan de acción para mejorarlo.
- Identificarás las ocupaciones y puestos propios de tu perfil profesional.
- Descubrirás métodos útiles para tomar decisiones con criterio y responsabilidad.

Caso práctico inicial

Situación de partida

María es una joven de 35 años que estudió un Ciclo Formativo de Automoción; nada más terminar sus estudios, empezó a trabajar en un taller pequeño, cercano a su casa. Recuerda que en aquel tiempo lo que más le preocupaba eran las distancias y no perder tiempo en los desplazamientos. Por este motivo rechazó una oferta de empleo en una empresa que trabajaba con una tecnología muy novedosa en el sector. «¡Es igual!», pensó, «en la mayoría de los talleres no utilizan esta tecnología, es demasiado cara para ellos».

Durante cinco años más, María siguió trabajando en ese taller hasta que sintió la necesidad de cambiar. Tenía la sensación de que ya no podía aprender más allí. Todo se había vuelto rutinario, nada suponía un reto, por lo que empezó a buscar trabajo, aunque fuera lejos de casa.

En una entrevista de selección de personal, descubrió que se habían producido unos avances tecnológicos considerables en la reparación electromecánica de vehículos, progresos que se habían abaratado y se empezaban a aplicar en la mayoría de los talleres. Desgraciadamente, ella desconocía estos adelantos porque hacía mucho tiempo que no asistía a cursos de reciclaje. Por primera vez, se dio cuenta de que se había quedado obsoleta y justo en el ámbito que más le gustaba, ¡qué tonta había sido rechazando aquella oferta de empleo hacía años!, ¡cómo no valoró que trabajar en el ámbito en el que más disfrutaba, a largo plazo, era más importante que la cercanía de la empresa a su casa...!

Esta vez, María se propuso no cometer otro error, averiguó la formación que le hacía falta para trabajar en empresas con tecnología punta e hizo el esfuerzo de estudiar y seguir trabajando en el taller, hasta que le surgió una nueva oportunidad en una gran empresa.

Allí inició, con mucho entusiasmo, una nueva etapa profesional. Adquirió nuevos conocimientos, se especializó en lo que más le entusiasmaba, mejoró sus ingresos y, poco a poco, fue ascendiendo de categoría.

Siete años después, le ofrecieron el puesto máximo al que podía aspirar. María casi saltó de alegría cuando se lo comunicaron, pero toda su ilusión se desvaneció cuando le preguntaron por su nivel de inglés. Pensaban trasladarla a una nueva sucursal en Inglaterra. Curiosamente, a María ya no le importaba estar lejos de casa, es más, tenía ganas de vivir en el extranjero y conocer otras culturas, pero al descubrir que no dominaba el inglés, la empresa retiró la oferta. Entonces se acordó de que en su instituto había tenido la oportunidad de realizar la FCT en Inglaterra y no había querido ir, ¡cómo se arrepentía ahora!...

Este incidente provocó que María se replanteara, de nuevo, su futuro profesional. Era autónoma en su trabajo, tenía muchos conocimientos, sabía manejarse sin que nadie le dijera nada y ya tenía personas a cargo, a las que sabía conducir y liderar bastante bien. Poco a poco, fue forjando la idea de montar su propio taller de reparación de vehículos, buscó asesoría especializada, visitó un vivero de empresas, habló con varios bancos, se informó sobre ayudas y subvenciones y, finalmente, se lanzó a un gran proyecto, que le ha reportado muchas satisfacciones personales y laborales.

Estudio del caso

Antes de empezar a leer esta unidad de trabajo, puedes contestar las siguientes preguntas. Después, analiza cada punto del tema, con el objetivo de comprobar si has contestado correctamente.

1. ¿Qué opinas de los frecuentes cambios de trabajo de María? ¿Crees que es normal? ¿Qué ha motivado cada uno de estos cambios?
2. ¿Qué ha movido a María, a lo largo de su trayectoria laboral, a elegir un trabajo u otro?
3. ¿Qué errores ha cometido María?
4. ¿Cuál es tu escala de valores a la hora de preferir un puesto de trabajo frente a otro? ¿Crees que se mantendrá en el tiempo o podría variar en función de las circunstancias?
5. ¿Ha planificado María su trayectoria profesional? ¿Y tú?

Pueden ayudarte a desarrollar tu carreta profesional las agencias de empleo de tu localidad o comunidad autónoma, por ejemplo:

- En Madrid: la web <www.aemadrid.es>
- En Cataluña: Servei d'Ocupació de Catalunya <www.oficinatreball.cat>

1. La carrera profesional

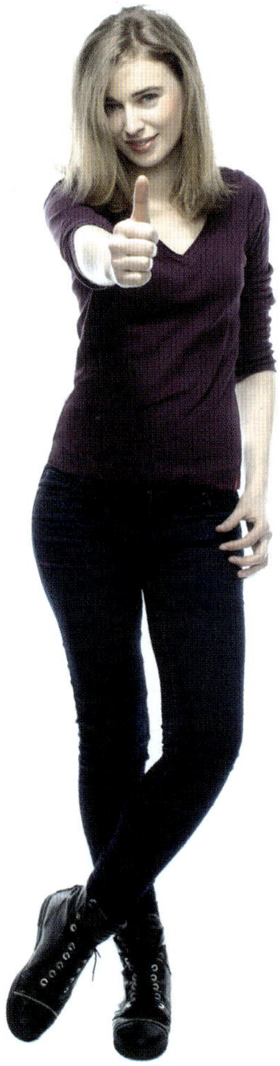

En los últimos 50 años, la trayectoria laboral de las personas ha cambiado mucho. Antes, lo habitual era que una persona se jubilara en la misma empresa en la que había iniciado su vida laboral y en la que había ido desarrollando una carrera profesional que le había permitido ascender progresivamente. Como mucho, se cambiaba una o dos veces de empresa.

Hoy en día, lo normal es que una persona trabaje para varias empresas. Los rápidos cambios tecnológicos y la globalización de los mercados provocan continuos cambios en las ocupaciones y requieren que los trabajadores se reciclen varias veces a lo largo de su vida profesional para permanecer en el mercado laboral. Esto conlleva la necesidad de **formarse a lo largo de toda la vida.**

Sin embargo, no podemos obviar que los cambios profesionales también están motivados por factores psicológicos. Después de diez años de ejercicio profesional, la persona siente la necesidad de cambiar. La exposición prolongada a un mismo tipo de actividad produce tedio y agotamiento. Según los expertos, cada cinco o diez años se acomete una nueva etapa profesional, que puede consistir en una derivación de la actividad anterior o en el inicio de una actividad completamente distinta. El cambio de actividad profesional está dejando de ser un episodio excepcional para convertirse en una nueva forma de vida; si se asimila de una manera apropiada, se puede integrar correctamente.

Por todo esto, cada vez es más importante planificar la carrera profesional desde el principio; es una oportunidad para reflexionar sobre nuestras posibilidades laborales y lo que queremos para nosotros, en función de nuestras expectativas, valores y deseos en la vida. Hay que tener en cuenta que la vida laboral y la vida personal tienen que ir en consonancia y en una misma dirección, ya que forman parte de un mismo «yo».

El proceso de planificación de una carrera conlleva el análisis de:

- El potencial profesional, los intereses personales, las fortalezas y las debilidades propias.
- Los itinerarios formativos y profesionales que se pueden elegir y un estudio de las capacidades, aptitudes y actitudes que requieren las ocupaciones de nuestro interés.
- El objetivo profesional y nuestro posible proyecto profesional.
- El mercado laboral del que se va a formar parte en un futuro.

Finalmente, se traza un **plan de acción** para alcanzar los objetivos marcados y en el que se reflexione sobre lo siguiente:

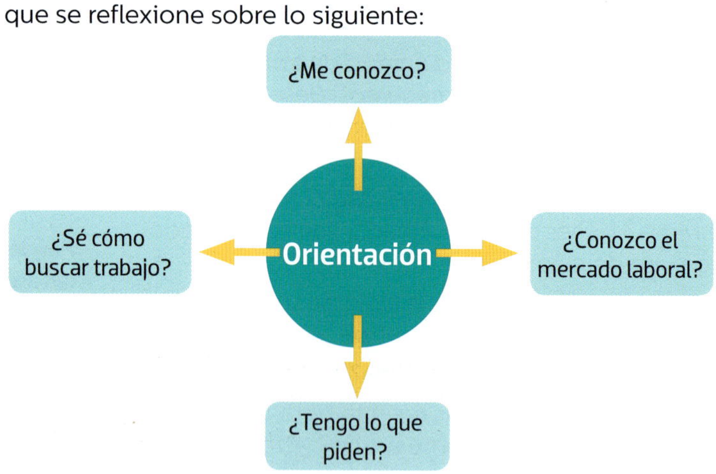

Caso práctico inicial

María ha pasado por varias etapas en su trayectoria profesional, como la mayoría de los trabajadores de hoy en día:

- Empleo en un taller pequeño.
- Paso a una gran empresa, considerada como un referente en innovación y tecnología, con sucesivos ascensos.
- Finalmente, empresaria. A partir de este momento, inicia una nueva etapa profesional en la que tiene una mayor iniciativa, autonomía y posibilidad de desarrollo profesional y personal.

1.1. El conocimiento personal

El primer paso a la hora de planificar la carrera profesional es analizar el potencial profesional, los intereses personales, las fortalezas y las debilidades propias, en definitiva, profundizar en el autoconocimiento, que será lo que trabajarás en la sección de Práctica profesional de esta unidad.

> **Caso práctico inicial**
>
> María no realizó este estudio durante su etapa formativa ni al principio de su vida laboral y después sufrió las consecuencias.

1.2. Opciones profesionales

El segundo paso a la hora de planificar la carrera profesional consiste en analizar y valorar las **opciones formativas y laborales** a las que se tiene acceso y realizar un estudio de las capacidades, aptitudes y actitudes que requieren las ocupaciones de nuestro interés.

Todas las ocupaciones precisan de unos requisitos para ser desarrolladas y suponen conocer y dominar unos procedimientos, herramientas y materiales, aceptar unas condiciones de trabajo (horarios, ambiente, etc.), tener determinadas capacidades y habilidades, características físicas o de personalidad. El mercado laboral no solo pide unas competencias técnicas (que proporcionan los estudios de Formación Profesional), sino también unas competencias genéricas.

> **Caso práctico inicial**
>
> Cuando María se dio cuenta de que hacía tiempo que había abandonado su formación, decidió realizar un curso que le permitiera optar al trabajo que deseaba.
>
> María rechazó un par de ofertas interesentes, sin medir las consecuencias que tendría a largo plazo.

- **Competencias técnicas**
  - Saber (los conocimientos)
  - Saber hacer (habilidades)
- **Competencias genéricas**
  - Saber estar (actitudes)
  - Querer hacer (motivaciones)

Durante las distintas etapas de nuestra carrera profesional es importante saber qué tipo de ocupaciones preferimos, cuáles estamos dispuestos a aceptar o a rechazar, y por qué razones. Si bien, en ocasiones, la necesidad económica hace inevitable que se tenga que trabajar en el primer trabajo que se presenta, esta situación no es incompatible con seguir buscando el trabajo ideal.

Ejemplo

Una primera aproximación a las opciones profesionales de tu ciclo formativo consiste en analizar el ámbito profesional y los sectores productivos en los que puedes llegar a trabajar. Recuerda que puedes trabajar en el sector público, en el privado o montar tu propia empresa.

Elvira, que está cursando un CF de Farmacia y Parafarmacia, ha estado investigando y ha encontrado la siguiente información:

Puede desarrollar su actividad en el ámbito público y en el privado:

- Público: en todos los niveles del Sistema Nacional y Regional de Salud en los establecimientos y servicios farmacéuticos.
- Privado: en oficinas de farmacia, servicios de farmacia de hospitales y establecimientos de parafarmacia, y en almacenes de distribución de medicamentos e industria farmacéutica.

En la página web del Ministerio de Educación (<www.todofp.es>) y en la web de la Consejería de Educación de su comunidad autónoma (<www.madrid.org/fp>), Elvira ha encontrado esta información:

Técnico en Farmacia y Parafarmacia

Este profesional será capaz de:

- Diligenciar y controlar los productos, facturación e información en establecimientos de farmacia.
- Dispensar medicamentos y productos de parafarmacia, informar a los clientes sobre su utilización, determinar parámetros anatómicos y fisiológicos sencillos y fomentar hábitos saludables en los clientes.
- Elaborar preparados medicamentosos, dietéticos y cosméticos, bajo protocolos establecidos y supervisión del facultativo.
- Realizar análisis clínicos elementales y normalizados, bajo la supervisión del facultativo.

Ejemplo

Técnico en Farmacia y Parafarmacia (cont.)	Ocupaciones y puestos de trabajo relevantes ▪ Técnico en oficina de farmacia: – Pedidos: recepción y peticiones. – Dispensación. – Elaboración de fórmulas magistrales y análisis clínicos elementales bajo supervisión. – Facturación de recetas. – Control de caducidad. ▪ Auxiliar de almacén de medicamentos: – Preparación de pedidos. – Reposición de existencias. – Control de caducidad. ▪ Auxiliar de farmacia hospitalaria: – Preparación de nutrición enteral y parenteral. – Dispensación de medicación para reposición de stock. – Dispensación de medicamentos para pacientes extrahospitalarios. – Dispensación de unidosis. – Preparación de tratamientos quimioterápicos. – Recepción de pedidos, control de almacén. – Control de entrada y salida de medicamentos. ▪ Auxiliar de establecimientos de parafarmacia: – Recepción y peticiones. – Venta. – Control de calidad.

En la sección de Práctica profesional de esta unidad realizarás un estudio similar.

Actividades

1. A continuación, vamos a trabajar sobre las competencias genéricas (actitudes y motivaciones) que, en la actualidad, se exigen en la mayoría de las profesiones. Cuanto mayor sea el cargo de la persona, mayor será el nivel requerido:

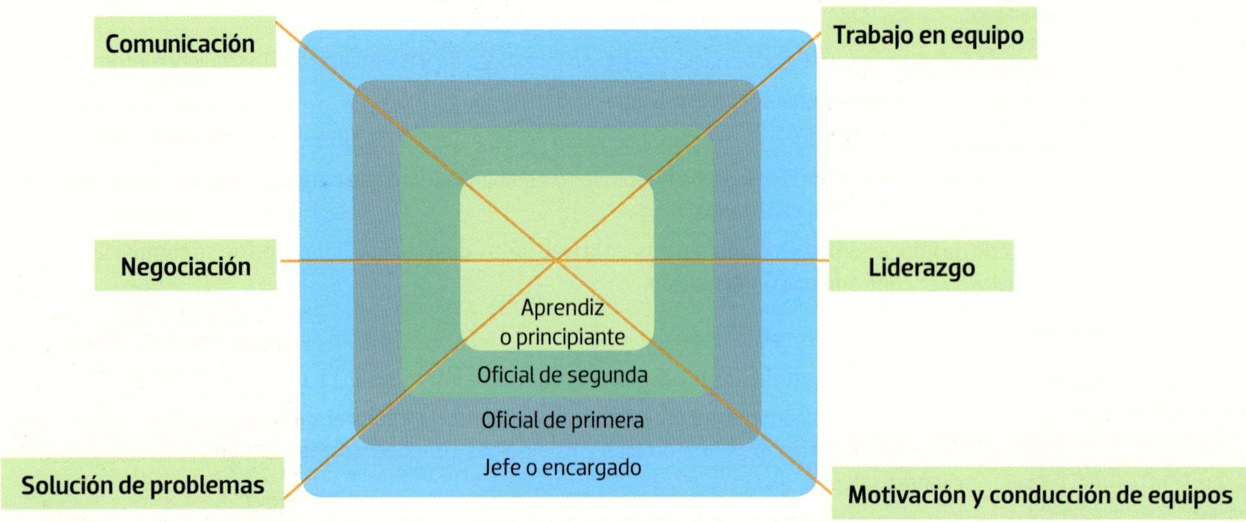

¿Qué te falta para situarte en los círculos más alejados del centro?

¿Qué habilidades y capacidades es necesario que trabajes y desarrolles?

2. Análisis del objetivo profesional y plan de acción

El último paso consiste en describir las ocupaciones y los puestos de trabajo acordes a tus intereses, capacidades y aptitudes, junto con los pasos necesarios para conseguirlo.

El objetivo profesional es la meta laboral a la que se quiere llegar, es decir, la ocupación ideal para cada persona. Una vez formulado este objetivo, se elabora un **plan de acción** estratégico para lograr llegar a él.

Tener, en un momento determinado, un objetivo profesional no quiere decir que no se pueda cambiar. Es posible que, transcurrido cierto tiempo, se descubra que la ocupación escogida no es la ideal; entonces podrás cambiar o adaptar el objetivo a las nuevas circunstancias.

También se pueden tener trabajos temporales que no estén directamente relacionados con el objetivo profesional, mientras se sigue buscando el trabajo deseado.

Definir el objetivo profesional y establecer un plan para conseguirlo requiere tiempo y dedicación. Debe considerarse como una **inversión** que dará sus frutos en un futuro no muy lejano, ya que aumentará la eficacia de cada paso en el mercado laboral.

Caso práctico inicial

Si María hubiera reflexionado sobre su objetivo profesional desde el principio, probablemente no habría rechazado las dos ofertas cruciales que se le presentaron. Con el tiempo descubrió que le importaba más conocer y profundizar en un determinado campo profesional que perder tiempo en los desplazamientos.

2.1. El proceso de toma de decisiones

Cuando finaliza la fase de conocimiento personal y profesional, y la persona ya dispone de información suficiente sobre las características del mercado laboral y sus exigencias, es el momento de tomar decisiones en relación con su futuro profesional y concretar sus objetivos a corto, medio y largo plazo, basándose en los resultados de la reflexión y autoanálisis realizados hasta el momento.

Podemos definir la **toma de decisiones** como un proceso de selección, entre distintas alternativas, a partir de un análisis racional de los datos disponibles.

Fases del proceso de toma de decisiones:

1.ª FASE	→	2.ª FASE	→	3.ª FASE	→	4.ª FASE	→	5.ª FASE
Definir el objetivo a conseguir.		Identificar todas las vías que permiten alcanzar la meta planteada.		Recoger toda la información posible de cada una de las vías.		Decidir la mejor opción posible y establecer un plan de acción para aplicarla.		Evaluar los resultados de la decisión tomada.

Es importante que el proceso de toma de decisiones se desarrolle teniendo en cuenta:

- Las características propias de cada persona.
- Los factores que condicionan las oportunidades de acceso y permanencia en un puesto de trabajo.
- El tiempo que comporta alcanzar una alternativa u otra.

En la sección de Práctica profesional de esta unidad descubrirás cuál es tu objetivo profesional.

El proyecto profesional

I. El conocimiento personal

1. Para elaborar un buen estudio personal y profesional es necesario evaluar los rasgos personales en relación con la profesión elegida o con las distintas salidas profesionales que ofrecen tus estudios.

Copia la tabla que te proponemos a continuación. En la columna sobre análisis personal tienes que describir el grado de consecución personal de cada una de las capacidades y aptitudes señaladas en la columna de la izquierda, graduándolas en una escala con cinco niveles: muy malo, malo, regular, bueno o muy bueno. Paralelamente, en la columna sobre tu profesión, debes indicar el grado de importancia de dicha capacidad en tu profesión, de modo que, al final, puedas comparar y analizar si tus cualidades personales coinciden con las que se requieren para tu profesión. Si observas que careces de alguna de ellas no te desanimes, muchas de ellas se pueden adquirir, trabajándolas concienzudamente; hazlo a partir de ahora.

Capacidades y aptitudes		Análisis personal	Mi profesión
Intelectuales	Comprensión escrita		
	Comprensión oral		
	Expresión escrita		
	Expresión oral		
	Cálculo numérico		
	Resolución de problemas		
	Concentración		
	Análisis		
Motrices	Coordinación y equilibrio		
	Manejo de equipos y herramientas		
	Destreza manual y digital		
Sociales	Comunicativas (interpersonales)		
	Comunicativas (grupales)		
	Empatía		
	Capacidad de adaptación		
	Conducción y dirección de grupos		
	Improvisación e intuición		
	Trabajo en equipo		
Artísticas y creativas	Creatividad		
Físicas	Agudeza visual		
	Fuerza y resistencia física		
	Existencia de alguna discapacidad		

Actitudes (indica ejemplos de tu vida en los que se demuestran)	Análisis personal	Mi profesión
Disciplina		
Tolerancia		
Solidaridad		
Constancia		
Pulcritud		
Responsabilidad		
Sentido crítico y autocrítico		
Iniciativa		
Capacidad organizativa y de planificación		
Capacidad de análisis y de síntesis		
Capacidad de observación		
Flexibilidad y capacidad de adaptación		
Intereses personales de tipo profesional		
¿Qué me gusta?		
¿Qué esfuerzo estoy dispuesto a realizar para conseguirlo?		
¿Qué se me da bien?		
Artísticas y creativas		
Físicas		

2. Para elaborar un buen estudio personal y profesional también es interesante contar con la opinión de tus familiares, compañeros y amigos, ya que ellos pueden ver características tuyas que tú mismo no percibes. Pregúntales cómo te ven, respecto a las capacidades, actitudes e intereses recogidos en la tabla anterior. Puedes elaborar en tu cuaderno una tabla como esta, que recoja sus opiniones.

Debes tener en cuenta que, probablemente, ellos no conocerán todas y cada una de tus características personales, por lo que quizás no puedas rellenar la tabla entera con sus opiniones:

Cómo me ven los demás	
Capacidades y aptitudes	
Actitudes	
¿Qué se me da bien?	

PRÁCTICA PROFESIONAL

II. Análisis de las opciones profesionales

■ **3.** En la unidad anterior hemos visto los estudios que puedes cursar, una vez terminado el ciclo formativo que estás estudiando, por lo que solo te falta analizar los distintos puestos de trabajo de tu sector profesional. Para ello, entra en la página web del Ministerio de Educación <www.educacion.gob.es> o en la web de la Consejería de Educación de tu comunidad autónoma, busca tu ciclo formativo en el catálogo de títulos de Formación Profesional y, con los datos que encuentres, copia y completa la siguiente tabla:

<table>
<tr><th colspan="3">Ciclo Formativo de: ■■■</th></tr>
<tr><td colspan="2">Competencias profesionales</td><td>■■■</td></tr>
<tr><td colspan="2">Puestos de trabajo</td><td>■■■</td></tr>
<tr><td>Grado medio</td><td>Estudios posteriores</td><td>■■■</td></tr>
<tr><td>Grado superior</td><td>Estudios universitarios a los que se tiene acceso y nota media</td><td>■■■</td></tr>
</table>

■ **4.** Infórmate sobre cada uno de los puestos de trabajo que puedes desempeñar. Elige los que más te interesen y realiza un análisis de los mismos. Para ello, puedes hacer una tabla en tu cuaderno como la que te proponemos a continuación.

Puesto de trabajo: ■■■	
Capacidades requeridas	■■■
Aptitudes para desarrollar este trabajo	■■■
Lugar de trabajo: espacios cerrados, al aire libre, en el mar, etc.	■■■
Horario: libre, fijo, partido, etc.	■■■
Salario (ver convenio colectivo)	■■■
¿Trabajo rutinario o creativo?	■■■
Instrumentos que se utilizan	■■■
¿Se trabaja aislado o con gente? ¿Con qué tipo de personas se relaciona en el trabajo?	■■■
¿Se requiere algún tipo de formación complementaria para el ejercicio de la profesión?	■■■
Posibilidad de trabajar por cuenta ajena, por cuenta propia o en la función pública	■■■
Ventajas e inconvenientes de esta profesión	■■■
Grado de inserción laboral (consulta <www.sepe.es>)	■■■

■ **5.** Indica a qué grupo de la función pública puedes acceder con tu titulación de FP. ¿Qué ofertas de empleo público podría haber en tu sector profesional y cuáles podrían interesarte? Busca información en las páginas web señaladas en el tema anterior.

III. El objetivo profesional

■ **6.** Ahora ya puedes enunciar tu objetivo profesional. Te ayudará preguntarte: qué profesión quieres ejercer, qué tipo de empleo te gustaría tener, qué estudios tienes que seguir para conseguir tu objetivo, etc.

Una vez que lo hayas redactado, reflexiona sobre las áreas en las que debes mejorar:

- ¿Qué capacidades, habilidades y aptitudes requiere alcanzar este objetivo? ¿Cuáles tienes y cuáles te faltan?
- ¿Cómo puedes desarrollar cada una de las capacidades, habilidades y aptitudes de las que aún careces? (Por ejemplo, realizar cursos de formación, de idiomas, seminarios para desarrollar habilidades sociales, visitas a agencias de empleo, etc.)

EN RESUMEN

La carrera profesional: un proceso de toma de decisiones

Primer paso: ¿cuáles son mis intereses, capacidades y habilidades profesionales?
El conocimiento personal

Segundo paso: ¿qué puestos de trabajo puedo ocupar después de estudiar mi ciclo formativo?
El descubrimiento de las opciones profesionales

Tercer paso: ¿qué conocimientos, competencias y habilidades se requieren para ocupar dichos puestos de trabajo?
Análisis de las opciones profesionales

Cuarto paso: ¿cuál es mi puesto de trabajo ideal?
Establecer el objetivo profesional

Quinto paso: ¿cómo puedo conseguir mi trabajo ideal?
Trazar un plan de acción

Evalúa tus conocimientos

RESUELVE EN TU CUADERNO O BLOC DE NOTAS

1. **Señala la respuesta correcta:**
   a) Cambiar muchas veces de puesto de trabajo es un signo de inmadurez y de no saber qué se quiere.
   b) La carrera profesional es un proceso mediante el cual una persona establece su objetivo profesional y un plan de acción para llegar hasta él después de analizar sus intereses, capacidades y aptitudes, en función de las ocupaciones de su sector laboral.
   c) El objetivo profesional se mantiene a lo largo del tiempo.
   d) Todas son correctas.
2. **Forma parte del proceso de planificación de la carrera profesional:**
   a) El autoconocimiento.
   b) El análisis de las ocupaciones profesionales.
   c) Diseño de un plan de acción.
   d) Todas son correctas.
3. **Señala la respuesta correcta:**
   a) La planificación de la carrera profesional empieza en el instituto.
   b) Las empresas rechazan candidatos obsoletos.
   c) El conocimiento de idiomas es un valor añadido.
   d) Todas son correctas.
4. **Señala la respuesta correcta:**
   a) En los puestos de trabajo se exigen conocimientos y habilidades sociales, como saber trabajar en equipo y motivar al personal.
   b) La toma de decisiones es un proceso de selección, entre distintas alternativas, a partir de un análisis racional de los datos disponibles.
   c) La última etapa en el proceso de toma de decisiones es evaluar las consecuencias de la decisión tomada, para saber si fue una opción acertada y en qué grado.
   d) Todas son correctas.

18 El proceso de búsqueda de empleo

Vamos a conocer...

1. Fuentes de búsqueda de empleo
2. La selección de ofertas de empleo y el perfil del candidato
3. El *curriculum vitae*
4. La carta de presentación
5. Pruebas y test
6. Dinámicas de grupo
7. La entrevista de selección
8. Trabajar en Europa

PRÁCTICA PROFESIONAL

Dinámica de grupo: el dilema de la furgoneta

Y al finalizar esta unidad...

- Identificarás las ofertas de empleo adecuadas a tu perfil profesional y reconocerás los anuncios engañosos.
- Aprenderás a redactar tu *curriculum vitae* y una carta de presentación.
- Conocerás las pruebas y test psicotécnicos que pueden hacerte y aprenderás a sacar el mayor partido a tus posibilidades.
- Sabrás desenvolverte en una dinámica de grupo y en las entrevistas de trabajo.

Caso práctico inicial

Situación de partida

Alicia acaba de terminar un ciclo formativo y está buscando un empleo. Ha dejado su currículum en varias ETT y se ha dado de alta en una web, para que le envíen ofertas de empleo adecuadas a su perfil.

Su amigo Fernando, que trabaja en el mismo sector profesional, se ofrece a llevar el currículum de Alicia a su empresa, pero le advierte que ahora no están buscando personal. Cuando Fernando ve el currículum de Alicia, le dice que tiene que reformarlo. Le da una serie de consejos sobre el aspecto visual y, sobre todo, le insiste para que no deje en blanco el apartado de experiencia profesional: «Puedes poner los tres meses de formación en centros de trabajo y el verano que estuviste como dependienta en una tienda».

Un día, una empresa llama a Alicia para concertar una entrevista. Al mismo tiempo, mantienen con ella una conversación en inglés, por teléfono, para comprobar que su nivel es el indicado en el currículum. Aunque le pilla desprevenida, Alicia sale airosa.

Después de pasar por una batería de test psicotécnicos, Alicia acude a una entrevista. Ese día, salió de casa con el tiempo justo, en el último momento pensó que no iba vestida adecuadamente y se cambió de ropa cuatro veces, sin quedar satisfecha; iba incomodísima, lo que motivó que se estuviera recolocando la chaqueta cada cinco minutos, en una especie de tic nervioso.

Esto fue generando tensión en su interior, que estalló cuando el entrevistador le preguntó: «¿Piensas casarte? ¿Quieres tener hijos? Recuerda que en esta empresa exigimos plena dedicación».

Alicia interpretó la pregunta como un signo de machismo, perdió los nervios y respondió: «¡Seré mujer, pero profesionalmente soy tan válida o más que un hombre!»; el entrevistador levantó una ceja y miró a Alicia, sorprendido por su tono airado: «No he querido en ningún momento insinuar eso, señorita, solo quería hablar sobre la conciliación de la vida familiar y laboral» y pasó a hablar de otros temas.

Alicia pensó que había salido airosa de la situación, ya que había dejado cortado al entrevistador, pero Fernando le dijo que no debería haber perdido los nervios y que una forma más correcta de responder hubiera sido:

—Actualmente, no planeo casarme y tener hijos a corto plazo, pero sí lo considero parte de mi proyecto de vida. Por supuesto, sé que en la mayoría de las empresas se exige plena dedicación, pero ambas facetas (ser madre y mujer trabajadora) se pueden compaginar, sin descuidar ninguna. Lo sé porque mi madre lo ha hecho así siempre.

—Sí, quizás tengas razón, Fernando, no debí perder los nervios, pero hay que reconocer que hoy en día es difícil compaginar la vida laboral y familiar —concluye Alicia.

Estudio del caso

Antes de empezar a leer esta unidad de trabajo, puedes contestar las siguientes preguntas. Después, analiza cada punto de la unidad para comprobar tus respuestas.

1. ¿Qué fuentes de búsqueda de empleo ha utilizado Alicia? ¿Conoces otras? Indaga sobre el tema.
2. ¿Consideras adecuado presentar el currículum (CV) de Alicia cuando no hay en marcha un proceso de selección de personal?
3. ¿Es adecuado incluir como experiencia profesional las prácticas realizadas en el módulo de FCT, si no se ha tenido otra experiencia laboral?
4. ¿Crees conveniente mencionar en el CV un trabajo sin relación con el sector profesional en el que se busca trabajo en la actualidad? Por ejemplo, en el caso de Alicia, haber trabajado como dependienta.
5. ¿Cómo debe ser el aspecto visual de un CV?
6. ¿Para qué sirven los test psicotécnicos en una entrevista de selección?
7. ¿Cómo se debe ir vestido a una entrevista de trabajo? ¿Qué debe indicar nuestro aspecto externo?
8. ¿Por qué crees que el entrevistador le pregunta a Alicia si piensa casarse y tener hijos? ¿Respondió Alicia correctamente? ¿Te parece adecuada la respuesta que propone Fernando? ¿Se te ocurre otra forma de contestar a esa pregunta?
9. ¿Es posible para las personas con hijos, compaginar la vida familiar y laboral?

Pueden ayudarte en tu proceso de búsqueda de empleo:

<www.sepe.es>; <www.educaweb.com>; <www.educastur.es>; <www.educarm.es>; <http://bit.ly/1Ql9koV>.

1. Fuentes de búsqueda de empleo

La inserción en el mundo laboral requiere tiempo y dedicación. Lo primero que debes saber es dónde encontrar ofertas de empleo.

Fuentes de búsqueda de empleo

En la **prensa** publican anuncios tanto empresarios como trabajadores, los primeros ofreciendo puestos de trabajo y los segundos ofreciendo su capacidad de trabajo:

- Prensa diaria y prensa especializada.
- Suplementos dominicales, dedicados a ofertas y demandas de empleo (Negocios del diario *El País*, Nuevo Trabajo de ABC, Nueva Economía del periódico El Mundo).
- Revistas profesionales.

Radio y televisión: se dedican unos minutos a ofertas y demandas de empleo públicas y privadas. El teletexto también ofrece estos servicios.

Guías profesionales y otras publicaciones: recogen listados de empresas por sectores profesionales: publicaciones de las Cámaras de Comercio e Industria, Anuario Mercantil de Telefónica, guía de las empresas que ofrecen empleo de la Fundación Universidad-Empresa, Guía de franquicias de España, Páginas Amarillas, QDQ.
Además de publicaciones en papel, también cuentan con direcciones web, por ejemplo: <http://directorio.camaras.org>

El **Servicio Público de Empleo** <www.sepe.es> y los Servicios Regionales de Empleo de las comunidades autónomas ofrecen orientación profesional, programas de búsqueda de empleo, información sobre ofertas de empleo, cursos de Formación Profesional para el Empleo, la posibilidad de inscribirse como demandante de empleo o, si ya estás trabajando, como demandante de mejora de empleo.

Empresas de trabajo temporal: contratan a trabajadores para cederlos a otra empresa (denominada *usuaria*), para la cual trabajarán durante un tiempo determinado.
Al ir trabajando para distintas empresas, el trabajador entra en contacto con empresas de su sector profesional y, por otra parte, adquiere experiencia laboral.

Agencias de colocación: son entidades sin ánimo de lucro, que cobran a demandantes y oferentes de empleo solo por los gastos ocasionados al ponerlos en contacto (son simples intermediarios en el mercado laboral).

Consultoras de selección de personal: son empresas, con ánimo de lucro, que se dedican a seleccionar personal para otras empresas. Su nombre aparece en las ofertas de empleo que publican en prensa y es recomendable hacerles llegar el *curriculum vitae* para que lo almacenen en su base de datos y puedan recurrir al mismo cuando alguna empresa solicite un perfil similar.

Bolsas de trabajo: puedes enviar tu *curriculum vitae* a diversas bolsas de trabajo: la de tu instituto, asociaciones, gremios, colegios o sindicatos de tu sector profesional. Muchos de ellos también cuentan con programas de inserción laboral.

Entidades OPEA: entidades sin ánimo de lucro que realizan acciones de orientación laboral, normalmente en colaboración con los ayuntamientos o comunidades autónomas y de forma gratuita. Ofrecen tutorías personalizadas.

Contactos personales: conviene informar a los conocidos de nuestro deseo de encontrar un trabajo, para que estén al tanto de posibles empleos o nos proporcionen nuevos contactos.

Caso práctico inicial

Alicia ha utilizado algunas fuentes de búsqueda de empleo, pero hay muchas más.

Empresas de trabajo temporal

Se puede contactar vía internet:

- ASEMPLEO (ASOCIACIÓN DE AGENCIAS PRIVADAS DE EMPLEO) <www.asempleo.com>
- ADECCO <www.adecco.es>
- CEPEDE <www.cepede.com>
- RANDSTAD <www.randstad.es>

1.1. Búsqueda de empleo a través de internet y las redes sociales. Herramientas 2.0

En los últimos años, ha surgido con fuerza una nueva fuente para la búsqueda de empleo, internet. Las llamadas *herramientas 2.0* permiten participar de forma más activa en la búsqueda de empleo. Las redes sociales eliminan las fronteras físicas y geográficas. Por un lado, las personas que buscan empleo pueden conocer mejor las empresas a través de sus páginas web y elegir aquellas con las que quieren contactar por considerarlas más adecuadas a su perfil; por otro lado, las empresas obtienen información actualizada de los candidatos y conocen de primera mano sus motivaciones, aptitudes y actitudes.

Entre las herramientas 2.0 encontramos:

- **Páginas web dedicadas a la búsqueda de empleo**, que ofrecen:
  - Anuncios de empresas que buscan trabajadores.
  - La posibilidad de que los trabajadores rellenen un formulario, a modo de *curriculum vitae*, que será examinado por los demandantes de empleo.
  - Suscribirse para recibir por correo electrónico ofertas de empleo.

Ejemplos de páginas web dedicadas a la búsqueda de empleo

- <www.infojobs.net>
- <www.trabajos.com>
- <www.infoempleo.com>
- <www.canaltrabajo.com>
- <www.monster.es>
- <www.laboris.net>
- <www.empleo.com>
- <www.trabajo.org>
- <http://acciontrabajo.com>
- <www.oficinaempleo.com>
- <www.xing.com>
- <www.computrabajo.es>
- <www.rediris.es/list/info/ofer-trabec.html>
- <www.tecnoempleo.com>
- <www.quieroempleo.com>, la red de empleo de las Cámaras de Comercio.
- <https://jobssy.com>
- <www.trabajojusto.com>
- La Red Eures, <http://bit.ly/1JWmWu7>

- **Empresas que se dedican exclusivamente a seleccionar candidatos para otras empresas:**
  - Psicotec, <www.psicotec.es>.
  - Michael Page, <www.michaelpage.es>.
  - Cegos, <www.cegos.es>.
  - Hays, <www.hays.es>.
  - Ray Human Capital, <www.rayhumancapital.com>.
- A través de internet también puedes encontrar la dirección, el correo electrónico o teléfono de contacto de las empresas en las que te gustaría trabajar. En la actualidad, en la mayoría de las **páginas web de las empresas** encontrarás el apartado *¿Quieres trabajar con nosotros?;* entra en él y descubre cómo entrar a formar parte de su proceso de selección.
- **Las redes sociales.** Debemos distinguir entre redes sociales personales y profesionales. Mantener la privacidad es fundamental, por eso es conveniente elaborar diferentes perfiles y mantener el perfil personal cerrado a personas ajenas a nuestro entorno, especialmente en redes genéricas, como Facebook. Debemos ser conscientes de que toda acción en la red tiene consecuencias y puede ser visto por quien nos interesa y por quien **no** nos interesa.

Buscar trabajo, un trabajo en sí mismo

Constancia y tesón son dos palabras clave. Según un estudio de People Matters, el 91 % de los reclutadores en Estados Unidos ya busca a sus candidatos a través de las redes sociales. En España, el porcentaje es algo menor, pero según el *Informe sobre redes sociales y mercado de trabajo en España,* lo hace el 45 % de los responsables de recursos humanos.

InfoJobs

monster®

LinkedIn™

facebook®

Redes sociales

LinkedIn

Es la red profesional por excelencia. Permite:

- Subir el *curriculum vitae* o diseñar un perfil personal con el fin de mostrar experiencias de trabajo y habilidades profesionales. Es importante que rellenes con propiedad y exhaustividad los diferentes campos del perfil en esta red, ya que es la información que llegará a los posibles empleadores.
- Crear una red de contactos (se pueden construir hasta conexiones de tercer grado).
- Crear y participar en grupos, grupos profesionales sectoriales, comunidades y foros.
- Encontrar ofertas de empleo.
- Seguir diferentes empresas y recibir alertas y notificaciones suyas, etc.

Twitter

Permite:

- Crear un perfil.
- Tener listas de contactos.
- Seguir a personas y tener seguidores.
- Búsqueda social y búsqueda de empleo en Tuiempleo (en colaboración con Infoempleo).

Twitter puede ayudarte a posicionarte como experto en un campo determinado y darte a conocer. Destaca de forma atractiva lo que puedes ofrecer, tus cualidades, experiencia profesional, etc.

Si aportas contenido interesante y compartes mensajes de otros usuarios, los empleadores verán que generas valor y que tienes conocimientos.

Inconveniente: solo admite mensajes cortos.

Facebook

Se trata de una red social genérica.

Permite crear un perfil, tener grupos y amigos, compartir noticas, fotos, vídeos y experiencias.

En principio, fue más de uso social que profesional; sin embargo, si rellenas con detalle los campos profesionales también puede ser útil para las empresas que deseen contratarte.

También es interesante para los emprendedores que quieran difundir su producto y su marca personal.

Blog profesional

Se recomienda a los emprendedores que quieran dar a conocer su producto y su imagen de marca.

Puedes utilizar alguna de estas plataformas:

- Blogger.
- Wordpress (conectado con LinkedIn).
- Weblogs.

Consejos para desenvolverse correctamente en las redes sociales

- La presencia en internet es cada vez más importante en un proceso de selección de personal. ¿Sabes qué dice internet de ti? Comienza poniendo tu nombre en Google y observa qué resultados ofrece el buscador. ¿Refleja la imagen que quieres que las empresas tengan de ti cuando consulten tu perfil antes de invitarte a realizar una entrevista de trabajo? ¡Cuida tu imagen! No pongas fotos ni información especial en abierto.
- Cuida mucho la ortografía y, a pesar de la limitación de caracteres de algunas redes, escribe con corrección y sin abreviaturas.
- Ten mucho cuidado con las fotos que subes, ¡piensa si te interesa que se vean en tu entorno laboral! La imagen ha de ser profesional, no puede ser una imagen recortada de otra, de grupo o una foto en la que se muestre el usuario celebrando un evento con amigos.
- Ten siempre tu perfil actualizado, sé participativo y muestra tus conocimientos. Crear perfiles profesionales y mantenerlos activos requiere tiempo y esfuerzo.
- No mientas, no plagies, cita siempre la fuente.
- Sé original, cada vez más personas utilizan las redes sociales para encontrar empleo. Puedes incluir un enlace a tu blog o web profesional, un vídeo de presentación en YouTube, etc.
- Sigue a las empresas en las que te gustaría trabajar y a profesionales del sector.
- Utiliza en tus perfiles palabras clave, etiquetas, etc., para que te encuentren fácilmente los técnicos de recursos humanos cuando realicen búsquedas por internet.

2. Selección de ofertas de empleo y perfil del candidato

El siguiente paso consiste en analizar y seleccionar las ofertas de empleo adecuadas a tu perfil profesional.

Los anuncios de trabajo suelen tener los siguientes apartados:

Datos de la empresa	▪ Nombre, localización geográfica, tipo de empresa, sector profesional.
Datos del puesto de trabajo	▪ Título o nombre del puesto. ▪ Funciones del puesto. ▪ Posición dentro del organigrama de la empresa. ▪ Tipo de contrato. ▪ Retribución. ▪ Ventajas especiales.
Perfil del candidato idóneo	▪ Formación académica, formación complementaria, idiomas, informática. ▪ Experiencia. ▪ Edad y sexo. ▪ Rasgos de personalidad.
Forma de contacto	▪ Correo, teléfono, dirección electrónica, fax, visita personal.

VALQUISA, empresa situada en PLAZA, dedicada al alquiler de maquinaria para la construcción, necesita:

AUXILIAR ADMINISTRATIVO

Perfil: auxiliar administrativo con experiencia en puesto similar.

Funciones: elaborar y tramitar documentos, clasificar, registrar y archivar comunicaciones, y prestar apoyo administrativo en el área de gestión laboral de la empresa.

Interesados dirigirse a VALQUISA,V Sr. Tirado Plataforma Logística PLAZA. c/ Trapani, 3 (ZGZ) Tel.: 665 897 955 mail: javier.tirado@valquisa.es

Oferta de empleo para alumnos de ciclos formativos.

No te inquietes si en los anuncios que encuentras no se recogen todos estos datos. Puede ser por motivos económicos (resulta caro insertar un anuncio extenso), por razones de confidencialidad o para no dar demasiada información del tipo de persona que buscan (ya que luego todos los candidatos simulan tener dichas cualidades en la entrevista). Ante el hecho de que se nos puede omitir información, estamos obligados a realizar una lectura crítica para descartar **anuncios engañosos** o no coincidentes con nuestro perfil profesional.

¿Cómo localizar anuncios engañosos?

Suelen ser aquellos que:

- Proponen trabajos que, en realidad, son cursos.
- Ofrecen trabajos en los que hay que comprar algo o llamar a un número de teléfono con tarifas elevadas.

En este tipo de anuncios, los requisitos que se piden suelen ser muy generales y los puede cumplir casi cualquiera.

2.1. El perfil del candidato

Después, debes analizar si tu perfil profesional se corresponde con el solicitado en las ofertas de empleo.

Tu sector profesional

1. Busca tres ofertas de empleo de tu sector profesional. Analiza cada una de ellas y comprueba si contienen todos los apartados fundamentales. Compara las tres ofertas. ¿Cuál te gusta más? ¿Por qué? ¿Hay alguna engañosa?

En general, las características más buscadas entre los candidatos son:

Perfil	Las empresas prefieren	Las empresas rechazan
Personalidad	■ Autónomo ■ Seguro de sí mismo ■ Constante ■ Abierto ■ Equilibrado ■ Sociable ■ Activo ■ Participativo	■ Dependiente ■ Inseguro ■ Inconstante ■ Conflictivo ■ Arrogante ■ Introvertido ■ Pasivo ■ Individualista
Facultades	■ Competente ■ Flexible ■ Responsable ■ Capaz de asumir compromisos ■ Disciplinado	■ Indisciplinado ■ Irresponsable
Habilidades y capacidades	■ Habilidades comunicativas ■ Trabajo en equipo ■ Dotes de liderazgo ■ Organizado ■ Motivador ■ Polivalente	■ Desordenado y desorganizado ■ Motivado solo por el dinero ■ Escaso interés por el trabajo
Actitudes	■ Disposición para aprender ■ Actitud de servicio ■ Interés por el puesto de trabajo	■ Excesiva sumisión ■ Creer que ya se sabe todo ■ Mala educación al responder
Imagen externa	■ Aspecto correcto y aseado ■ Vestimenta adecuada a la empresa	■ Sucio, desaliñado ■ Vestimenta provocativa o indicadora de pertenencia a un grupo

Actividades

2. En la actividad anterior has encontrado algunas ofertas de empleo de tu sector; analiza, en las mismas, las cualidades, conocimientos y habilidades exigidas para los puestos. Observa si tu perfil profesional se corresponde con el solicitado, ¿qué cualidades, conocimientos, habilidades y aptitudes posees tú que encajen con el puesto? Puede ayudarte la siguiente tabla (elabora en tu cuaderno una por cada anuncio):

Perfil del candidato	Características que poseo	Características que no poseo	Cómo suplir mis carencias
■ Formación. ■ Formación complementaria, idiomas, informática. ■ Experiencia. ■ Edad y sexo. ■ Rasgos de personalidad.	....	....	Aquí puedes incluir, desde la realización de cursos (idiomas, informática, etc.) hasta el trabajo personal de ciertas habilidades o actitudes. Repasa especialmente esta columna.

3. Investiga las empresas de los anuncios: tamaño, productos que ofrecen, noticias recientes en prensa, publicidad reconocida...

Trabajo en **equipo**

4. Se divide la clase en grupos de cuatro personas. Durante un mes, cada grupo buscará ofertas adecuadas a su perfil profesional para compararlas. Cada equipo analizará de forma conjunta sus noticias y responderá a las siguientes preguntas: ¿qué piden además del título académico? ¿Coinciden las habilidades y actitudes requeridas?

Después de realizar el trabajo en equipo, extrae como conclusión un listado de las capacidades, habilidades y actitudes que se requieren para vuestro perfil profesional en el mercado actual, según los anuncios analizados.

¿Cuáles de ellas posees? ¿Cuáles no tienes aún y cómo puedes conseguirlas?

3. El *curriculum vitae*

El *curriculum vitae* (CV) es un documento en el que se recogen, de forma resumida y ordenada, los datos personales, la formación, experiencia y cuantos conocimientos o aptitudes puedan interesar a la persona encargada de la selección de personal. Es muy importante que su forma y contenidos sean correctos porque es la primera imagen que recibe la empresa del candidato y un primer elemento de selección.

En la siguiente tabla presentamos una serie de consejos:

Consejos para elaborar el curriculum vitae

Presentación	■ En papel Din A-4, de calidad, blanco o color crema (indica distinción). Nunca presentes fotocopias, ni un papel con colores muy llamativos. ■ Escrito con el ordenador (excepto si la empresa pide lo contrario, en cuyo caso, tu caligrafía ha de ser excelente). ■ El CV debe atraer la atención por su presentación (limpieza, orden, claridad y estructura) y por su contenido. Cuida los espaciados y los márgenes. ■ Utiliza negrita, subrayado o mayúsculas para destacar los datos más importantes o que coincidan con el perfil solicitado, pero sin recargar en exceso el currículum.
Contenido	■ Los datos han de ser veraces. Si no, pueden descubrirte fácilmente y tu candidatura será anulada. ■ Es conveniente redactar un CV para cada puesto de trabajo; sobre la base de un modelo general, puedes introducir pequeños cambios, por ejemplo destacar en negrita los aspectos más coincidentes con el trabajo al que se opta y suprimir aquellos aspectos que nos alejen del perfil requerido. ■ Omite aquellos datos que puedan perjudicarte.
Redacción	■ Sin faltas de ortografía ni incorrecciones gramaticales. ■ La redacción ha de ser breve, pero no telegráfica. El CV ha de ocupar el menor espacio posible, preferiblemente una hoja; dos folios solo cuando se tiene ya mucha formación o experiencia. Piensa que el seleccionador apenas tiene tiempo para leer todos los CV que recibe. ■ Debe escribirse en tono impersonal; evita utilizar la primera persona (yo) y la tercera (él) para referirte a ti mismo.

3.1. Tipos de *curriculum vitae*

- **Cronológico**: los datos del candidato se ordenan de mayor a menor antigüedad, empezando por los más lejanos en el tiempo. De este modo, se puede ver la evolución de la persona a lo largo de los años.
- **Inverso**: los datos del candidato se ordenan de menor a mayor antigüedad, al revés que en el currículum cronológico. Es el más común y más utilizado porque permite ver cuál es la formación académica de mayor nivel y la última experiencia laboral.
- **Funcional o temático**: se presentan los datos por áreas temáticas, prestando más atención a los campos en los que ha trabajado la persona que a su evolución cronológica. Es útil para las personas con experiencias muy variadas y para disimular periodos en los que no se haya trabajado o no se haya estudiado.
- **Mixto**: combina el cronológico o el inverso con el funcional.

Vocabulario

Curriculum vitae

Es una expresión latina que significa «carrera de la vida».

Caso práctico inicial

El aspecto visual de un curriculum vitae.

3.2. Estructura del currículum

3.2.1. Modelo de currículum cronológico inverso

Datos personales

Formación
Se ha de indicar el título oficial de mayor categoría, la especialidad (si se tiene), el centro donde se obtuvo y la fecha de inicio y final. Si se ha tardado más tiempo del normal en terminar los estudios es mejor indicar solo la fecha final, si bien hay que tener en cuenta que en la entrevista pueden preguntar el motivo de no haber acabado por curso académico, por lo que habrá que tener una explicación preparada. Solo se mencionan las calificaciones obtenidas si son buenas.

Formación complementaria
Cursos, seminarios, jornadas, etc., que tengan relación con el puesto de trabajo por el que se opta. Se ha de indicar la fecha de realización y el centro que los impartió. Los cursos de informática pueden incluirse en este apartado, aunque hoy en día se consideran tan importantes los conocimientos en esta área que es conveniente resaltarlos en un apartado especial, como se hace con los idiomas.

Idiomas
Se debe especificar el nivel alcanzado conforme al Marco Común Europeo de Referencia para las Lenguas. Se hará constar, si se posee, un título oficial (de la Escuela Oficial de Idiomas, de una Universidad o de un Instituto Nacional como The British Council, L'Institut français, Goethe-Institut, Instituto Cervantes, etc.).

Informática
Se mencionarán los conocimientos informáticos relevantes para el puesto.

Experiencia profesional
Se hará constar la empresa para la que se trabajó, durante cuánto tiempo, el cargo que se ocupaba y las tareas o funciones desarrolladas. En este apartado pueden incluirse las prácticas y la formación en centros de trabajo.

Cualidades personales
Se puede hacer referencia a las cualidades personales que se poseen y se requieren en el mundo laboral (como en el CV Europass).

Otros datos de interés
Solo se incluye este apartado si los datos tienen alguna relación con el trabajo que se solicita (aficiones, carnet de conducir y disponibilidad de vehículo, disponibilidad horaria, disponibilidad para viajar, etc.)

CURRICULUM VITAE

Jaime Ruiz Mediano

C/ Palinque, 56 – 4.º A
28045 - Madrid
+34 91 3267302
+34 634934768
jaime.ruizmediano@gmail.com

Formación académica

2010-2012 **Técnico en Electromecánica de Vehículos Automóviles** (ciclo formativo de grado medio). IES Parque Rey de Madrid.

Formación complementaria

Julio 2012 Curso de *Circuitos integrados* impartido por el SEPE (100 horas).

Julio 2011 Curso de *Pintura serigráfica* organizado por la Cámara de Comercio de Madrid (50 horas).

Idiomas

Inglés: Cuarto de la Escuela Oficial de Idiomas – Nivel B2 (Junio 2012).

Francés: Nivel B2 del Marco Común Europeo de Referencia para las Lenguas (usuario independiente).

Informática

Word: usuario. **Excel:** usuario. **PowerPoint:** usuario. **Access:** usuario.

Experiencia profesional

Julio-sept 2012 **Operario de ITV** en ITV BOADILLA, Madrid.
Tareas: revisar todos aquellos aspectos del vehículo marcados por la legislación vigente.

Marzo-junio 2012 Realización de **prácticas** en los TALLERES RAPIDCAR, SL, de Madrid.
Tareas: reparar motores térmicos y sus sistemas auxiliares, aplicar las técnicas y métodos de operación pertinentes en el desmontaje, montaje y sustitución de elementos mecánicos, neumáticos, hidráulicos y eléctrico-electrónicos de los sistemas del vehículo para proceder a su mantenimiento y reparación.

Cualidades personales

Capacidad para trabajar en equipo.
Comunicativo. Asertivo.
Proactivo. Creativo

Otros datos de interés

Carnet de conducir tipos B y C1.

3.2.2. Modelo de currículum funcional

Datos personales

María Pérez García

24 años

C/ Abeto, 16
41017 Sevilla
+34636010403
maria.perez@gmail.com
es.linkedin.com/in/mprezg

Experiencia profesional

Experiencia profesional

ÁREA ADMINISTRATIVA

Técnico en Gestión Administrativa
en ASESORES Y GESTORES, SL

Funciones: elaborar, clasificar, registrar y archivar documentos y comunicaciones según los parámetros establecidos en la empresa.

Realizar gestiones administrativas de tesorería siguiendo las normas y protocolos establecidos.

(Granada, enero-abril 2013).

ÁREA COMERCIAL

Agente comercial en una empresa del sector de seguros.

Funciones: realizar encuestas y entrevistas utilizando las técnicas establecidas en el Plan de investigación comercial.

(Granada, mayo-agosto 2013).

Agente comercial en un concesionario de automóviles.

Funciones: venta de automóviles. Durante el año 2013 logré incrementar las ventas un 20 %.

(Córdoba, septiembre 2013 hasta la actualidad).

HOSTELERÍA

Camarera y maître del Hotel Sheraton.
(Londres, septiembre-diciembre 2012).

Formación

Formación académica

Técnico en Gestión Administrativa
(ciclo formativo de grado medio de Formación Profesional).
IES Puerto Alegre de Cádiz, año 2012.

Bachillerato de Ciencias Sociales
IES Sánchez Rodrigo de Sevilla, año 2010.

Formación complementaria

Formación complementaria

Curso de *marketing* de 200 horas impartido en inglés y alemán en la Universidad Internacional de Luxemburgo, agosto 2013.

Otros datos de interés

Otros datos

IDIOMAS	Escrito	Oral	Comprensión
Inglés	C1 (usuario competente)	B2 (usuario independiente)	C1
Alemán	B2 (usuario independiente)	B1 (usuario independiente)	B2

INFORMÁTICA

Conocimientos a nivel de usuario de los siguientes programas:
Word, Excel y PowerPoint. Me gusta ser parte activa de proyectos innovadores.

HABILIDADES

Soy una persona muy organizada y analítica. Disfruto trabajando en equipo y asumiendo nuevos retos. Me gusta ser parte activa de proyectos innovadores.

Actividades

5. ¿Sabías que hay páginas web que te ayudan a elaborar un vídeo-CV? Entra en <http://bit.ly/1QIbUFV> y descúbrelo.

4. La carta de presentación

Caso práctico inicial

Por este motivo, Alicia presenta su CV en la empresa de Fernando, aunque no necesiten personal en este momento.

La carta de presentación debe acompañar siempre al *curriculum vitae* y puede ser de dos tipos:

- **Carta que responde a una oferta de empleo concreta**. En este caso, el candidato desea participar en el proceso de selección que está en marcha, por lo que debe mostrar que cumple las condiciones exigidas para el puesto de trabajo, ampliando la información contenida en el CV.
- **Carta que se envía como presentación de una candidatura espontánea o «autocandidatura»**. En este caso, se desconoce si existe un puesto vacante. Cuando la empresa tenga necesidad de un trabajador con su perfil profesional ya tiene su *curriculum vitae*, por lo que el candidato consigue anticiparse al resto. En las candidaturas espontáneas es interesante señalar por qué se ha elegido esa empresa.

Una carta de presentación debe responder a la siguiente estructura:

Encabezamiento	Nombre, dirección completa, teléfonos y dirección electrónica del candidato. En un párrafo distinto, bien debajo del anterior o a la derecha, se escribirá el nombre de la persona a la que va dirigida la carta, el nombre de la empresa y su dirección.
Referencia del anuncio al que se contesta	Debe estar bien visible.
Lugar y fecha	Debe mencionarse la localidad, el día, mes y año en que se escribe la carta.
Saludo inicial	Cortés y sin confianzas: por ejemplo, «Estimados señores» o «Estimado señor Pérez» (si se conoce el nombre de la persona a la que va dirigida la carta, es mejor ponerlo).
Primer párrafo: presentación	Hay que distinguir: ■ Si se trata de responder a una oferta de empleo, debe mencionarse el puesto de trabajo al que se aspira, la fuente por la que conocimos la oferta y la fecha de localización. ■ Si se trata de una autocandidatura, el aspirante debe presentarse y despertar el interés de la persona que recibe la carta. En ambos casos se debe mencionar que se adjunta el CV.
Segundo párrafo: adecuación al puesto de trabajo	Se mostrará interés por el puesto de trabajo y por la empresa o se mostrarán las coincidencias entre los requisitos exigidos y los que se poseen, sin repetir de nuevo el CV y tratando de mostrar (sin exagerar) que uno es el candidato ideal.
Tercer párrafo: entrevista	Se solicitará una entrevista de trabajo.
Despedida	Por ejemplo: «Un atento saludo»; «Se despide atentamente»; «Le saluda cordialmente»; «A la espera de sus noticias, le saluda atentamente», etc.
Firma	Con rúbrica, nombre y apellidos.

A la hora de elaborar una carta de presentación, debes tener en cuenta:

- Respecto a la **presentación**:
  - El papel debe ser Din A-4 y de igual calidad que el utilizado para el CV.
  - A ordenador (preferiblemente, con el mismo tipo de letra que la del CV). En algunas ocasiones las empresas piden redactar la carta a mano, con el objeto de realizar un examen grafológico.
  - Su extensión, ha de ser como máximo de un folio.
  - Ordenada, limpia, cuidando los espaciados, márgenes y sangrías.

- **Contenido:**
  - No te subestimes, es mejor exponer solo los aspectos positivos de tu trayectoria.
  - Se debe realizar una carta de presentación para cada puesto de trabajo.
- **Redacción:** ha de ser clara y precisa, sin faltas de ortografía ni incorrecciones gramaticales.
- **Envío:** no te retrases mucho en responder y enviar la carta, los plazos para recibir currículums pueden ser breves.

Otras cartas

También se pueden enviar cartas para agradecer la concesión de una entrevista (una vez celebrada) y para actualizar nuestro *curriculum vitae*.

Encontrarás modelos de estas cartas en: <www.educastur.es> (sección Estudiantes).

Encabezamiento — Lugar y fecha — Saludo inicial

Leonardo Ramírez Pérez
C/ Planetario, 25-4.° A
28045 Madrid
Teléfono: 630 269 996
lramirez@yahoo.es

Sr. D. Federico Sañudo
Director del Departamento de Recursos Humanos
REGASA
C/ La Paloma, 54, bloque 2, 3.° F
28004 Madrid
Referencia: 22/66

Madrid, 15 de noviembre de 2013

Estimado señor Sañudo:

Le escribo en respuesta a su anuncio, publicado el 14 de noviembre, en el periódico La Prensa, por el cual, solicitan un puesto de Técnico en Gestión Administrativa.

Le adjunto mi *curriculum vitae*, donde podrá comprobar que mis conocimientos y mi experiencia coinciden con los del candidato que buscan, pues he realizado tanto labores de contabilidad como de *marketing* en las dos empresas en las que he trabajado hasta el momento, donde he destacado por mi buena disposición para el trabajo en equipo y la captación de clientes.

Por todo ello, agradecería la oportunidad de participar en el proceso de selección que realiza su empresa y quedo a su entera disposición.

Le saluda, atentamente,

Fdo. Leonardo Ramírez Pérez

Despedida — Puesto de trabajo al que se opta — Firma — Muestra de interés y adecuación al puesto

Carta que responde a una oferta de empleo.

Saludo inicial — Encabezamiento — Lugar y fecha

Sara López Luengo
C/ Bustamante, 2 - 3.° C
28045 Madrid
Teléfono: 692 875 321
saralopez@hotmail.com

Departamento
de Recursos Humanos
EL PLANTÍO, SA
28020 Madrid

Madrid, 16 de noviembre de 2013

Estimados señores:

He tenido conocimiento de la actividad que desarrolla su empresa y de su expansión y liderazgo en el mercado español. Teniendo en cuenta la relación de su actividad con mi titulación, me he permitido enviarle mi *curriculum vitae*, que será de su interés.

Mi formación como Técnico en Electromecánica de Vehículos Automóviles y mi especialidad en circuitos eléctricos de alta tecnología me avalan como una profesional adecuada para su empresa. Además, soy una persona joven y con gran capacidad de trabajo, aspectos que pueden resultar de gran utilidad para su empresa.

Quedo a su disposición para ampliar cuanta información estimen necesaria.

En espera de su respuesta, le envía un cordial saludo,

Fdo. Sara López Luengo

Despedida — Firma — Presentación y muestra de interés

Carta tipo autocandidatura.

Actividades

6. ¿Qué tipo de *curriculum vitae* es el más adecuado para ti?

7. Selecciona una de las tres ofertas de empleo que buscaste para la primera actividad de esta unidad y confecciona el *curriculum vitae* y la carta de presentación que enviarías como respuesta a dicho anuncio.

8. Averigua el nombre y la dirección de una empresa de tu sector profesional en la que te gustaría trabajar. Redacta la carta de presentación de una candidatura espontánea y el *curriculum vitae*.

5. Pruebas y test

Caso práctico inicial

Los test psicotécnicos miden diversas capacidades del candidato.

Una vez que el candidato ha sido preseleccionado a través del *curriculum vitae*, las empresas utilizan otras herramientas para valorar si realmente se ajusta al puesto de trabajo y a la empresa.

Normalmente, la primera prueba consiste en la realización de pruebas y test objetivos. Existen diversos tipos: test psicotécnicos, de personalidad, pruebas profesionales, pruebas de cultura general, etc.

5.1. Test psicotécnicos

5.1.1. Test de inteligencia

Son pruebas de carácter predictivo cuya intención es medir la capacidad intelectual de una persona a través de la resolución de problemas o situaciones formuladas en forma de test. Su valoración se interpreta en combinación con los resultados de los demás test.

Test psicotécnicos

- **En batería:** se hace pasar al candidato por varios test. Cada uno de ellos mide una determinada aptitud; el tiempo se controla de forma individual para cada prueba.
- **Ómnibus:** se pasa un solo test al candidato, que contiene preguntas referentes a todo tipo de aptitudes (verbales, numéricas, espaciales, etc.) y el tiempo es único para toda la prueba.

5.1.2. Test de aptitudes

- **Aptitud verbal:** miden la capacidad para manejar el lenguaje. Comprenden pruebas de vocabulario, ortografía, gramática, comprensión y razonamiento verbal.
- **Aptitud numérica:** incluyen todo aquello relacionado con el cálculo numérico, operaciones matemáticas, problemas y razonamiento numérico.
- **Pruebas de razonamiento:** observan la capacidad de la persona para extraer lógicas comunes a partir de figuras y su posición en el espacio. Pueden ser de:
  - **Razonamiento abstracto:** se trata de descubrir la lógica común a los dibujos que se proponen, fijándose en la evolución de las figuras.
  - **Razonamiento espacial:** ponen en juego la capacidad de observación para la comparación de figuras (en busca de semejanzas) y la visión tridimensional de figuras en el espacio.
- **Aptitudes administrativas:** se utilizan para la selección de personal que realizará trabajos de oficina, como clasificar, ordenar, revisar, etc. Estas pruebas conceden gran importancia a la rapidez y la corrección con que se realizan, es decir, hacer el trabajo rápido y con los mínimos fallos posibles. Suelen incluir test de ordenación, atención, resistencia a la fatiga y clasificación.

5.2. Test de personalidad

Evalúan los rasgos de personalidad que interesan en el mundo laboral y, consecuentemente, el comportamiento de las personas ante una misma situación. Si nos situamos en el mundo empresarial, comprobaremos que determinados tipos de personalidad encajan mejor que otros en distintos puestos de trabajo.

La finalidad de estas pruebas es examinar desajustes, problemas conductuales y rasgos normales de personalidad, como la estabilidad emocional, sociabilidad, perseverancia, sinceridad, aprensión, introversión, extroversión, ansiedad, dependencia, depresión, etc.

5.3. Pruebas profesionales

Reproducen situaciones reales de trabajo para comprobar cómo se desenvuelve el candidato y el dominio que posee de los contenidos y las técnicas de su futuro trabajo. Por ejemplo, si una empresa está seleccionando una secretaria, las pruebas profesionales que realizar podrían ser la redacción y el mecanografiado de documentos, manejo de los programas de Microsoft Office o una prueba de idiomas.

5.4. Test de cultura general

Pruebas tipo test que preguntan sobre las áreas de conocimientos básicos: Historia, Lengua y Literatura, Geografía, Matemáticas, Arte, etc.

Consejos para superar las diferentes pruebas:

Test psicotécnicos	■ Lee bien las instrucciones, para tener claro dónde, qué y cuándo responder. ■ Concéntrate en tu prueba y no pierdas tiempo en mirar a otras personas. ■ En una primera lectura contesta las preguntas sencillas y aquellas cuya respuesta conoces; deja las dudosas y difíciles para el final. ■ Si tienes tiempo para realizar una segunda lectura, repasa el cuestionario e intenta contestar las preguntas que habías dejado en blanco. ■ Normalmente, solo hay una respuesta correcta. ■ Ten en cuenta que las preguntas erróneas pueden puntuar negativamente. ■ No cambies las respuestas (a no ser que estés seguro de haberte equivocado). La primera elección suele ser la correcta. ■ Puedes actuar por eliminación, es decir, descarta primero las alternativas falsas de forma justificada hasta llegar a la respuesta correcta. ■ Comprueba posibles errores mecánicos a la hora de marcar las preguntas.
Pruebas de personalidad	■ Contesta sinceramente, pues la mayoría de estas pruebas incluyen una escala de sinceridad, mediante la cual se detecta si se ha fingido. No busques las preguntas parecidas para ver si has contestado a todas igual, es posible que haya matices que las hagan diferentes. ■ Muéstrate tal y como eres, no intentes dar una imagen perfecta, todos tenemos defectos. Tampoco intentes contestar aquello que piensas que esperan de ti, porque no sabes realmente qué es. ■ No pienses demasiado las respuestas y ten en cuenta que están elaboradas para situaciones generales. Por ejemplo, si te preguntan «¿Me gusta salir con los amigos?», puede que te lo pases mejor haciendo otras cosas, como ir al cine o hacer deporte, pero ahora no te preguntan qué prefieres, sino si te gusta salir con los amigos. ■ Procura definirte y evita los términos medios. Por ejemplo, si la pregunta es «Me considero una persona alegre», seguramente habrá momentos en que estés triste, pero si en general eres alegre, contesta que sí. ■ No dejes cuestiones sin contestar; aunque ninguna alternativa tenga relación contigo, intenta escoger la respuesta que más se ajuste a tu forma de ser.
Consejos generales	■ Acudir relajado y tranquilo, en perfectas condiciones psíquicas y físicas (sobre todo, estar descansado y haber dormido las horas necesarias). ■ Autoconfianza y concentración.

6. Dinámicas de grupo

Dinámicas de grupo

Las dinámicas de grupo ponen al descubierto rasgos de la persona cuando entra en contacto con otras, algo que no permite ninguna otra técnica de selección. Es una manera de comprobar su comportamiento respecto a un grupo de trabajo.

Por ello, se utilizan para aquellos perfiles que requieren aptitudes para las relaciones interpersonales.

Una vez superada la fase de los test psicotécnicos, algunas empresas proponen a los candidatos dinámicas de grupo en las que se plantea una situación, generalmente problemática, que puede estar relacionada o no con el puesto de trabajo vacante. La finalidad es observar cómo los candidatos interactúan, debaten, escuchan a los demás y cómo llegan a tomar una decisión en torno al problema.

Por ejemplo, se pueden plantear los siguientes ejercicios:

- Simular una situación que puede darse en el futuro puesto de trabajo y asignar un rol determinado a cada uno de los candidatos.
- Organizar un evento que suponga tratar con proveedores y fijar plazos de entrega.
- Analizar la situación del mercado en el propio sector profesional para lanzar un nuevo producto.
- Plantear un tema o una situación y dejar a los candidatos discutir sobre ello, sin asignarles ningún rol.
- Lectura de un artículo de opinión y posterior debate sobre el tema.
- Un trabajador tiene que dar respuesta a los asuntos que se encuentran encima de su mesa, tales como solicitudes de colaboradores, demandas de jefes, oportunidades comerciales, quejas de proveedores o clientes.

En estas pruebas **se valoran** las habilidades comunicativas, el grado de escucha, el respeto y la aceptación de las ideas de los demás, las aportaciones personales, la capacidad de liderazgo y de trabajo en equipo, la capacidad negociadora y de toma de decisiones. En este tipo de pruebas debes evitar asumir un rol y comportarte como crees que quieren los evaluadores; participa activamente para mostrar tus cualidades, pero sin monopolizar la conversación; administra tu tiempo y, al final, busca la oportunidad para exponer una conclusión.

Trabajo en **equipo**

9. Se propone a los candidatos leer la siguiente historia y encontrar una solución, en grupos de cuatro:

En una empresa existe un problema con el uso de la fotocopiadora, ya que se comparte con cuatro departamentos. En el último mes, todos han enviado mucho material a fotocopiar, por lo que ha habido muchas discusiones entre los empleados de las cuatro unidades. Todos defienden que su área tiene prioridad con respecto a la fotocopiadora:

- El Departamento de Relaciones Exteriores tiene contacto directo con el público y otras entidades con las que trabaja la empresa. Continuamente, fotocopian documentos firmados para entregarlos inmediatamente al cliente y archivar los originales. Tradicionalmente, los empleados de este departamento se levantan de su asiento y van a la fotocopiadora cada vez que despachan a un cliente e inmediatamente regresan a su puesto de trabajo.
- El Departamento de Administración es responsable de enviar por correo a los clientes documentos importantes. El flujo de trabajo es esporádico, difícil de predecir, pero con unas fechas límite que hay que cumplir estrictamente. En esos momentos, necesitan una o dos horas consecutivas para realizar todas las copias.
- El Departamento de Publicidad imprime en color, en la fotocopiadora, el material que está elaborando. La utiliza poco, pero el material tarda mucho en imprimirse por los colores, el programa informático que usan y el tamaño de la página.
- El Departamento de Quejas necesita con frecuencia la fotocopiadora. Cada vez que reciben una reclamación guardan el original y hacen una fotocopia para el cliente en el momento que le atienden.

7. La entrevista de selección

La entrevista de trabajo es clave en el proceso de selección de personal. Con ella se pretende obtener información del candidato para ver si se adecua al puesto vacante y a la empresa. Durante la misma, se informa al candidato sobre la empresa y las funciones de su futuro puesto de trabajo.

Las entrevistas pueden clasificarse en:

- **Estandarizadas:** en las que el entrevistador sigue un guion de preguntas previamente elaboradas y anota las respuestas en un formulario sin que ni entrevistador ni entrevistado se aparten del guion establecido. Las preguntas suelen ser numerosas y de corta respuesta.
- **Libres:** el entrevistador dirige la entrevista de forma libre y sin estar sujeto a un guion previo, por lo que las preguntas suelen ser bastante generales y de respuesta amplia.
- **Mixtas:** combina las dos anteriores. Normalmente, se elabora un guion previamente y, a partir de ahí, se indagan aspectos del sujeto por áreas.

Antes de acudir a una entrevista debes reflexionar sobre tus capacidades, aptitudes e intereses profesionales para lograr prepararte con el máximo detalle. En las tablas siguientes te aconsejamos cómo afrontar diversos aspectos de las entrevistas de selección:

Consejos para superar con éxito una entrevista de selección

Aspecto externo

- Acude bien aseado y peinado.
- Los hombres deben ir bien afeitados; si llevan barba, ha de estar arreglada.
- Uso discreto de joyas y maquillaje.
- Indumentaria: vestir con corrección y comodidad (para no añadir un motivo más de nerviosismo a la entrevista). Lo más adecuado es vestir conforme al estilo de la empresa o sector profesional; si este se desconoce, es mejor vestir de forma neutra y arreglados; nunca con aspecto descuidado o desaliñado, ni mostrando la pertenencia a un grupo social o juvenil determinado. Las mujeres no deben llevar minifaldas, escotes, ni vestidos llamativos.
- No es aconsejable llevar insignias deportivas, políticas, etc.

Momentos previos a la entrevista

- Ser puntual; es conveniente llegar cinco minutos antes (tampoco más de diez porque puede denotar ansiedad). Esto nos permitirá familiarizarnos con el lugar o tener tiempo para pasar por el aseo (en especial, se aconseja a las personas que les sudan las manos, lavárselas, nada más llegar a la cita, para causar una buena impresión al dar la mano al entrevistador).
- Hay que mostrarse amable y educado con las personas de recepción, pues luego podrían preguntarles qué impresión les hemos causado.

Otras entrevistas de selección

- **Individuales o grupales,** según se entreviste al candidato solo o con un grupo reducido de aspirantes.
- **Según el grado de tensión:**
  - Normales: se pretende crear un clima de confianza para que el entrevistado esté cómodo y responda de forma serena.
  - Duras: son aquellas que tratan de generar la mayor tensión posible en el ambiente, con el objetivo de valorar la idoneidad del candidato para puestos de trabajo que requieran gran control emocional. El entrevistador realiza preguntas agresivas e incisivas y busca los puntos débiles del sujeto. Este tipo de entrevistas, se hace, por ejemplo para controladores aéreos.

Caso práctico inicial

Alicia debería haber preparado con más tiempo su vestuario y haber comprobado que se sentía cómoda con él.

Simulador de entrevistas

En la siguiente página web encontrarás un simulador de entrevistas de trabajo:

<www.educastur.es> (sección Estudiantes)

Caso práctico inicial

Alicia debería haber preparado las respuestas para no perder los nervios.

Antes de la entrevista: es muy importante preparar previamente las respuestas que vas a dar a las preguntas o temas que se pueden tratar durante la entrevista.

Durante la entrevista: debes tener en cuenta el lenguaje verbal y el no verbal, pues este último también dice mucho de tu forma de ser.

Durante la entrevista

Comunicación verbal

- Saluda con un correcto *Buenos días* y un apretón de manos firme.
- Trata de usted al entrevistador (incluso si te tutea) a no ser que él pida lo contrario.
- Utiliza un lenguaje sencillo y claro, evita las palabras rebuscadas, los vulgarismos, tacos, expresiones mal sonantes y las muletillas.
- Pronuncia con claridad, utiliza un tono de voz firme y seguro (pero no agresivo). Debes dar la impresión de ser una persona segura, pero cuidado, tampoco dogmatices en tus afirmaciones.
- No hables excesivamente bajo, ni muy alto.
- Tu voz ha de ser calmada, pero no lenta; da un tono expresivo a tu voz.
- No contestes a las preguntas con secos monosílabos, hay que dar respuestas completas.
- Conversaciones que debes evitar:
  - No se debe hablar de política, religión, ni realizar juicios morales.
  - No hables mal de antiguos jefes, compañeros o empresas en las que trabajaste. Alguien que actúa así puede hacer lo mismo respecto a la nueva empresa que le contrate.
  - No muestres dudas sobre tu capacidad profesional, lo que también implica no comentar que se aceptaría cualquier puesto de trabajo y cualquier salario.
  - No se debe preguntar directamente por el salario. Espera al final y pregunta antes sobre otros temas para mostrar que tu interés no es solo económico.
  - No debes mentir ni hablar de temas personales.

Comunicación no verbal

La comunicación no verbal es muy importante. El entrevistador puede obtener más información de los gestos del candidato que de sus explicaciones.

- Es mejor esperar a sentarse cuando nos lo indique el entrevistador.
- No hay que sentarse en el borde del asiento, ya que denota rigidez, ni tampoco excesivamente relajado.
- No apoyarse en la mesa del entrevistador, ni colocar ninguna carpeta u objeto sobre ella.
- Mira al entrevistador a la cara; si hay más de uno, mira a todos. Procura no desviar mucho la mirada por la sala, ni centrarla en el suelo o en las paredes. Mantén firme la mirada, no rehúyas los ojos del entrevistador pues, aunque a veces sea por timidez, también indica falta de franqueza.
- No gesticules excesivamente.
- Evita tics nerviosos, hacer muecas, tocarte la cara, retorcerte las manos, rascarte compulsivamente, jugar con los anillos o los pendientes, morderte las uñas, balancear los pies o las piernas, etc.
- Es mejor no cruzar los brazos (interpone una barrera psicológica con el interlocutor), ni meter las manos en los bolsillos.

Otros aspectos que se deben tener en cuenta:

- No se debe fumar durante la entrevista, ni siquiera si el entrevistador lo hace (ya sabes que está prohibido fumar en los centros de trabajo).
- No se deben comer caramelos, chicles, ni cualquier otra cosa.
- Si nos ofrecen algún tipo de bebida no pedir una alcohólica y tener en cuenta que es preferible no pedir una bebida excitante (con cafeína o teína).
- Recuerda que, en ocasiones, uno se nota muy nervioso, pero esto no tiene por qué ser evidente para nuestro entrevistador. No te preocupes por estar nervioso.

Después de la entrevista

Es conveniente repasar nuestra actuación, anotar las preguntas que nos han formulado y estudiar si la respuesta fue la adecuada o es mejorable.

Preguntas más frecuentes y sugerencias de respuestas

Formación	Personalidad
Repasa bien tu CV (incluidos los centros y los años de finalización de los estudios). ■ «¿Por qué realizó estos estudios?». ■ «¿Qué asignaturas le gustaban más y cuáles menos?». ■ «¿Piensa proseguir o ampliar sus estudios?». ■ «¿Cuál es la experiencia más gratificante de su vida de estudiante?». ■ «¿Por qué abandonó sus estudios?» (en el caso de que así fuera). Se puede alegar inmadurez propia de la adolescencia, pero resaltando que esa etapa pasó y se ha cambiado, como demuestra el hecho de haber retomado los estudios. ■ «¿Cómo podría suplir su falta de experiencia?». Por ejemplo, se puede responder: «con motivación, ilusión, capacidad para aprender rápidamente y mucha dedicación al trabajo». ■ «¿No cree que está poco/demasiado cualificado para este puesto?».	■ «Hábleme de usted mismo». ■ «Dígame tres virtudes y tres defectos suyos». ■ «Defínase con cinco adjetivos y justifíquelos» (indicad una situación en la que se demuestre que merecéis tales calificativos). ■ «Cuénteme una anécdota en la que resolviera una situación con éxito». ■ «¿Cuál es la decisión más difícil que ha tenido que tomar en el pasado?». ■ «¿Qué puede usted aportar a esta empresa?». ■ «¿Prefiere trabajar solo o en equipo?» (es adecuado contestar que nos gusta trabajar de ambas formas, según la ocasión). ■ «¿Qué personas le sacan de quicio?» (debes contestar que nadie, siempre hay que tratar de ponerse en el lugar de los demás). ■ «¿Pierde los nervios con facilidad?». ■ «¿Qué hace en su tiempo libre?».
Empleos anteriores, trabajo actual y futuro	**Otras**
■ «¿Qué tareas realizaba en sus anteriores trabajos?». ■ «¿Cómo se llevaba con sus jefes y compañeros?». No hables nunca mal de antiguos jefes o compañeros. Ten en cuenta que el entrevistador no te conoce y puede pensar que algún día hablarás así de su empresa. ■ «¿Por qué dejó su anterior puesto de trabajo?». Por ejemplo se puede responder «por falta de posibilidades de desarrollo profesional y personal». ■ «¿Por qué desea trabajar para nosotros?». La respuesta implica aludir a las características de la empresa, por lo que el candidato debe haberse informado previamente sobre la misma y destacar la correspondencia entre sus propias cualidades y aquello que necesita la empresa. ■ «¿En qué tipo de empresa le gustaría trabajar?». ■ «¿Tiene alguna preferencia geográfica?» (es preferible no rechazar ninguna localidad).	En las entrevistas consideradas como duras, pueden hacer preguntas o comentarios que no tienen nada que ver con el puesto solicitado y que, en realidad, pretenden medir el grado de autocontrol y de resistencia al estrés del candidato. En estos casos, nunca hay que perder la calma, ni mostrarse irritado, simplemente hay que contestar, con tranquilidad, indicando que dicha cuestión no tiene relación con el puesto vacante o respondiendo con otra pregunta al entrevistador, pero sin entrar en polémica. Por ejemplo, si a una mujer le preguntan si quiere tener hijos o si piensa que son compatibles con el trabajo, una forma de responder sin comprometerse, pero dejando claras sus ideas, puede ser: «Desde pequeña he visto a mi madre compatibilizar su trabajo con nosotros, ¿por qué no podría hacerlo yo algún día?». También pueden preguntar sobre temas o noticias de actualidad.

Preguntas que puede hacer el candidato al entrevistador

- «¿Qué espera la empresa de mí?».
- «¿Qué tareas se realizan a diario en este puesto de trabajo?».
- «¿Qué posibilidades de promoción tendría?».
- «¿Cuál es la ubicación de este puesto en el organigrama de la empresa?».

- «¿Se trata de un puesto de nueva creación o existía ya?». Si ya existía, se puede preguntar por qué se fue el anterior compañero.
- «¿Cuenta la empresa con un plan de formación para los empleados como yo?».
- «¿Qué edad, formación y años de experiencia tienen los compañeros?».

Trabajo en **equipo**

10. En parejas, responded por escrito a las preguntas del cuadro anterior.

11. Cambiad de pareja y simulad una entrevista de trabajo, utilizando las preguntas que habéis preparado previamente.

8. Trabajar en Europa

La red EURES

La red EURES, creada en 1993, contribuye a la identificación de los superávit y déficit de mano de obra en distintos sectores y ayuda a mejorar la empleabilidad de los jóvenes mediante la adquisición de experiencia profesional fuera de su país de origen.

Su dirección web es la siguiente: <http://ec.europa.eu/eures>

La red EURES *(European Employment Services)* es una red de cooperación entre la Comisión Europea y los servicios públicos de empleo de los Estados miembros del Espacio Económico Europeo (compuesto por los países de la Unión Europea, junto con Noruega, Islandia y Liechtenstein) y otras organizaciones asociadas (como Suiza).

Los servicios que ofrece esta red son:

- **Contratación y colocación:** en su web se pueden encontrar ofertas de empleo (clasificadas por países y sectores profesionales).
- **Información y asesoramiento** sobre la vida, el trabajo y la selección de personal en cada país miembro.
- **Abrir una cuenta *Mi EURES*,** que permite a los solicitantes de empleo:
  - Crear y guardar perfiles de búsqueda.
  - Recibir avisos por correo electrónico cuando se disponga de puestos de trabajo que se ajusten a su perfil.
  - Colgar el currículum-en línea, en todas las lenguas de la UE, de modo que puedan verlo los consejeros EURES y las empresas registradas con una cuenta *Mi EURES*.

El objetivo de Europass

El principal objetivo de Europass es facilitar la movilidad de los estudiantes y los trabajadores de la UE, los países del Espacio Económico Europeo y los países candidatos.

8.1. Europass

Europass es un conjunto de cinco documentos que ayudan a comunicar de manera sencilla y comprensible en toda Europa las capacidades y cualificaciones profesionales, las titulaciones y las certificaciones adquiridas a lo largo de la vida. De esta manera, se pretende unificar criterios a la hora de valorar los perfiles profesionales en Europa:

Los cinco documentos Europass

1. **El *curriculum vitae* Europass:** se puede descargar de la web en cualquier idioma, ver ejemplos del mismo en todas las lenguas de los países participantes o cumplimentar en línea y actualizar cuando se desee.
2. **El Pasaporte de las Lenguas Europass:** es un documento que presenta los conocimientos lingüísticos del candidato, se hayan adquirido o no en el marco de la enseñanza formal, por lo que no es un documento acreditativo oficial. Forma parte del Portafolio Europeo de las Lenguas, que divide los conocimientos de idiomas en seis niveles (Marco Europeo Común de Referencia para Idiomas). También puede descargarse un modelo de la web, ver ejemplos o cumplimentar en línea.
3. **El Documento de Movilidad Europass:** registra un periodo de formación o de prácticas realizado por el titular en un país europeo, que especifica las capacidades y competencias adquiridas. Por ejemplo, registraría la realización de la FCT en otro Estado miembro. Es un documento oficial que expide la Agencia Nacional de cada Estado miembro; en España, el Servicio Español para la Internacionalización de la Educación (SEPIE): <http://sepie.es>.
4. **El Suplemento Europass al Título/Certificado:** amplía la información sobre el título de Técnico de FP (competencias que se adquieren, nivel de formación, órgano de expedición, las distintas maneras de obtener el título, los requisitos de entrada y las posibilidades de acceso al siguiente nivel de formación, etc.).
5. **El Suplemento Europass al Título Superior:** amplía la información sobre el Técnico Superior de FP o del título universitario. Describe la naturaleza, el nivel y el contenido de la formación realizada por el titular. Además, amplía información sobre los resultados académicos y sobre el sistema nacional de enseñanza superior.

Europass

Puedes ver los documentos en las páginas web del SEPIE y del CEDEFOP.

8.2. Marco Europeo Común de Referencia para las Lenguas

Usuario competente

C2

Es capaz de comprender con facilidad prácticamente todo lo que oye o lee.
Sabe reconstruir la información y los argumentos procedentes de diversas fuentes, ya sean en lengua hablada o escrita, y presentarlos de manera coherente y resumida.
Puede expresarse espontáneamente, con gran fluidez y con un grado de precisión que le permite diferenciar pequeños matices de siginificado incluso en situaciones de mayor complejidad.

C1

Es capaz de comprender una amplia variedad de textos extensos y con cierto nivel de exigencia, así como reconocer en ellos sentidos implícitos.
Sabe expresarse de forma fluida y espontánea sin muestras muy evidentes de esfuerzo para encontrar la expresión adecuada.
Puede hacer un uso flexible y efectivo del idioma para fines sociales, académicos y profesionales.
Puede producir textos claros, bien estructurados y detallados sobre temas de cierta complejidad, y muestra un uso correcto de los mecanismos de organización, articulación y cohesión del texto.

Usuario independiente

B2

Es capaz de entender las ideas principales de textos complejos que traten de temas tanto concretos como abstractos, incluso si son de carácter técnico, siempre que estén dentro de su campo de especialización.
Puede relacionarse con hablantes nativos con un grado suficiente de fluidez y naturalidad, de modo que la comunicación se realice sin esfuerzo por parte de los interlocutores.
Puede producir textos claros y detallados sobre temas diversos, así como defender un punto de vista sobre temas generales, que indique los pros y los contras de las distintas opciones.

B1

Es capaz de comprender los puntos principales de textos claros y en lengua estándar si tratan sobre cuestiones que le son conocidas, ya sea en situaciones de trabajo, de estudio o de ocio.
Sabe desenvolverse en la mayor parte de las situaciones que pueden surgir durante un viaje por zonas donde se utiliza la lengua.
Es capaz de producir textos sencillos y coherentes sobre temas que le son familiares o en los que tiene un interés personal.
Puede describir experiencias, acontecimientos, deseos y aspiraciones, así como justificar brevemente sus opiniones o explicar sus planes.

Usuario básico

A2

Es capaz de comprender frases y expresiones de uso frecuente relacionadas con áreas de experiencia que le son especialmente relevantes (información básica sobre sí mismo y su familia, compras, lugares de interés, ocupaciones, etc.).
Sabe comunicarse a la hora de llevar a cabo tareas simples y cotidianas que no requieran más que intercambios sencillos y directos de información sobre cuestiones que le son conocidas o habituales.
Sabe describir en términos sencillos aspectos de su pasado y su entorno, así como cuestiones relacionadas con sus necesidades inmediatas.

A1

Es capaz de comprender y utilizar expresiones cotidianas de uso muy frecuente, así como frases sencillas destinadas a satisfacer necesidades de tipo inmediato.
Puede presentarse a sí mismo y a otros, pedir y dar información personal básica sobre su domicilio, sus pertenencias y las personas que conoce.
Puede relacionarse de forma elemental siempre que su interlocutor hable despacio y con claridad y esté dispuesto a cooperar.

Actividades

12. ¿Cómo puedes saber cuál es tu nivel de idiomas? Busca en la página web del Instituto Cervantes <http://bit.ly/13yyShQ>, el cuadro de autoevaluación que proponen para los niveles comunes de referencia y utilízalo para averiguar tu nivel (enlace directo: <http://bit.ly/1VmQAJV>).

ACTIVIDADES FINALES

■ **1.** Un test ómnibus es aquel que evalúa diferentes tipos de aptitudes. Realiza el siguiente en 12 minutos:

1. Con las letras A-O-C-S podemos formar seis palabras distintas. Después de ordenarlas alfabéticamente, ¿en qué lugar situarías la única de estas palabras que termina por la letra A?

   a) Segundo b) Tercero c) Cuarto d) Quinto

2. Dos hectómetros y 27 metros son:

   a) 47 m b) 470 cm c) 227 cm d) 227 000 mm

3. OA es a IE como:

   a) LÑ es a MN c) ÑL es a MN
   b) ÑL es a NM d) LÑ es a NM

4. Si puede ver amanecer desde su cuarto, su habitación está orientada al:

   a) Norte b) Sur c) Este d) Oeste

5. Señala cuál de las siguientes opciones no se corresponde con las otras tres, sabiendo que las letras están desordenadas:

   a) AESM b) AMCA c) LLIAS d) NSAO

6. ¿Qué letras deben ponerse entre los paréntesis para completar una palabra con cada una de las sílabas que aparecen? RE(______________)DA:

   a) Paro b) Bala c) Cordar d) Pisa

7. ¿Qué número está equivocado en la siguiente serie? 5, 2, 9, 6, 13, 10, 16:

   a) 6 b) 13 c) 10 d) 16

8. Entre dos ciudades, esta y aquella, hay una distancia de 300 km. El pueblo de aquí queda a dos tercios del camino respecto de esta. ¿A qué distancia estará de aquella?

   a) 50 km b) 200 km c) 100 km d) 150 km

9. Indica cuál de las siguientes palabras no se corresponde con las demás:

   a) Gorrión b) Azor c) Tórtola d) Canario

10. Un chaval estudia diariamente 10 páginas de un libro de 50 hojas, pero cada noche olvida cinco páginas, ¿en cuántos días logrará aprenderse todo el libro?

    a) 18 b) 19 c) 20 d) 21

11. Coloca todas las vocales que sean necesarias para completar la frase siguiente y contestar la pregunta que se plantea:

    L...S P...C...S V...V...N ...N ...L ...G... ...

    ¿Cuántas veces aparece la letra E entre dos consonantes de una misma palabra?

12. ¿Qué letra completa la siguiente serie?

    UNO, U, DOS, O, TRES, ...

    a) R b) E c) S d) T

13. Elimina la correspondencia que no guarde relación con las demás:

    a) Deber y verde c) Jarro y roja
    b) Roca y carro d) Jota y tajo

14. Matasanos es a operación como picapleitos es a:

    a) Abogado b) Operación c) Cantera d) Juicio

15. ¿Cuántas horas tiene un trimestre si comenzamos a contar desde el 15 de septiembre y terminamos el 15 de diciembre?

    a) 2345 b) 1986 c) 2184 d) 2214

16. Un tren sale de la estación a las 14 horas y 45 minutos. El viaje dura 4 horas y 37 minutos. ¿A qué hora llegará a su destino?

    a) 18:42 b) 19:22 c) 19:36 d) 19:42

17. ¿Cuál sería la equivalencia de un hectómetro al cuadrado?

    a) 100 m^2 b) 110 dm^2 c) 100 dm^2 d) 105 dm^2

18. Para hacer un polideportivo se tardó 1 año, 3 meses y 15 días en la elaboración del proyecto y 2 años, 7 meses y 21 días en la construcción. ¿Qué tiempo se empleó desde que se inició el proyecto hasta la conclusión de las obras?:

    a) 3 años, 11 meses y 6 días c) 3 años, 10 meses y 6 días
    b) 3 años, 11 meses y 20 días d) 3 años, 11 meses y 12 días

19. Jara es una ciudad situada al este de Seav. Magu está al oeste de Seav, mientras que Tega se encuentra en el lado oriental de Jara. Entonces, Tega está:

    a) Al este de Tega c) Al oeste de Jara
    b) Al este de Seav d) Al lado occidental de Magu

20. ¿Qué tanto por ciento es 33 de 1320?

    a) 2,5 % b) 25 % c) 0,25 % d) 0,2 %

21. El sinónimo de *impétigo* es:

    a) Indiferente c) Erupción
    b) Raudo d) Súplica

22. El antónimo de *jarifo* es:

    a) Orondo c) Comedido
    b) Mendigo d) Anodino

23. Una vez ordenada la siguiente frase: «nieve palomas como son las blancas la», contesta la pregunta que se plantea:

¿cuál es la última palabra acabada en consonante?

a) Las b) Blancas c) Palomas d) Son

24. Si loco = 1232, dado = 4 542, caldo se escribirá:

a) 35 412 b) 35 241 c) 35 242 d) 35 142

25. Mano es a pezuña como nariz es a:

a) Colmillo b) Melena c) Crin d) Trompa

2. Test de aptitud verbal:

- Averigua la palabra que no guarda relación con las otras:

  a) Lenguado b) Bacalao c) Rape d) Nécora

- Señala el antónimo correspondiente a cada palabra:

  1. Paralítico:

     a) Tullido c) Paralizado

     b) Perlático d) Parangón

  2. Noble:

     a) Fortaleza c) Raposo

     b) Escaso d) Lozano

- Completa la siguiente frase con una de las soluciones propuestas:

  El/la ___________ es un grupo familiar que procede de un ancestro común:

  a) Matrimonio b) Tribu c) Secta d) Clan

3. Test de aptitud numérica:

Las edades de Jaime y Javier suman 90 años y si las restamos 50. Jaime es mayor que Javier, ¿cuántos años tiene Jaime?

a) 45 b) 50 c) 60 d) 70

- ¿Cuál es el número cuya quinta parte es la octava parte de 24?

  a) 10 b) 15 c) 20 d) 25

- 0,63 x 8 =

  a) 4, 62 b) 5,04 c) 2, 67 d)7,65

4. Test de razonamiento abstracto: escribe el valor al que equivale cada letra situada a la derecha:

- j = 10 – j j =
- j + c = 7 c =
- a – c = 4 a =

5. Test de razonamiento espacial:

Señala, de entre las propuestas, qué figura completa cada una de las series:

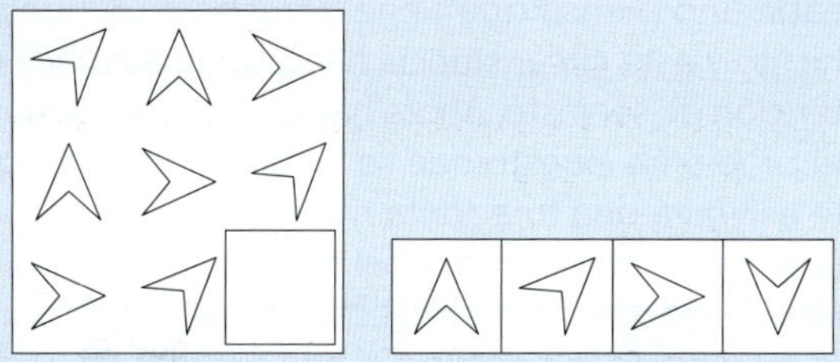

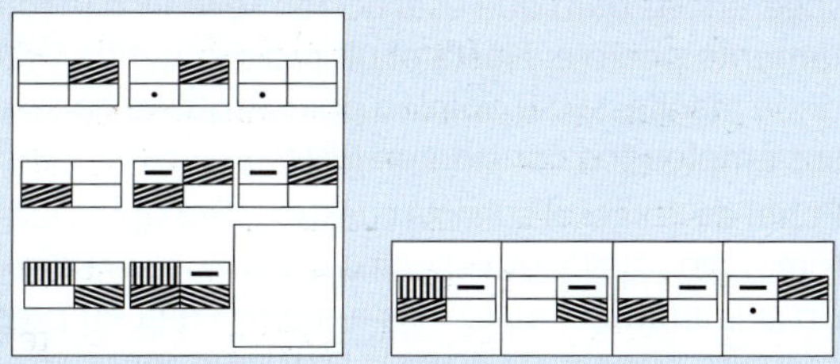

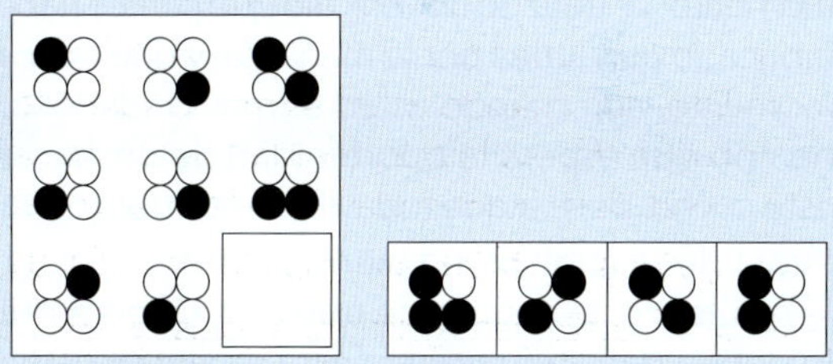

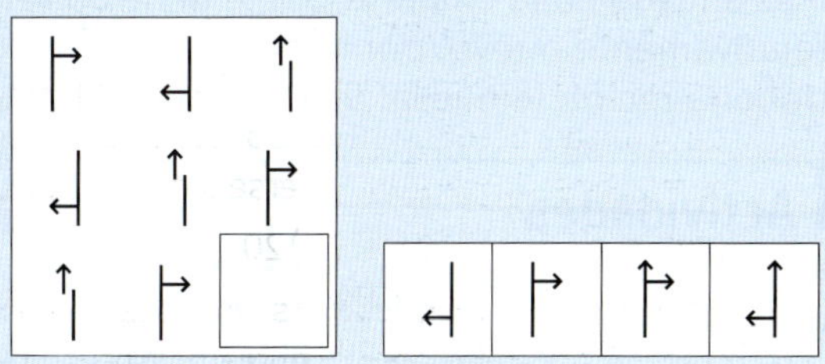

Entra en internet

6. Entra en la página web de la Red Eures <http://ec.europa.eu/eures> y busca una oferta de empleo adecuada a tu perfil profesional en otro Estado miembro.

7. Entra en <http://bit.ly/1hdrEmf>, descárgate el *curriculum vitae* Europass y rellénalo con tus datos personales.

Dinámica de grupo: el dilema de la furgoneta

Se otorga un papel a cada alumno para que lo represente siendo fiel a los datos que se proporcionan. Si surgen hechos o incidentes que no están previstos, actuad como lo haríais en la vida real.

Papel del maestro Juan Pérez: usted es el jefe del grupo de servicio al cliente. Cada uno de sus empleados conduce una furgoneta DKW. A menudo, se generan sentimientos amargos entre los trabajadores porque cada uno piensa que tiene derecho a un nuevo vehículo y esta circunstancia hace aún más difícil su intención de ser justo. Ahora hay que volver a solucionar el problema, puesto que se le ha comunicado que se le asignará una furgoneta nueva para su grupo. Para solucionar el problema del modo más airoso, usted ha decidido dejar que la gente decida por sí misma en la medida de lo posible. En primer lugar, va a aceptar sugerencias para que esta acción se realice lo más justamente posible. Hasta el último momento, usted no debe manifestar su opinión porque quiere hacer lo que sus empleados consideren justo.

Papel de Jorge: al surgir la cuestión de a quién asignar la furgoneta nueva, usted opina que debe ser para usted. En primer lugar, es el más antiguo en la empresa, en segundo lugar, no le gusta la DKW que conduce en este momento; se trata de un vehículo que parece haber sido fabricado «un lunes por la mañana» y que falla a cada momento, aun cuando usted es muy cuidadoso. Hace tiempo que espera la oportunidad de deshacerse de este coche, pese a que todavía parece nuevo.

Papel de Miguel: usted piensa que merece el nuevo vehículo y está seguro de que es a usted a quien se lo deben dar; su furgoneta está ya vieja y usted es el más antiguo en la empresa. Jorge tiene un vehículo relativamente nuevo, por lo que sería usted quien debería recibir la nueva. Su DKW actual ha recibido un trato de extrema delicadeza y todavía parece nueva. Habría que recompensar a un empleado que tiene tanto cuidado con un vehículo de la empresa y que lo trata como si fuera suyo.

Papel de Juan: usted tiene que conducir más que sus colegas, porque trabaja fuera de la ciudad, su vehículo es bastante viejo y piensa que debería tocarle el nuevo, ya que tiene que hacer tantos kilómetros.

Papel de Tomás: la calefacción de su vehículo no funciona bien, cuando Federico rompió la puerta izquierda, la avería no fue reparada correctamente, por lo que la puerta deja pasar mucho aire frío y usted atribuye sus frecuentes resfriados a esta circunstancia. Le gustaría tener un vehículo con una buena calefacción, ya que tiene que hacer recorridos largos. A usted le da igual si el vehículo es nuevo o no, lo que le importa es que funcione, tenga ruedas, buenos frenos y calefacción.

Papel de Federico: usted tiene la DKW más estropeada del grupo, tiene cinco años y ya estaba rota antes de que le fuera asignada. Nunca funciona correctamente y ya está aburrido de aguantarla durante tres años. Ha llegado el momento de poder conducir un vehículo decente y le parecería justo que le tocara el nuevo. Nunca ha tenido un accidente, salvo cuando rompió la puerta del coche de Tomás, y fue porque él la había abierto justo en el momento en que usted salía del garaje marcha atrás.

Papel de los observadores (serán los miembros de la empresa que estén realizando el proceso de selección y que, en este caso, estarán representados por dos o tres alumnos de la clase): se trata de observar cómo actúan y reaccionan los miembros del grupo. A continuación, proponemos una pauta con los puntos que pueden tenerse en cuenta.

Actividades

1. ¿Cómo presentó el maestro Pérez el problema?
   a) ¿Ha dado la impresión de que necesitaba la ayuda del grupo para solucionar el problema? (Recordad qué es lo que se pretende que haga).
   b) ¿Ha hablado de todos los hechos?
   c) ¿Ha evitado, por aprensión, sugerir una solución? (Esto no sería positivo).
   d) Su planteamiento del problema, ¿ha sido breve y conciso?
   e) ¿En qué medida ha contribuido a solucionar el problema?

2. ¿Qué sucedió durante la discusión?
   a) ¿Han participado todos los miembros del grupo? ¿Han dicho todos los miembros lo que efectivamente pensaban?
   b) ¿Ha ejercido el grupo alguna presión sobre uno de los miembros? En caso afirmativo, ¿quién ha sido expuesto a la presión? ¿Ha evitado el maestro este tipo de presión? ¿Ha evitado favorecer a alguien?

EN RESUMEN

El proceso de búsqueda de empleo

- **Primer paso: ¿cómo encuentro ofertas de empleo?**
  - Fuentes de información
- **Segundo paso: ¿cómo me presento ante la empresa?**
  - En España: *curriculum vitae* y carta de presentación
  - En otro país europeo: Europass
- **Tercer paso: ¿cómo será el proceso de selección?**
  - Pruebas y test
  - Dinámicas de grupo
  - Entrevistas de selección

Evalúa tus **conocimientos**

RESUELVE EN TU CUADERNO O BLOC DE NOTAS

1. **Señala la respuesta correcta:**
   a) En el CV deben incluirse siempre las aficiones.
   b) Se debe escribir una carta de presentación para cada oferta de empleo o para cada empresa.
   c) El CV inverso presenta los datos por áreas temáticas y presta atención a los campos en los que ha trabajado la persona.
   d) No es bueno empezar enviando el CV a una ETT porque solo proporcionan trabajos poco relevantes.
2. **Señala la respuesta correcta:**
   a) Un alumno que termina un ciclo formativo puede dejar su CV en la bolsa de trabajo de su instituto.
   b) Las agencias de colocación son entidades sin ánimo de lucro que ponen en contacto a demandantes y oferentes de empleo, sin cobrarles nada.
   c) Una carta de presentación debe incluir el nombre de la persona a la que va dirigida, si se conoce.
   d) Todas son correctas.
3. **Señala la respuesta correcta:**
   a) Las empresas buscan candidatos competentes, responsables y motivados exclusivamente por el dinero.
   b) Las empresas rechazan a candidatos conflictivos, indisciplinados y arrogantes.
   c) En la entrevista de selección hay que dar respuestas cortas y sucintas, un sí o un no bastan en la mayoría de las ocasiones.
   d) Todas son correctas.
4. **Señala la respuesta correcta:**
   a) En las dinámicas de grupo recomiendan dar una conclusión final, como cierre al ejercicio.
   b) En una dinámica de grupo se recomienda participar de forma activa y participativa, cediendo el turno a los demás.
   c) En los test psicotécnicos se trata de contestar correctamente al mayor número de respuestas en el menor tiempo posible.
   d) Todas son correctas.
5. **Señala la respuesta correcta:**
   a) En los test psicotécnicos se recomienda no dedicar demasiado tiempo a una pregunta que nos resulta especialmente difícil.
   b) Los test de inteligencia son pruebas cuya intención es medir la capacidad intelectual de una persona.
   c) Las pruebas de inteligencia se interpretan en combinación con los resultados de los demás test.
   d) Todas son correctas.
6. **Señala la respuesta correcta:**
   a) Los test de cultura general preguntan sobre áreas de conocimientos básicos, como Historia, Lengua, Geografía, etc.
   b) Las pruebas profesionales reproducen situaciones reales de trabajo para comprobar cómo se desenvuelve el candidato.
   c) Las entrevistas libres no siguen un guion previo.
   d) Todas son correctas.

Edición: Carmen Calvo

Diseño de colección: Juan Pablo Rada / Paso de Zebra

Fotocomposición, maquetación y realización de gráficos: Amelia Simón

Fotografías: 123RF Limited, Thinkstock, Agencia Europea para la Seguridad y la Salud en el Trabajo, Comisión Europea, Instituto Nacional de Seguridad, Salud y Bienestar en el Trabajo, Ministerio de Empleo y Seguridad Social y archivo Editex

Ilustración: Ángel Ovejero, 123RF Limited, Thinkstock

Preimpresión: José Ciria

Dirección de producción: Santiago Agudo

El presente material didáctico ha sido creado por iniciativa y bajo la coordinación de Editorial Editex, S. A., conforme a su propio proyecto editorial.

Vía Dos Castillas, 33. C.E. Ática 7, edificio 3, planta 3ª, oficina B
28224 Pozuelo de Alarcón (Madrid)

ISBN: 978-84-9078-996-4

Depósito Legal: M-16958-2018

Imprime: Gráficas Muriel
Impreso en España - *Printed in Spain*